古代社会と地域間交流 II

―寺院・官衙・瓦からみた関東と東北―

国士舘大学考古学会 編

六一書房

序　文

　2008年4月に、国士舘大学文学部考古学研究室の開設40周年を記念して、「土師器からみた関東と東北の様相」というテーマでシンポジウムを開催した。これは、国士舘大学考古学会が「古代社会と地域間交流」という総合テーマをかかげ、関東と東北におけるモノ・ヒトの交流や移動の関係を、在地的性格の強い土師器の分析を中心に研究集会を重ねてきたことの成果をまとめたものである。

　これまで、東北地方で出土する関東系土師器や、関東で出土する東北系土師器について論じた研究はいくつもある。しかし今回、東北と関東の各地で出土したそうした土師器を、福島県の「まほろん」に持ち寄り、そこに関係した多くの研究者が一同に集い、基礎的な問題に対し多角的に検討する方法をとった。

　ここで取り扱った時期は、新たな国家形成に向って胎動が始まる6世紀後半頃から、律令国家の確立期である8世紀前半までの時期の土師器に焦点をしぼった。さらに文献史での成果をふまえながら、交流や移動の歴史的意義についての検討結果を内容の中心としたものである。この成果については、『古代社会と地域間交流―土師器からみた関東と東北―』と題し、2009年6月に六一書房から刊行した。

　2010年5月には、第76回日本考古学協会総会を国士舘大学を会場として開催した。ここでは、この場をお借りし、地域間交流に関する2度目のテーマとして「古代東国の地域間交流―寺院・官衙・瓦の伝播と交流―」と題し、テーマ会場を設けることにした。これは、2000年に第66回、2005年に第71回日本考古学協会総会を開催した際に、「文字瓦と考古学」と「古代の信仰を考える」のテーマで特別会場を設け、実施したことと同じ方法をとらせていただいた。

　本書は、そうしたテーマ会場における研究集会の発表内容をベースにまとめたものであるが、新たに3人の方の論文を加え、さらに旧稿の加筆や新稿に改めるなどの改訂を行い、全面的に刷新をはかって刊行するものである。

　テーマとする関東と東北とは、歴史的に密接に結びついた地域であるにもかかわらず、両地域間の交流に関する研究は、これまであまり活発とはいえなかった。当学会におけるこうした試みが、関東と東北の研究者間の交流を活発化し、両地域における古代地域史の研究が大きく進展する契機となることを念願する次第である。

　最後ではあるが、当学会の企画を快くお引き受けいただいた六一書房の八木環一会長および関係者の方々に、心から感謝申し上げる次第である。

　2012年4月

　　　　　　　　　　　　　　　　　　　　　　　国士舘大学考古学会会長　　須田　勉

古代社会と地域間交流 II
― 寺院・官衙・瓦からみた関東と東北 ―

・・・目　次・・・

序　文

本巻の趣旨
　古代東国出土瓦からみた古代国家の完成 ·· 河野一也　5
　　　―寺院・官衙・瓦の伝播と交流―

I　関東と東北南部の諸問題
　上野国からみた陸奥国 ·· 出浦　崇　11
　　　―上植木廃寺出土軒先瓦との対比から―
　瓦からみた陸奥南部の寺院造営と坂東 ··· 藤木　海　31
　　　―山王廃寺系軒先瓦の文様と技術系譜―
　鋸歯紋縁複弁軒丸瓦の伝播 ·· 昼間孝志　59
　　　―北関東と南東北にみる類似した動態―
　陸奥国南部を中心とした川原寺系鐙瓦の展開とその意義 ···················· 眞保昌弘　77
　坂東における瓦葺きの意味 ·· 大橋泰夫　95
　　　―クラからみた対東北政策―

II　東北と関東の諸問題
　常陸国の多賀城様式瓦からみた陸奥国との交流 ································ 川口武彦　129
　　　―那賀郡衙正倉院・正倉別院出土瓦を中心として―
　鎮守府胆沢城 ·· 伊藤博幸　145
　　　―ヒト・モノの交流の舞台―
　寺院と瓦生産からみた律令国家形成期の陸奥国 ································ 佐川正敏　157
　古代東北地方への仏教伝播 ·· 三舟隆之　183
　　　―『日本霊異記』下巻第4縁を中心に―
　律令国家形成期における陸奥国と関東との地域間交流 ······················· 樋口知志　199
　　　―寺院・官衙の瓦に関する考古学の研究結果を手がかりに―

総　括
　関東東北地方の瓦からみた地域間交流から ······································ 眞保昌弘　217

あとがき
執筆者一覧

本巻の趣旨
古代東国出土瓦からみた古代国家の完成
― 寺院・官衙・瓦の伝播と交流 ―

河 野 一 也

　わが国における東国は、「舎人」など大化前代からの軍事力の供給源として、また、律令施行期には「蝦夷」の住む辺境地帯と境を接することから、畿内政権が最も重要視していた地域である。

　「東国」のなかでも特に現在の関東と東北地方の南部、いわゆる「坂東」9ヶ国は、地理的・歴史的には一体的な地域として扱われるものの「陸奥」「蝦夷」政策においては支援地域として、またその最前線地域として重要な位置を占めていたことは、それに対する諸政策が施行された実態と符合する。

　大化改新以後、急速に推し進められた律令的な国家支配は、「東国国司」が派遣され人口、田地の把握、武器収公のほか、秩序の調査と立評の準備がすすめられる。さらには、それにともない国の政策として仏教が地方に興隆するようになる。このような中、地方に官衙、そして寺院などが造営されるようになる。また、さらには支配領域の拡大をはかるために、いままでの支配領域を越えて拠点となる柵を造り、そこに柵戸の移配が進められ北部陸奥地域における関東系土師器の存在、坂東諸国の郡郷名に因んだ郷名にそれがあらわれているという指摘がなされている。このような積極的な律令国家の政策に対し、奥羽では蝦夷による反乱が頻発し、さらにそれを制圧するための国家的な征夷事業が展開されるにいたっている。

　このような目まぐるしく揺れ動く東国支配の中で、坂東と陸奥の歴史的な地域の特色や個別の事情を如実に物語るものが考古学的な資料であり、特にこの間の政治的動向を物語るものに寺院や官衙から出土する「瓦」を位置づけることができる。

　ここでは、寺院・官衙から出土する「瓦」から、歴史上最も中央原理が貫徹された律令国家体制下における「中央と東国」を主眼に「坂東と陸奥・出羽」との地域間における伝播や交流と共に、地域の独自性などから、古代坂東における律令制郡の設置、陸奥蝦夷対策支援の変化、地域における仏教の広がりなどから、律令国家の完成に向け、それをどのように地域社会が受け止め、受け入れていったのか、瓦の文様やその技術系譜からその実態を明らかに出来ればと思っております。

　この研究会では地域間交流を東国に絞ってきましたが、もっと広い視野で考えなくては行けないようです。「横穴墓」については関東から東北へ、横穴墓の形態・出土土師器・須恵器からのアプローチからも交流の一端が捉えられます。また、「茨城県ひたちなか市十五朗穴横穴墓群と

虎塚古墳群」(稲田 2010)と肥後型横穴墓を検証すると熊本県球磨川中領域の土師器と、ひたちなか市の7世紀の土師器は見分けが出来ないほど似ているそうです。豊前・豊後・出雲の地方とはどうなのだろうか。歴史的背景を含め興味はつきません。

また秋田城の調査で復元整備されているトイレ遺構からは脂肪分の検出から豚などを食している人たちが使用し、渤海使の存在を想定され、渤海類似の鉄製羽釜、渤海の土器が出土している（伊藤 2006）。この渤海の土器は瓦質の土器で一見中世的に見えます。

青山学院では田村晃一先生を代表に平成10（1988）年からロシア・沿海州・ハサン地区のクラシキノ城跡の調査が行われている。清水信行先生にクラシキノ城跡出土の靺鞨・渤海の土器・瓦を実見させて頂いた。やはり瓦質土器で平瓦は薄手の青灰色であった。クラシキノ城跡は川原石で石積の建物（土塁）を構築しており、堀田柵の正面観はクラシキノ城跡の石積土塁を彷彿とさせる（田村 2002・03・04・05・06・08）。

渤海には王都五京があり、上京から発し東京（八連城）・中京（西古城）を経、この間に幾つかの駅を通過しクラスキノ城跡に達する。行程400ｋｍの道は倭道（日本道）と呼ばれ、クラシキノ城跡は港湾都市とされ、倭道（日本道）は日本海で終結し、ここから日本海を渡り北陸道や山陰道に接続し平城京や平安京につながっているとされている。また王都五京と駅館には緑釉瓦が使われている（小島 2010）。

渤海使は神亀4（727）年から延長7（929）年の35回、遣渤海使は14回の記録が残っている。ちなみに遣隋使は600（推古8）年から618（推古26）年の18年間に5回以上、遣唐使は630（欽明2）年から寛平6（894）年の264年間に2説ありますが20回の記録が残っている。

多賀城碑には靺鞨から3000里とあり、多賀城創建が神亀元（724）年とありますから、正式交流の3年前に創建され交流が行われていた事になる。

鴻臚館は筑紫・難波・平安京に存在し能登や敦賀には客館が有ったとありますが、秋田城にも海外交易の施設としての鴻臚館や客館の存在が推定されています。

最後に多賀城・秋田城をはじめ陸奥の城柵は近年行政的側面を兼ね備えている状況が明確に成ってきた。特に秋田城の性格は重要に思える。唐・新羅との交流を目的とした、西の港湾都市としての鴻臚館に対して、渤海との交流を目的とした、北の港湾都市としての秋田城という構図が考えられる。

さて、陸奥・征夷政策の最終目的は蝦夷の反乱に対して強固なまでに平定し、律令制国郡の設置を行った。また、交流の素材として考えてきた寺院・官衙・瓦・土師器・須恵器・横穴墓などは秋田城の北辺で一応の集約を見るようである。つまり、これらの平定に至る諸政策は国家としての威信に賭けて東アジアとの交流を貫徹し、古代国家が完成するに到った様相を具現しているように思える。

先生方の研究論文を上記のような視点で捉えたときに、新たな歴史像が生まれることを期待したいと思います。

参考文献

稲田健一　2010　「茨城県ひたちなか市十五朗穴横穴群と虎塚古墳群」『横穴墓と古墳』第15回東国・関東前方後円墳研究会のコメント

伊藤武士　2006　『秋田城跡』最北の古代城柵　日本の遺跡12　同成社

田村晃一　2001・2002・2003・2004・2005・2006・2008　「ロシア・クラスキノ土城発掘調査概要報告」クラシキノ土城発掘調査団　青山史学第20号・21号・22号・24号・26号

小島芳孝　2010　「渤海の交通路」『日本と古代アジアの古代道路』第15回　古代交通研究会

Ⅰ　関東と東北南部の諸問題

上野国からみた陸奥国
― 上植木廃寺出土軒先瓦との対比から ―

出浦　崇

はじめに

　陸奥国の多賀城創建以前に建立された寺院には関東系の紋様や技術を背景に採用された瓦が多々見られることがこれまでの先学の研究によって明らかにされてきている。その中のひとつが単弁八葉蓮華紋鐙瓦と重弧紋宇瓦のセットであり、主に仙台平野、大崎平野の諸寺院、官衙に採用されている。これは辻秀人氏や岡本東三氏らによって上野国佐位郡所在、上植木廃寺出土瓦の系譜であることが、すでに指摘されているところであるが、主に紋様上からの推定であった（辻 1994・岡本 1996）。また佐川正敏氏らによって陸奥国出土の山田寺系鐙瓦がまとめられた中で、上植木廃寺出土瓦と麓山窯跡出土瓦の紋様、技法の共通性が指摘され、前2者の論をさらに補強する形となっている（佐川ほか 2005）。

　しかし、これらすべての瓦が上植木廃寺からの影響で成立しているのか、さらに陸奥国内部での展開の問題など解消されなければならない問題も多い。本論は上植木廃寺および陸奥国出土の単弁八葉蓮華紋鐙瓦、それに伴う重弧紋宇瓦、さらに男・女瓦を含め、再検討しようとするものである。

1．上植木廃寺創建期瓦

　上植木廃寺は群馬県伊勢崎市に所在し、南1kmには佐位郡衙正倉であり、八角形倉庫の検出された三軒屋遺跡が存在する（第1図）。伽藍は中央に金堂を置き、南西に塔、北に講堂を配し、中門から発する回廊は講堂に取付くことが判明している。寺院地の区画施設は東・西は一本柱列、北・南は溝であり、南限には南門も確認されている。また周辺には創建期瓦窯である上植木廃寺瓦窯も確認されている（第2図）。

　上植木廃寺の軒瓦は多種多様であり、須田茂氏がその概要を報告し、現在もこれによるところが大きい（須田 1985）。その後、発掘調査を重ね新型式の瓦なども出土しており、再整理の必要性が高まり、高井佳弘氏の協力を得て、すべての型式に新型式番号を付している（高井ほか 2005・出浦 2009）[1]。

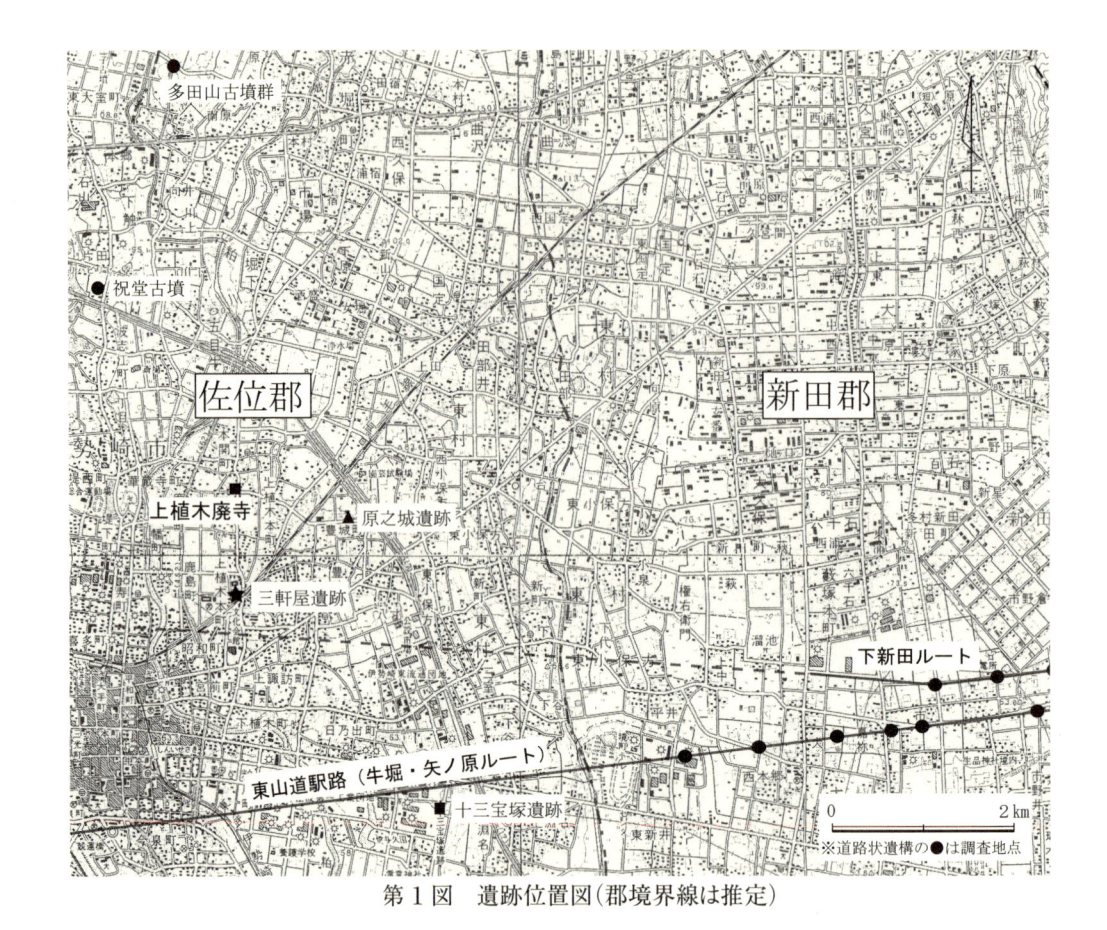

第1図 遺跡位置図（郡境界線は推定）

　分類にあたっては紋様や製作技法から下記の4期区分しており、今回報告するのは1期の軒瓦である。

　　1期：創建期（7世紀後半～）
　　2期：一本造り技法導入期（8世紀前半・上野国分寺創建前後）
　　3期：補修期1（8世紀中頃～・上野国分寺創建期【国分寺編年Ⅱ期】）
　　4期：補修期2（9世紀～・上野国分寺補修期【国分寺編年Ⅲ期】）

（1）創建期軒瓦　素弁・単弁八葉蓮華紋軒瓦　5型式7種（第3図）　A01a わずか4点の出土のため詳細は不明であるが、素弁八葉蓮華紋である。蓮弁は平板である。笵はかなり出が悪く弁端の状況は定かではないが、やや盛り上がり反転を表現している。男瓦との接合は瓦当裏面に溝を穿ち、男瓦を差し込み、瓦当裏面接合箇所をナデつけた後、補強粘土を凹凸面に加えて成形する（AⅠ技法）。その際、男瓦広端部先端は凹凸面をカットし凸面側にキザミを入れているものと考えられる。生産地は上植木廃寺瓦窯である。

　A01b aを単弁に掘り直したものである。外縁は斜縁で三重圏紋を意識して製作されている。蓮弁は盛り上がり、弁端は点珠状に盛り上がり反転を表現している。中房は突出し1+4の蓮子

第2図　上植木廃寺遺構配置図

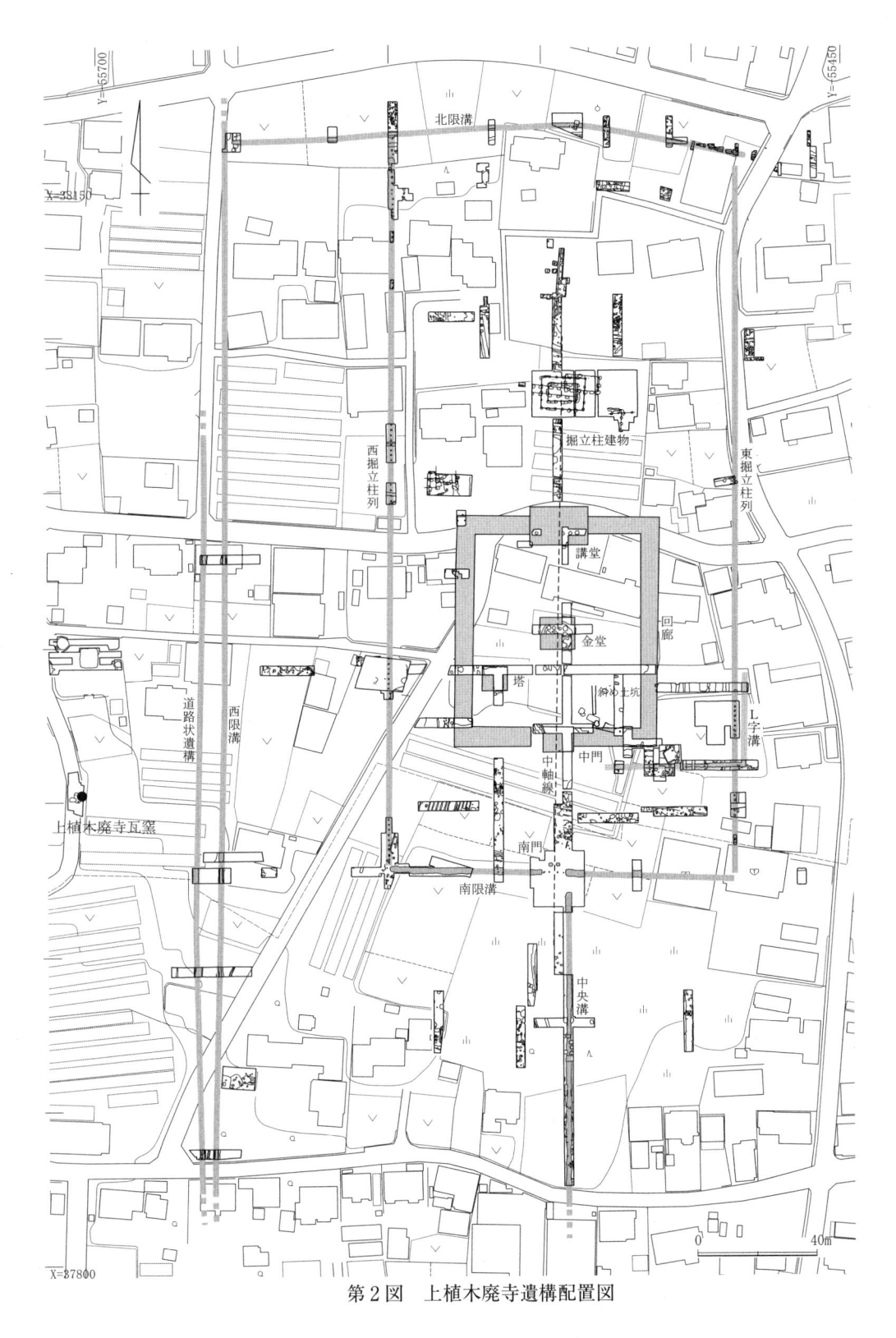

第3図　上植木廃寺出土鐙瓦

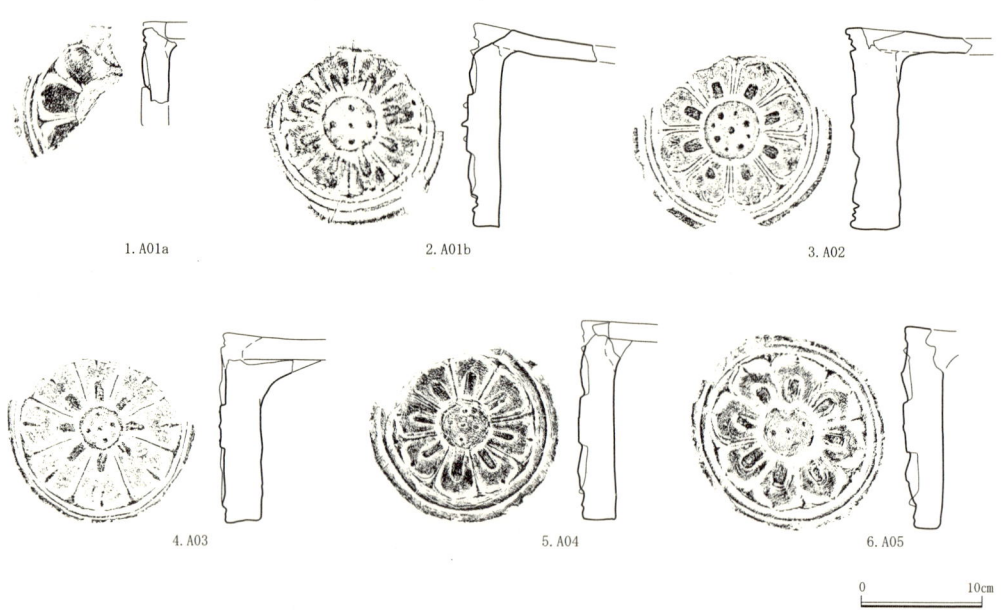

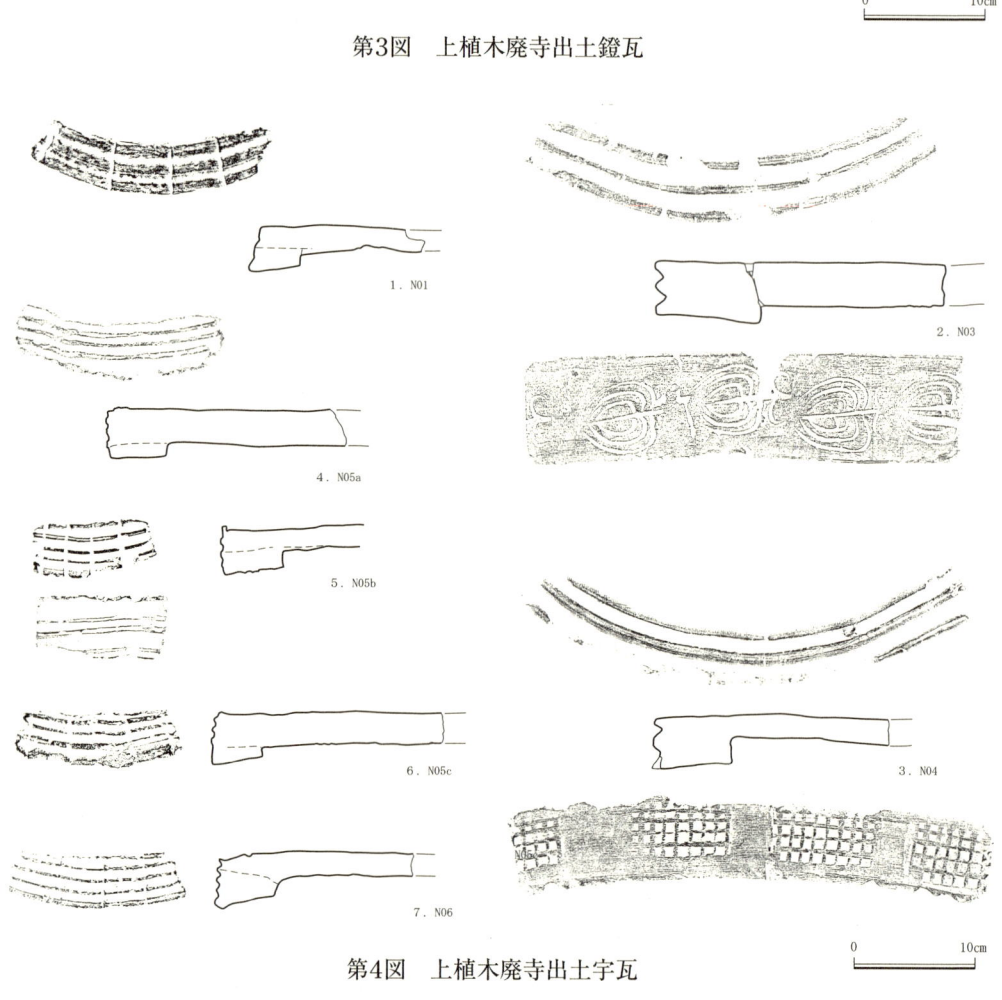

第4図　上植木廃寺出土宇瓦

を配す。隣り合う間弁は接しない。笵型は笵傷の状況から瓦当側面端部までの特殊な笵であり瓦当側面には布目が残る。接合はＡⅠ技法であるが、男瓦広端部は凸面斜めカットで、指で潰したようなものも存在する。キザミはない。生産地は上植木廃寺瓦窯である。

　A02　最も出土数が多く従来から上植木廃寺を代表する瓦として知られていたものである。外縁は斜縁で三重圏紋を意識して製作されている。蓮弁はやや平板で、唯一輪郭線をもつ。弁端は非常に高く反転を表現している。中房は突出し１＋８の蓮子を配す。隣り合う間弁は接しない。笵型は側面調整のため定かではないが、男瓦接合位置から方形であったものと推定される。接合は瓦当裏面に溝を穿ち、男瓦を差し込み、凹凸面に補強粘土を充填し成形する（ＡⅡ技法）。男瓦広端部は凹凸面および凸面カットでキザミはない。接合する男瓦は側板連結模骨で製作されている。生産地は勢多郡雷電山瓦窯である。

　A03　中房を掘り直しており中房小（a）→ 中房大（b）へと変化している。外縁は斜縁で二重圏紋を意識して製作されている。蓮弁は平板で、弁端には鎬状凸線で反転を表現するようになる。子葉は棒状で中房には１＋４の蓮子を配す。隣り合う間弁は接しない。笵型はＡ型で連結型の枷型を使用しており、側面には僅かに布目が残るものも存在する。接合はＡⅡ技法で、男瓦広端部の調整は凹凸面カットで凹面にキザミを施すが無加工のものも存在する。生産は雷電山瓦窯である。

　A04　外縁は斜縁で二重圏紋を意識して製作されている。蓮弁は盛り上がり、弁端は点珠で反転表現をしている。中房は１＋４の蓮子を配す。隣り合う間弁は接しない。笵型は側面に木目が延びていることからＡ型と想定される。接合はＡⅠ技法で男瓦広端部は無加工である。生産は雷電山瓦窯である。

　A05　外縁は斜縁で二重圏紋を意識して製作されている。蓮弁は盛り上がり、弁端は尖り反転を表現するようになる。中房は１＋４の蓮子を配し、間弁は唯一中房に達しない。また隣り合う間弁は接する。笵型は側面調整のため定かではない。接合はＡⅠ技法で、男瓦広端部は無加工である。生産は雷電山瓦窯である。

（２）創建期宇瓦　型挽き重弧紋宇瓦　６型式８種（第４図）

　N01　有節（簾状）三重弧紋である。段顎（顎部貼付け）でであり分割前施紋である。女瓦部は粘土板桶巻き作りで、凸面には２種類の斜格子叩きが交互に叩かれている。生産地は上植木廃寺瓦窯である。

　N02　有節の三重弧紋であるが、断面鋸歯状である。段顎（顎部貼付け）であるが施紋の段階は不明である。女瓦部は粘土板桶巻き作りであり、生産地は上植木廃寺瓦窯と考えられる。

　N03　無節の三重弧紋であり、顎面紋（蓮蕾紋）を施す。段顎（顎部貼付け）であり、顎面施紋（蓮蕾紋・型押し）した後、分割し型挽き施紋を施している。女瓦部は粘土板桶巻き作りであり、１種類の格子叩きを施す。生産地は雷電山瓦窯である。

　N04　無節の三重弧紋であり、顎面紋（正格子）を施す。段顎（顎部貼付け）であり、顎面（格

子・型押し)・型挽き施紋ともに分割前に行っている。女瓦部は粘土板桶巻き作りであり、1種類の格子叩きを残すが、顎部、女瓦部ともに同一叩きである。生産地は雷電山瓦窯である。

　N05　三重弧紋であるが、有節・無節、顎面施紋の有無でa～cに分類している。aは無節で弧線は凸線状、顎面施紋無し、分割後施紋である。bは有節で弧線は凸線状、顎面施紋(凸線)を伴う。cは有節で弧線は凸線状、顎面施紋無し、分割後施紋である。女瓦部はすべて粘土板桶巻き作りであり、2種類の格子叩きを施す。生産地はすべて雷電山瓦窯と考えられる。

　N06　有節の五重弧紋であり、弧線はややV字状を呈す。段顎(顎部貼付け)であり、女瓦部は粘土板桶巻き作りであり、格子叩きを施す。生産地は雷電山瓦窯と考えられる。

(3) 組み合わせ・使用堂塔・変遷・年代

　これまでの研究成果(高井ほか2005)から軒先瓦の組み合わせは① A01 + N01 ② A02 + N03 ③ A03 + N04 ④ A04・05 + N05・06と想定される。①の組み合わせは上植木廃寺瓦窯から上植木廃寺のみに供給され、それ以外は雷電山瓦窯で生産されている。②の組み合わせは勢多郡・新宮遺跡や新田郡・入谷遺跡でも確認されている。①は金堂からの出土が、②は回廊、③は塔・金堂、④はランダムに出土する傾向があり、①～③の使用堂塔はおおよそ推定できる(第1表)。これらの瓦で最古に位置づけられるのは①であり、尾張元興寺の重圏紋縁素弁蓮華紋鐙瓦の影響の元、採用されたものと考えられ(山路1999)、おそらく尾張元興寺の編年観(服部2005)から7世紀第Ⅳ四半期前半の年代になろう[2]。その後、窯場は上植木廃寺瓦窯から雷電山へ移動する。かつては鐙瓦接合技法の相違などから①・④と②・③の2つの工人グループに分け、上植木廃寺瓦窯で①の生産の後、雷電山で②・③の生産が別工人の手で始まり、その後①工人グループの手

第1表　上植木廃寺出土軒先瓦出土比率

鐙瓦	A01a	A01b	A02	A03	A04	A05	計
金　堂	0	7(46.7)	0	8(50.0)	1(4.3)	4(57.1)	20
塔	0	2(13.3)	2(5.4)	2(12.5)	3(13.0)	1(14.3)	10
講　堂	0	0	0	0	0	0	0
回　廊	0	1(6.7)	25(67.6)	1(6.3)	1(4.3)	0	28
塔・西回廊	0	1(6.7)	0	0	1(4.3)	0	2
中　門	0	1(6.7)	0	3(18.8)	2(8.7)	0	6
その他	2	3(20.0)	10(27.0)	2(12.5)	15(65.2)	2(28.6)	34
計	2	15	37	16	23	7	100

宇瓦	N01	N02	N03	N04	N05a	N05b	N05c	N06	計
金　堂	0	0	4(4.4)	6(16.7)	1(12.5)	0	0	0	11
塔	1(7.7)	0	12(13.2)	10(27.8)	3(37.5)	1(14.3)	0	0	27
講　堂	0	0	1(1.1)	0	0	0	0	0	1
回　廊	3(23.1)	1	23(25.3)	4(11.1)	0	0	0	1	32
塔・西回廊	0	0	5(5.5)	0	0	0	1	1	7
中　門	0	0	9(9.9)	6(16.7)	0	0	0	0	15
その他	9(69.2)	1	37(40.7)	10(27.8)	4(50.0)	3	1	1	67
計	13	2	91	36	8	4	2	3	160

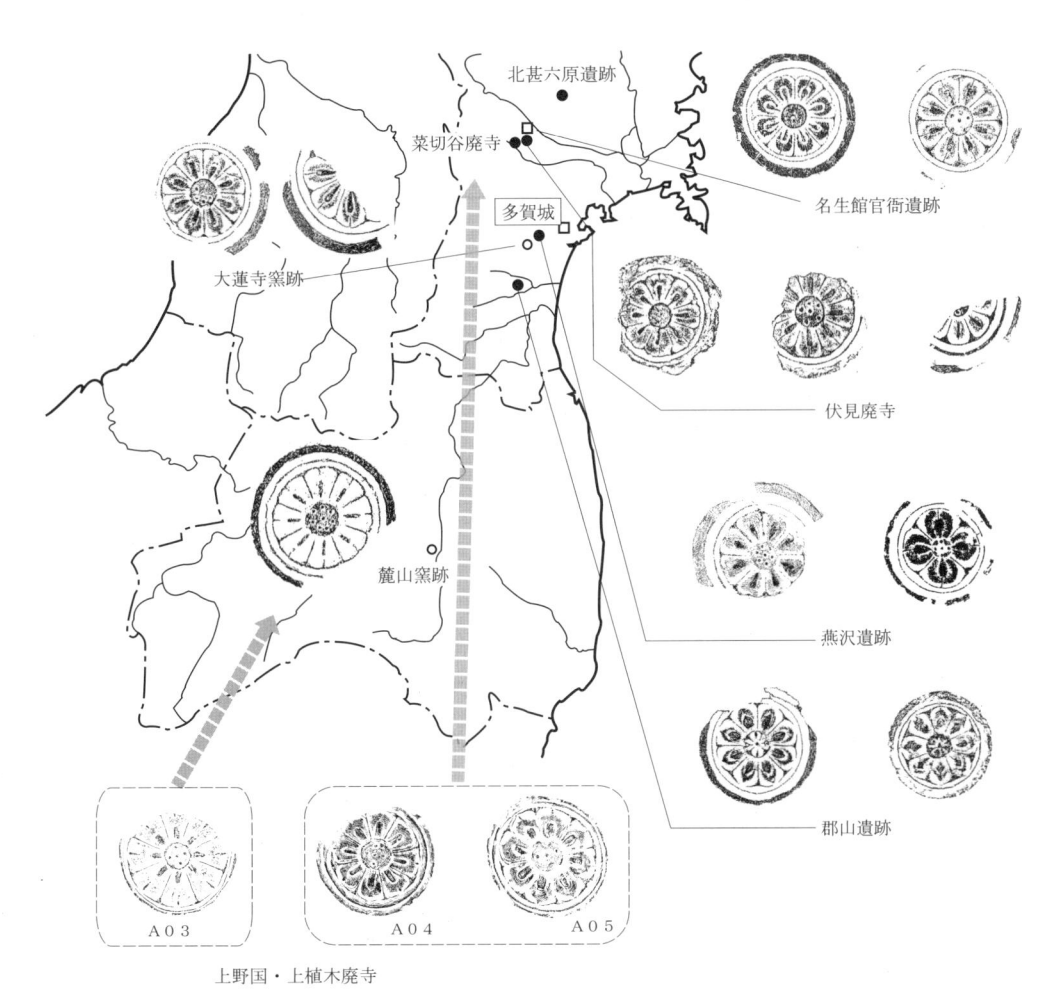

第5図　陸奥国における単弁系鐙瓦の分布

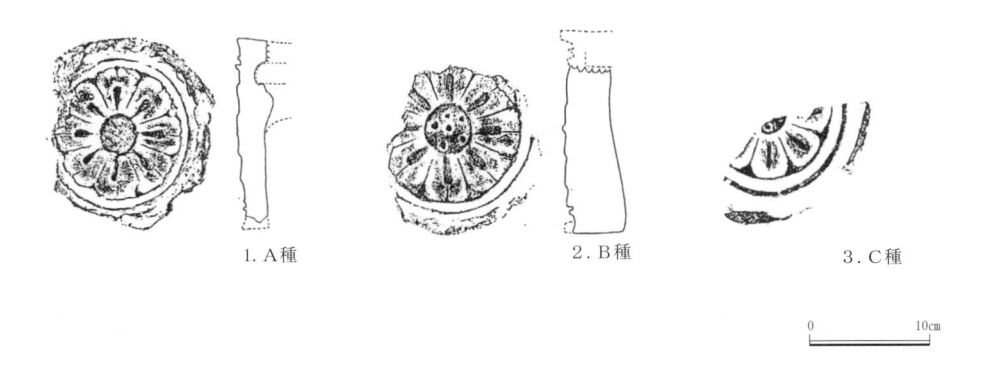

1. A種　　2. B種　　3. C種

第6図　伏見廃寺出土鐙瓦

で④の生産が開始されると想定していた。そして②と③ではA02と03の紋様から②が若干古いと結論づけていた。確かにA03はA02に比較すると退化傾向は否めないが、男瓦接合技法ではA01aに見られる男瓦広端部のキザミが残る。さらに組み合うN04は分割前施紋であり、A02と組み合うN03よりも古い要素を含む。また遺構の主軸方位から金堂・塔・講堂と中門・回廊では若干の造営方位の差が見られ、前者の建物群が後者のそれに若干先行して造営されたことも想定されている（出浦2009）。③の組み合わせは金堂・塔からの出土が多く、回廊からの出土が多い②とは傾向が異なり、使用堂塔からも③の組み合わせのほうが若干古い様相を示している。これらのことから②と③の組み合わせを同一工人によるグループと考えるよりも、それぞれ別系統のものと捉えることができるのではないか。そして鐙瓦の製作技法や弁端表現の変遷などを考慮すると、A02以下4笵種は男瓦との接合技法には確かに違いは存在するが、A01からそれぞれ派生した紋様とも考えられ、①→③・②・④と変遷したものと想定したい[3]。A01から派生した各型式の前後関係は③の年代がおそらく7世紀末、②は7世紀末から8世紀初頭、④は8世紀初頭以降の年代が考えられ、その後一本造り技法の採用へと変化していくものと考えたい[4]。なお、一本造り技法最古に位置づけられるC01は単弁八葉蓮華紋であり、無紋の外縁、内・外区の境には一重の圏線を持つという特徴があり、後述する陸奥国の単弁八葉蓮華紋鐙瓦の特徴を有す。そして上野のみならず、北武蔵の諸寺院に影響を与えていることも判明している。

2．陸奥国における単弁系鐙瓦の分布（第5図）

（1）名生館官衙遺跡・伏見廃寺（宮城県大崎市）（第6・7図）

　名生館官衙遺跡はこれまで、宮城県多賀城跡調査研究所や古川市教育委員会（現大崎市教育委員会）の調査成果から丹取郡衙および玉造郡衙と考えられる遺跡である（高橋2009）。名生館官衙遺跡から南に1km離れた位置に所在する伏見廃寺はそれに付随する郡衙周辺寺院と考えられている。報告する単弁系瓦の一群は名生館官衙遺跡Ⅲ期政庁および伏見廃寺の創建期瓦として採用されている（佐川ほか2005）。

　鐙瓦は単弁八葉蓮華紋で3型式に分類されている。

　A類は外縁、直立縁で無紋（一部、重圏紋のような痕跡？有）、内・外区の間に一重圏線を巡らす。蓮弁は平板で、弁端に鎬状凸線を置き、先端は盛り上がり反転を表現している。子葉は棒状で、中房蓮子は不明である。隣り合う間弁は互いに接する。接合技法は接着技法、印籠づけともに存在し、男瓦広端部凹凸面をケズリ、キザミを施す。

　B類はA類に比してやや大型であるが、基本的な文様構成はAと同じである。蓮弁の弁端には鎬状凸線を置くが先端の盛り上がりはほとんどない。中房は1＋5の蓮子を配す。接合はAと同様である。また、同笵品が宮城県栗原市・北甚六原遺跡（溝跡出土）・外沢田A遺跡（表採）で確認されている[5]。

　C類はさらに大型であるが、A・B類に比して全体的に退化傾向にある。内・外区の間の一重

1．A類　　　　　　　　　　　　　2．B類

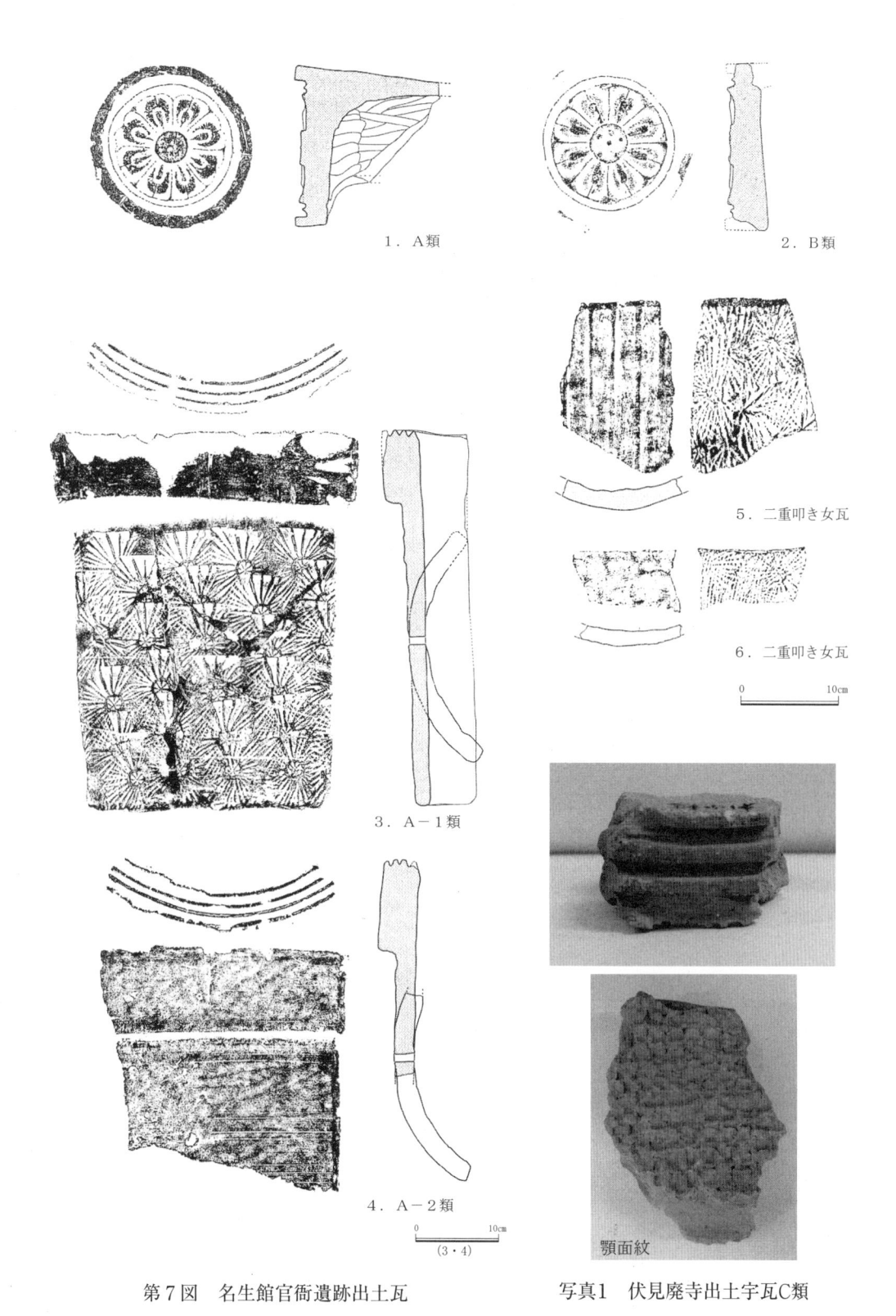

5．二重叩き女瓦

6．二重叩き女瓦

0　　　10cm

3．A−1類

4．A−2類

0　　　10cm
(3・4)

顎面紋

第7図　名生館官衙遺跡出土瓦　　　写真1　伏見廃寺出土宇瓦C類

1．A種

2．C種

0　　10cm

第8図　郡山遺跡出土瓦

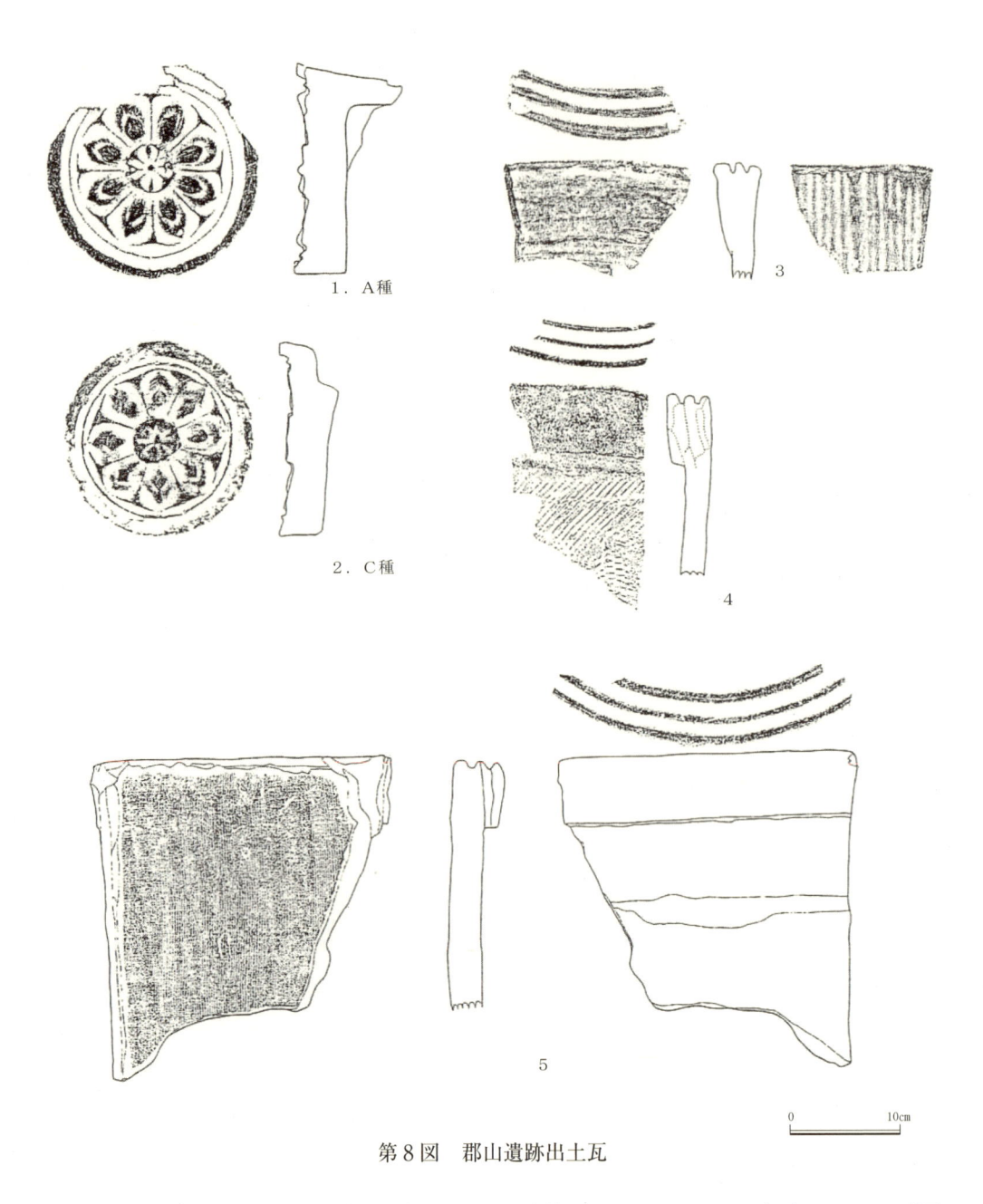

圏線が太くなり、弁端の鎬状凸線の消失、子葉の涙滴状などに現れている。中房は1＋4の蓮子を配す。

宇瓦は型挽き四重弧紋であり、3型式6種が検出されている。

　A類は顎部無紋のもので女瓦凸面叩きから4種に分類されている（1：花紋叩き2：ナデ3：縄4：格子）。B類は顎部に波状紋を施すもの、C類は顎部に格子叩きを施すものである。A類の弧線はやや断面三角形でC類は断面凸線状である。A・Cともに段顎（顎部貼付け）で側面調整のため施紋の段階は不明である。A－1・2は釘穴がある。

女瓦は粘土板桶巻き作りであるが、三枚分割のものが存在する。また凸面に二種の叩きを施すものもあり、縄＋格子・縄＋花紋の２種が存在し、いずれも縄叩き後に２次的に格子などを叩いている（第７図－５・６）。

（２）郡山遺跡・郡山廃寺（宮城県仙台市）（第８図）
　郡山遺跡は仙台市南東部に位置し、７世紀中葉まで遡るⅠ期官衙とそれに続く方四町四方のⅡ期官衙が検出されている。Ⅱ期官衙段階には南に郡山廃寺が創建されている。遺跡の性格はⅠ期官衙が倉庫や鍛冶関連遺構での鎧等の修理、畿内産土師器の存在などから、この地域に置かれた拠点的な柵跡の可能性が指摘されている。一方、Ⅱ期官衙は遺構の形態・存続年代などから多賀城以前の陸奥国府、郡山廃寺は多賀城廃寺の前身寺院と想定されている（長島ほか2005）。
鐙瓦はＡ～Ｄ種の４型式が確認されているが、ここではＡ、Ｃ種について報告する。
　Ａ種は単弁八葉蓮華紋で外縁は直立縁で無紋、内・外区の間に一重圏線を巡らす。蓮弁は平板で子葉は棒状ではなく蓮弁を小形化したものを配す。弁端には鎬状凸線を置き、やや盛り上がり反転を表現している。中房は１＋４で、周辺蓮子はくさび型状を呈す。隣り合う間弁は接し、やや盛り上がる。接合技法は接着技法、男瓦広端部無加工で広端部の凹面にキザミを施すものも存在する。
　Ｃ種は基本的な文様構成はＡ種と同様であるが、中房を挟んで非対称に蓮弁が割り付けられている。弁端の鎬状凸線はあいまいとなり、盛り上がりもなく反転表現が希薄になる。多賀城Ⅰ期114型式へ影響を与えていると考えられている（長島ほか2005）。
　宇瓦は型挽き三重弧紋が４点（郡山廃寺からは１点のみ）のみ確認されている。技法や叩きから３種存在する。
　Ａ種は三重弧紋で弧線は断面Ｖ字状を呈す。段顎（粘土貼付け）であり分割後施紋と考えられる。女瓦部は粘土板桶巻き作りで縄叩き後にヘラケズリを施す。郡山廃寺からは縄叩き女瓦のみ出土している。
　Ｂ種は三重弧紋であり弧線は凸線状で深い。段顎（粘土貼付け）であり分割後施紋と考えられる。女瓦部は粘土板桶巻き作りで凹面布目スリ消し、凸面平行叩きを施す。
　Ｃ種は三重弧紋であり断面ややＶ字状である。曲線顎（粘土貼付け）であり、分割後施紋である。女瓦部は竹状模骨痕を残し、凸面は格子叩きである。格子叩き女瓦はⅠ期官衙から少数出土している。

（３）燕沢遺跡・大蓮寺窯跡（宮城県仙台市）（第９図）
　燕沢遺跡は仙台市の北東部に位置し、かねてより瓦が出土することから官衙もしくは寺院と考えられていた遺跡である。その後1981年から1998年まで仙台市教育委員会で調査が実施され、僧坊と考えられる建物や「讀院□」と墨書された須恵器などが出土したことから現在は寺院跡と想定されている。しかしこれらの建物群は９世紀以降の年代が与えられており、単弁系の瓦が葺

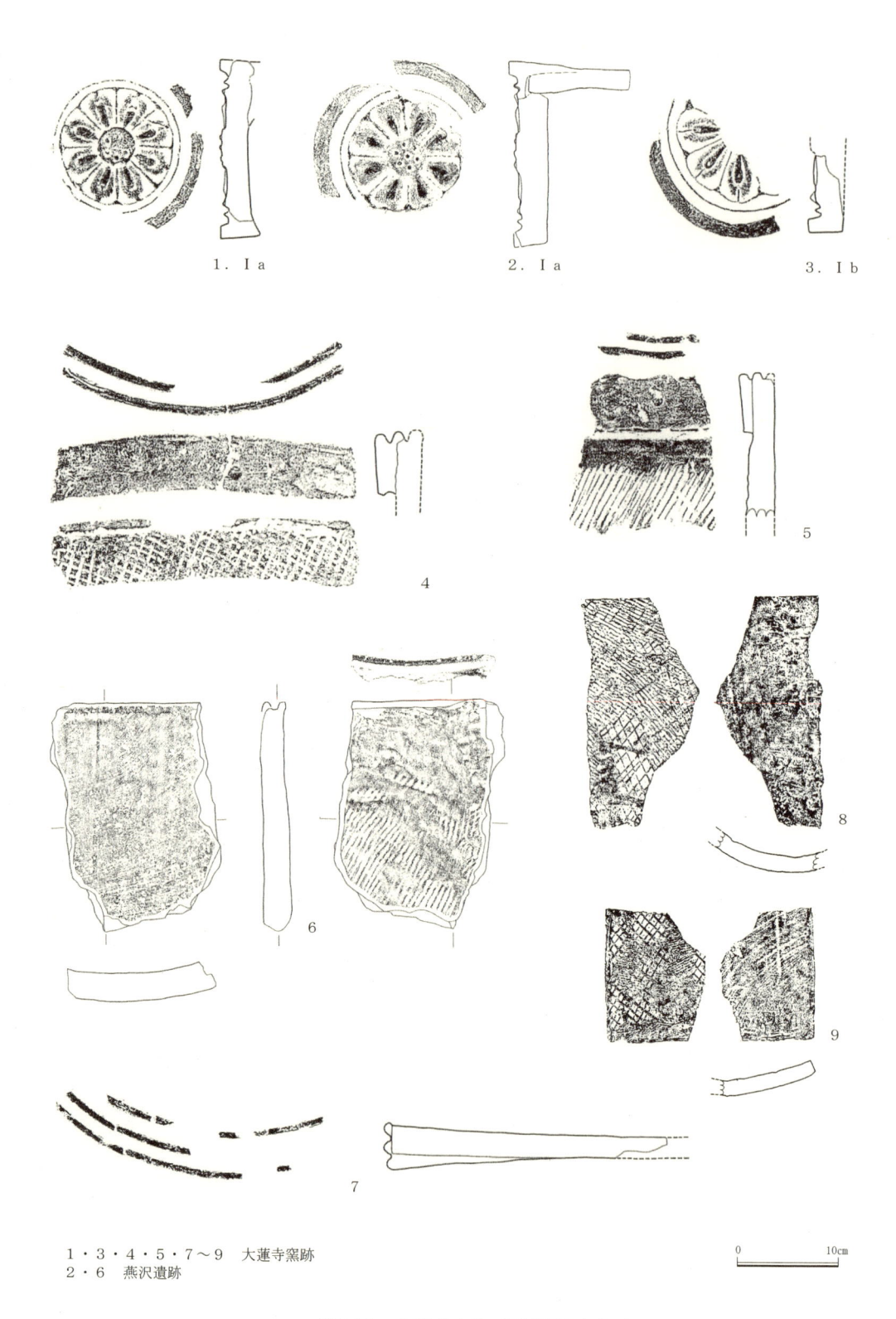

1・3・4・5・7～9　大蓮寺窯跡
2・6　燕沢遺跡

第9図　大蓮寺窯跡・燕沢遺跡出土瓦

かれていた建物は確認されていない（長島ほか1996）。

　燕沢遺跡に瓦を供給していたのが大蓮寺窯跡であり、燕沢遺跡の南西1.5kmの地点に所在している。大蓮寺窯跡は1975年の調査で須恵器窯が調査され、その後曹洞宗大蓮寺の本堂解体新築工事等に伴う2・3次調査が仙台市教育委員会によって実施され、瓦窯5基を検出している。

　燕沢遺跡出土の単弁系瓦群はほぼすべてが大蓮寺窯跡で焼成されていることから、後者の出土瓦を中心に報告する（篠原1993）。

　鐙瓦は単弁八葉蓮華紋が2型式出土しており、供伴土器からⅠA→ⅠBであることが判明している。

　ⅠAは外縁、直立縁で無紋、内・外区の間に一重圏線を配す。蓮弁は平板で、弁端には鎬状凸線を置き先端はやや盛り上がり反転表現している。子葉は棒状で、中房は1＋6である。隣り合う間弁は互いに接し、やや盛り上がる。接合技法は接合溝を設ける印籠づけで、男瓦広端部無加工である。燕沢遺跡で同笵品が出土している。

　ⅠBはⅠAに比して大振りである。蓮弁の先端は鎬状凸線を置き、弁端は盛り上がりが無く反転表現が退化してきている。子葉は細い涙滴状に変化している。

　宇瓦は型挽き三重弧紋であり、2型式5種が確認されている。

　Ⅰは段顎であり女瓦叩きから3種に分類している（A:1種類の格子叩き B:平行叩き C:不明）。Ⅱは直線顎であり叩きから2種に分類している（A:平行叩き B:ナデ消し）。いずれも弧線が深く、Ⅰ・Ⅱともに顎部貼付けであり、分割後施紋と考えられる。

　女瓦は粘土板桶巻き作りであるが、凸面の格子には1・2種類の両者が存在する。2種類の叩きは前面に1種類を叩き、その後、補助的に別種類の叩きを叩いている（第9図－8・9）。

（4）麓山瓦窯跡（福島県郡山市）（第10図）

　麓山瓦窯跡は1958年に5基（A～E窯）の窯跡が調査されている。窯の重複関係から丘裾、丘中腹、丘頂部の順に構築され、操業期間はそれほど長くはないと報告されている。また出土須恵器の年代から7世紀末から8世紀初頭の年代が与えられている（高松1984）。

　鐙瓦は1種類が出土しており単弁八葉蓮華紋である。外縁は直立縁で無紋、内・外区の間に一重圏線が巡る。蓮弁は平板で逆台形状であり、弁端には鎬状凸線を置く。子葉は細い棒状であり、中房は1＋7の蓮子を配す。隣り合う間弁は接し、やや盛り上がる。連結型の枷型を使用しており、瓦当側面には枷型合わせ目、布目がみられる。男瓦との接合技法は接着式と考えられるが詳細は不明である。

　宇瓦は型挽き三重弧紋であり、弧線は深い。段顎（粘土貼付け）であり、分割後施紋である。女瓦部は粘土板桶巻き作りで凸面には斜格子叩きをほぼ前面に叩く。

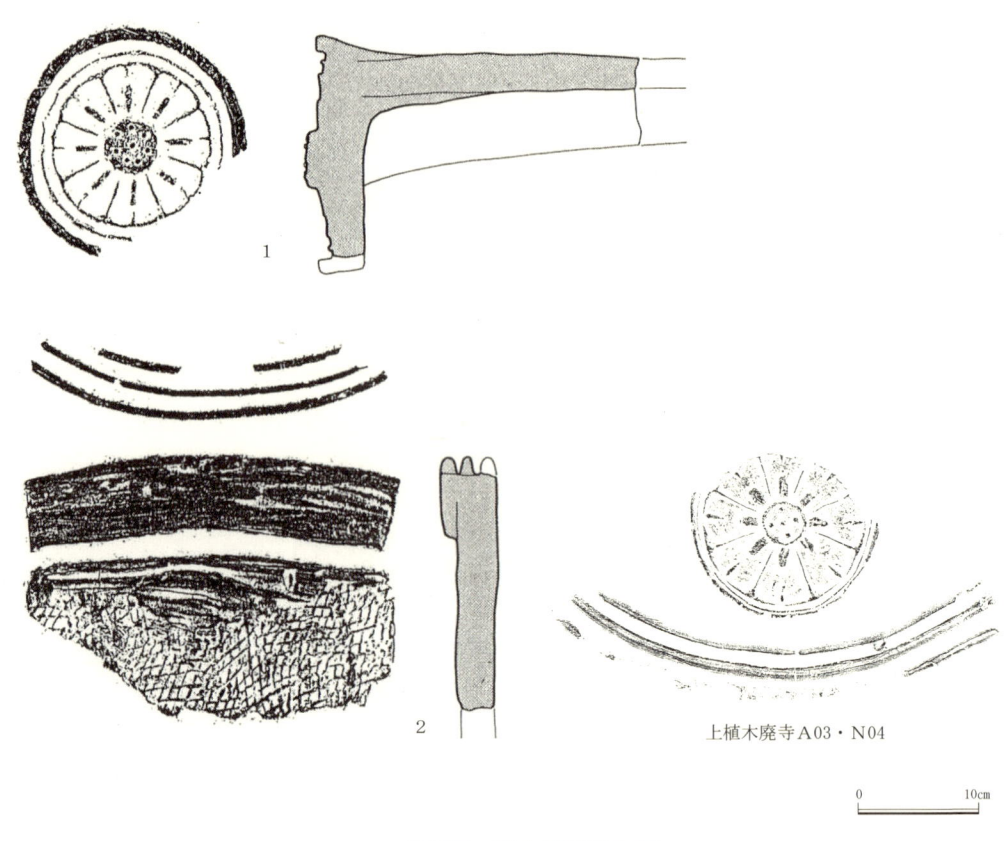

第10図　麓山窯跡出土瓦

4．陸奥国における単弁系鐙瓦の展開と系譜

（1）年代と変遷

　陸奥国内で単弁系鐙瓦と重弧紋宇瓦のセットが認められるのは前述の6遺跡である。各遺跡の鐙瓦の特徴は外縁が直立縁で無紋、内・外区間に一重圏線をもつ。さらに平板で最大幅が弁端よりにある蓮弁を有し、子葉は棒状、弁端には鎬状の凸線を配す。中房は突出し小粒な蓮子を配し、隣り合う間弁が互いに接するなど共通する部分が多く大きな枠組みの中で捉えられる一群である。
　これまでの先学の研究からこれらは7世紀末葉から8世紀初頭にかけて展開し、なかでも共伴須恵器の年代から麓山瓦窯跡の資料が最も古いと考えられている。麓山瓦窯跡の単弁八葉蓮華紋鐙瓦は蓮弁が逆台形状を呈し、蓮弁先端の鎬状凸線および反転表現も古相であり、共伴須恵器の年代も加味すれば7世紀末葉の年代が妥当であろう。
　その後に続く瓦を考える際、基準となるのは名生館官衙遺跡および伏見廃寺出土瓦と考える。ここではA～C類の3種の鐙瓦が出土しているが、A類は弁端の鎬状凸線および弁端で反転を

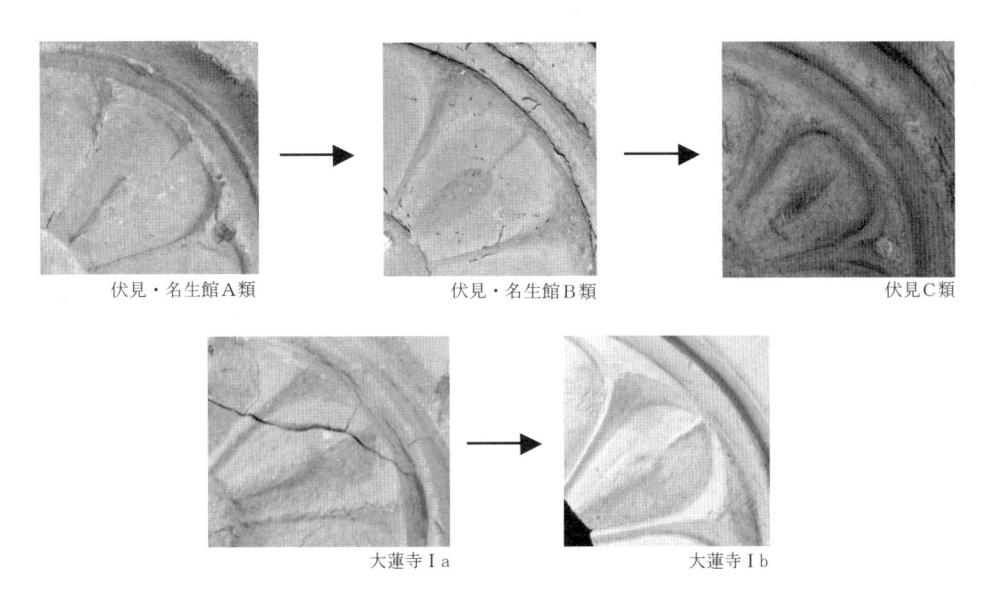

写真2　宮城県内単弁系軒瓦における蓮弁・子葉の変化

表現しているが、B類は凸線のみになり、C類にいたっては凸線も消失する。またC類は圏線も太くなり、子葉も中房にむけて狭くなる涙滴状になることから、A→B→Cの順に変遷するものと考えられる。また、大蓮寺窯跡の軒瓦2型式は共伴須恵器からⅠA→ⅠBと変遷することが判明しているが、ⅠAは弁端の凸線の形状が名生館AとB類の中間的な様相を呈し、ⅠBは名生館B類に近くなる。またⅠBは子葉の形状が名生館C類同様涙滴状を呈すようになり、間弁の形状もより盛り上がりを見せるようになる（写真2）。郡山遺跡出土の軒瓦は蓮弁先端の形状が他の遺跡とは若干異なるが、A種は鎬状凸線および弁端で反転を表現している。C種は凸線自体が曖昧になり名生館C類に近くなるなど前述の変化の中で捉えられる。このことから麓山瓦窯跡以降の軒先瓦の変遷は第11図のようになるものと想定される。

　ここでこれらの時期を検討してみる。名生館官衙遺跡は丹取郡衙の可能性が指摘されており、丹取郡の設置が和銅6年とされていることから、最も古いA類はおそらく7世紀までは遡らないであろう。しかし辻氏も指摘しているように和銅6年よりは古い様相を示しているものと考えられ、8世紀初頭の年代を想定したい。郡山遺跡の出土瓦は竹状模骨を伴う宇瓦などの存在から古相との指摘もあるが[6]、竹状模骨宇瓦は分割後施紋であり、7世紀末以降のものである。また、軒瓦A種もその形状から名生館A類とさほど変わらないものと考えられる。大蓮寺窯跡のⅠA・Bは共伴須恵器から前者を7世紀末〜8世紀初頭、後者を8世紀初頭〜前葉に比定されていることから、大蓮寺ⅠBや後出する名生館C類は8世紀第Ⅰ四半期後半と考えられ、これ以降、陸奥国は多賀城創建へと向かっていく。

(2) 陸奥国単弁系瓦群の系譜

　陸奥国内の単弁系軒瓦はこれまで一連の流れの中、成立・展開していったものと考えられてい

第11図　単弁系軒瓦変遷図

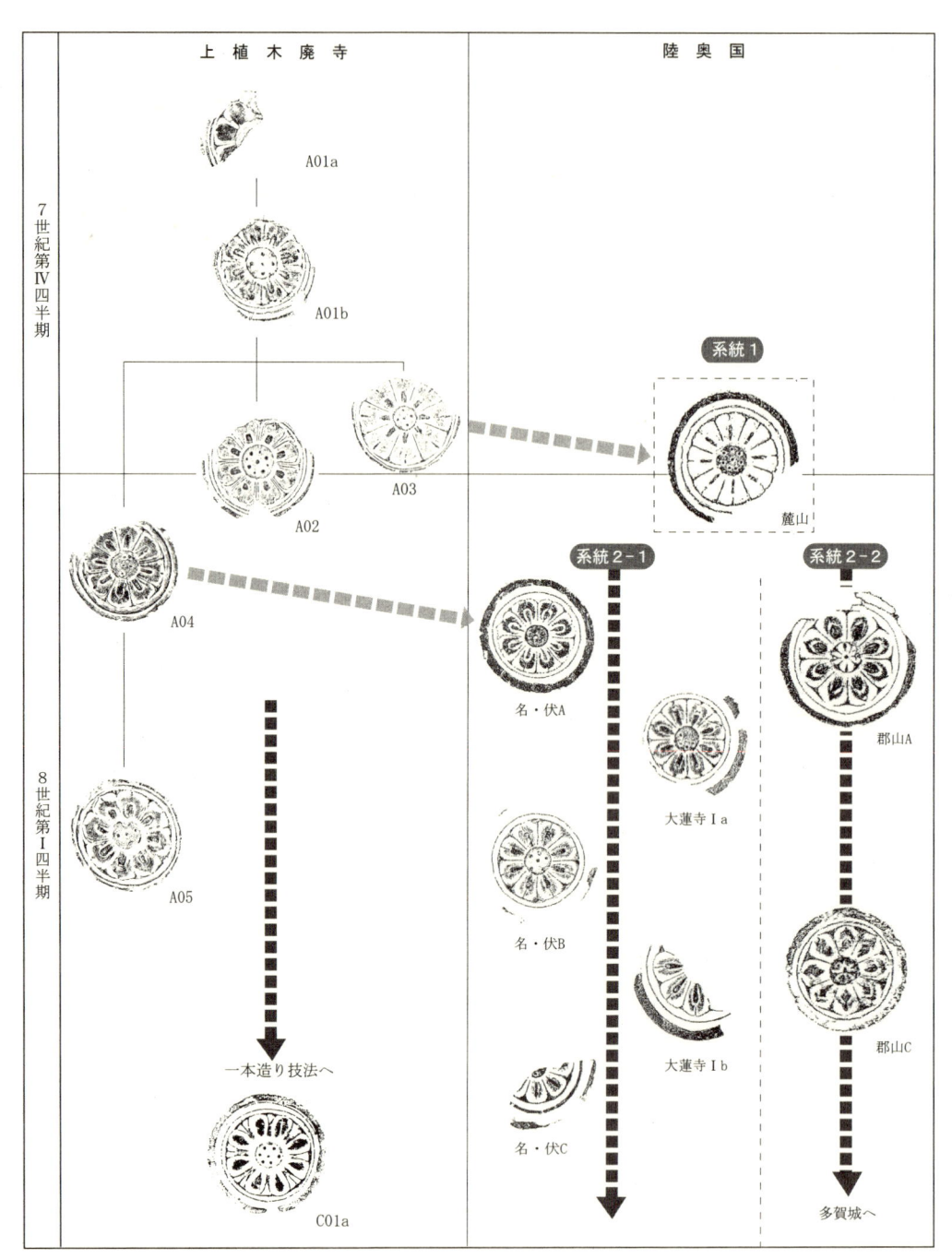

たが、各遺跡の分布状況、前述の瓦当紋様・製作技法および変遷などから麓山瓦窯跡（系統1）、名生館官衙遺跡、伏見廃寺、大連寺窯跡、燕沢遺跡（系統2-1）、郡山遺跡（系統2-2）に分けることが可能であろう[7]。

　系統1はその分布の相違および紋様から、系統2-1は前述の系統1とは別系譜のもと成立し、

相互に関わりをもちながら展開しているものと考えられる。また、他遺跡とはやや異なる瓦当紋様や竹状模骨宇瓦を有する系統2－2も別グループと考えた方が陸奥国の単弁系鐙瓦を考える際には有効ではないかと考える。これらの瓦は麓山瓦窯跡の系統1から徐々に北上しつつ展開したものではなく、個々の系統がそれぞれに展開したものと想定されるのである。

ではこれらの瓦の系譜はどこなのであろうか。これまで辻氏や岡本氏、佐川氏などが上植木廃寺A03が陸奥国に分布する単弁八葉蓮華紋鐙瓦の直接の系譜であるとの見解を示してきた。辻氏は上植木廃寺A型式の瓦の形状・変遷（重圏紋から一重圏線へ、扁平な弁）などから、岡本氏は上植木廃寺単弁系出土瓦の在地化を指摘し、最終段階がA03であると述べ、東北への波及について言及している。さらに佐川氏も両者の見解を支持しつつ、A03と麓山瓦窯跡の鐙瓦に枷型の使用という共通点などを指摘し、前者が後者の祖型であったと述べている。

たしかに麓山瓦窯跡出土の鐙瓦とA03は蓮弁の類似性など共通する部分が多く、これまでの諸氏の見解に従うものであり、系統1の系譜はA03に求められよう。年代的にも陸奥国内で最古の単弁系の鐙瓦としての位置づけは変わらないであろう。しかし技法に関して言えば工人の移動などは想定できず、組み合う宇瓦もN04は分割前施紋、麓山瓦窯跡は分割後施紋であり異なっていることからも明らかである[8]。

次に系統2－1の祖型はどこであろうか。系統2－1は系統1よりは若干遅れて成立していること、紋様の類似性、紋様構成の変遷（弁端の反転表現や間弁の変化）、男瓦接合技法の変化（広端凹凸面ケズリ→無加工へ）などから、上植木廃寺A04・05の影響を想定したい[9]。さらに技法を含め上植木廃寺出土瓦の特徴と系統2との類似性について見てみる。上植木廃寺の特徴として、鐙瓦の接合技法（AⅠ技法）、宇瓦の有節重弧紋および顎面施紋、側板連結模骨男瓦、女瓦凸面の2種叩きなどがあげられる。この中で陸奥国でも該当するのは顎面施紋と女瓦凸面2種叩きのみである。女瓦凸面の2種叩きは上植木廃寺例が2種の叩き板を交互に叩いているのに対し、大蓮寺窯跡や名生館官衙遺跡で確認されているものは2次的に別の叩きを施すものであり手法が異なる。また東北で多く見られる縄叩きも上植木廃寺では存在しない。このことから系統1と同様に、紋様自体の系譜は上植木廃寺に求められるが、細かな製作技法や諸特徴までは伝播していないことが指摘できよう。また系統2－2は後の多賀城創建の祖型となる一群であるが、陸奥国内でも同系統の瓦はほとんど確認されていない[10]。その祖型を考える際、佐川氏が指摘しているように上植木廃寺A01bやA02との蓮弁形状の類似から、上植木廃寺との関連性も考えられる[11]。しかし紋様全体の形状、竹状模骨を伴う宇瓦の存在など一概には断定できず、現状では不明と言わざるを得ない。

陸奥国内で採用された単弁系鐙瓦は7世紀後半に上植木廃寺A03の影響によって陸奥国南部で系統1が成立し、8世紀初頭には仙台・大崎平野を中心に上植木廃寺A04・05の影響で系統2－1が、ほぼ同時期に祖型は不明であるが系統2－2が成立する。系統1はその後の広がりはほとんど見られないが、系統2はそれぞれの地域の中で展開し、多賀城創建瓦へと繋がっていく。

おわりに

　このように陸奥国における単弁系軒瓦は大きく2つの系統に分けられる可能性が想定された。これらの系譜は麓山瓦窯跡が上植木廃寺A03の影響で成立していることは従来の見解どおりであるが、そこから段階的に北上し派生・展開し、多賀城創建瓦に繋がっていくという単純な図式ではないことが想定された。さらに系統2の一群は一連の流れの中で紋様の展開が説明でき、その直接の系譜は上植木廃寺A04・05の可能性が高いことも指摘できた。しかしどの系統も紋様・技法も含めた上植木廃寺の造瓦体制のすべてが導入されているわけではなく、人の移動、導入における歴史的背景なども含め今後さらに詰めていく必要があろう。さらに上植木廃寺に祖型が求められると想定されている北武蔵の棒状子葉を有する軒瓦（昼間2003）と陸奥国単弁系軒瓦との関連なども含め考える必要もあり、今後の課題としたい。

　また系統2の分布地域は陸奥国内でも旧国造領域のさらに北部に位置し、なかでも郡山遺跡や名生館官衙遺跡など対蝦夷政策の拠点的な遺跡にみられる。高橋誠明氏は出土する関東系土師器の検討などから、この時期、大崎平野は北武蔵との関係が非常に強い地域であると述べているが、瓦からは北武蔵の各寺院に多大なる影響を与えている上植木廃寺を中心とする東毛地域の影響が色濃く見られ、上野国南部から北武蔵地域の対蝦夷政策への関与における多様性を示しているようである。一方、同じ上野国の中心寺院である山王廃寺（西毛地域）を祖型とする複弁系の瓦は、陸奥国北部地域には導入されていない。上野国内でも二大寺院である両廃寺はその造瓦に一切の交流はなく、陸奥国内においても互いに影響を与える地域を違えている。このことは対蝦夷政策における上野国内における東毛、西毛地域の担った役割の相違などにも関わる問題であり、ひいては地域間交流というテーマからはそれるが古墳時代から続く文化圏の相違という上野国内の問題にも通ずるものがあり、坂東の中における上野国の位置付け等も加味し再考したい。

　なお、本報告は平成22年、国士舘大学での日本考古学協会76回総会テーマ会場で開催された『古代社会と地域間交流―寺院・官衙・瓦からみた関東と東北―』の口頭発表資料に若干の加筆・修正したものであり、大きな変更点はない。今回のテーマ発表を機に今後、ますます関東と東北の間で交流の問題がクローズアップされるようになるであろう。本報告がその地域間交流における一助になることを期待すると同時に、諸氏のご叱正、ご教示を願えば幸いである。

　末筆ではあるが日頃よりご指導頂いている須田勉先生をはじめ、大橋泰夫、小笠原好彦、河野一也、川口武彦、佐川正敏、真保昌弘、昼間孝志、藤木海、山路直充各氏より有益なご教示を頂き、また大崎市教育委員会高橋誠明氏には名生館官衙遺跡および伏見廃寺の、仙台市教育委員会長島栄一氏には大連寺窯跡、燕沢遺跡、郡山遺跡出土瓦の実見にお骨折り頂き、多くのご教示を頂いた。記して感謝の意を表するものである。

註
1 ）上植木廃寺創建期の軒先瓦については高井報告（高井ほか2005）を基本的には踏襲し、それ以降の瓦についても高井氏の協力の下、新型式番号を付している。
2 ）千葉大で開催された「古代瓦研究会」討論において高井氏も同様の年代観を示しており（高井ほか2005）現在も変更点はない。
3 ）瓦の観察方法等、山路氏に多くのご教示を得た。これまではAⅠ・Ⅱ技法の違いなどから大きく2つのグループに分け考えていたが、瓦当紋様、製作技法や組み合う宇瓦などから、A 01から②〜④の組み合わせがそれぞれ派生し成立したものと考えたい。
4 ）②および③の組み合わせの年代は、現状で③を若干古くしているが、N 03が分割前施紋の可能性も残しているとの指摘もあり、現在、再検討しているところである。
5 ）高橋誠明氏のご教示による。
6 ）Ⅰ期官衙からは格子叩きを持つ女瓦が少量出土しており、その中には竹状模骨を伴う宇瓦の叩きと同様の叩きを持つ女瓦も含まれる。これらの瓦は郡山廃寺創建以前に持ち込まれたものと想定されており、重弧紋宇瓦などを古く考える根拠となっている（長島2000・2005）。
7 ）陸奥国内の単弁系鐙瓦を系統に分ける考えはすでに真保氏によって提唱されているが（真保1995）、真保氏は名生館・伏見、大蓮寺・麓山、郡山の3タイプに分けており、若干異なっている。
8 ）山路氏によれば東北地方の他の鐙瓦（複弁系など）にも枷型使用のものが存在し、枷型の使用をもって上植木と麓山の技術的な繋がりを想定することは難しいとのご指摘を受けた。
9 ）真保氏も陸奥国に影響を与えたのは上植木寺A 03・04あたりであろうとの見解を示している（真保1995）。系統2の一連の変化は上植木廃寺鐙瓦の型式変化過程の中で捉えられ、技法自体は若干異なるが、紋様的に最も近いものがA 04と考えられる。系統2は時期的にも麓山に若干遅れることから、A 03に後出するA 04を祖型と考えたい。また佐川氏は弁端の形状からいわゆる「百済大寺系」と「山田寺系」を区別して議論する必要性を述べている（佐川2010）。たしかに上植木廃寺創建期鐙瓦の弁端形状は先が尖り上方に反る「百済大寺系」の範疇に含まれるものと考えられ、「山田寺系」である系統2−1とはその点において異なる。しかし上植木廃寺の影響で成立したと想定される北武蔵の棒状子葉をもつ鐙瓦の弁端も「山田寺系」であり、これは伝播の過程での変化と捉えることもでき、やはり系統2−1の祖型は上植木廃寺A 04と考えたい。
10）同系統の瓦は唯一、泉官衙遺跡で出土しているが、1点のみである。
11）郡山遺跡出土の鐙瓦の蓮弁も「百済大寺系」であり、その祖型を考える際に、上植木廃寺A 01 b、A 02のような瓦がモデルになっている可能性もあるとのことである（佐川2010）。

参考文献
出浦　崇2009『新屋敷遺跡・上植木廃寺周辺遺跡・上植木廃寺』伊勢崎市教育委員会
岡本東三1996『東国の古代寺院と瓦』吉川弘文館
関東古瓦研究会『第3回　関東古瓦研究会研究資料№3』
木津博明1997「上野国の初期寺院」『関東の初期寺院』関東古瓦研究会
佐川正敏2003「仙台市郡山廃寺所用軒丸瓦の調査報告」『東北学院大学東北文化研究所紀要』第35号
佐川正敏2008「東北地域の寺院造営—多賀城創建以前の寺院—」『天武・持統朝の寺院造営—東日本』
佐川正敏・高橋誠明・高松俊雄・長島栄一2005「陸奥の山田寺系軒瓦」『古代瓦研究Ⅱ』奈良文化財研究所
佐川正敏2010「寺院と瓦からみた白鳳期の陸奥国」『古代社会と地域間交流』日本考古学協会第76回総会実行委員会お
佐々木茂禎1971「宮城県古川市伏見廃寺跡」『考古学雑誌』第56巻第3号
篠原信彦1993『大蓮寺窯跡−第2・3次−発掘調査報告書』仙台市教育委員会

新藤秋輝 1990「多賀城創建以前の律令支配の様相」『伊東信雄先生追悼　考古学古代史論攷』
真保昌弘 1995「古代陸奥国初期寺院建立の初段階」『王朝の考古学』
真保昌弘 1997「陸奥地域の関東系軒先瓦を中心とした受容とその背景」『関東の初期寺院』資料編　関東古瓦研究会
須田　茂 1985「上植木寺院跡の軒瓦の型式分類」『伊勢崎市史研究』第3号
高井佳弘・出浦崇 2005「上野の「山田寺式」軒瓦」『古代瓦研究Ⅱ』奈良文化財研究所
高橋誠明 2009「宮城県名生館官衙遺跡」『日本古代の郡衙遺跡』
高松俊雄 1984「郡山市麓山瓦窯跡出土の瓦について」『福島考古』第25号　福島考古学会
辻　秀人 1992「陸奥の古瓦の系譜」『福島県立博物館紀要』第6号　福島県立博物館
辻　秀人 1994「陸奥国における雷文縁複弁四弁、単弁八弁蓮華文鐙瓦の展開について」『古代』第97号　早稲田大学考古学会
長島栄一ほか 1996『仙台平野の遺跡群ⅩⅤ』仙台市教育委員会
長島栄一 2000「仙台市郡山遺跡出土の平瓦をめぐって」『阿部正光君追悼集』阿部正光君追悼集刊行会
長島栄一ほか 2005『郡山遺跡発掘調査報告書－総括編（1）－』仙台市教育委員会
長島栄一 2005「仙台市郡山遺跡・郡山廃寺の調査」『地方官衙と寺院－郡衙周辺寺院を中心として－』奈良文化財研究所
服部哲也 2005「尾張の山田寺式軒瓦」『古代瓦研究Ⅱ』奈良文化財研究所
昼間孝志 2003「初期地方寺院における単弁軒丸瓦の成立」『研究紀要』第18号　埼玉県埋蔵文化財調査事業団
宮城県教育委員会・宮城県多賀城跡調査研究所 1982『多賀城跡』政庁跡本文編・図版編
宮城県多賀城跡調査研究所 1981『名生館遺跡Ⅰ』
山路直充 1999「東日本の飛鳥・白鳳時代の瓦について－下総龍角寺と尾張元興寺－」『飛鳥・白鳳の瓦と土器－年代論－』帝塚山大学考古学研究所歴史考古学研究会・古代の土器研究会
渡邊泰伸 1990「瓦生産の初段階－古代東北地方における瓦生産導入期－」『伊東信雄先生追悼　考古学古代史論攷』

瓦からみた陸奥南部の寺院造営と坂東

— 山王廃寺系軒先瓦の文様と技術系譜 —

藤木　海

はじめに

　辻秀人氏は、陸奥南部に分布する国分寺創建以前の瓦群を、瓦当文様の特徴から「7世紀末から8世紀初頭に成立した評衙あるいはその付属寺院などに用いられたもの」と多賀城の重弁蓮華文に代表される「陸奥国府系瓦」に大別した。そして、前者のほとんどは、直接的には関東地方の瓦の系譜に属し、それらが陸奥国内の地域毎に偏在することから、律令国家が各評衙などの建設にあたり、必要に応じて関東各地から工人を招集できる状況にあったとした。福島県いわき市夏井廃寺の複弁八葉蓮華文、相馬市黒木田遺跡の複弁七・八葉蓮華文、福島市腰浜廃寺の素弁八葉蓮華文鐙瓦について、いずれも祖形を上野山王廃寺の瓦に求め、「上野系」と称した（辻1988・1992・1994）。

　真保昌弘氏は、陸奥の鐙瓦を瓦当文様から素弁系、単弁系、複弁系などに分けて捉え、複弁系のなかで山王廃寺に系譜をもつものを「山王廃寺系」とした。氏は、この複弁七・八葉鐙瓦について、いずれも上野のなかで古い段階のものが夏井・黒木田に影響を与えたが、両者の間に共通性は見出せず、それぞれが独自に上野との関連をもったと指摘した（第1図）。また、陸奥南部における山王廃寺系の鐙瓦は、下野系の複弁六葉と合わせ、中央政府による陸奥経営に、その地理的な位置などから直接これに関与した上毛野氏・下毛野氏の活動を背景としたと考えた。そして、それらの瓦による陸奥国の初期寺院建立を3段階に時期区分し、山王廃寺系はそのうち3段階目に位置づけた（真保1992・1994・1995・1997）。

　岡本東三氏は、山田寺式・川原寺式の畿内系瓦当に系

1. 山王廃寺　2. 夏井廃寺
3. 梅ノ作瓦窯跡　4. 黒木田遺跡
5. 善光寺遺跡　6. 大津廃寺
7. 大畑遺跡　8. 兀山遺跡
9. 金井廃寺　10. 入谷遺跡
11. 馬騎の内廃寺　12. 八重巻瓦窯

第1図　関連遺跡地図

譜をもち、陸奥を含め東国に広域に展開する瓦当文を、律令国家の仏教奨励策を反映し東国独自に変容した瓦当文と位置づけ、その分布の背景は旧来の在地的同族関係でひろがったと考えた（岡本1996）。

このように、瓦にみられる陸奥と坂東との交流の問題には、すでに研究の蓄積がある。しかし、文様のうえで坂東のそれと共通する陸奥の瓦を、各々の寺院における瓦群全体の変遷のなかで捉え、そのなかに位置づけなければ、交流の実態についての正確な評価は得られないと考える。

本報告では、このような観点から、まず祖形となる上野山王廃寺の複弁七・八葉鐙瓦とこれに組み合う宇瓦の変遷について検討した後、陸奥国内でこの系譜の瓦を出土する遺跡について、出土瓦全体の変遷を検討し、この種の瓦の位置づけや年代、製作技法やセットとなる宇瓦の検討を行ったうえで、山王廃寺の影響が陸奥の瓦にどのような形で受け入れられたのかを具体的に見ていきたい[1]。

1．山王廃寺の複弁七、八葉鐙瓦

（1）山王廃寺

山王廃寺は群馬県前橋市総社町総社に所在する。東に塔、西に金堂を配置した法起寺式伽藍配置で、出土した文字瓦から寺号が「山ノ上碑」にみえる「放光寺」と判明し、同碑文の「辛己歳」は「辛巳歳」の誤りで天武10年（681）を指し、それ以前に創建されたと考えられている。軒先瓦の変遷は、国分寺創建以前と以後とに分けて、第1期、第2期に区分されている。第1期はさらに、2時期に区分される（栗原ほか2007・2009・2010、栗原2010、また栗原和彦氏より直接ご教示いただいた）。

（2）山王廃寺第1期の瓦

1−1期（創建期）　素弁八弁の鐙瓦2種（I・II式）が存在する。I式は半截男瓦嵌め込み式。素文で段顎の宇瓦が伴う。

1−2期（本格的な造営期）　複弁七葉鐙瓦2ないし3種（ⅣA・B・C式）と複弁八葉鐙瓦1種（Ⅲa・b式）がある（第2図）。接合はいずれも瓦当裏面の上端に男瓦を取り付ける接着法である。

【鐙瓦の変遷】

Ⅳ式はⅣA・ⅣB式が異范で確定し、2種とも中房蓮子1＋4＋8、ⅣB式は周縁が素文のⅣBa、周縁に竹管の刺突による円文を施すⅣBbに分かれる。ⅣBb式は瓦当が2.5cm前後とやや厚く胎土に砂粒が多い。文様は弁端の反り上がりや稜線がシャープである。一方、ⅣBa式は瓦当が1.2cm前後と薄いものが多く、胎土が緻密で、文様はやや不明瞭である。ⅣA式も瓦当が薄く胎土は緻密で、ⅣBa式と共通する。文様表現が精緻なⅣBb式が相対的に古く、以後ⅣBa式→ⅣA式と続くものと思われる（第2図）。

Ⅲ式は複弁八葉でⅣ式より面径が大きく、蓮子構成は1＋8＋8でやや後出的である。同范で

笵の傷み進行によりa・bに分かれる。笵の傷みが進行したⅢbは瓦当が薄く、胎土は緻密でⅣA式と共通する。一方、笵傷の少ないⅢaには胎土に砂粒が多く含まれるものがあり、この特徴はⅣBb式と共通する。したがってⅢ式は、ⅣBb式と同時かやや遅れて出現し[2]、上述したⅣ式の変遷と平行してⅢa→Ⅲbの順に変遷したと考えられる。なお、出土量はⅣA式が最多でⅢ式がこれに次ぐ。ⅣBa・b式は少ない（第3図）。

【宇瓦の変遷】

組み合う宇瓦は、三重弧文（Ⅱ式）、四重弧文（Ⅲ式）がある。桶巻き作りで格子タタキを伴うもの（K）と縄タタキを伴うもの（N）、直線顎と段顎（g）があり、また顎面に凸帯をもつもの（D）がある（第3図）。瓦当文様の施文が分割前と分割後、型押しなどに細分でき、これらの属性の組み合わせで多様な型式が想定されている（第3図）（栗原ほか2010）。

量的な主体となるのはⅡKB式で、分割前施文（ⅡKB-1式）と分割後施文（同2式）に分かれる。直線顎で顎部に凸帯はなく、瓦当粘土で女瓦広端部を包み込むようにして瓦当部を成形する特徴的な技法がみられる（栗原、前掲）。同様の技法を用いるものに女瓦広端面や広端側凸面に刻みを施すⅡKC式がある。

ⅡKD式、ⅡKDg式、ⅢKD-1・2式、ⅢKDg式は顎面に凸帯をもつもので、このうち直線顎のⅡKD式・ⅢKD-1式、段顎のⅡKDg式は、分割前に回転台上で重弧文を施文して

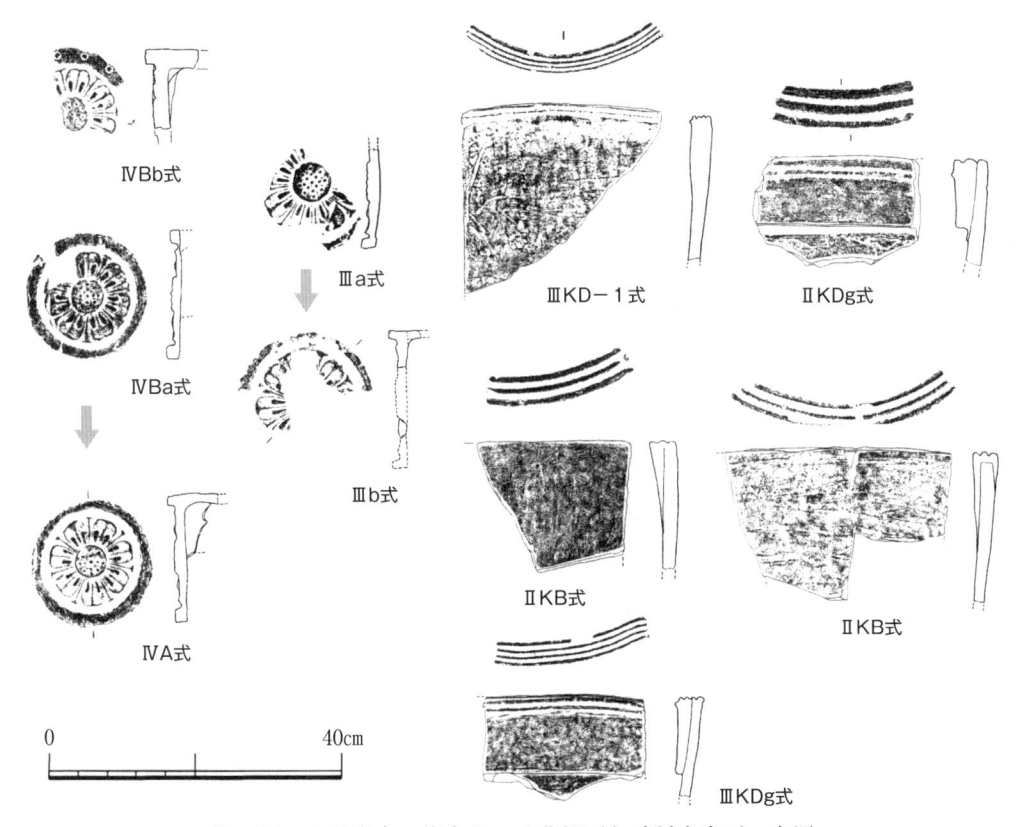

第2図　山王廃寺の複弁七・八葉鐙瓦と重弧文宇瓦の変遷

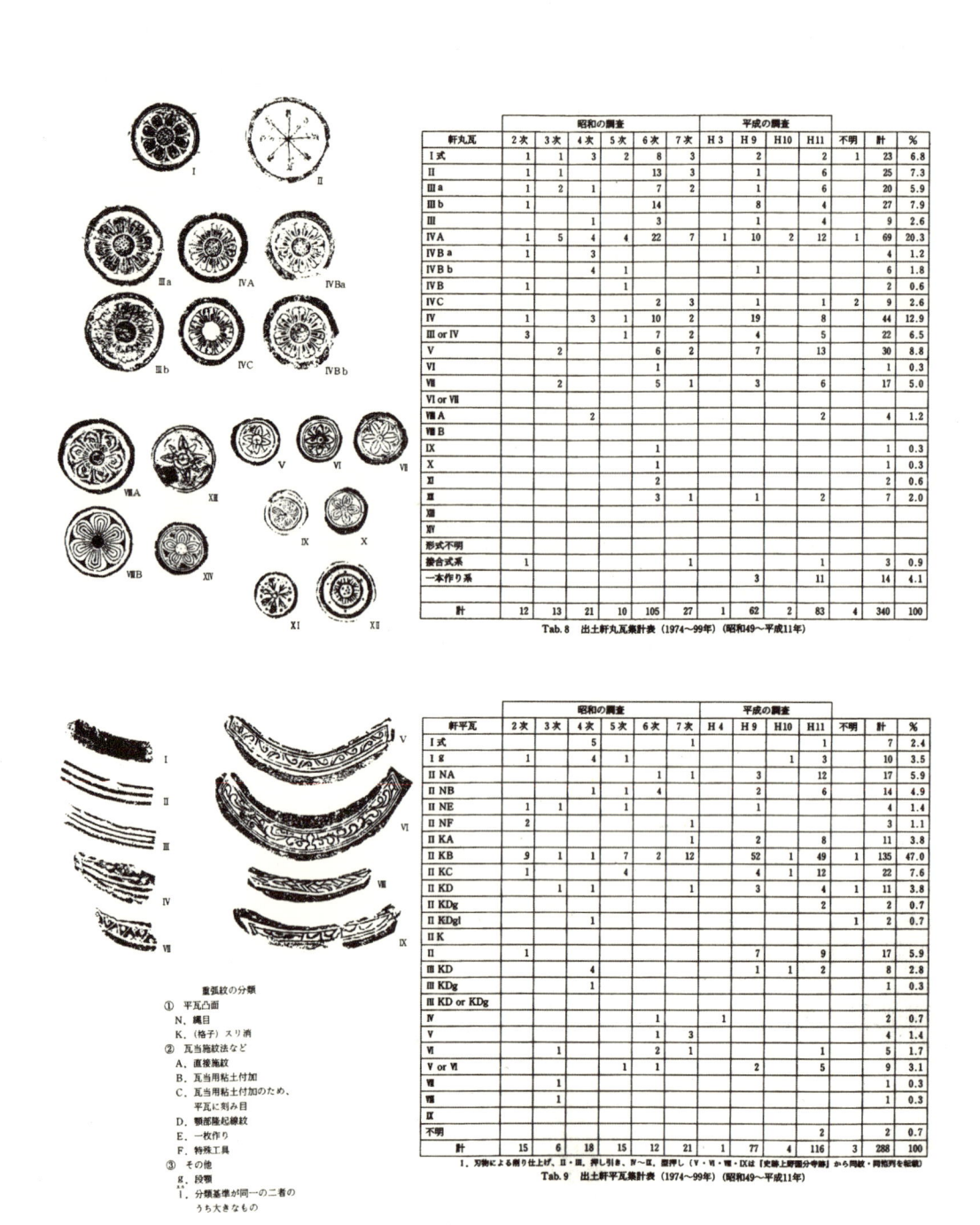

第3図　山王廃寺の軒先瓦と型式別出土数

おり、同時に顎面の凸帯を引き出すものである。他は分割後施文である。ⅡKDg式とⅢKD－1式は粘土円筒凸面に顎用粘土を貼り足して瓦当部を成形する。ⅢKD－1式は顎部の成形時に女瓦広端側凸面に刻みを施す。

　以上の重弧文字瓦のなかでは、分割前施文のⅡKB－1式、ⅡKDg式、ⅢKD－1式が相対的に古い様相をもち、これに分割後施文のⅡKB－2式やⅢKD－2式（直線顎）、ⅡKDg・Ⅲ

KD-2・ⅢKDg式（段顎）などが続くものと考えられる。

【組み合わせ】

　宇瓦ⅡKB式は鐙瓦Ⅳ式とともに出土数が突出して多いことから、両者が組み合うことが推定されている（第3図）。縄タタキのⅡNA式・ⅡNB式がこれに次ぐ出土量で、鐙瓦Ⅲ式に伴う可能性が高い。一方、相対的に古く、量的に少ないⅡKDg式、ⅢKD-1式は、ⅣBaやⅣBb式に伴う可能性がある。

　　c）小　　結

　山王廃寺の複弁七・八葉鐙瓦は、寺院の存続期間を通じて出土量が最も多く、先行する素弁系のⅠ・Ⅱ式による端緒的な造営の後の、伽藍整備期の瓦である。そのなかで、量的な主体となるのはⅣA式であり、Ⅲa・b式の出土量がこれに次ぐが、それよりやや古いⅣBb式が少量ながら存在する。また宇瓦の主体は、特殊な技法をもつⅡKB-1式であるが、ⅢKD-1式やⅡKDg式のように粘土円筒凸面端に顎用粘土を貼り付ける一般的な顎の成形技法を用いているものもある。そして先述したように、後者が前者より古い可能性がある[3]。

　山王廃寺の創建年代は、「山ノ上碑」にみえる「辛巳歳」から670年代と考えられてきたが、近年、栗原氏がⅠ式の鐙瓦の製作技法と山田寺の片柄式加工法Ⅱとの関連を指摘し、山田寺でこの技法が用いられた天智朝造営期（660年代）に近い時期に、山王廃寺の創建年代を推定している。

　また栗原氏は、伽藍整備期の1-2期の瓦については、これに続く2-1期の瓦が国分寺創建期まで下ることから、鐙瓦Ⅳ式と重弧文のセットが7世紀第4四半期～8世紀前半までの間に用いられたと推定している。鐙瓦Ⅳ式のなかで相対的に新しく、多量に生産されたⅣA式に組み合うことが想定される宇瓦ⅡKB式に、分割前施文の1式から分割後施文の2式への変遷を想定できることから、栗原氏の推定は妥当なものと考える。1-2期の最も古い時期には、鐙瓦ⅣBb式や宇瓦ⅡKDg式が生産されたと考えられ、その年代は先学の指摘するとおり、7世紀第4四半期であろう。

2．陸奥南部の「山王廃寺系瓦」

（1）夏井廃寺

　1）遺　　構

　いわき市平下大越に所在する。南約200mの丘陵上に磐城郡衙である根岸官衙遺跡が所在し、同郡衙に近接する寺院跡である。これまで12次にわたる調査が実施され、南北棟の金堂の北側に講堂、東側に塔を配した観世音寺式の伽藍配置であることが判明している（第4図）（廣岡2004）。

　これらの遺構変遷は、金堂・講堂が造営されるⅠA期、それらに葺かれた瓦が基壇積土に入ることから、これにやや遅れて塔が建立されるⅠB期、これらの中心伽藍を区画する溝が成立するⅡ期に区分されている。瓦と堂塔の対応関係は不明であるが、後述する瓦生産の段階に対応する

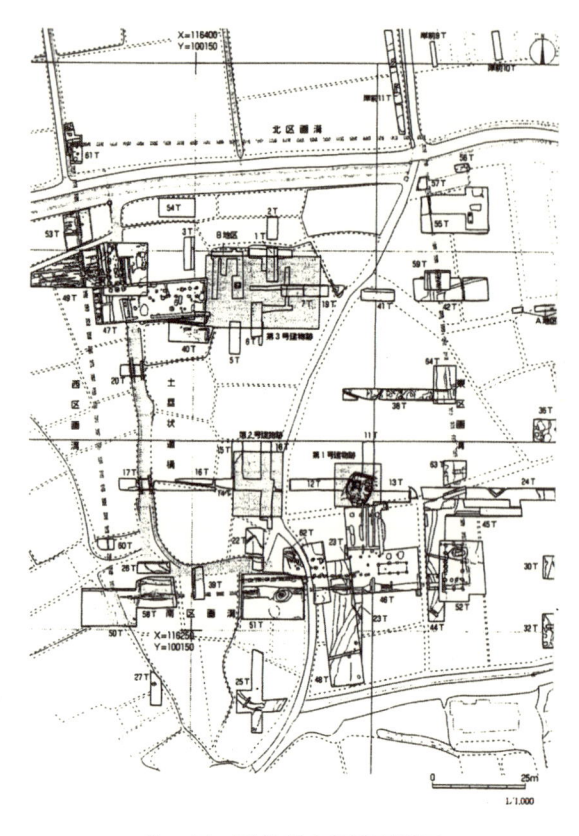

第4図　夏井廃寺遺構配置図

と考えられる。

2）瓦

夏井廃寺の瓦については、廣岡・中山1989、真保1992、廣岡2004などで分類・編年が確立されている。まず先行研究に従い、軒先瓦を中心に若干の私見を加えて瓦群の変遷を概観する。型式名称は廣岡2004に従う（第5図）。

鐙瓦には17種の笵がある。文様構成からa：複弁六葉（a第一〜三・六類）、b：複弁四葉（b第一・二・四・五・七〜九類）、c：複弁五葉、d：複弁八葉（d第一A・B、d第二類）、e：単弁六葉に分類されている。

宇瓦はa：重弧文、b：均整唐草文、c：円文、d：素文に大別されている。重弧文宇瓦はaA・aB・aC（ロクロ型挽き、分割前施文、桶巻き作り）、aD（手描き、一枚作り）、aE（分割後施文、桶巻き作り）、aF（型押し、一枚作り）に分類される。

以下では、セットを捉える観点から、I群：複弁八葉、II群：交差文縁複弁六葉、III群：交差文珠文縁複弁六葉、IV群：複弁四葉、V群：複弁五葉・単弁六葉と呼ぶ。

I群の瓦（山王廃寺系）　鐙瓦d第一類は、複弁八葉で反り上がりのある立体的な蓮弁をもち、中房の蓮子は1＋4＋8、周縁は直立縁で、竹管による円文を施すものである。周縁の竹管は山王廃寺IVBb式、複弁八弁はIII式のそれを踏襲したものであろう。男瓦の接合は印籠継ぎで、いずれも特徴的な赤焼きを呈する。瓦当厚から、A類：内区径13.0〜13.5cm、瓦当厚4cm前後の厚いもの、B類：内区径12.5〜13.0cm以下、瓦当厚2cm前後の薄いものに細分されている。

同じく複弁八葉の鐙瓦d第二類は、d第一類に比べ凸線化のみられる蓮弁をもつ。蓮子は1＋11。周縁は直立縁で、竹管のあるものとないものがある。男瓦の接合は印籠継ぎである。瓦当はd第一類と同様に厚・薄の2者があり、d第一類の手法が継承されたものと考えられる。ただし、瓦当の厚薄の違いと竹管文の有無は対応しない。いずれも須恵質の焼き上がりである。

これらの鐙瓦に伴う男瓦は粘土板巻き無段のもの、宇瓦はロクロ型挽き重弧文と考えられている。女瓦は桶巻き作りである。

II群の瓦（下野薬師寺系）　交差文縁複弁六葉の鐙瓦a第一類は大和川原寺系の文様で、直接には栃木県下野薬師寺跡に系譜を求められるものである（辻1988、真保1992）。中房の蓮子は1＋

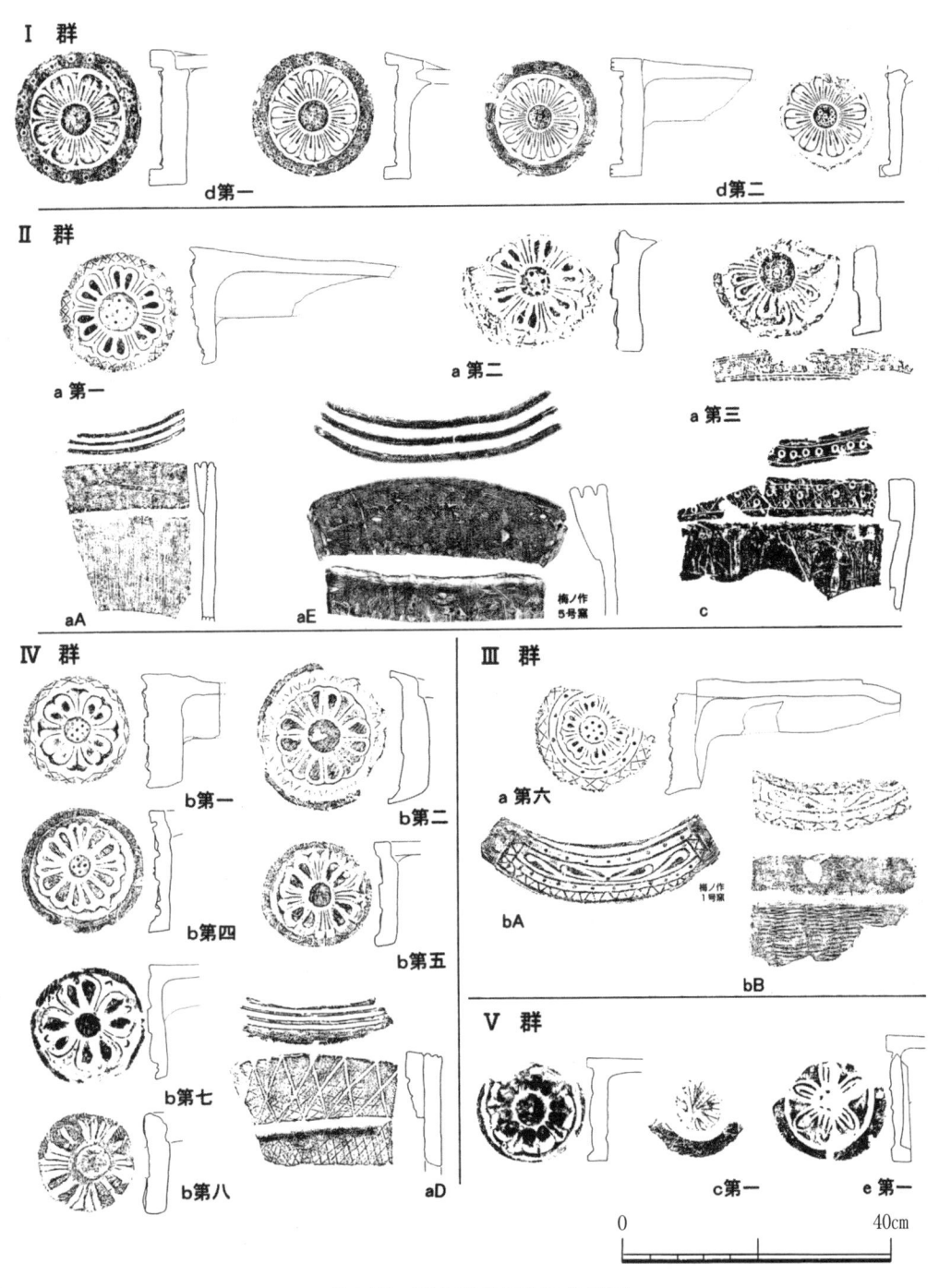

第5図　夏井廃寺軒先瓦分類図

6、男瓦の接合は印籠継ぎである。組み合う宇瓦は、ロクロ型挽き重弧文宇瓦と考えられる。またa第一類は、梅ノ作瓦窯跡5号窯で分割後施文の重弧文宇瓦aE類と共伴しており、両者が組み合うことが判明している（廣岡2003）。

鐙瓦a第二・三類はa第一類より文様が崩れており、a第一類から派生し、後出するものである。a第三類には顎部にヘラ描き沈線と竹管による施文がみられ、組み合う宇瓦は瓦当面や顎面に同様の文様のみられるc類が組むものと思われる。男瓦は粘土板巻き無段、女瓦は桶巻き作りである。

Ⅲ群の瓦（平城宮系） 鐙瓦は交差文珠文縁複弁六葉のa第六類1種のみ。梅ノ作1号窯での共伴から、均整唐草文宇瓦bA類・bB類、男瓦は粘土板模骨巻き有段男瓦、一枚作りの平瓦と組み合うことが判明している。真保昌弘氏は、鐙瓦の外区内縁の珠文や宇瓦の均整唐草文から、平城宮6301-6671や下野薬師寺103-202が祖形と考えている（真保1992）。鐙瓦の外区内縁の珠文は平城宮系の文様と考え、複弁六弁や交差文の外縁、1+6の蓮子構成はⅡ群の文様要素を引き継いだものと考える。宇瓦は、この群にのみ范型による瓦当文様が採用される。内区の唐草文や、外区の珠文・山形文は、鐙瓦のそれと同様、中央の影響によるものとみてよい。かなり在地的な文様に変化しているため、文様の直接のモデルは不明であるが、上外区に珠文を、下外区に山形文を配する均整唐草文宇瓦bA類が、より祖形に近い[4]。同bB類はbA類から派生し、これに後出するものであろう。

Ⅳ群の瓦 鐙瓦b第一・二・四・五・七～九類の7范種があり、文様のもっとも整ったb第一類を祖形と考えてよい。他は文様が崩れており、b第一類より派生した後出的なものである。弁数は異なるが、交差文縁はⅡ群、二重にめぐる外周蓮子はⅠ群のそれを模倣したものと思われる。梅ノ作7号窯での共伴から、鐙瓦b第二類と重弧文宇瓦aD類（一枚作り、分割後施文）が組み合う。范種は各群を通じてもっとも多く、補修期の大規模な造瓦が行われたことを示す。

Ⅴ群の瓦（上野系） 鐙瓦c第一類・e第一類はともに縦置型一本作り。男瓦は紐作り。e第一類の文様・技法は上野国分寺が祖形である可能性がある。

第1表　夏井廃寺鐙瓦の型式別出土数

瓦群	文様	分類	出土数	比率(%)
Ⅰ群	複弁八葉	d第一	19	20
		d第二	12	12.6
Ⅱ群	複弁六葉	a第一	21	22.1
		a第二	1	1.1
		a第三	1	1.1
		a第五	1	1.1
Ⅲ群	複弁六葉	a第六	11	11.6
Ⅳ群	複弁四葉	b第一	4	4.2
		b第二	6	6.3
		b第四	2	2.1
		b第五	8	8.4
		b第七	2	2.1
		b第八	3	3.2
Ⅴ群	複弁五葉	c第一	3	3.2
	単弁六葉	e第一	1	1.1
		計	95	100

第2表　夏井廃寺宇瓦の型式別出土数

瓦群	文様	分類	出土数	割合(%)
Ⅰ・Ⅱ群	重弧	aA1	8	12.9
		aA2	8	12.9
		aA3	4	6.5
		aB	5	8.1
		aC	14	22.6
		aE	0	0
	円文	c	3	4.8
Ⅲ群	均整唐草	bA	10	16.1
		bB	5	8.1
Ⅳ群	重弧	aD	2	3.2
?	重弧	aF	1	1.6
?	無文	e	2	3.2
		計	62	100

【創建期軒先瓦の組み合わせの再検討】

こうした出土瓦の変遷は、造営の段階差や補修の過程を反映したものと理解できる。堂塔の位置と瓦の出土分布との関係は明確でないが、第1・2表に示した出土数をみると、鐙瓦ではd第一・二類とa第一類が、宇瓦では重弧文aA〜aC類が、それぞれ出土軒先瓦の半数以上を占め

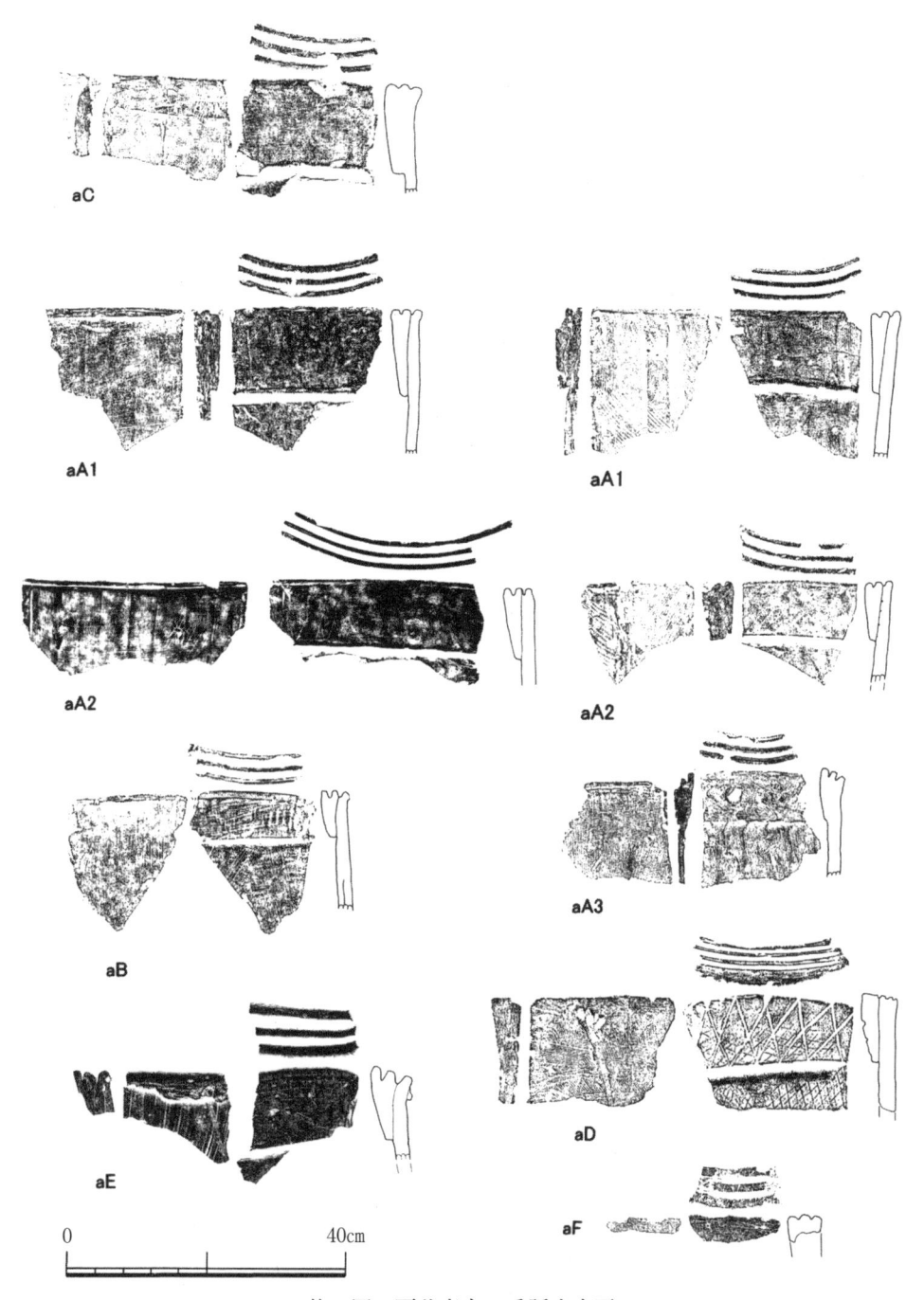

第6図　夏井廃寺の重弧文宇瓦

る。従って、これらの瓦が金堂・講堂・塔など主要堂塔の造営に際して生産された寺院創建期のものと位置づけられ、他は補修期のものと考えてよい。

　以下では、特に寺院創建にかかる造瓦の様相を詳しく把握するため、セットとなる重弧文字瓦の細部を検討し、創建期の鐙瓦との組み合わせを考える。型式名は従来の分類名称を踏襲し、可能なものはアラビア数字を付して細分する（第6図）。

aＡ1類：瓦当厚3.8cm前後、顎部長10.5〜11.7cm、弧線は丸形で幅1cmほど、凹線は断面U字形で幅0.3cm、深さ0.7〜0.9cmと比較的深いもの。女瓦は桶巻き作り。

aＡ2類：瓦当厚3.7〜4cm前後、顎部長10cm前後が多いが7.7cmとやや狭いものもある。弧線は丸形で幅は1.1cmほど、凹線は断面U字形で、幅は上が0.5〜0.6cmとやや広く下が0.2〜0.3cmと狭く、上下で異なることを特徴とする。女瓦は桶巻き作り。凹面に凸型成形台の圧痕を残すものがある。顎部の剥離面に斜格子状の刻みを施すものがある。

aＡ3類：瓦当厚3.5〜3.7cm、顎部長5.9〜7.5cmと比較的狭い。弧線は上端が平坦な丸形で幅0.9〜1cm、凹線は断面V字形で幅2mm以下。凹線の深さは1cmと深い。女瓦は桶巻き作り。凹面に凸型成形台の圧痕を残すものがある。

aＢ類：瓦当厚3.7〜4cm、顎部長6.6〜7.3cm、弧線幅0.7〜1cm、凹線は幅0.5mmとやや広く断面コの字形、深さ1cmほどで彫りが深い。女瓦は桶巻き作り。

aＣ類：瓦当厚4.5〜5.2cm、顎部長11.6〜12.7cm。瓦当部・顎部が相対的に幅広。弧線は丸形で1.2〜1.7cm、凹線は底面の幅が0.3cmのV字ないしV字に近いU字形。酸化焔で軟質の特徴的な赤焼きを呈す。女瓦は桶巻き作り。顎部の剥離面に斜格子状の刻みを施すものがある。

aＤ類：3本歯の工具で断面コの字形の沈線を3本施文し四重弧文としたもの。弧線も角形で幅が0.7〜0.8cm、最下段の弧線だけ1.5cmと幅広。顎部にヘラ描きで斜格子状の文様を施文。斜格子タタキ、一枚作りの女瓦を伴う。

aＥ類：桶巻き作りで、分割後型引きによる重弧文。施文具が瓦当側面に回り込んだため、瓦当面の側面ちかくが丸みをもつ。瓦当厚5.4〜5.7cm、顎部は断面三角形状の段顎で長さ7〜11cm。弧線は丸形で幅1.5cmほど、凹線は断面V字に近いU字形で深さ1.5cm。顎部の剥離面に工具による刺突を施すものがある。梅ノ作瓦窯跡4・5号窯で出土している。

aＦ類：笵の押圧により重弧文を施文。

　以上の字瓦の瓦当部の厚さや顎の長さの計測値をまとめると、第3表のようになる。瓦当厚・顎長に一定のまとまりが

第3表　重弧文字瓦の瓦当厚・顎長

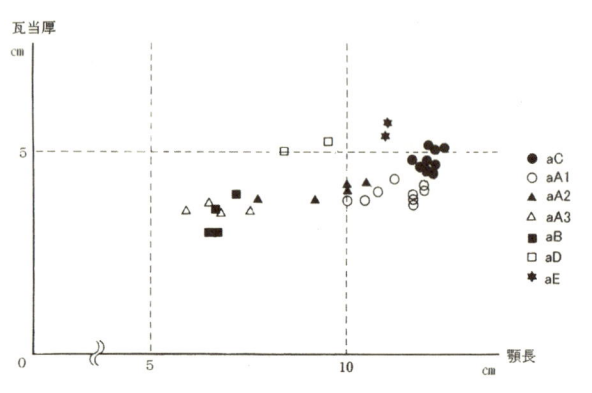

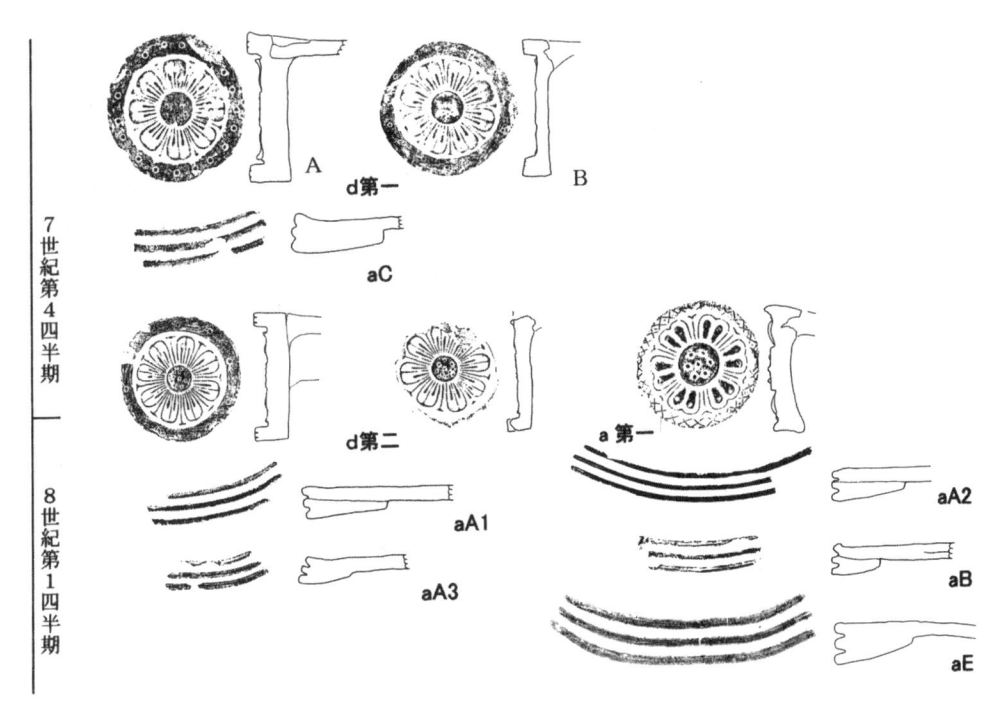

第7図　夏井廃寺創建期軒先瓦の変遷

みられ、これに施文具が対応することがわかる。また顎長は、それぞれの型式において重なる部分があることも指摘でき、これは連続的な変化を示唆するものと考えられる。

　まず、鐙瓦d第一類には、数量比と胎土・焼き色の特徴が共通するaC類が組み合うものと思われる（第7図）。これに後出する鐙瓦d第二類には、d第一類と同様に厚・薄がみられ、d第一類の製作手法を引き継いでいる。宇瓦も同様と考えれば、顎の長い特徴がaC類と共通するaA1類が、鐙瓦d第二類に組み合うものと思われる。両者はともに堅緻な須恵質の焼き上がりで共通する。

　a第一類は、梅ノ作瓦窯跡5号窯で分割後施文の重弧文宇瓦aE類と共伴しており、両者が組み合うことが判明している（廣岡2003）。ただし、宇瓦aE類は夏井廃寺での出土は確認できない[5]。消費地での数量比からは、aA2類や顎の短い型式であるaA3類・aB類などの宇瓦が伴うものと思われる。鐙瓦a第一類のなかで、宇瓦は分割前施文の型式から分割後施文のaE類へ変遷したと考えておきたい。

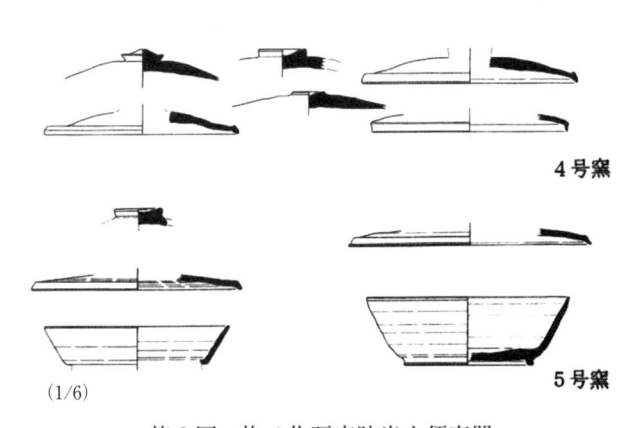

第8図　梅ノ作瓦窯跡出土須恵器

瓦からみた陸奥南部の寺院造営と坂東（藤木）

山王廃寺　ⅣBa式　　　夏井廃寺　d第一類　　　d第二類　　　大津廃寺

写真1

【創建期軒先瓦の変遷と年代】

　鐙瓦a第一類と組むことを想定したaA2類と、鐙瓦d第二類と組み合う宇瓦aA1類の共通点が多いことから、両者は近接ないし重なる時期に生産されたと考える。すなわち、Ⅰ群の後半の時期に、Ⅱ群の生産が開始されたものと思われる。このことは、鐙瓦a第一類に組み合う宇瓦が分割前施文から分割後施文へと移行していることから、Ⅱ群がⅠ群に比べ新しいと考えられることと矛盾しない。

　寺院創建期の瓦のなかで、相対的に新しいと想定した重弧文宇瓦aE類は梅ノ作瓦窯跡で共伴した須恵器から、年代は8世紀初頭～前葉と推定される（第8図）。その前にはd第二類・a第一類と分割前施文の重弧文宇瓦が組み合う段階がある。Ⅰ群のd第一類の生産開始はそれよりさらに遡ることとなる。

3）小　　結

　夏井廃寺の創建瓦である鐙瓦d第一類は、山王廃寺ⅣBb式やⅢ式の文様を祖形とし、これを忠実に模したものである（写真1）。このd第一類と宇瓦aC類のセットを以って、寺院の造営が開始された。これにやや遅れて、鐙瓦d第二類と宇瓦aA1～3類などのセットが生産され、順次造営が進められたのであろう。a第一類に組み合う宇瓦のなかで相対的に新しいaE類の年代が8世紀前葉であることから、造営段階の最も古い時期は、7世紀第4四半期に遡る可能性が高い。

　なお、茨城県北茨城市の大津廃寺（常陸国多珂郡）でも、夏井廃寺と同様の交差文縁複弁六葉鐙瓦が出土している（第9図）。複弁八葉鐙瓦は周縁に竹管文がなく、蓮弁が細く輪郭が凸線状に簡略化されていることから夏井廃寺d第一類に後出するもので、d第二類に極めて近い文様をもつ。しかし中房の径などは異なり別笵であることを確認した。また、大津廃寺例にみられる瓦当裏面の男瓦との接合部に刻みを施す手法は、夏井にはない。交差文縁複弁六葉鐙

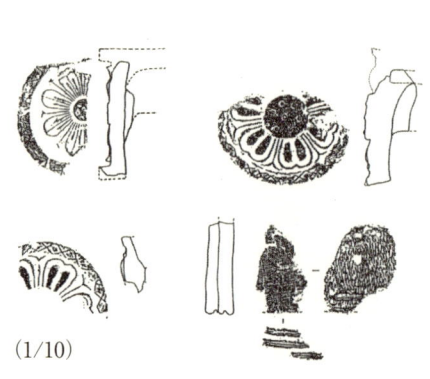

(1/10)

第9図　大津廃寺出土瓦

瓦は夏井a第一類に極めて近いものである。これらに組み合う女瓦はいずれも桶巻き作りで、凸面に布目をもつものと凸面にナデを施すもの、縄叩き目を残すものがある。男瓦は粘土板巻き無段である。大津廃寺例と夏井廃寺d第二類の鐙瓦は文様が酷似することから、共通の図案をもとに同じ工人が笵を製作した可能性が高いと考える。この点は、夏井の鐙瓦a第一類・d第二類がd第一類にやや遅れ、前2者を近接する時期に位置づける考えを傍証するものである。ただし、女瓦や男瓦の技法からみて夏井・大津の間に相違点も多く、瓦の製作に従事した工人は、文様の関係とは別に編成されたとみられる。

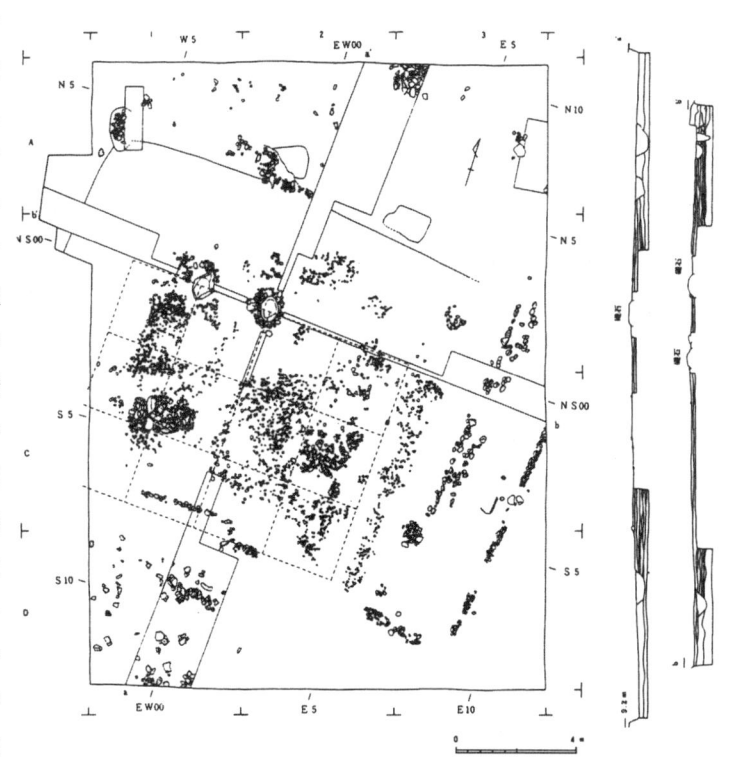

第10図　黒木田遺跡の礎石建物跡

（2）黒木田遺跡
1）遺　構

相馬市中野に所在し、宇多川南岸の自然堤防上に立地する。昭和51年の調査で瓦溜め、昭和63年と平成元年の調査で東西約18m×南北約15m、高さ45cmの版築遺構が検出されており（第10図）、周辺から多量の瓦が出土した。多種の瓦が出土していることから、宇多郡の中核的な寺院と考えられ、近接して宇多郡衙の存在が推定されている。版築遺構検出地点周辺の広い範囲にわたって瓦の散布が確認されており、関連する建物の広範な存在が予想されるが、その内容については不明な点が多い。

2）瓦

鐙瓦には14種の笵がある。渡邊1977・木本1989・福島1992・橋本1990で分類と、一部の変遷・年代が検討されている。それらは大きくⅠ群：有稜素弁八葉鐙瓦、Ⅱ群：複弁七・八葉鐙瓦、Ⅲ群：有蕊弁蓮華文と腰浜C技法を伴う鐙瓦、の3群にまとめることができ、寺院の変遷をⅠ～Ⅲ期に区分できる。以下、型式名称は橋本1990に従う（第11図）。

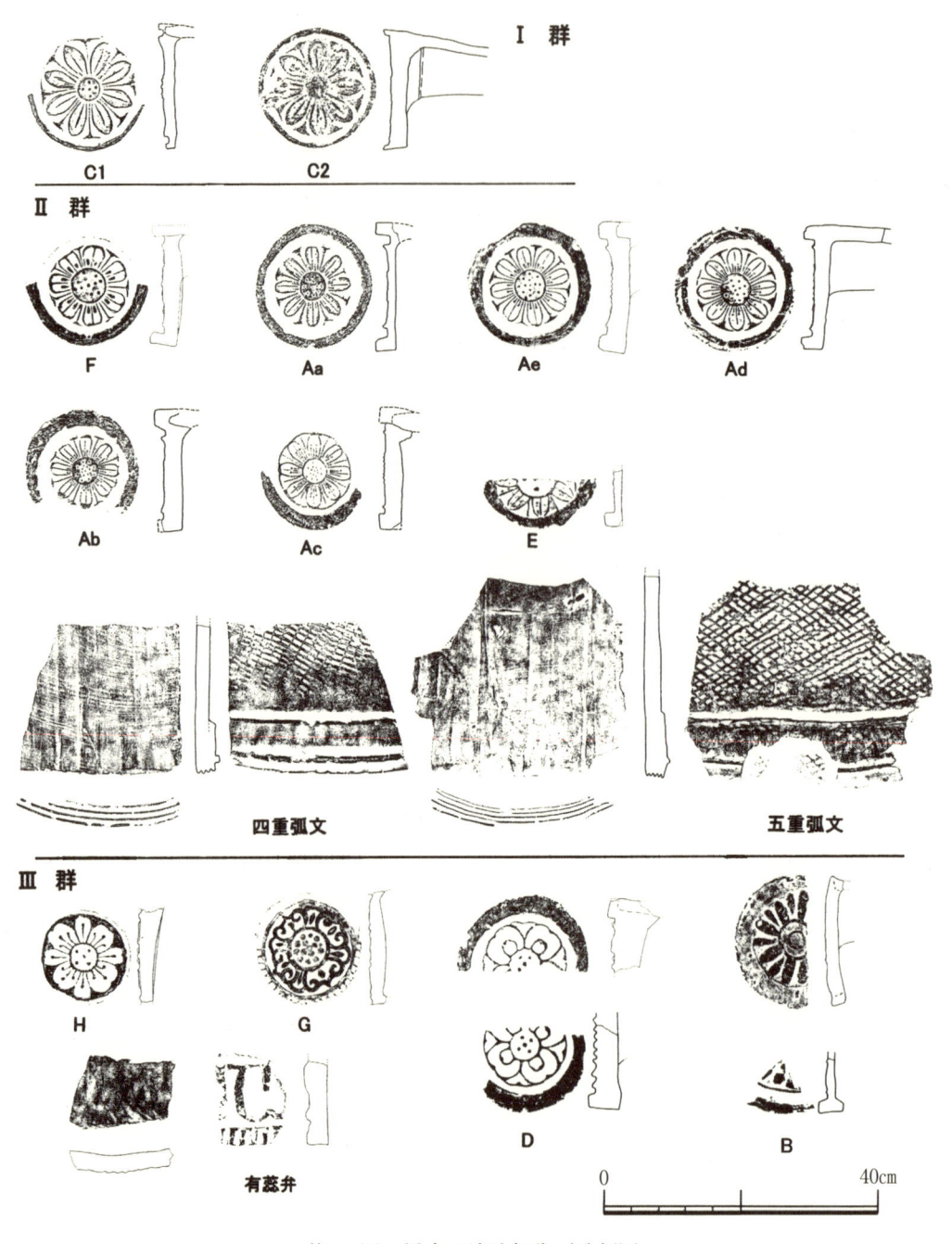

第11図　黒木田遺跡軒先瓦分類図

　Ⅰ期（Ⅰ群）：創建期　低く突出する中房に1＋4の蓮子を配し、中央に凸線で稜を表した八弁の尖弁からなる有稜素弁八葉蓮華文鐙瓦による寺院造営が行われた時期である。この種の鐙瓦は、同笵で文様の浮き上がりが明瞭なものと、文様が不明瞭で笵の傷みが進行したものがあり、それぞれC1・C2類とされる。このほか、中房が突出しない陰刻表現となり、弁形もやや崩れ

たもの１笵種がある。ここでは、先の２種をＣａ１・２類、弁形の崩れた別笵のものをＣｂ類と呼んでおく。この段階の宇瓦は不明で、伴わない可能性が高い。善光寺遺跡３号窯で須恵器の焼台として使用された平行四辺形の叩き目をもつ女瓦とセットになる可能性が高い（木本 1989）。

　Ⅱ期（Ⅱ群）：**本格的な造営期**　複弁七・八葉蓮華文鐙瓦で、Ｆ・Ａａ～Ａｅ・Ｅ類の７種の笵がある。複弁七葉のＦ類は、山王廃寺Ⅳ式を直接のモデルとして成立した型式である（辻 1988、真保 1992、岡本 1996）。しかし弁は凸線表現に簡略化されている。その後、子葉が凸線の先端に珠点を置いた蕊のような表現となった在地的な文様の複弁八葉であるＡ類が展開する（Ａａ～Ａｅ、Ｅ類）。これらには重弧文宇瓦、粘土板桶巻き作りの女瓦、粘土板巻き無段の男瓦が伴う。

　Ⅲ期（Ⅲ群）：**補修期**　文様は多様だが、瓦当裏面に男瓦痕跡をもつ腰浜Ｃ技法の鐙瓦が展開する時期（辻 1984、藤木 2006）である。型押顎面文様、一枚作りの有蕊弁蓮華文宇瓦が伴う。男瓦は紐作りである。

　以下、山王廃寺系の複弁七葉鐙瓦Ｆ類を祖形とするⅡ群の瓦について、鐙瓦と組み合う宇瓦の変遷を再検討する。

鐙瓦の変遷　（第11図、写真２）

Ｆ類：複弁七葉で中房の蓮子は１＋４＋８。男瓦の接合は半截男瓦嵌め込み式である。

Ａａ類：中房蓮子は１＋４＋８で、外周蓮子が弁央を向く。弁端の反り上がりの強い立体的な蓮弁と間弁を配し、弁中央線のみ凸線で表す。Ａｄ・Ａｅ類に比べ弁が細く中房が小さい。男瓦の接合は接合式。

Ａｂ類：中房蓮子は１＋８＋８で、外周蓮子が弁間を向く。凸線表現で反り上がりの強い蓮弁は弁端があまり尖らない。接合式。

Ａｄ類：中房蓮子は１＋４＋８で、外周蓮子は弁間を向く。蓮弁は凸線表現で反り上がりが弱く、平板な文様表現となっている。接合式。

写真２

Ａｅ類：中房蓮子は1＋4＋8で、外周蓮子は弁央を向く。凸線表現の蓮弁は弁区全体で緩やかな反り上がりを表現する。接合式。

Ａｃ類：中房蓮子は1＋8＋8で、外周蓮子は弁間を向く。蓮弁とともに間弁や中房も凸線表現となる。細身の蓮弁や蓮子構成などから、Ａｂ類から派生したものと考えられる。接合は腰浜Ｃ技法。

Ｅ類：中房蓮子1＋4、蓮弁や中房がすべて凸線表現で、蕊が省略され弁中央線の左右に珠点を置くのみとなる。接合式。

　鐙瓦Ａ類は複弁七葉のＦ類を祖形とするが、八弁や細身で先端の尖る弁形は、前段階のＣａ類ないしＣｂ類の特徴を引き継いだものとみられる。そのように考えた場合、その特徴をもっともよく引き継いでいるのは、弁端が尖り弁の輪郭や間弁を凸線で表さず、弁中央線のみが凸線となるＡａ類である（第15図、写真2）。

　一方、Ａｄ類・Ａｅ類は、弁の輪郭や間弁などが凸線表現であり、Ｆ類の要素をより強く取り入れた型式と考えられる。この2者は、外周蓮子の位置が弁央に対応するか弁間に対応するかの違いがあるが、モデルとなるＦ類は外周蓮子の配置にばらつきがあり、弁央に対応するものと弁間に対応するものがあることから、Ａｄ・Ａｅ類はそれを個々に模倣したものとみられる。

　Ａｂ類は、弁が細く中房が小さい点がＡａ類に似るが、弁端が尖らず弁の輪郭を凸線で表す点はＦ類やＡｄ・Ａｅに近く、これらより後出のものと考えてよい。蓮子構成は1＋8＋8となり、外周蓮子は弁間に対応する。

　Ａｃ類は細身の弁、1＋8＋8の蓮子構成、外周蓮子が間弁に対応する点からＡｂ類に近いが、弁だけでなく中房の輪郭も凸線表現となる。Ａｂ類を簡略化した文様と考えられる。

　Ｅ類は複弁の系統で最も新しいと考えられている（木本ほか1989）。文様の簡略化が著しいことから、先行型式のどれをモデルとしたかは不明である。

　男瓦の接合は、祖形であるＦ類のみ半截男瓦嵌め込み式、Ａａ・Ａｂ・Ａｄ・Ａｅ・Ｅ類は接合式である。これらは瓦当裏面の調整にヘラナデを用いるものと、男瓦部ちかくを指ナデ、瓦当下半を指頭押圧のみで仕上げるものがみられる。後者の手法は前段階のＣａ1類にもみられ、Ｃａ1類のそれを継承した可能性がある。また、男瓦を瓦当の上端に取り付け凹面側のみに接合粘土を付加するものと、男瓦をやや下位に取り付け男瓦部凸面側に接合粘土を付加するものがあるが、范種に対応するといったような区分は明確でない。

　Ａｃ類は瓦当裏面に工具による押圧痕がみられ、男瓦痕跡を残す腰浜Ｃ技法である。腰浜Ｃ技法は、Ⅲ群の主流的な製作技法であり、Ａｃ類は後のⅢ群に伴う造瓦技法の展開において、その端緒となったものと考える。Ⅱ群のなかで、相対的に新しい可能性が高い[6]。

宇瓦の変遷

　重弧文宇瓦は三重弧文、四重弧文、五重弧文がある（第12図）。弧線の数によって、それぞれＡ・Ｂ・Ｃ類としておく。このほか、女瓦広端面に沈線を一本引いて二重弧文としたものがある。以下、これらについて細分を試みる（第13図）。

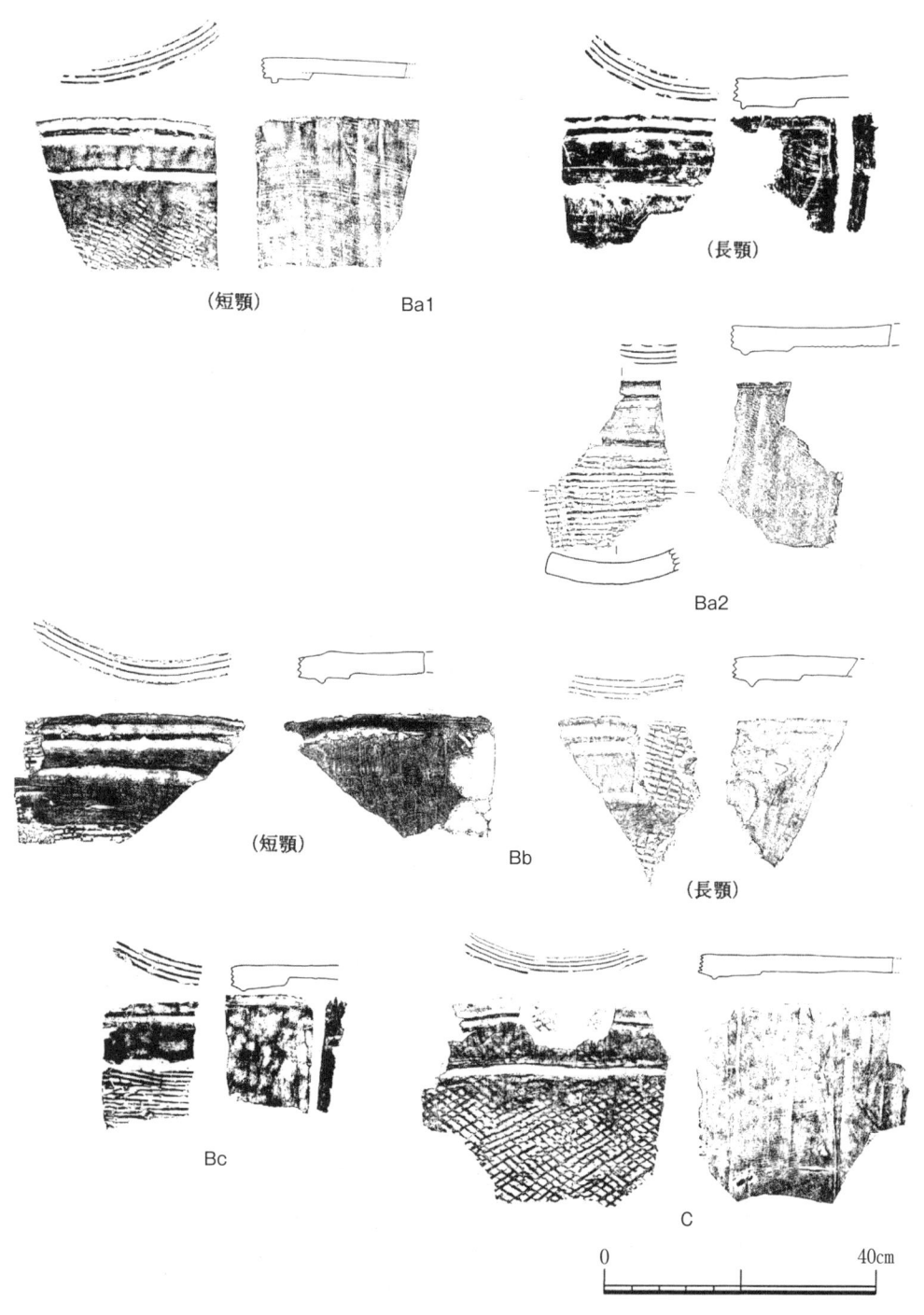

第12図　黒木田遺跡の重弧文宇瓦

A類：三重弧文宇瓦　いずれも出土数の少ない例外的なものである。

　Aa類：弧線の断面形が丸く、凹線はV字形。段顎で顎面に凸帯はない。四重弧文の下端の弧線を顎面の調整時に削り落としたものである可能性がある。

瓦からみた陸奥南部の寺院造営と坂東（藤木）　47

Ａｂ類：平坦な瓦当面に櫛歯状工具で沈線を2本引いて三重弧文としたもの。明確な顎部を形成しない。分割後施文。

Ａｃ類：瓦当文は型押しによる。弱い段顎、一枚づくり、女瓦部には正格子叩き目を残す（仮に、叩き板ｅすする）。

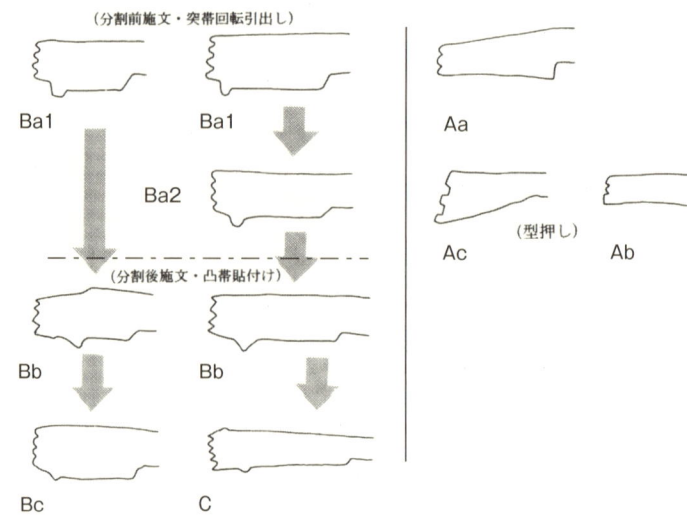

Ｂ類：四重弧文宇瓦　いずれも貼り付け段顎である。

　Ｂａ類：ロクロ型挽き。弧線の上端が丸みをもち、横線の断面形はＵ字形。段顎で顎面に凸帯をもつ。粘土板桶巻き作り。女瓦部にみられる叩き目は、長方形の格子目2種がある。叩き板ａ・ｂとしておく（第14図）。

　　Ｂａ１類…凸帯を型により引き出しており、断面がしっかりしている。瓦当面の施文と一連の工具で同時に行っているものと思われる。これらは顎部長が6.5cm前後の短いものと、8〜9cmのやや長いものがある。

　　Ｂａ２類…凸帯をナデにより仕上げている。断面形は比較的明瞭な山形を呈する。顎は9cm前後。

　Ｂｂ類：分割後型挽き。弧線の上端が尖り、断面山形。凹線は断面コの字形とＶ字形に分かれる可能性があり、Ｂｂ１・Ｂｂ２に細分可能か。段顎で顎面に凸帯をもつ。凸帯は分割後に貼り付けられた可能性が高く、ナデにより仕上げている。粘土板桶

第13図　重弧文宇瓦分類図

第14図　重弧文軒瓦の叩き目

（S=1/4）

巻き作り。これらは、顎部長が6.5cm前後〜10cm前後の間にばらつく。叩き板ａ・ｂを伴う

Ｂｃ類：分割後型挽き。弧線は太く上端が丸みをもち、凹線の断面形はＶ字形で浅い。段顎で顎面に凸帯をもつ。粘土板桶巻き作り。凸帯をナデにより仕上げる。凸帯は断面山形で低く不明瞭。顎の長さは８cmほどのものが多く、5.5cmの短いものも少量認められる。叩き板ａ・ｂに似るが原体の異なる叩き板ｃを伴う。

Ｃ類：**五重弧文宇瓦**　分割後型挽き。弧線の上端が尖り、横線の断面形はＶ字形。段顎で顎面に凸帯をもつ。凸帯をナデにより仕上げ、その断面は山形で低く不明瞭。粘土板桶巻き作り。顎長は９〜10cmほど。女瓦部には斜格子叩き目（叩き板ｄ）を残す。

　これらのうち、分割前にロクロ型挽きで重弧を施文する四重弧文Ｂａ１・２類が、分割後施文のＢｂ・Ｂｃ類や五重弧文であるＣ類より先行する。また、四重弧文Ｂａ１・２類は弧線・凹線の形態が比較的整っているのに対し、Ｂｂ類は分割後型挽きで弧線が山形、凹線がＶ字形で崩れている。Ｂａ１は、凸帯が太く立ち上がりがしっかりしており、顎面の凸帯を隔てた瓦当面側と狭端側が段違いとなる。重弧の施文具は、一部が顎面の先端に回りこむような形態と推定され、瓦当文様と同時に顎面の凸帯を引き出していると考える。凸帯の狭端側の顎面はヘラナデで仕上げる。これに対し、Ｂｂ以後は凸帯にナデ調整が施され、凸帯の断面形は裾の広がった山形を呈し、凸帯の両側に段差はない。凸帯は粘土紐を貼り付けナデ調整したものと考えられる。Ｂａ１のそれを形だけ模したものであろう。なお、Ｂａ２類の凸帯はナデ仕上げで、Ｂａ１に後続しＢｂ類より古く位置づけられる。凸帯の成形・調整手法は、瓦当

第４表　重弧文宇瓦の顎長

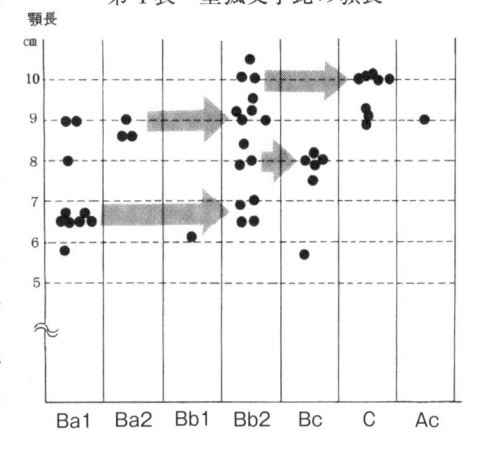

第５表　黒木田軒瓦の型式別出土数

分類		出土数	割合（％）
Ⅰ群	C1	1	0.8
	C2	6	4.8
Ⅱ群	F	3	2.4
	Aa	11	8.7
	Ab	6	4.8
	Ac	10	7.9
	Ad	38	30.2
	Ae	32	25.4
	E	4	3.2
Ⅲ群	B	6	4.8
	D	3	2.4
	G	3	2.4
	H	3	2.4
割合		126	100

第６表　黒木田宇瓦の型式別出土数

分類		数量	叩き板		割合（％）
四重弧文	Ba1	11	a	5	15.3
			b	1	
			不明	5	
	Ba2	4	a	2	5.6
			b	2	
	Bb1	3	b	3	4.2
	Bb2	24	a	5	33.3
			b	10	
			不明	9	
	Bc	9	c	8	12.5
			不明	1	
五重弧文	C	7	斜	3	9.7
			不明	4	
三重弧文	Aa	1	不明	1	1.4
	Ab	1	不明	1	1.4
	Ac	2	小格子	2	2.8
有蕊弁		10			13.9
計		72			100

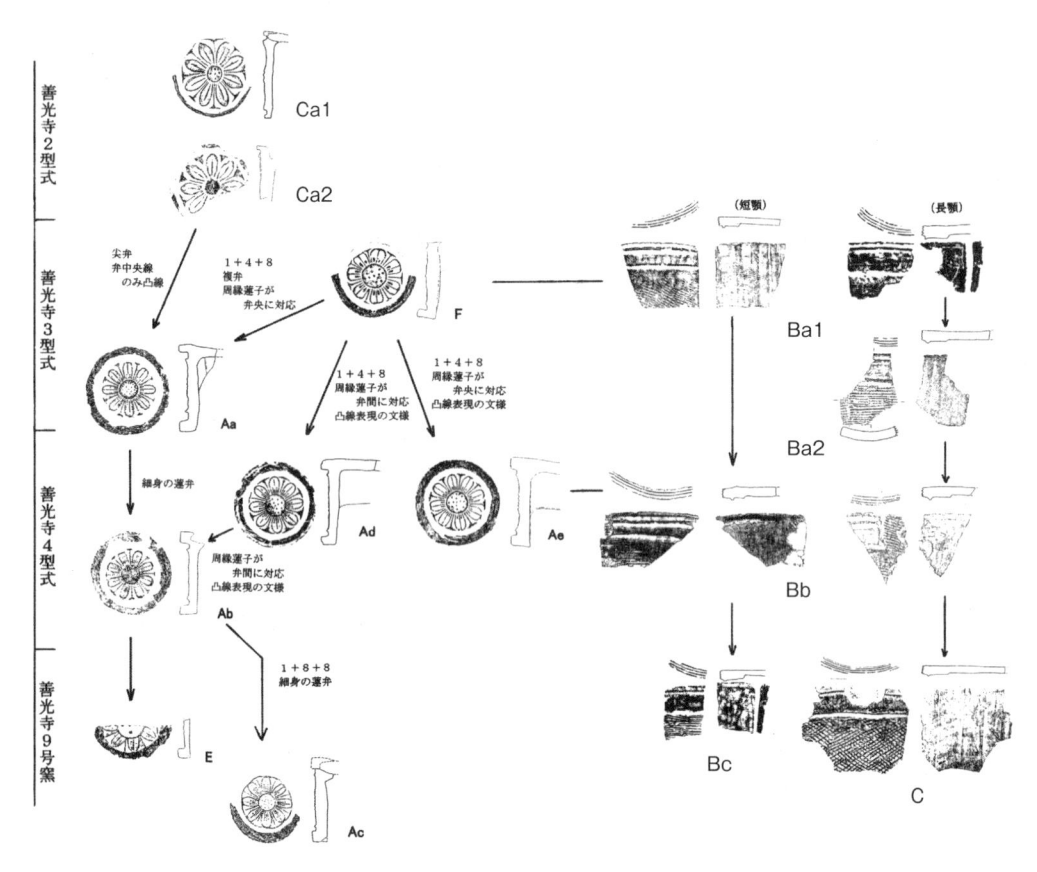

第15図　黒木田遺跡のⅠ・Ⅱ期の軒先瓦の組み合わせと変遷

文の分割前施文→分割後施文の変化と対応するものである。分割後施文のＢｂ類には、Ｂａ類と同じ叩き板ａ・ｂを確認でき、Ｂａ類に後続すると考えられる。

したがって、Ｂａ１類→Ｂａ２類→Ｂｂ類→Ｂｃ類・Ｃ類、という順序を考えた（第15図）。

顎の長さに注目すると、瓦当文様や凸帯の違いに対応して、顎の幅が一定のまとまりをもつことが分かる（第４表）。Ｂａ１類は6.5cmのところにまとまりがあり、少量だが７〜９cmの間にも分布する。Ｂａ２類は９cmを中心にまとまる。Ｂｂ類は顎の長さにばらつきがある。Ｂａ・Ｂｂ類ともに顎が長いものと短いものの２者が存在し、Ｂｂ類はＢａ類の特徴を引き継いだ可能性が高い。なお、Ｂｃ類は８cm前後、五重弧文のＣ類は10cmと９cmのところにまとまり、それぞれＢｂ類の特徴を引き継いだ可能性がある

鐙瓦・宇瓦の組み合わせ

出土量は鐙瓦Ａｄ・Ａｅ類、宇瓦Ｂｂ類が最多で、これらがセットになることは確かである（第５・６表）。宇瓦Ｂｂ類のうち顎の長いものと短いものが、鐙瓦の范種の違いに対応すると考えられる。これに先行する宇瓦のなかではＢａ１類が、分割前施文で凸帯を型で引き出すなどの技法面からみて、この種の宇瓦の祖形とみられる。したがって、宇瓦Ｂａ１類は複弁鐙瓦の系統のなかで祖形となるＦ類に、これにやや後出し顎の長いＢａ２類は鐙瓦Ａａ類に伴うものと考えた（第

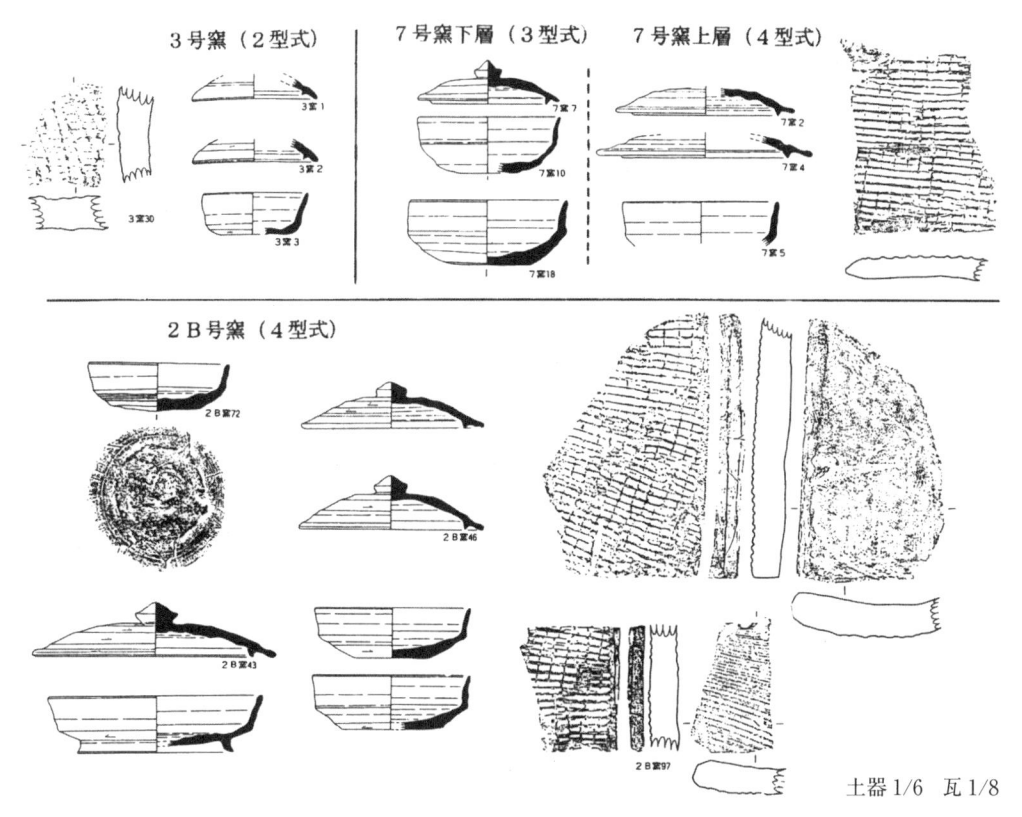

第16図　善光寺遺跡の須恵器と瓦

15図）宇瓦Ｂｃ類やＣ類はＢｂ類に後出し、鐙瓦ＡｂやＥ類に伴うものと思われる。なお、鐙瓦Ａｃ類については、先述したように腰浜Ｃ技法を伴う後出的なものとみられ、Ⅲ群と同様の一枚作りの宇瓦が伴うと考えている。その候補は三重弧文のＡｃ類である。

瓦の年代

分割前施文のＢａ１・２類、分割後施文のＢｂ類に伴う叩き板ａ・ｂのみられる女瓦は、善光寺２Ｂ号窯・７号窯上層（第１～４床面）で善光寺３型式～４型式の須恵器とともに出土している（第16図）（木本ほか1988）。

善光寺窯跡では、比較的良好に遺存した窯跡の一括資料が層位的な発掘によって精緻に把握され、窯の違いや同一窯体内での層位（床面）の違いと坏などの器形変化がよく対応し、連続的な推移を捉えることができる。

先にみた宇瓦の変遷と須恵器の変遷を対応させると、分割前施文の段階を善光寺３型式に、分割後施文の段階を同４型式に当てて考えることができる。また、複弁の系統のなかで相対的に新しい型式である鐙瓦Ｅ類は、善光寺９号窯の須恵器の焼台として出土している。なお、Ⅱ群より遡るⅠ群については、従来の研究どおり、３号窯で焼台として使用された女瓦を伴うものとみて、２型式を当てるのが妥当と考えられる。

実年代については、畿内の編年との対比から、報文では善光寺３型式が７世紀第３四半期後

半～第4四半期前半、同4型式は7世紀第4四半期後半～7世紀末の年代が与えられている。また9号窯は多賀城創建期の窯跡出土資料との比較から、8世紀第1四半期後半～第2四半期とされる（木本ほか1988）。近年、陶邑編年の再検討が進められ、それらの地方への波及も一様ではないことが指摘されている（古代の土器研究会1997、佐藤隆2003）。しかし善光寺では順次築窯され操業した窯の推移と須恵器の変化との対応が明瞭であり、地域的な在り方を消費地での出土状況などから再検討する必要を認めつつ、近年の陶邑編年に依拠して3型式を7世紀第3四半期後半～第4四半期前半、4型式を7世紀第4四半期後半から一部8世紀初頭に下る時期と考えておく。

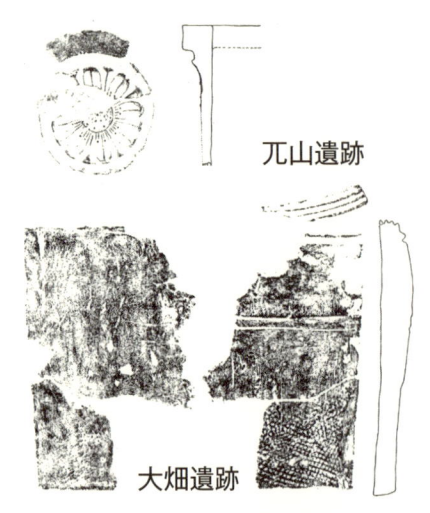

第17図　兀山遺跡・大畑遺跡出土瓦

3) 小　結

　黒木田遺跡では、Ⅰ群の瓦による端緒的な造営ののち、山王廃寺からの系譜をもつ鐙瓦F類－宇瓦Ba類が生産され、これを端緒として、複弁のⅡ群により本格的な寺院の造営が行われたと考えられる。このF類を以って造営が開始された年代は、7世紀第4四半期に遡るものとみて大過なく、以後、E類が生産される8世紀初頭ないし前葉まで継続されたと考えられる。

　なお、黒木田遺跡Ⅱ群にみられるような、子葉が蕊のような表現の複弁八葉鐙瓦は、宮城県白石市兀山遺跡（陸奥国苅田郡）でも出土している（第17図）。弁は立体的に表され凸線表現でないことから、黒木田の鐙瓦Aa類にもっとも近い。中房の外周蓮子は2重にめぐり、蓮子の配置から1＋8＋8の可能性が高い。黒木田Aa類に後出し、これを直接のモデルとしたものと考えられる。

　兀山遺跡は窯跡であり、その製品は苅田郡衙推定地の大畑遺跡に供給されている。大畑遺跡では、兀山遺跡で出土するものと同様の格子叩き目をもつ四重弧文宇瓦が出土している。顎の先端近くには、瓦当文と同時に引き出された凸帯をもつものである。瓦当文・凸帯の施文が分割前か分割後かの判断は難しいが、黒木田の例と比較すると、技法は宇瓦Ba類に近い。したがって、これらの瓦は、黒木田の鐙瓦Aa類と宇瓦Ba類の組み合わせから派生したものと理解される。

まとめ ～瓦からみた陸奥南部と上野の交流～

　最後に、これまで行ってきた基礎的検討を踏まえ、陸奥南部と上野との地域間交流の実態について考えてみたい（第18図）。

　夏井廃寺の複弁八葉鐙瓦d第一類は、反り上がりのある立体的な蓮弁や、竹管で周縁に円文を施文する手法など、文様上で山王廃寺の複弁七・八葉鐙瓦の特徴を忠実に模倣してい

第18図 山王廃寺系軒先瓦の陸奥国における展開

瓦からみた陸奥南部の寺院造営と坂東（藤木） 53

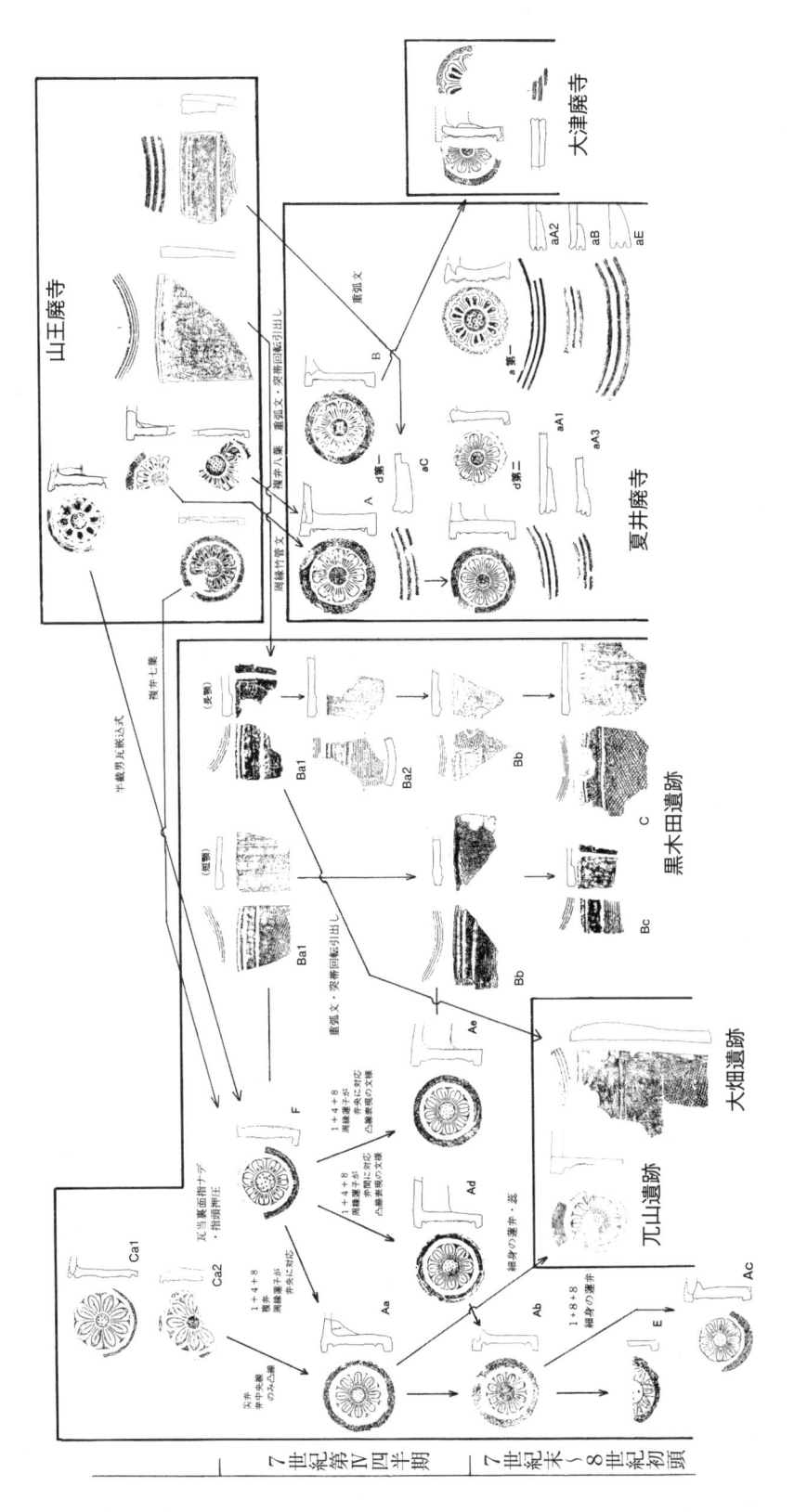

る。八弁は山王廃寺Ⅲ式、周縁の竹管文は同ⅣBb式の影響と考えられる。ロクロ型挽き重弧文も山王廃寺のそれに習った可能性がある。しかし鐙瓦は接合技法が瓦当裏面のやや下位に挿入溝を掘って男瓦を接合する印籠継ぎであり、山王廃寺例の接着法とは異なる。またd第一類は、山王廃寺例に比べ瓦当部が概して厚い。さらに、これに組み合う三重弧文宇瓦は、貼り付け段顎の顎面に凸帯はない。

　一方、黒木田遺跡の複弁七葉鐙瓦F類の文様は、山王廃寺Ⅳ式のいずれかをモデルとしたものである。ただし蓮弁などの表現は凸線に簡略化され、祖形の文様を忠実に模したとは言いがたい。男瓦の接合は半截男瓦嵌め込み式で、山王廃寺Ⅳ式の接合式とは異なる。周辺の遺跡にそうした類例がないことから、その系譜は、山王廃寺Ⅰ式のそれに求めるのがもっとも自然であろう。

　鐙瓦F類に続くA類の文様は、先述のように前段階のC類の文様要素を加えるなどして創出された独自のものと考えられる。F類の直後に位置づけられるAa類は、挿入溝を掘らずに瓦当裏面の上端に男瓦を取り付ける接着法のものがあり、山王廃寺例と共通する要素がみられる一方、瓦当裏面の調整にCa類と共通する要素もみられる。在来的な要素を継承しながら、外来の要素を受容して製作されたと考えられる。

　F類やA類に組み合う四重弧文宇瓦は顎面に凸帯をもち、こうした特徴も、すでに指摘されているとおり、鐙瓦の文様とともに山王廃寺からもたらされたものであったと考えられる。黒木田の宇瓦のうち古い型式であるBa1類は、分割前施文で凸帯を型により引き出している。この技法は山王廃寺では分割前施文のⅡKDg式やⅢKD－1式にみられ、これらが黒木田Ba1類に影響を与えた可能性が高い。前段階のC類には宇瓦が伴わない可能性が高く、宇瓦については文様・技法ともに山王廃寺のそれを受容したのであろう。

　以上から、夏井廃寺では、瓦笵や竹管による施文に山王廃寺からの技術系譜が存在するのに対し、鐙瓦の製作技法や、組み合う宇瓦の文様・技法の細部まで一致するわけでわない。すなわち夏井廃寺の鐙瓦は、特に作笵に関連して工人の移動があった可能性が高いのに対し、生瓦の製作に模倣関係の存在する可能性はあるものの、製作技法に上野からの工人の移動を明証する要素はみられない。

　一方、黒木田遺跡では、宇瓦における分割前に瓦当面と顎面の凸帯を同時に引き出す技法に加え、山王廃寺の前段階のⅠ式の接合技法がみられる。山王廃寺の前段階の技術を継承した技術者を含む工人集団が黒木田に移動し、これらの瓦を製作した可能性が高い。ただし、F類の簡略化された文様は、文様の下図や記憶に基づいて作笵が行われたことを示し、笵の彫り込みによって文様の細部を表出する技術に長じた工人が、直接作笵に関与したとは考えにくい。

　このように、黒木田と夏井で、山王廃寺からの影響の度合いや、受容の仕方は一様ではない。これには、各寺院で造瓦の必要に応じた技術の受容が行われた結果であるとする理解も可能である。しかし、文様は夏井へ、技法は黒木田へ、という捉え方ができるとすれば、むしろ両遺跡の瓦の在り方は表裏の関係にあると言えるのではないか。すなわち、山王廃寺で瓦を製作した工人集団のうち、瓦笵の製作に携わった工人が夏井廃寺へ赴いてd第一類の笵の製作に関与し、作瓦

を行った工人は黒木田へ赴いて生瓦の製作やその指導を行う、といった図式を想定でき、これらはほぼ同時に行われたと考えられる。そして真保氏が指摘するとおり、この系譜の瓦はその後、両遺跡でそれぞれ独自に展開していること、また以後の補修瓦にも、こうした関係は継続していないことから、上野との交流はきわめて一回性の強いものであったことがうかがえる。

さて、山王廃寺自体もそうであるし、夏井・黒木田でも複弁七・八葉の系譜下の瓦が、寺院の存続期間を通じて出土量がもっとも多い。このことは、この種の瓦が大規模な寺院造営に伴って大量生産されたものであったことを示すが、その際、山王廃寺出土例のなかで、陸奥に影響を与えたと考えられる型式がいずれも相対的に古く、そして少数派である点に注目しておきたい。そうした瓦が端緒的に現れた後、これらの寺院では、大規模で継続的な造営が行われている。

このことは、本格的な伽藍の造営に伴う造瓦に際して、少数の熟練した瓦工が各地で活動し、在地で編成された非熟練労働者に文様や技術を伝え、大量の瓦の需要に対応したことを示すものと考える。そして、これらの寺院で順次、造営が進められるとともに、その文様・技法は、隣接する地域の寺院に2次的に波及したと考えられる。このプロセスは、上野国内に展開した「山王廃寺系」の瓦についても同様であろう。

その時期は、先述のように7世紀第4四半期を中心とする年代と考えられる。夏井では複弁六葉より山王廃寺系の複弁八葉がやや先行すること、黒木田F類に7世紀第3四半期とされる山王廃寺Ⅰ式を継承した技術がみられること、さらに黒木田に瓦を供給した善光寺遺跡での須恵器の年代観から、7世紀第4四半期のなかで古い段階と思われる。山王廃寺Ⅳ式のうち相対的に古いⅣBb式や宇瓦ⅢKD-1式も、この時期に遡らせて考える必要がある。

上記の年代観から、山王廃寺系の瓦を採用した寺院の造営は、下野薬師寺系の複弁蓮華文が展開する時期よりも相対的に古く、これらの寺院が陸奥や坂東において、本格的な伽藍を備えた寺院としては比較的早い事例とすることができる。これらの寺院において、ほぼ同時に相次いで大規模な造営に着手していることは、この時期における陸奥と上野との交流が一回性の強いものであったこと、初出型式を出土した山王廃寺自体、それを製作した工人が定着して継続的に活動したわけではなかったことと合わせて考えるならば、一地域を越えた技術の掌握、技術者による広域的な活動があったことが理解される。そして、その技術は、これらの寺院を起点として各地に波及し、8世紀初頭までには郡毎に1ヵ寺という在り方となっているのであり、その背景には国家による仏教奨励策といったような政策的意図の存在を認めなければならないであろう。

すでに指摘されているように、山王廃寺系の瓦は陸奥において、南部太平洋岸に限定的な分布を示す。東国において、この国家政策を実際に推し進めたのは、自らの本拠地でいち早く寺院の整備に着手することともに、これに携わった技術者を各地に派遣することのできた上毛野氏の存在があったのではなかろうか[7]。瓦にみられる両地域の関係は、この時期までに成し得た地域間交流の実態を反映したものと考えられる。

本報告をまとめるにあたり、以下の方々より多大なご高配・ご教示を賜りました。末筆になり

ましたが、記して謝意を表します（敬称略、五十音順）。

網　　伸也・猪狩みち子・市毛美津子・出浦　　崇・大橋　泰夫・小笠原好彦・樫村　友延・
樫村　宣行・川口　武彦・河野　一也・川井　正一・瓦吹　　堅・木本　挙周・日下　和寿・
欝田　克史・栗原　和彦・木幡　成雄・佐川　正敏・眞保　昌弘・菅原　祥夫・杉山　秀宏・
須田　　勉・清地　良太・辻　　史郎・辻　　秀人・戸田　有二・橋本　博幸・早川　麗司・
原川　虎夫・昼間　孝志・藤野　一之・前原　　豊・村田　晃一・松本　太郎・柳澤　和明・
山路　直充

いわき市教育委員会・いわき市考古資料館・北茨城市歴史民俗資料館・群馬県立歴史博物館・
白石市教育委員会・相馬市教育委員会・東北歴史博物館・福島県文化財センター白河館・前橋市
教育委員会

　最後に、成稿が遅れましたことを執筆・編集に携わられた方々にお詫びします。

註

1) 本稿は、2010年5月の日本考古学協会総会での研究発表会「古代社会と地域間交流―寺院・官衙・瓦からみた関東と東北―」に際して用意した資料に、その後の検討を踏まえて大幅に加筆したものである。筆者の発表に対し、率直かつ厳しいご批評を賜った昼間孝志・小笠原好彦の両氏に深謝したい。昼間孝志氏からは、善光寺窯跡出土須恵器の年代観について、ご指摘を賜った。昼間氏の指摘を受け、改めて資料を検討した結果は、本文中に示した通りである。再度ご叱正を請う次第である。

　　小笠原好彦氏からは、「鐙瓦」「宇瓦」などの用語の使用について、ご指摘をいただいた。近年、考古学の用語の混乱を整理し、分かりやすく統一しようとする動きのあることは承知しているし、私も一般の方や初学者に分かりやすい言葉で説明しようと心がけている。私は、学術用語はさらなる解明へ進むための便宜上のものであり、学問的な中立性を確保しつつも、とりわけ歴史考古学においては、当時の人々が対象を認識し使用した言語に即した理解を目指すべきとの立場をとりたい。それは、これまでに教えを受けた恩師の学問的姿勢に学び、これを継承したいと考えているからであり、他意はない。本稿では、そうした歴史的名称を用いることをお許しいただき、「鐙瓦」「宇瓦」「男瓦」「女瓦」を、それぞれ「軒丸瓦」「軒平瓦」「丸瓦」「平瓦」と読み換えていただければ幸いである。

2) 松田猛氏は、Ⅲ式の技法が前段階の1-1期に属する幾何学文のⅡ式に共通することを指摘している（松田1991）。Ⅲ式もⅣBb式とともに、この種の瓦のなかで早い段階に位置づけられる。

3) ただし栗原和彦氏は、大和で創出された重弧文宇瓦は貼り付け段顎で、以東の各遺跡に一般的にみられるが、山王廃寺特有の技法が、そこから時間の経過や技法の退化により発生したと捉えることには慎重な立場をとる。

4) 宇瓦の上外区に珠文・下外区に山形文を配する文様構成は、藤原宮・平城宮などの宮都や、官の大寺に多くみられる「天星地水文」を模したものと考えられる。

5) 宇瓦aE類は、夏井廃寺では出土していないが、根岸官衙遺跡の正倉院に隣接する谷に廃棄された状態で出土している。このことから、本型式は、正倉院で出土した鐙瓦a第一類とともに、正倉院所用瓦として梅ノ作4・5号窯で焼成されたと考えられる。

6) 腰浜C技法は、腰浜廃寺の資料に基づき辻秀人氏が明らかにし（辻1983）、その後、戸田有二氏が南相馬市植松廃寺出土資料に基づいて製作技法を考察している（戸田1984）。筆者も黒木田のⅢ群について検討したことがある（藤木2006）。この種の技法をもつ鐙瓦には一枚作りの女瓦が組み合う場合が多く、この地域にこの種の瓦が展開するのは、8世後半以降、9世紀を中心とする時期である。

7) この点については、下野薬師寺系の鐙瓦の展開についても同様に考えられいるが（真保1994）、その具

体的な在り方については、稿を改めて検討し論じたい。

引用・参考文献

岡本東三　1996　「東国における初期寺院の成立」・「東国の畿内系瓦当の変容と独自性」『東国の古代寺院と瓦』吉川弘文館

木津博明　1997　「上野国の初期寺院」『東国の初期寺院』関東古瓦研究会

木本元治・福島雅儀ほか　1988　「善光寺遺跡」『国道113号バイパス遺跡調査報告』Ⅳ　福島県教育委員会

木本元治・福島雅儀ほか　1989　「善光寺遺跡（第2次）」『国道113号バイパス遺跡調査報告』Ⅴ　福島県教育委員会

木本元治　1989　「善光寺・黒木田遺跡及び宮沢窯跡群出土の飛鳥時代の瓦―東北地方への仏教伝播期の様相について―」『福大史学』第四六・四七合併号

瓦吹　堅　1989　「北茨城市内出土の古瓦について」『いわき地方史研究』第27号　いわき地方史研究会

瓦吹　堅ほか　1994　『茨城県における古代瓦の研究』学術調査報告4　茨城県立歴史館

瓦吹　堅　1999　「古代常陸国多珂郡の古瓦―大津廃寺跡を中心に―」『瓦衣千年 ―森郁夫先生還暦記念論文集―』

日下和寿ほか　2005・06・08～10　『市内遺跡発掘調査報告書』Ⅰ～5　白石市教育委員会

栗原和彦　2010　「山王廃寺と上毛野氏―出土軒瓦から―」『坪井清足先生卒寿記念論文集 埋文行政と研究のはざまで―』坪井清足先生の卒寿をお祝いする会

栗原和彦ほか　2007　『山王廃寺』平成18年度調査報告　前橋市教育委員会

栗原和彦ほか　2009　『山王廃寺』平成19年度調査報告　前橋市教育委員会

栗原和彦ほか　2010　『山王廃寺』平成20年度調査報告　前橋市教育委員会

古代生産史研究会　1997　『東国の須恵器 ―関東地方における歴史時代須恵器の系譜―』

古代の土器研究会　1997　『古代の土器研究』律令的土器様式の西・東5　7世紀の土器

坂詰秀一　1987　「古瓦名称論」『論争・学説日本の考古学』第6巻 歴史時代　坂詰秀一編　雄山閣

佐々木和博・菊地逸夫　1985　「白石市兀山遺跡の古瓦」『赤い本 片倉信光氏追悼論文集』

佐藤　隆　2003　「難波地域の新資料からみた7世紀の須恵器編年」『大阪歴史博物館研究紀要』第2号

佐藤則和ほか　2000　『山王廃寺』山王廃寺等Ⅴ遺跡発掘調査報告書　前橋市埋蔵文化財発掘調査団

白石市　1976　『白石市史』別巻 考古資料篇

真保昌弘　1992　「夏井廃寺出土古瓦の基礎的研究」『いわき市教育文化事業団研究紀要』第3号

真保昌弘　1994　「陸奥南部に分布する二種の複弁系鐙瓦の歴史的意義について」『古代』第97号

真保昌弘　1995　「古代陸奥国初期寺院建立の諸段階―素弁、単弁、複弁系鐙瓦の分布とその歴史的意義―」『王朝の考古学 ―大川清先生古稀記念論文集―』

真保昌弘　1997　「陸奥地域の関東系軒先瓦を中心とした受容とその背景」『東国の初期寺院』関東古瓦研究会

鈴木　啓　2007　「浮田国造と金銅製歩搖付雲珠」『列島の考古学』Ⅱ

須田　勉ほか　2004　『史跡 下野薬師寺跡』Ⅰ　栃木県南河内町教育委員会・国士舘大学考古学研究室

辻　秀人　1984　「陸奥南部の造瓦技法―腰浜廃寺・関和久遺跡出土瓦の検討―」『大平台史窓』3号

辻　秀人　1988　『陸奥の古瓦』福島県立博物館企画展示図録

辻　秀人　1992　「陸奥の古瓦の系譜」『福島県立博物館紀要』第6号

辻　秀人　1994　「陸奥国における雷文縁複弁四弁、単弁八弁蓮華文軒丸瓦の展開について」『古代』第97号

戸田有二　1984　『群馬県吉井町下五反田・末沢窯跡　福島県郡山市針生・原田瓦窯跡　福島県原町市・入道迫瓦窯跡』国士舘大学考古学研究室

戸田有二ほか　1984　『第9回 関東古瓦研究会発表資料』石城国編　関東古瓦研究会福島同人

橋本博幸　1990　『県営ほ場整備事業　相馬西部地区遺跡分布調査報告書』　相馬市教育委員会
橋本博幸・鈴木啓　2002　「高松古墳群出土金銅製歩搖付雲珠について」『福島考古』第43号
花谷　浩　2001　「たかが重弧、されど重弧―飛鳥地域出土重弧紋軒平瓦様式区分の一企図―」『帝塚山大学
　　考古学研究所　平成12年度研究報告Ⅲ』
廣岡敏・中山雅弘　1989　『夏井廃寺跡』Ⅲ　いわき市教育委員会・財団法人いわき市教育文化事業団
廣岡　敏　2003　『梅ノ作瓦窯跡－陸奥国磐城郡古代窯跡の調査－』いわき市教育委員会・財団法人いわき
　　市教育文化事業団
廣岡　敏　2004　『夏井廃寺跡－陸奥国磐城郡古代寺院跡の調査－』いわき市教育委員会
福島雅儀　1992　「陸奥南部における古墳時代の終末」『国立歴史民俗博物館研究報告』第44集
藤木　海　2006　「有蕊弁蓮華文鐙瓦の展開とその背景」『福島考古』第47号
文化遺産探訪班　1994　「古瓦三題」『潮流』第22報　いわき地域学會
松田　猛　1984　「山王廃寺の性格をめぐって」『群馬県史研究』20
松田　猛　1991　「上毛野における古代寺院の建立」『信濃』43－4
森　郁夫　1991　「古瓦からみた群馬の古代寺院」『日本の古代瓦』雄山閣（初出1982『群馬県歴史散歩』
　　52）
八嶋伸明ほか　1995　「大畑遺跡」『大畑遺跡ほか』宮城県文化財調査報告書第168集　宮城県教育委員会
渡邊一雄ほか　1977　『黒木田遺跡』福島県相馬市教育委員会

図・表・写真出典
第1図　真保1995をもとに作成　第2図　栗原ほか2007・09・10より作成　第3図　栗原ほか2009を改変　第4図　廣岡2004より転載　第5図　関東古瓦研究会1984、廣岡2004より作成　第6図　関東古瓦研究会1984、廣岡ほか2003、廣岡2004より作成　第7図　廣岡2004をもとに作成　第8図　廣岡2003をもとに作成　第9図　瓦吹1999をもとに作成　第10図　橋本1990より転載　第11図　関東古瓦研究会1984、木本ほか1989、橋本1990より作成　第12図　関東古瓦研究会1984、木本ほか1989、橋本1990より作成　第13図　筆者作成　第14図　筆者作成　第15図　筆者作成　第16図　木本ほか1989より作成　第17図　佐々木ほか1985、八嶋伸明ほか1995より作成　第18図　筆者作成
第1表　廣岡2004掲載分を集計して筆者作成　第2表　廣岡2004掲載分を集計して筆者作成　第3表　筆者作成　第4表　筆者作成　第5表　筆者作成　第6表　筆者作成　写真1　前橋市教委・いわき市教委・原川虎夫氏所蔵資料。筆者撮影　写真2　前橋市教委・相馬市教委・福島県立博物館・白石市教委所蔵資料。白石市教育所蔵資料は白石市教委提供。他は筆者撮影

鋸歯紋縁複弁軒丸瓦の伝播
―北関東と南東北にみる類似した動態―

昼間　孝志

はじめに

　北関東から南東北にかけては、7世紀末から8世紀前半に外縁に鋸歯紋を有する軒丸瓦が広く分布する。これらの軒丸瓦は広義においては大和川原寺式複弁8葉蓮華紋軒丸瓦の系譜をひき、北関東（以下、武蔵北部及び上野南部）から南東北（以下、陸奥南部）へは、群馬県国寺井廃寺や栃木県下野薬師寺の創造瓦を経て広まったと考えられている。一般的に鋸歯紋には面違い鋸歯紋、線鋸歯紋、凸鋸歯紋などがあり、特に線鋸歯紋は面違い鋸歯紋から派生したものと考えられてきた。しかし、地方寺院の調査例では、必ずしも面違い鋸歯紋から線鋸歯紋へと移行するものではないことも共伴遺物から明らかにされている。地方寺院には同時期に新旧の紋様や技術が導入されていることがあり、地方に寺院造営の波が広がる在り方を考える上で重要な問題といえる。

　一方、既に多くの研究者から、対蝦夷政策の中で武蔵北部や上野南部の人々が陸奥南部地域へ土器などと共に移動し、陸奥南部地域で活動していたことが発掘調査の成果や文献などから指摘されてきた。本稿では瓦からみた地域間交流はどうであったのか、武蔵北部と陸奥南部に分布する鋸歯紋縁複弁軒丸瓦を中心に伝播の背景やその年代観について、検討を加えてみたい。

　なお、本稿は『古代社会と地域間交流―寺院・官衙・瓦からみた関東と東北―』（日本考古学協会　第76回総会実行委員会）で報告した内容を一部加筆・修正するものである。

1　武蔵北部の複弁軒丸瓦

　武蔵北部には、これまで武蔵国分寺創建以前に製作された三種類の複弁8葉蓮華紋軒丸瓦（以下、A～C類と呼称する）の存在が知られていた。いずれも范の大きさ、弁の形状、中房の大きさや連子の配置、丸瓦との接合など類似している部分が多い。范種が異なって三種類とされてきたのは、外区外縁の鋸歯紋の形状や鋸歯紋の在り方によるためである。A類には斜縁の外縁に交叉鋸歯紋、B類には直立縁の外縁内側に交叉鋸歯紋、C類には斜縁の外縁に交叉波状紋が施されている。

　その後酒井清治氏は、A類とB類は、范傷の進行状況からA類を改范してB類が製作され、

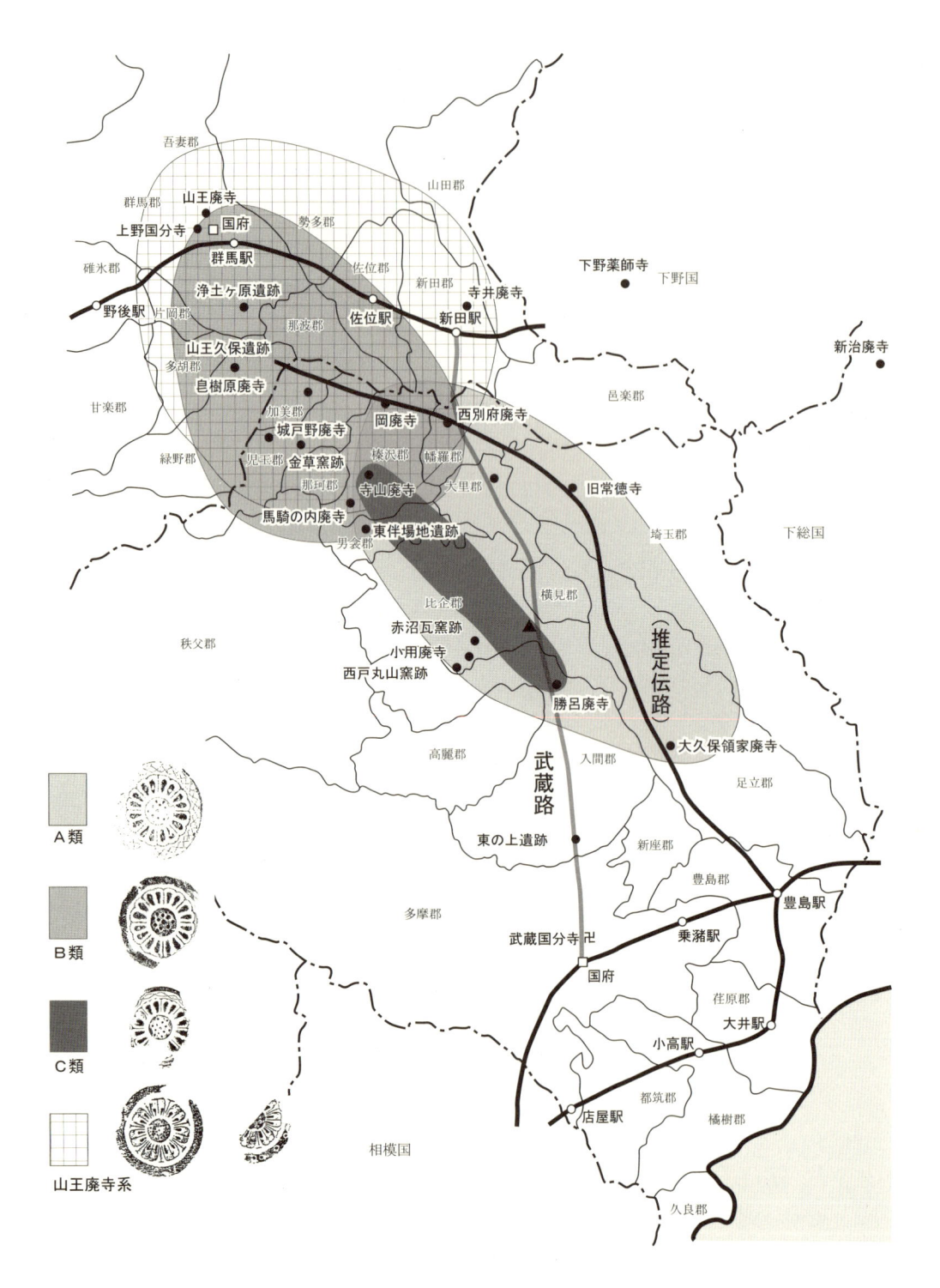

第1図　武蔵北部・上野南部の複弁軒丸瓦分布図

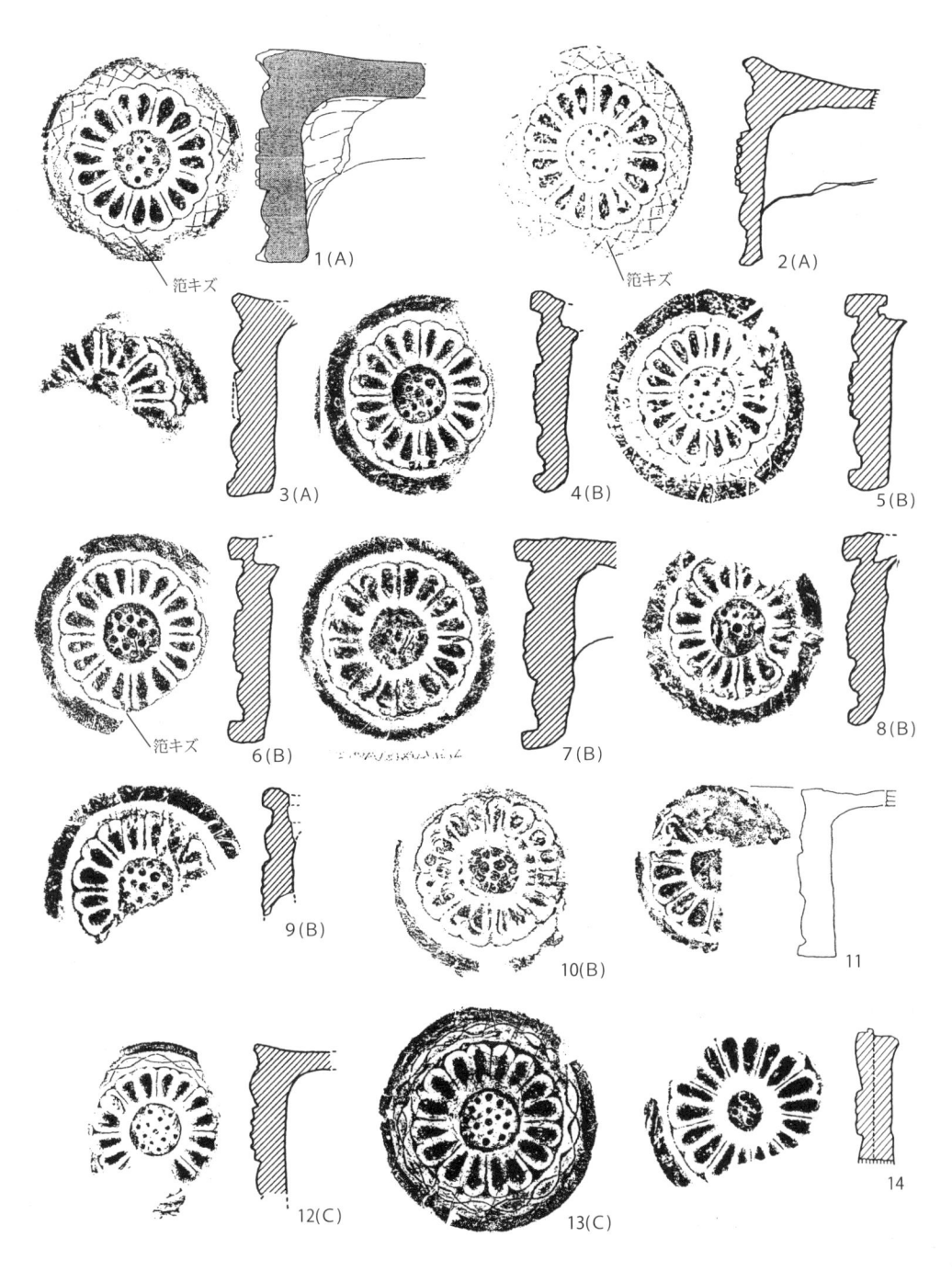

1 大久保領家廃寺　2.5.14 西別府廃寺　3 西戸丸山遺跡　4.8 金草窯跡　6 皂樹原廃寺
7 岡廃寺　8 城戸野廃寺　10 山王久保遺跡　11 東伴場地遺跡　12 寺山遺跡　13 勝呂廃寺

第2図　武蔵北部・上野南部の複弁軒丸瓦

鋸歯紋縁複弁軒丸瓦の伝播（昼間）　61

1 A類
同笵

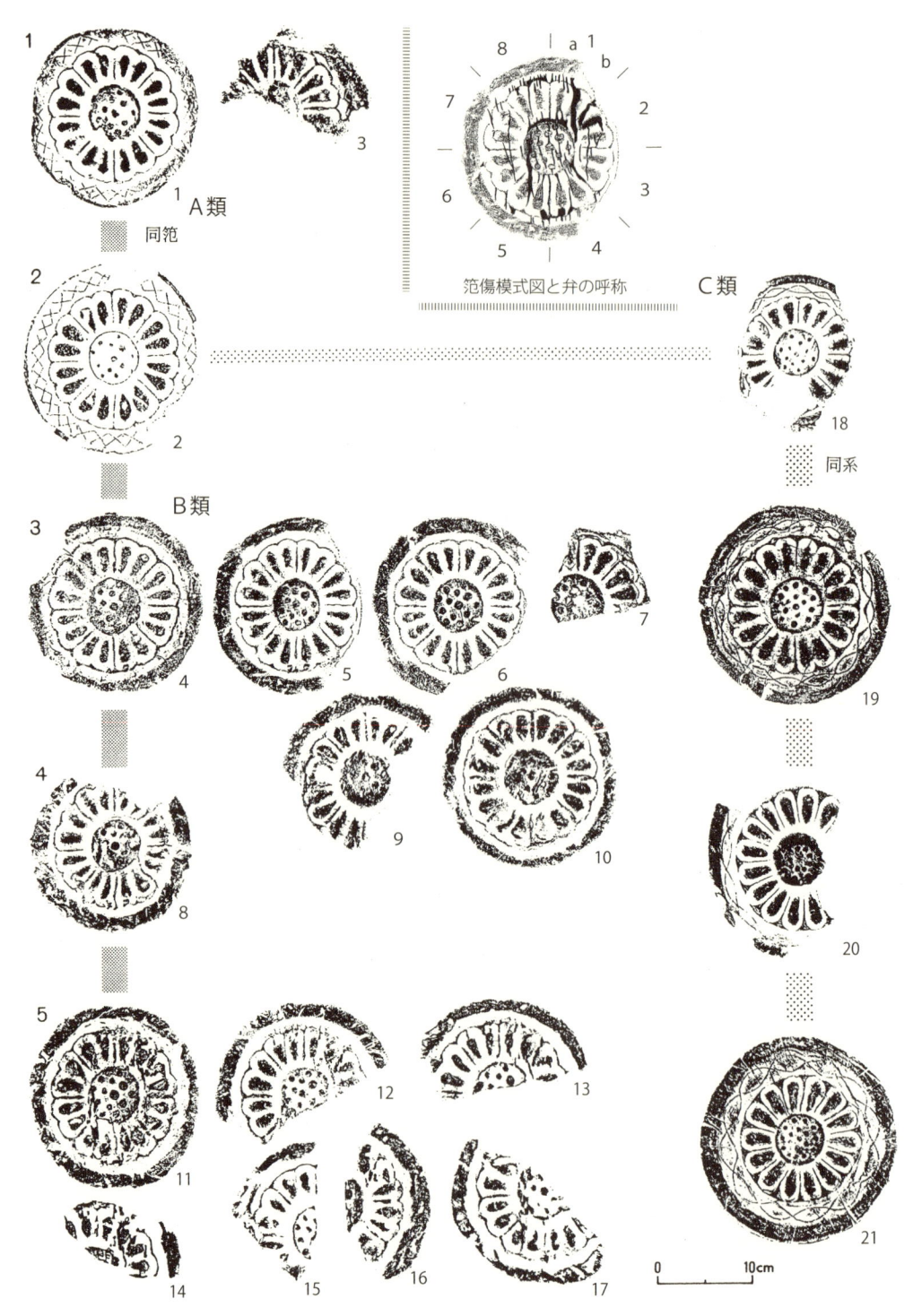

笵傷模式図と弁の呼称

C類

B類

1 大久保領家廃寺　2 西別府廃寺　3 西戸丸山遺跡　4.5.8 金草窯跡　6 皀樹原廃寺　7 馬騎の内廃寺　9.10 岡寺
11.12 城戸野廃寺　14 浄土ヶ原遺跡　13.16 山王久保遺跡　15.16 上野国分寺　18 寺山遺跡　19～21 勝呂廃寺

第3図　交叉鋸歯紋縁（A・B類）、交叉波状紋縁軒丸瓦（C類）変遷図（酒井1994 一部下筆）

両者が同じ笵で製作されていることを提示した。Ｃ類も、Ａ類からの派生種と考え、Ａ～Ｃ類の変遷を以下の５段階に想定した。

第１段階　Ａ類は荒川以南の西戸丸山遺跡（入間郡・窯跡と考えられている）で生産され、小用廃寺（比企郡）、大久保領家廃寺（足立郡）へ供給される。

第２段階　Ａ類の笵は荒川の北へと移動し、Ｘ窯跡又は金草窯跡（児玉郡）で生産が行われ、西別府廃寺（幡羅郡）、岡廃寺（榛澤郡※後の調査で確認された）へ供給される。この頃、Ａ類から派生したＣ類がＹ窯跡で生産され、寺山遺跡へ供給される。Ｘ窯、Ｙ窯跡は場所を特定していないが、埼玉県北部を想定している。第３段階　Ａ類の笵は、外区外縁が彫り直されて、Ｂ種が製作され、児玉郡の金草窯跡で生産が始まる。供給先は馬騎の内廃寺（榛沢郡）、岡廃寺、皀樹原廃寺（賀美郡）である。一方、Ｃ類は瓦当紋様が荒川以南の勝呂廃寺へ伝播し、第Ⅱ期の主要瓦となる[1]。

第４段階　Ｂ類は再び金草窯跡で生産を行い、西別府廃寺へ供給される。Ｃ類は複弁から単弁へと変化し、笵種も複数生み出される。

第５段階　金草窯跡で再び生産が開始されたと想定している。笵は改笵もなく使い続けられ、笵傷の進行が著しく連子の数も確認できないものもある。供給先は城戸野廃寺（児玉郡）、更には国を越えて上野国分寺、山王久保遺跡、浄土ヶ原遺跡（いずれも上野国）に供給される。Ｃ類は瓦当が次第に厚くなる（瓦当の二枚重ね）。

　酒井氏の考え方を要約すると、「比企・入間地域で考案・製作され、荒川以南の主要寺院に供給されたＡ類を荒川以北に笵を移動して荒川以北地域の西別府廃寺の主要瓦となるべく採用された。Ａ類は西別府廃寺のほか岡廃寺へも供給された後、間もなくして改笵されて、斜縁ではなく直立縁の内側に鋸歯紋を施紋したＢ類が考案され、以後荒川以北や国を越えて上野国南部の寺院へ供給される。また、Ｃ類は、Ｂ類とは異なって紋様が荒川以北の寺院（寺山遺跡）から特定の寺院である勝呂廃寺へと伝えられ、その中で複弁から単弁へと展開したというものである。また、Ａ～Ｃ類の年代については、高橋一夫氏が提示した女影系複弁軒丸瓦の系譜をひくものとして８世紀第２四半期を踏襲し、年代観に大きく踏み込まなかった。

　筆者も基本的に酒井氏の考え方を首肯してきたが、新たな調査例が増加する中で、Ａ・Ｂ類について以下のような疑問点も浮上してきた。

(1) Ａ類の伝播について

　第１は、Ａ類の伝播の在り方である。そこで、Ａ類の出土量が多くや残存状態の良好な大久保領家廃寺と西別府廃寺で比較検討をしてみた。

　大久保領家廃寺のＡ類は、小用廃寺と同様に最初に生産された軒丸瓦とされているが、瓦当が厚く、紋様の抽出は全体に丸味を帯びている。また、外縁側面中央部は一律に削られ、均等な厚さで作られていることから、枷型による製作とみられる。これに対して西別府廃寺のＡ類は、

瓦当が薄く紋様全体の抽出も鮮明で、笵の初期の状態を保っている印象がある。こちらも外縁側面を削ることから枷型を使用しているものと考えられるが、厚みが大きく異なることから大久保領家廃寺とは別の枷型である。

　現状でA類の出土量は、大久保領家廃寺が最も多く、西別府廃寺はそれほど多くはない。この出土量がそのまま各々の生産量に比例するとは思わないが、西別府廃寺で出土量がそれほど多くない（岡廃寺も同様）のは、何らかの理由で少量の生産・供給に終わった可能性も考えられる。笵傷は、大久保領家廃寺、西別府廃寺とも蓮弁と鋸歯紋との間付近に木目状の痕跡が確認できることから、当初から笵に存在したものと考えられる。いずれにしても笵の移動や短期間での大量生産（大久保領家廃寺を含む荒川以南での生産）にもかかわらず大きな笵傷は生じなかったようである。

　第2は、A類に組み合う型挽き三重弧紋軒平瓦の形態や叩き具に相違がみられることである。大久保領家廃寺の軒平瓦は軒丸瓦同様厚く、重弧紋の弧線は浅く、丸味を帯びている。これに対して西別府廃寺の軒平瓦は薄く、重弧紋の弧線は深く、シャープな印象である。丸瓦・平瓦については、大久保領家廃寺はナデによる磨り消し、西別府廃寺は格子叩きが主体を占める。よってA類はまた西別府廃寺からは、縦置き型一本作りによる軒丸瓦（第4図11）も一定量出土し、瓦作りにあたって上野国佐位郡周辺との関連性も強かったことを窺わせている。

　このように二つの寺院の瓦作りは、軒丸瓦の作り方を共通とするが、他の瓦を含め、瓦作りで共通する部分は少ない。従って、両者の瓦作りは、異なる造瓦組織の中で進められていたことが分る[2]。

　以上のことから、A類の変遷は必ずしも第1段階から第2段階へと進んだとは言えないのではないかと考えられる。西別府廃寺のA類には、残存状態として大久保領家廃寺より先行する紋様の鮮明さやシャープさがあり、酒井氏が言うように西戸丸山遺跡で生産を終えたA類の笵が、荒川以北へ移動してX窯または金草窯跡で生産を行った後の状態とは思えないのである。また、A類を改笵したB類の中で最も状態の良い思われる西別府廃寺（第3段階・第2図5）には、蓮弁の形状や連子の丸味などが大久保領家廃寺（第2図1）のA類に通じる要素として見て取ることができる。これらのことから、A類の笵は文様の抽出において、笵を使用することで鮮明なものから丸味を帯びたものへと変化したのではないかと思われる。従って、A類は荒川以北で考案・生産され、西別府廃寺や岡廃寺への供給が行われた直後、荒川以南へと笵が移動し、西戸丸山遺跡で生産し、大久保領家廃寺や小用廃寺へ供給したものと考えられる。

　A類は枷型による製作の可能性が高いことは先にのべたとおりである。造瓦集団が異なる大久保領家廃寺や西別府廃寺での生産を可能にしたのは、A類が当初から枷型の技術を伴った瓦として考案され、厚みの相違は既に在地にあった造瓦集団[2]の中に組み込まれたためと推測される。

（2）B類の製作について
　次に、なぜA類を改笵してB類を製作したかという問題である。酒井氏はその原因について「西戸丸山系（小用廃寺・大久保領家廃寺）の中でも確認できる最も古い大久保領家廃寺例でさえ、中房には笵傷はみられないものの、弁1と弁8（第3図笵傷棋式図と弁の呼称）の境の交叉鋸歯文部分に笵傷が見られる。その笵傷は新しくなるほど深く、弁が崩れていることから、（A類の）周縁は笵割れを起こしていた可能性が高く、そのため周縁を削り取り、元あった交叉鋸歯文（側面に）彫り直したのであろう。」と考えた。しかし、大久保領家廃寺や西別府廃寺のA類を見る限り、外縁（周縁）に笵割れを起こすほどの痕跡はなく、その後いったい何処の寺院に向けて笵を壊すほどの生産が行われたのであろうか。
　B類は5段階の変遷の中で後半の3段階が該当し、外縁の幅が一様でなく変化していくことや瓦当下端部から裏面にかけて斜めに調整されるなど酒井氏が提示したことを裏付けている（第3図）。
　また、B類を観察してみると、笵傷が殆どないものと弁と弁の輪郭線の間に大きな笵傷が2か所あるもの（前掲　弁4と弁5　第3図）とがある。酒井氏の示した第3段階には既にこの大きな笵傷があり、金草窯での生産時にはこの傷が付いていたことになる。第3段階とされている金草窯で生産された皂樹原廃寺や馬騎の内廃寺などのB類には上記の笵傷があり、連子も丸味を帯び、この段階でも相当量の生産が行われたことを窺わせている。
　これに対して西別府廃寺のB類の中には、大きな笵傷のないもの（第2図5）とあるもの（第2図8）が存在する。後者は第3段階、第4段階に該当するとされ、生産量は多いとみられるが、割合は不明である。前者は新しい資料で、大きな笵傷もなく連子も丸味を帯びない状態のものである。このことから第3段階に先行して前者の瓦が入ることやA類を改笵したB類が金草窯で生産されたのは、皂樹原廃寺や馬騎馬の内廃寺への供給が当初の目的ではなく、西別府廃寺への供給が先であったことが明らかになったといえる。その後の変遷については、笵傷の進行状態からも酒井氏の指摘したとおりである。
　一方、後にB類には別笵種が存在することも明らかになった。本来のB類とは言えないかもしれないが、同一の紋様であることから、敢えてB類としたものである。東判場地遺跡（廃寺・男衾郡・第2図11）の軒丸瓦は、B類の中でも直径で3cm余り小さく、連子も1+6と推測されるため、明らかな別笵種である[4]。瓦当はやや厚く、蓮弁は弁端が盛り上がり、他のB類が弁の中央部に盛り上がりを持つのとは異なり、端正な作りである。外縁は幅の狭い直立縁で、その内壁には他のB類と同様交叉鋸歯紋が巡っている。外縁側面もB類の初期に見られるように瓦当と直角に仕上げられ、瓦当裏面には糸切りの痕跡が残る。
　組み合う軒平瓦は三重弧紋と二重弧紋であるが、このうち三重弧紋はヘラで描かれたものと報告されている。この地域にはヘラと見間違えるような型挽き重弧紋もあるため、型挽きの可能性も否定できない。平瓦は無紋と格子叩きの二種類があり、格子叩きは西別府廃寺などに比べてやや大きめの格子である。

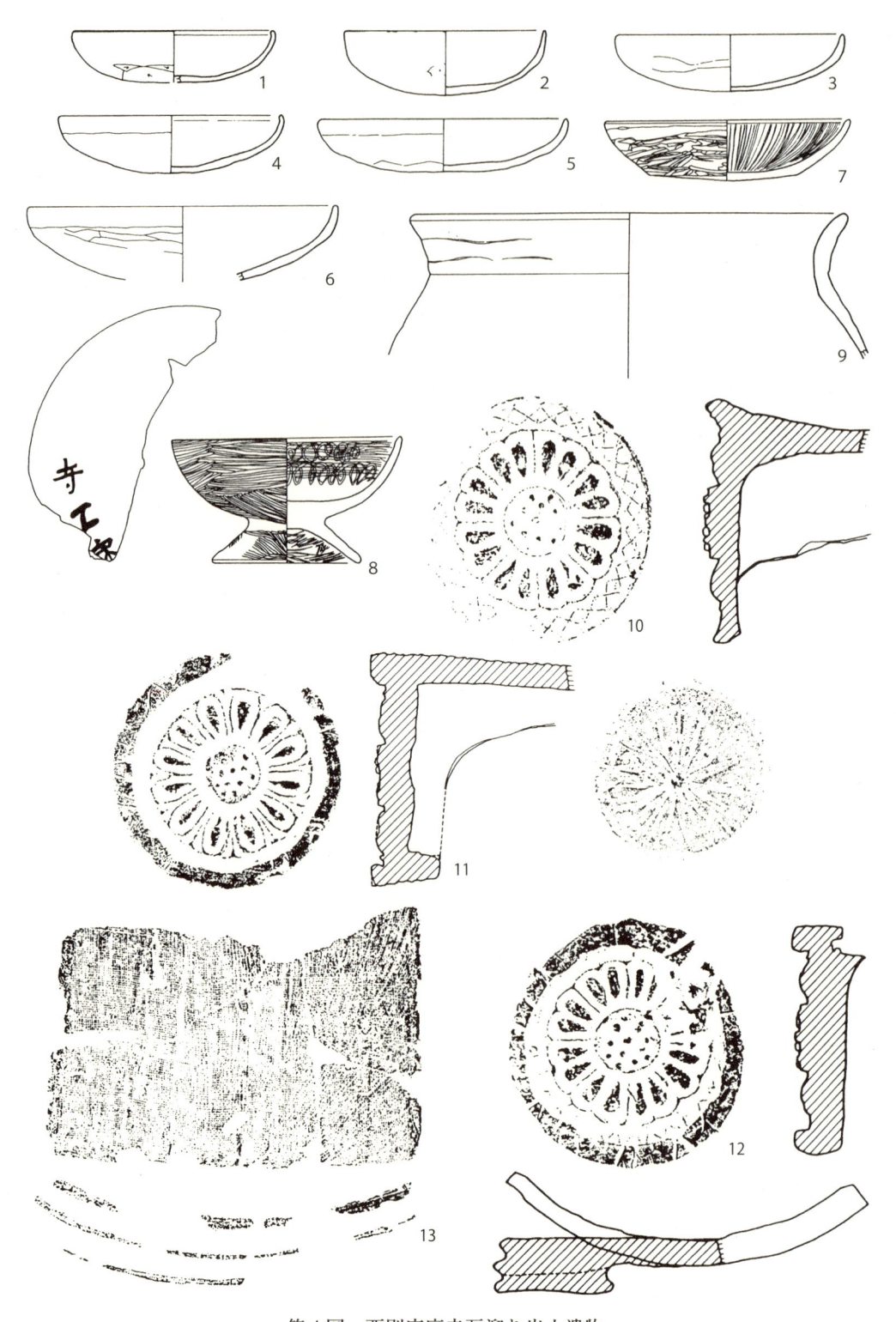

第4図 西別府廃寺瓦溜り出土遺物

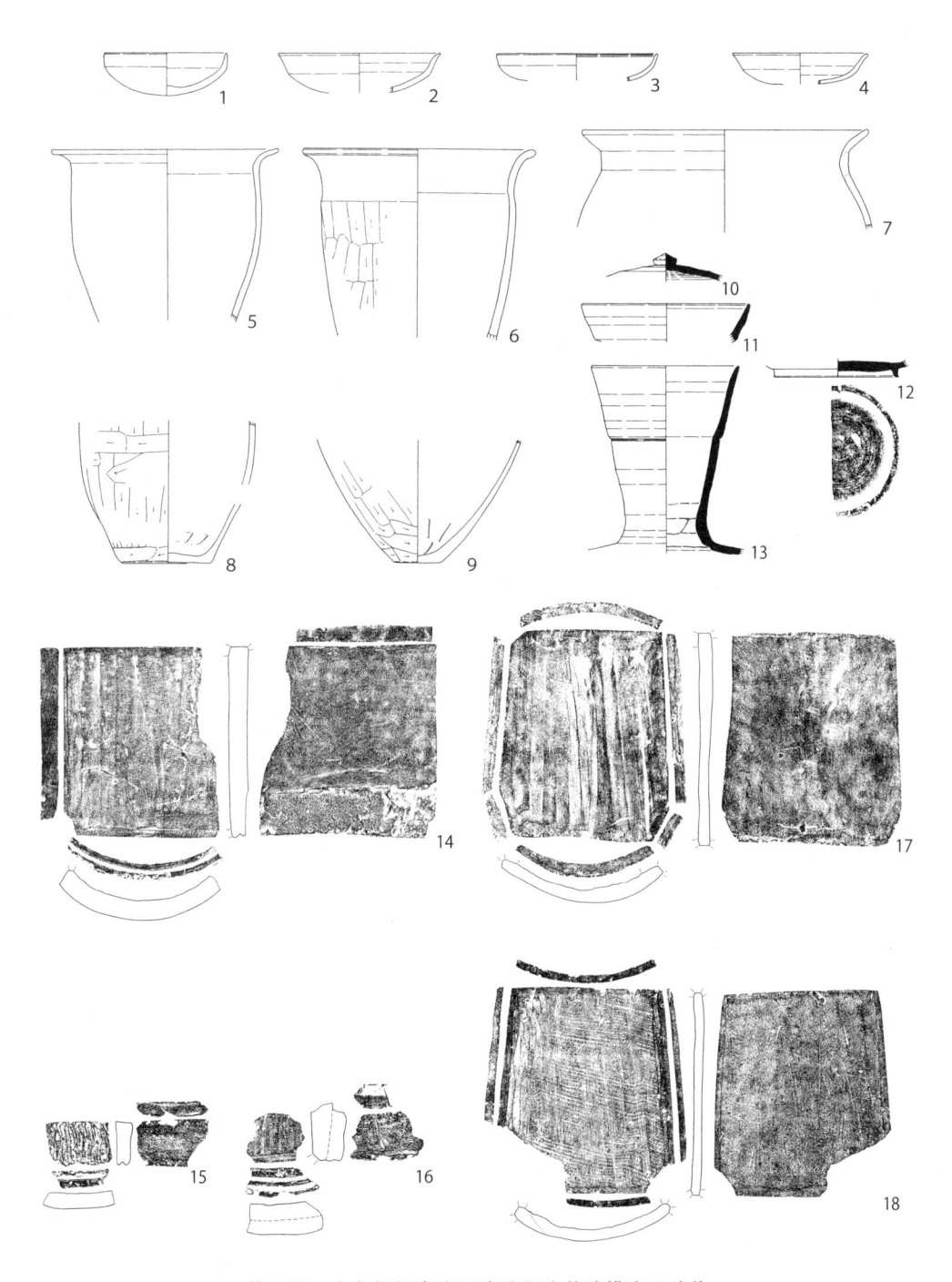

第5図　大久保領家片町遺跡竪穴状遺構出土遺物

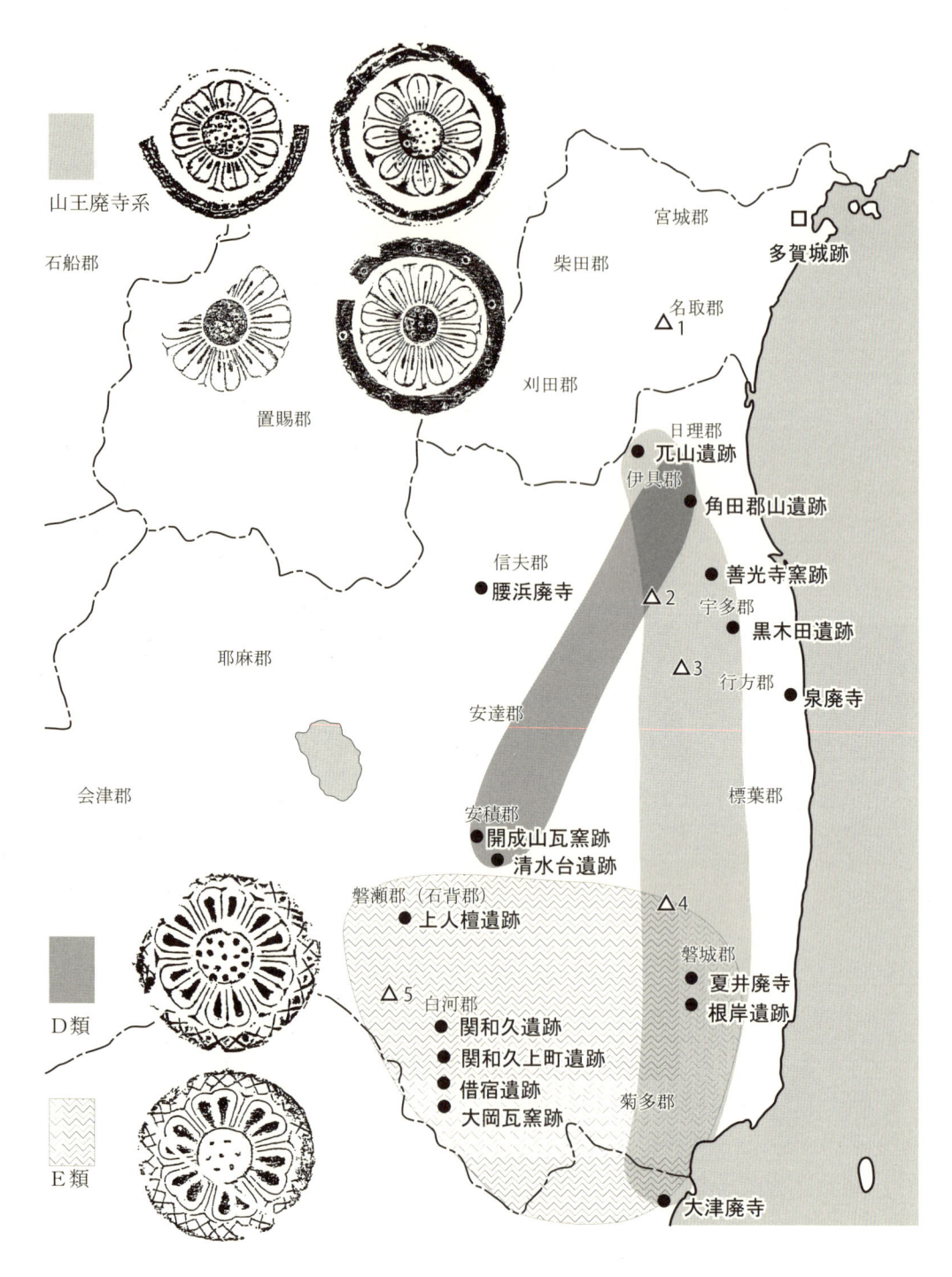

1 名取軍団 2 宇多軍団 3 行方軍団 4 磐城軍団 5 白河軍団

第6図　陸奥南部常陸北部の複弁軒丸瓦文分布図

この軒丸瓦の生産地について、石塚三夫氏は「金草窯跡（のB類）とは同笵ではないが、少なからず影響を受けており、金草窯跡から供給された可能性を否定できないであろう・・・」としている。しかし、この軒丸瓦は金草窯跡での生産は考えられるものの、影響を受けたか否かは問題がある。東判場地遺跡のB類は、他のB類に比べて供伴する瓦類からも全体に古い要素を含んでいる。技法的には外縁の幅も狭く、笵が外縁まで被るものであった可能性もあり、胎土は金草窯跡の製品に似ているものの、遺跡周辺の末野窯跡群で生産されたことも考慮する必要があろう。この軒丸瓦がA類から派生したか否かは別にして、寧ろ他のB類に先行して製作され、B類製作の祖型となった可能性が高いのではないかと考えられる。

2　陸奥南部の複弁軒丸瓦

　常陸北部及び陸奥南部（福島県・宮城県南部）には、武蔵北部の複弁8葉蓮華紋軒丸瓦と類似した複弁6葉蓮華紋軒丸瓦が存在する。この軒丸瓦は武蔵北部に比べ、蓮弁の数が6葉であることや間弁があること以外は、瓦当や中房の大きさ、外縁が鋸歯紋であることやロクロ挽き重弧紋（以下、型挽き重弧紋）が組み合うなど共通点が多い。
　この複弁軒丸瓦の分布する範囲は、従来から指摘されているように旧国造の本貫地であった地域である。つまりその地域に複弁6葉蓮華紋軒丸瓦が導入されたことになる。また、弁の数などとは別に武蔵北部のA・B類とは以下の点においても相違がある。
　第1は、この軒丸瓦が出土するのは、窯跡を除くとすべて郡家や付属寺院に比定されている遺跡であるが、相対的に出土量が少ない。
　第2は、この軒丸瓦には武蔵北部に見られるような郡や国を越えた同笵関係はなく、各々の領域（郡）内で独自の笵で製作・生産され、領域内の「官」に関連した建物に供給した可能性が高い。分布している遺跡を北から見ていくと、宮城県角田郡山遺跡・品濃遺跡（伊具郡）、福島県清水台遺跡・開成山瓦窯跡（安積郡）、福島県関和久遺跡・関和久上町遺跡・借宿廃寺・大岡瓦窯跡（白河郡）、福島県夏井廃寺・根岸遺跡（石城郡）、福島県上人壇廃寺（石背郡）、茨城県大津廃寺（多珂郡）、長者屋敷遺跡（薬谷遺跡・久慈郡）の13遺跡である。
　これらの遺跡の軒丸瓦は、蓮子の数や間弁の違いなどから大きく2つのグループに分けることができる。角田郡山遺跡や清水台遺跡は蓮子の数が多く、角田郡山遺跡は1+5+11、清水台遺跡が1+6+10と1+9（以下、D類）とされている。蓮子の配置は、二重及び三重であるが、配置が等間隔ではなく、やや不規則である。一方、関和久遺跡など9遺跡では、1+6（以下、E類）が主体である。上人壇遺跡のE類はやや後出であるが、1+6+6である。間弁は明瞭とは言えないが、D類が「T」字状、E類が「Y」字状である[5]。軒平瓦は、基本的に型挽き三重弧紋（ロクロ挽き三重弧紋）がこの複弁軒丸瓦には伴い、平瓦も桶巻作りである。
　眞保昌弘氏は、瓦当紋様から、これらの瓦を以下の3群に分類した。
　1群は角田郡山遺跡と清水台遺跡が該当し、蓮子が中心の蓮子の周囲を二重に巡るもので、D

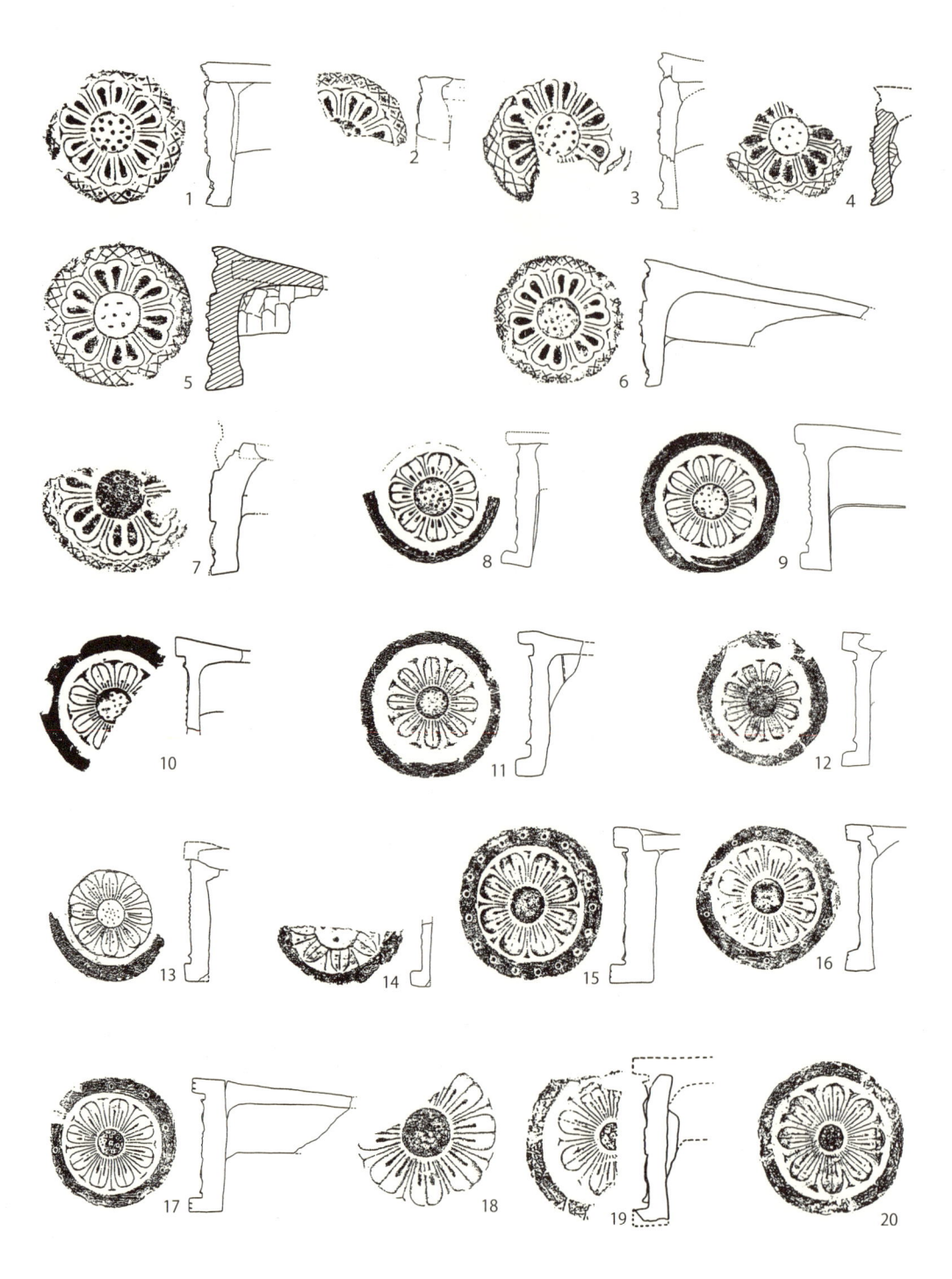

1 清水台遺跡　2 開成山瓦窯跡　3 角田郡山遺跡　4.5 関和久遺跡　6.15〜18 夏井廃寺
7.19.20 大津廃寺　8〜14 黒木田遺跡

第7図　陸奥南部・常陸北部の複弁軒丸瓦

類に該当する。中でも清水台遺跡の軒丸瓦は、「Ｔ」字状間弁を持つことから、より祖形（下野薬師寺101）に近く、角田郡山遺跡のＤ類に影響を与えた可能性がある。しかし、角田郡山遺跡の軒平瓦は、笵型で製作されている。

　２群は関和久遺跡や借宿廃寺などが該当し、連子は中心の連子の周囲を一重に巡るものである。Ｅ類に該当する。軒平瓦は同地区では共通性はあるが、郡や国を越えると全く異なった技法や紋様で構成されている。また、山王廃寺系とした複弁軒丸瓦も夏井廃寺、根岸遺跡、大津廃寺には同時期に存在し、鋸歯紋縁軒丸瓦で一括りとしたエリアの中に別系統の複弁紋交流圏が介在している。

　３群は長者屋敷遺跡や上人壇廃寺でＥ類に該当するが、２群のＥ類よりも後出である。連子は一重のものと中心連子と外側の連子の間に小型の連子が同数巡る。紋様が退化傾向にあることや鋸歯紋の有無が生じるなど後出的な要素を垣間みることができる。

　眞保氏はＤ・Ｅ類の年代について、１～３群の瓦群は時間的な差（年代観）は差ほどないと言いつつも１群→２群→３群の順で変遷すると考えている。確かに２群から３群への変遷は、国を越えても隣接した地域間の交流として捉えることができるが、１群から２群への変遷はどうであろうか。連子が中心連子の周囲を複数回巡るのは、川原寺式複弁軒丸瓦にみられ、製作年代が新しくなるにつれて次第に簡略化されるという流れがある。今回取り上げた複弁軒丸瓦の場合は、二重というよりも不規則と言った方が適切ではなかろうか。

　武蔵北部の場合、Ａ・Ｂ類とも同様であり、製作時に二重に連子を巡らすことを意識したのかは疑問の残るところである。そのように見ていくと、清水台遺跡・角田郡山遺跡→夏井廃寺・関和久遺跡という流れに必然性があるのだろうか。しかも笵も異なるため、先後関係はどちらが先、後と言い切れる要素は見当たらない。文献や発掘調査の成果からは７世紀後半以降、北関東から陸奥南部への政治的な動きが加速していた時期でもあり、Ｄ類がＥ類へ影響を与えるというような状況ではなかったのではないかと考えられる。寧ろ、両者の祖型は同時に導入されたが、結果として各郡（評）で製作されたために異笵になってしまったのではないかと推測されるのである。

３　二種の複弁軒丸瓦の年代

　初めに武蔵北部の複弁軒丸瓦の年代について、考えてみたい。武蔵北部の複弁８葉蓮華紋軒丸瓦（Ａ・Ｂ・Ｃ類）は、高橋一夫氏が武蔵国高麗郡の建郡（霊亀716年）に際して、建立された女影廃寺の創建瓦（面違い鋸歯紋縁複弁８葉蓮華紋軒丸瓦）から派生したと考え、女影廃寺は８世紀第１四半期、それに続くＡ類以下を８世紀第２四半期とした。また、「女影廃寺創建瓦は、常陸国新治廃寺の創建瓦と同笵で、同寺が郡寺であることから、この瓦が「官」的な要素を持ち、郡の寺として女影廃寺の創建瓦として採用された」と考えた。

また、これら軒丸瓦に伴う軒平瓦は型挽き三重弧紋、丸瓦は無段で平行叩きや格子叩き或いは無紋、平瓦は桶巻き作りで、丸瓦と異なる叩きを用いる場合が多くみられる。武蔵北部では、平瓦の桶巻き作りから一枚作りへの転換点は、8世紀中頃の武蔵国分寺造営期にある。また、勝呂廃寺のC類単弁軒丸瓦には瓦当を二枚重ねしたものがあり、それと同じ技法で作られたものが武蔵国分寺の創建瓦の中に存在している。従って、このような状況からもA類～C類は8世紀第2四半期という年代と考えられていたのである。

　ところが、90年代になると西別府廃寺や岡廃寺、大久保領家廃寺周辺で発掘調査が行われ、瓦と共に在地産の土師器や須恵器が出土し、年代を特定できる資料が揃うようになった。西別府廃寺では、瓦溜まりや竪穴住居跡から7世紀末から8世紀初頭頃を中心とした土器群やA類やB類を含む軒先瓦、丸瓦、平瓦などが出土した[6]。岡廃寺では基壇と考えられる1号建物跡の周囲から、7世紀後半から8世紀にかけての土器群とともにA類や型挽き重弧紋軒平瓦、丸瓦、桶巻き作りの平瓦が出土した。岡廃寺では、この調査が行われる前までに確認されていた軒丸瓦は、B類だけであったが、初めてA類の存在が確認された。大久保領家廃寺周辺でも、大久保領家片町遺跡から、重弧紋軒平瓦や平瓦とともに7世紀末から8世紀初頭頃の土器、須恵器が出土している。この重弧紋軒平瓦や平瓦は、A類に伴うことが明らかであることから、A類の年代は遅くとも8世紀第1四半期の初め頃には生産されていた可能性が高くなった。

　一方、B類については、いつの時期にA類を改笵して作られたものか特定できないが、西別府廃寺の瓦溜まり遺構出土遺物のように、重弧紋軒平瓦や桶巻作り平瓦が共伴することは明らかである。また、B類の中でも東馬場地遺跡例のように古い要素を持つ瓦や城戸野廃寺例などのように国分寺創建段階の要素もみられる。現段階でのB類は、8世紀第1四半期後半頃から同第2四半期頃までの比較的長い間、笵の修復も殆ど行わずに使用され続けたものと推測される。

　では陸奥南部の年代については、どうであろうか。これまで7世紀末から8世紀初頭の年代が辻秀人氏、高松俊雄氏などから提示されてきた。D類は連子が二重に巡ることから、眞保氏等もE類に先行すると考えている。年代の根拠となっているのは、開成山窯跡や大岡窯跡から瓦と共に出土した須恵器の年代である。この須恵器の年代は、比較資料として善光寺窯跡の須恵器がベースになっており。善光寺窯跡からは、須恵器とともに焼き台として平瓦が出土している。高松氏は清水台遺跡のD類について、出土量は2点と少ないが、開成山窯跡の丸瓦や平瓦、須恵器が善光寺ⅡC期と並行すると考え、7世紀末頃の年代を与えている。辻氏は夏井廃寺、上人壇廃寺のE類について、大岡窯跡出土の須恵器から前者を7世紀末から8世紀初頭、後者を8世紀前葉とした。眞保氏も当初は上記の年代観を踏襲したが、3群（後者）については、8世紀第2四半期に入るものと考えている。

　しかし、この年代観については、いくつかの問題点がある。まず、年代の元になっている善光寺窯跡の須恵器編年である。善光寺窯跡の調査は窯体が主で、灰原の調査は行われていないため、隣接する窯跡間での先後関係が明らかになっていない。また、善光寺編年は、各窯出土の須恵器と畿内の須恵器編年との比較で成り立っている。しかし、7世紀代の須恵器編年は畿内と地方で

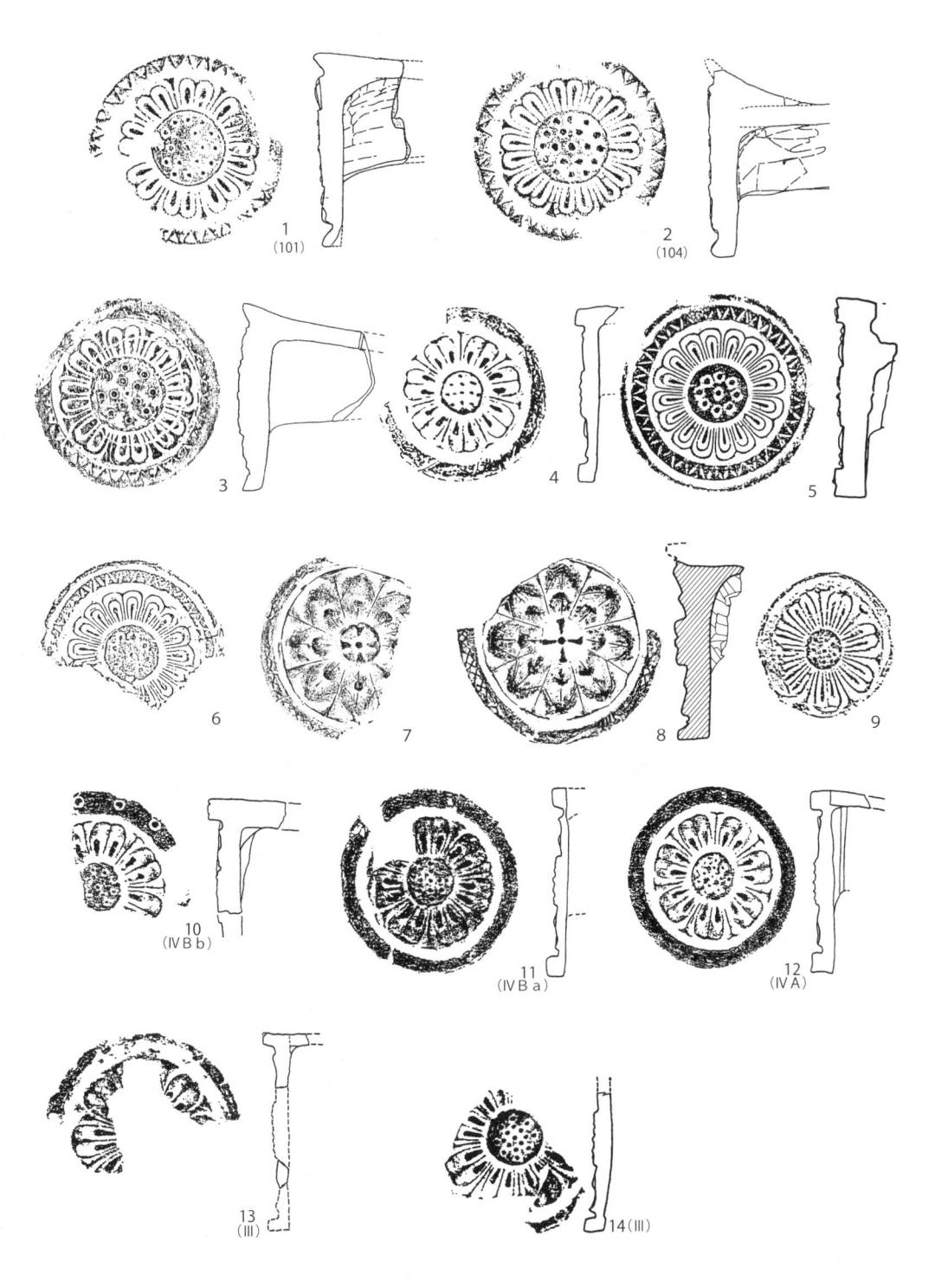

1.2 下野薬師寺　3.4 寺井廃寺　5 新治廃寺　6 女影廃寺　7.8 関和久・関和久上町遺跡　9 馬騎の内廃寺

第8図　関連瓦

は微妙に須恵器の器種構成に異変が生じ、本来先後関係にあるものが併存関係であることもある。黒木田遺跡では山王廃寺系の複弁軒丸瓦が出土しているが、善光寺窯の須恵器編年によって祖型となった山王廃寺よりも古い年代が示されており、正に編年の問題によって起きた事象と言える。

次に関和久遺跡や関和久上町遺跡から出土している、多賀城Ⅰ期に比定されている単弁8葉蓮華紋軒丸瓦である。(第8図7)この瓦の胎土はE類と似ており、同じ窯で同時期に生産された可能性もある。多賀城の創建 (724年) を考慮すれば、E類は概ね8世紀第1四半期後半から第2四半期初め頃の年代が与えられるのではないだろうか。D類については、基本的にこれまでの考え方を踏襲するが、武蔵北部の状況を考慮すれば8世紀第1四半期頃が妥当ではないかと思われる[7]。

4 系譜と伝播とその背景

武蔵北部と陸奥南部地域に分布する複弁軒丸瓦は、僅かな文様構成の違いはあるにしても、視覚的に非常によく似た瓦である。しかも、これらの瓦は、「官」に関連する遺跡 (官衙・寺院) のために生産・供給されていることである。しかし一方では、笵の製作方法や生産・供給の在り方は大きく異なっていた。

武蔵北部では、同笵を通じて周辺に伝播し、終には上野国にまで伝わることになる。これに対して陸奥南部は同一の領域内での同笵が認められるだけで、他地域へ同笵瓦が伝播した形跡はない。しかし、笵こそ異なるが同系統の瓦がほぼ同時期に陸奥南部の各地域に分布している現実は、同一の紋様が伝播しない限り現象として現れない。

さて、これらの複弁軒丸瓦の祖型として有力なのは、下野薬師寺 (第8図1・2) や寺井廃寺 (第8図3) の創建瓦である。A類やD類は面違い鋸歯紋が線鋸歯紋となり、中房も小型化して数ある連子も不規則であるものの、西別府廃寺のA類では断面形態や丸瓦の接合位置なども下野薬師寺創建瓦との類似点も垣間見れる。A類やD・E類は寺井廃寺や下野薬師寺創建瓦を範として考案されたと考えて良いであろう。また新治廃寺の創建瓦 (第8図5) も、下野薬師寺の影響を受けて製作されたと考えられており、面違い鋸歯紋縁を保ちつつも間弁は省略され、中房は小型化し、連子も1+8となっている。しかし、断面の形態は形骸化しており、A類の変化と異なるのは明白である。

新治廃寺は隣接する新治郡衙の付属寺院で、同笵瓦は新たに建郡された武蔵国高麗郡・女影廃寺の創建瓦となり、これまでA～C類の祖型と考えられてきた。しかし、上記の年代観からすれば女影廃寺や新治廃寺の創建瓦は、A類と同時期あるいはA類が先行する可能性も出てきた。つまり、この両者は、同一系譜上にありながらも別系統の瓦として成立したことが明らかになったといえる。

一方、陸奥南部のD類・E類は弁の数こそ異なるが、文様構成、年代、断面形態、丸瓦の接合位置などにA類との関連性を垣間見ることができ、同一の系譜上 (下野薬師寺) で成立した可

能性が考えられる。また、直接的な関連性は解らないが、ほぼ同時期に存在すると考えられる東判場地遺跡のB類の連子が1+6で、E類と同じであることは興味深い。

　A〜C類は武蔵北部及び上野南部の範囲内に分布している（第1図）。いずれもその分布域は重なっており、古墳時代以降の地縁的な繋がりを示したものといえる。また、武蔵北部の地形は西高東低で、東に向かって低くなっているため、沖積地に面した地域では窯を構えることが難しい。そこで、地縁的な繋がりの中で瓦屋（金草窯）を一元化して、遅れていた律令的寺院造営の整備を同笵瓦によって加速化させたものと考えられる（B類）。

　この頃陸奥南部では、蝦夷の乱（720年）の勃発や白河軍団（728年）をはじめとする各軍団の設置が相次ぎ、軍事的緊張が高まっていたことを窺わせている。多賀城の造営もこのような動きの中で行われたものと理解することができ、陸奥南部地域の律令的施設の整備も急務であったことは容易に想像できる。D・E類はこのような情勢の中、律令的威信を持って陸奥南部に投入されたものと推測される。しかし、先も述べたように陸奥南部では、地縁的な繋がりが思うように活用できず、結果として同紋異笵の瓦を製作することになってしまったものと考えられる。

おわりに

　7世紀中頃以降、対蝦夷対策として、北関東から東北地方に向けて多くの人や物が導入・搬入され、古代律令政権を支える原動力となったことは、文献史料やこれまでの発掘調査で次第に明らかになっているところである。しかしながら、まだ断片を繋ぎ合せるような部分も多く、特に多賀城創建以前の「すがた」については、課題が山積である。

　今回取り上げた武蔵北部と陸奥南部の複弁軒丸瓦には、「官」を背景とした多賀城成立前夜の北関東地域との陸奥南部地域深い関係を示す要素が数多く含まれていた。しかし、陸奥南部では、武蔵北部などのように一つの笵種が同笵瓦によって分布域を広げていくのではなく、旧領域内に限定して存在するという特異な状況は、陸奥南部地域間の交流の難しさの一端を物語っているのではないだろうか。また、その領域間での瓦の変遷についても、一過性の伝播であったことを裏付けるように短期間のうちに消滅または別の笵種への切り替えも行っている例もみられた。これまで指摘されているようにこの複弁軒丸瓦に強い「官」的な意向が組み込まれていたとすれば、陸奥南部では「律令の押しつけに対する抵抗」があったと考えることもでき、瓦を通してみた対蝦夷政策は、容易ではなかったことを映しだしているのではないだろうか。

　最後に本稿を作成するにあたり、眞保昌弘、菅原祥夫両氏から多くの御教示をいただいた。記して感謝申し上げる次第である。

註
1) 勝呂廃寺のC類の生産地については、特定できていない。勝呂廃寺の創建瓦は南比企窯跡群で生産され、瓦の胎土には須恵器と同様に白色の針状物が混入し、同窯跡群産であることの指標になっている。C類は多くが赤瓦（酸化焔焼成）で、白色針状物が確認できないことから、その生産地は南比企窯跡群ではなく、勝呂廃寺周辺の可能性も考えられている。
2) 拙稿「複弁軒丸瓦の伝播—北関東から東北へ—」の中で、「大久保領家廃寺・西別府廃寺両者の瓦作りが笵とともに工人の一部も移動して行われた可能性」を指摘したが、A類に枷型使用の共通性があったために誤解を招くような表現になってしまった。お詫びして、訂正したい。
3) 既に比企・入間地域では、寺谷廃寺や勝呂廃寺などの造営が行われており、瓦生産は須恵器窯を利用した瓦陶兼業窯が主体である。東国最古級の寺谷廃寺でも、近年の確認調査で須恵器生産と共に瓦生産が行われていた可能性が確実視されたが、工人集団の系譜を明らかにするまでには至っていない。勝呂廃寺の創建瓦には、上野国上植木廃寺の創建瓦の影響や造瓦技術が導入され、周辺には小規模寺院がその影響下の中で成立している。
4) 東判場地遺跡では、基壇状遺構からB類軒丸瓦、重弧紋軒平瓦、丸瓦、平瓦が多数出土している。平瓦は桶巻作りで、凸面は格子と無紋の二種類がある。寺院の他に官衙の可能性も考えられている。
5) 拙稿「複弁軒丸瓦の伝播—北関東から東北へ—」の中で、D類が「Y」字状、E類が「T」字状は誤りで、正しくはD類が「T」字状、E類が「Y」字状である。
6) 西別府廃寺では、A類・B類の他に縦置き型一本作り技法による単弁8葉蓮華紋軒丸瓦や単弁12葉蓮華紋軒丸瓦、複弁9葉蓮華紋軒丸瓦が出土している。中でも複弁9葉蓮華紋軒丸瓦は他にない紋様構成であるが、出土状況などから創建瓦の一つと考えられている。
7) 角田郡山遺跡のD類は、笵型の軒平瓦が伴うと考えられている。他のD・E類が型挽き重弧紋であるため、伴うとすれば違和感があり、D類の年代観を上げる根拠には乏しい。

引用・参考文献
赤熊浩一他（2005）『町内遺跡Ⅳ』岡部町教育委員会
石塚三夫（1995）『町内遺跡2』寄居町教育委員会
岡本東三他（2010）「—大久保領家廃寺と氷川神社東遺跡—」『第21回企画展　遺跡からみる奈良・平安時代のさいたま』さいたま市立博物館
木本元治他（1983）『関和久上町遺跡Ⅰ』福島県教育委員会
小宮山克己（1995）『大久保領家片町遺跡発掘調査報告書（第3地点）』浦和市遺跡調査会報告書　第194集
酒井清治（1994）「瓦当笵の移動と改笵とその背景」『研究紀要』第11号　財団法人埼玉県埋蔵文化財調査事業団
眞保昌弘（2010）「陸奥南部における川原寺系鐙瓦の展開とその意義」『古代社会と地域間交流—寺院・官衙・瓦からみた関東と東北—』日本考古学協会　第76回総会実行委員会
高橋一夫（1987）「北武蔵における古代寺院の成立と展開」『埼玉の考古学』新人物往来社
高松俊雄（2007）『清水台遺跡—総括報告2006—』福島県郡山市教育委員会・財団法人郡山市文化・学び振興公社
昼間孝志（2004）「国を越える同笵瓦に関する一考察再考」『山下秀樹氏追悼考古論集』
藤木海（2010）「瓦からみた陸奥南部の寺院造営と坂東—山王廃寺軒先瓦の文様と技術系譜を中心に—」『古代社会と地域間交流—寺院・官衙・瓦からみた関東と東北—』日本考古学協会　第76回総会実行委員会

陸奥国南部を中心とした川原寺系鐙瓦の展開とその意義

眞保　昌弘

1　はじめに

　古代陸奥国南部を中心として造営される寺院官衙に採用される瓦文様には、単弁八葉、複弁七・八葉、複弁六葉などの蓮花文鐙瓦がある。これらは坂東北部の下野や上野といった地域の文様や技術系譜をもつことから律令期の陸奥国南部における寺院官衙の造営に伴う瓦工人の系譜を物語るものと指摘されている（第6図）。

　ここでふれる陸奥国南部の複弁六葉蓮花文鐙瓦は、いわゆる川原寺系に属するもので基本的な文様構成は外区に交叉状線鋸歯文、複弁六葉は輪郭線により表現される花弁からなる。この種の瓦は、宮城県角田市郡山遺跡、福島県郡山市清水台遺跡と開成山瓦窯跡、須賀川市上人壇廃寺跡、泉崎村関和久・関和久上町遺跡、白河市借宿廃寺跡、大岡瓦窯跡、いわき市夏井廃寺跡と根岸遺跡、梅ノ作瓦窯跡、茨城県北茨城市大津廃寺跡、常陸太田市長者屋敷遺跡から出土（第1図）し、おおよそその内容については明らかとなってきている（戸田1987　瓦吹1988　辻1992　眞保1994　木本1996）。ここでは陸奥国南部に分布する川原寺系鐙瓦を取り上げ、律令国家形成期における陸奥国南部の寺院官衙造営状況と坂東北部地域との関わりについて検討するものである。

2　遺跡と遺物の概要

（1）角田郡山遺跡

　宮城県角田市枝野地区にあり阿武隈川右岸の氾濫源と接する自然堤防上に立地する。北部の品農地区と南部の郡山地区からなり、品農地区は逆「L」字状に配置された掘立柱建物からなる実務官衙域、郡山地区は南と東を限る大溝内に大型総柱式掘立柱や布掘りを含む掘立柱建物8棟、礎石建物跡7棟が確認されたことから正倉域と考えられ、陸奥国伊具郡衙と推定されている。瓦は郡山地区を中心に遺跡全体からの出土が知られている。

　複弁六葉蓮花文鐙瓦は、面径約20cm、中房の大きさは面径の3分の1に近い。中房蓮子は1＋6＋11と中心蓮子の周囲を二重にめぐり、いずれも0.8cmと大きな蓮子を配する。二重目の6顆の蓮子は中心蓮子との距離や配置が不揃いで配置が大きく乱れる。内区の文様はやや平板で

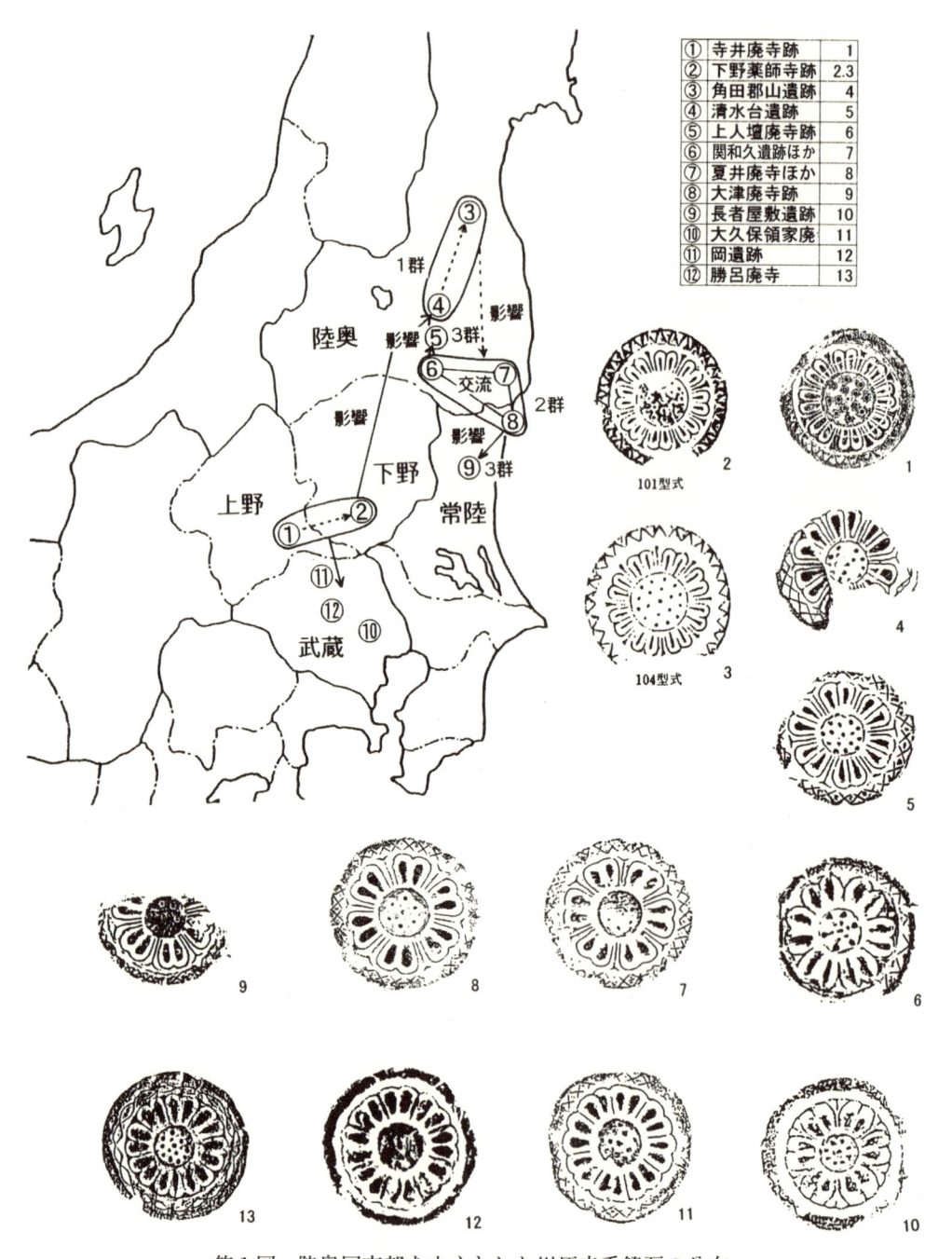

第1図　陸奥国南部を中心とした川原寺系鐙瓦の分布

あるが花弁や間弁は中房から伸び、端部に最大幅をもち、よく盛り上がる。輪郭線で囲まれた6葉の花弁内には大きく長い子葉をもち、中央の分割線により区分される。複弁の花弁端部での切り込みは弱く、間弁は中房から伸び平面形は「Y」字型となる。笵には多くのキズが認められ、内区部分の残存資料は笵キズからいずれも同笵と考えられる。かつて破片資料による文様想定で

外区の線鋸歯文が一重にめぐるものと想定されていた（第2図1）。しかし、近年の発掘資料との接合関係から交叉状線鋸歯文であることがわかっている（第2図2）。交叉する線鋸歯文は外区の傾斜面に配され、間弁間に交叉する鋸歯文「X」は4単位あり、推定24単位配置される。一部で鋸歯文の割り付けが乱れ、隣接する鋸歯文同志が端部で交錯し、花弁や間弁に接する部分も認められる。笵は周縁の外側に被り、外面がよく調整され枷型の痕跡は認められない。男瓦との接合は瓦当裏面の周縁よりやや内側に、あらかじめ指やヘラでゆるい溝を掘り、その位置に男瓦がわずかに瓦当裏面に入り込む状態で接合される。男瓦は無加工でキザミなども認められず、凸面は縦方向のナデによる行基式粘土板巻き作りである。男瓦の場合は上下に粘土を補強し、裏面は指ナデ等により調整される。色調は交叉状鋸歯文宇瓦と同様である。このほかに単弁七（もしくは八）葉蓮花文鐙瓦が出土している（第2図7）。宇瓦は1種類のみ出土する。陸奥国南部における川原寺系鐙瓦に伴う宇瓦は型挽やヘラ描き重弧文が主流であるのに対して笵による施文となっている（第2図8、9）。宇瓦の文様は、鐙瓦の外区文様と同様の交叉状線鋸歯文であり、鋸歯文内部に珠文を配するものである。女瓦広端部の凸面に顎部粘土を貼り、その後広端部の木口面に文様面となる厚さ1cmの粘土板を張りつけ、笵で施文する。顎部は段顎となるが、いく分傾斜気味となる。女瓦は粘土板桶巻き、凸面には格子タタキがみられる。遺跡からの出土点数は、複弁六葉蓮花文鐙瓦が5点、単弁七（もしくは八）葉蓮花文鐙瓦が4点のみである（齋藤2009）。供給瓦窯としては遺跡の東に広がる低丘陵地帯に川前、峰、今泉窯などが知られる。特に川前窯1号窯では、杯、蓋、壺、甕の焼き台として粘土板桶巻き作りの正格子タタキとナデによる女瓦が出土している（第2図10～15）。この女瓦が交叉状線鋸歯文宇瓦とセットになるものと考えられる。出土する蓋にはカエリはないが、杯底部全面と体部下端を回転ヘラケズリするなど多賀城創建期をさかのぼる8世紀初頭の造瓦と考えられている（角田市教育委員会1996）。

（2）清水台遺跡

福島県郡山市清水台、虎丸地区の台地上にある。遺跡は阿武隈川の高位段丘の東縁辺に位置し、低位段丘からの比高は10m前後となる。1964年から87地点に及ぶ継続的な発掘調査が行なわれ、23点の「厨」銘墨書土器のほか掘立柱建物68棟、坪地業建物1棟、柱列4本などが確認され、陸奥国安積郡衙と推定されている。遺跡の南側地区から多くの瓦が出土し、複弁六葉蓮花文鐙瓦101（第2図16）は遺跡から1点採集されている。瓦当面径18cm、中房の大きさは面径の3分の1に近い。中房蓮子は1＋5＋10と中心蓮子の周囲に二重にめぐり、蓮子はいずれも同大である。二重目の5顆の蓮子にはばらつきがあり、三重目の10顆の周縁蓮子のうち4顆は、中房外縁に接する位置に配される。複弁の花弁は端部に最大幅をもち、中房から徐々に厚みを増し、端部でさらに盛り上がる。花弁は輪郭線で表現され、六葉の複弁内部には分割線が認められ、その内部に大きくて長い子葉が並ぶ。複弁端部の切り込み表現は弱い。間弁の平面形は「T」字型となる。外区の傾斜縁には交叉状線鋸歯文が間弁間に4単位、合計24単位が整然と配置される。隣接する鋸歯文や花弁間弁とわずかに接する部分があるが、交錯は認められず、各単位がほぼ均等に配

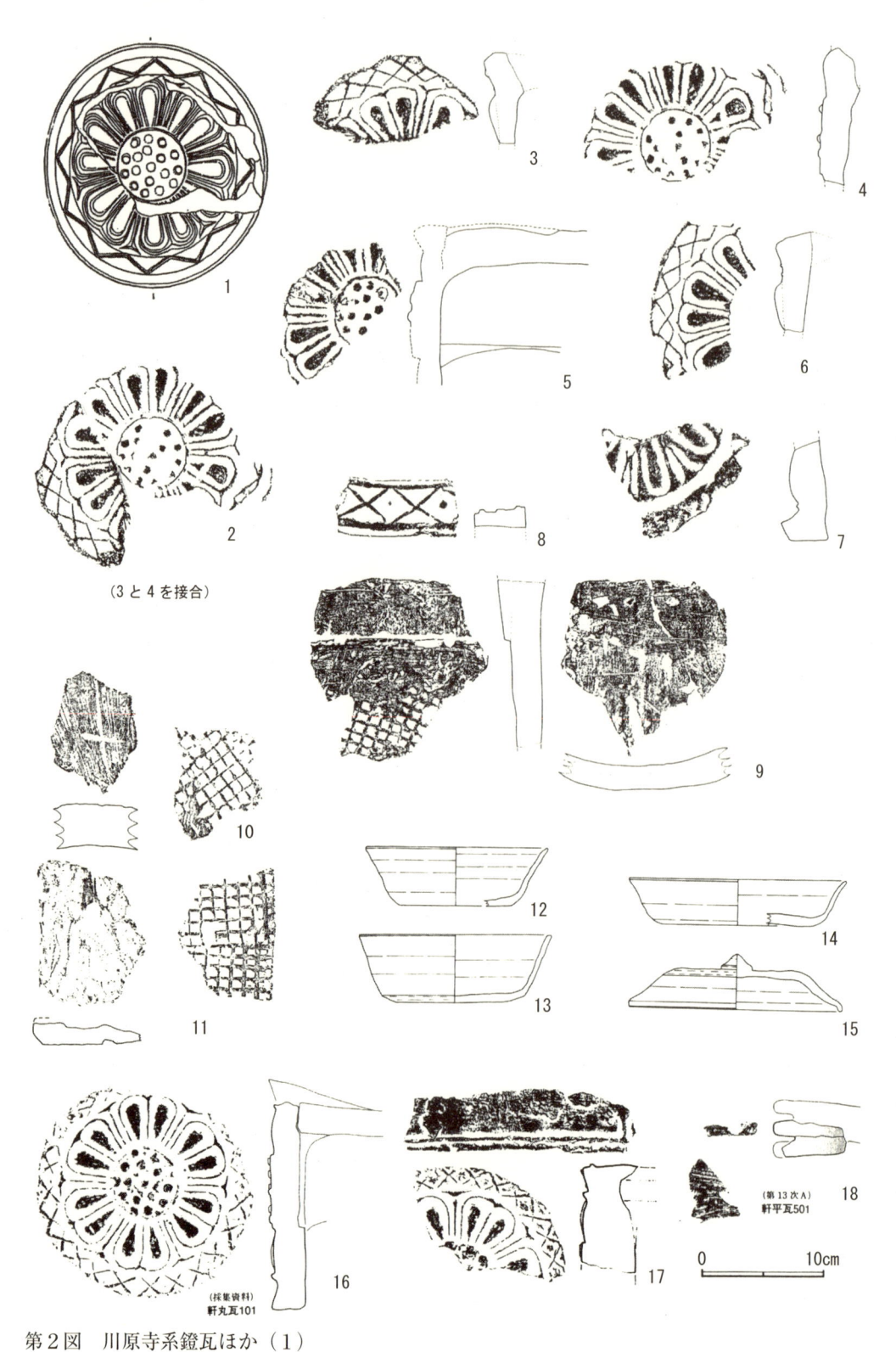

第2図　川原寺系軒瓦ほか（1）
　　　角田郡山遺跡（1～9）川前窯跡（10～15）清水台遺跡（16、18）開成山瓦窯跡（17）

置されている。瓦当裏面には、男瓦を接合する位置にあらかじめゆるやかな溝を掘り、その部分に男瓦が接合される。男瓦の形状に溝を掘り込むというより、瓦当裏面の溝に男瓦が入り込むような接合法によるものである。男瓦との接合部分の観察からは、男瓦にキザミは施されないようである。接合後、裏面は丁寧に調整される。また、周縁外側に笵の被りがあり、さらに沿った幅5mm ほどの隆線から枷型の痕跡と指摘されている。また、その供給瓦窯跡である開成山瓦窯跡からも同笵及び同一技法の鐙瓦 101（第2図 17）が1点採集されている。この資料から枷型の形状が分割型であることがわかる（高松 1994）。型挽重弧文 501（第2図 18）がセットと考えられるが、清水台遺跡からの出土は1点と少なく、この宇瓦の焼成や胎土は麓山瓦窯跡出土型挽重弧文と類似している（郡山市教育委員会 2007）。

（3）借宿廃寺・関和久・上町遺跡

　福島県西白河郡泉崎村の南東端の関和久地区にあり、東流する阿武隈川の左岸に面する河岸段丘上にある。関和久上町遺跡は関和久遺跡の下流となる北東約 500m に位置する。関和久遺跡は、区画溝内に礎石建ち建物が多数認められる正倉院地区と区画塀に門、掘立柱建物からなる館院地区、上町遺跡は、大型掘立柱建物と一本柱塀による郡庁院である可能性があり、これらが陸奥国白河郡衙を構成する遺跡群と考えられている（木本 2009）。さらに遺跡から南西に 1.5km の阿武隈川対岸の白河市借宿地区にある郡衙隣接寺院の借宿廃寺は西に塔、東に金堂、さらに北に講堂をもつ法隆寺式伽藍であり、文様塼が出土することでよく知られている。また、大岡瓦窯跡はこれら3遺跡の供給瓦窯である。遺跡の創建期に位置づけられる複弁六葉蓮花文鐙瓦は、面径の違いと中房の周縁蓮子の位置から 1100、1101、1102 が設定されている（第3図1〜3）。1100 は面径 18.5cm、中房蓮子が 1 + 6 と中心蓮子の周囲に周縁蓮子が間弁の位置にめぐり、突出気味の中房の大きさは面径の3分1に近い。六葉の花弁は輪郭線で囲まれ、内には大きく盛り上がった子葉がならび、弁端に最大幅をもち、盛り上がる。花弁内の中央には分割線は認められず、弁端には反転状の切れ込みが明瞭に表現される。間弁は「Y」字型であり、弁端で盛り上がる。中房に接する間弁に斜めに笵キズがあり、同笵関係がわかる。外区の傾斜面には、交叉状線鋸歯文がめぐる。鋸歯文は均等な配置とはならず、間弁間には5〜6単位の鋸歯文がめぐり、合計 32 単位と推定される。男瓦との接合は、無加工の男瓦の凹凸面及び端面に細かいキザミが施され、瓦当裏面の花弁端部にあたる位置に一条の溝が掘られ、瓦当面まで約 1cm までのところに男瓦が深く接合される。一部には、男瓦の接合される位置にあらかじめゆるやかな断面となる見込み状の溝が掘り込まれるものがある。裏面の調整は、細かく密なヘラケズリが施される。1100 には同種文様（破片資料であり現段階では同笵の認定には至っていない）で中房、花弁輪郭線、子葉間に多くの笵キズが認められるものがあり、ここでは 1100b とし、先述の 1100 は 1100a（第3図1）とここでは仮称する。1100b（第3図4）は現状で2点確認している。瓦当裏面には男瓦を接合するために深く溝が掘り込まれ、そこに男瓦を挿入する。接合される男瓦へのキザミの痕跡が鐙瓦の裏面に認められないことから、キザミのない男瓦を接合しているものと考えられる。その後粘土

により補強し、丁寧に仕上げるものである。胎土や焼成、瓦当裏面の調整が1120,1121,1521などいわゆる多賀城系軒瓦の一部と酷似する。多賀城系鐙瓦については、突出する中房上に円形の中心蓮子の周囲に楔形の周縁蓮子4顆が花弁に配置され、外区に交叉状線鋸歯文がめぐる1120（第3図6）。花弁は同様で突出しない中房上に円形の蓮子が1＋4となり、周縁蓮子が間弁をさす1121などがある。いずれも単弁の花弁に大きめの子葉があり、子葉、蓮弁共に外方にいくにつれて高く反り、花弁や間弁に稜を表現する凸線が認められる。特に1120は中房に楔形蓮子をもち多賀城Ⅰ期の瓦に近い特徴をもつ。また、多賀城系鐙瓦1120には外区周縁が平端となるが交叉状線鋸歯文がめぐり、白河郡において多賀城系と川原寺系の瓦作り相互に文様や技法、焼成等に交流がうかがえる。1101は、面径15.5cm、中房は突出気味で面径の3分1に近い、中房蓮子は、1＋6と中心蓮子の周囲に周縁蓮子がめぐるが、周縁蓮子の位置は花弁中央となる。花弁及び間弁その他の状況は1100と同様である。このほかにさらに小振りの1102がある。これらの鐙瓦は型挽三重弧文がセット考えられている。

　型挽重弧文には三重弧文である1500（第3図5）、四重弧文である1510、さらにヘラ描き三重弧文である1520（第3図7）がある。いずれも粘土板桶巻き作りの女瓦で作られる。1500と1510は段顎であり、顎面は無文のものが多く、一部にヘラによる細い沈線で交叉状鋸歯文が施されるものが認められる。特に借宿廃寺出土の型挽重弧文宇瓦の顎部にヘラにより鋸歯文が施文される（第3図8）。ヘラによる施文は側面端部に達しない文様割り付けを引き直してやや幅広の鋸歯文を施文することから女瓦桶巻き分割後の顎面施文であり、この施文が貼付用のキザミを由来とするものではなく、明らかに鋸歯文を意図した施文であることがわかる。このほかに顎面施文が交叉状鋸歯文となるものがある。基本的には同一施文法であることから同じ文様系譜と考えられる。このような型挽重弧文宇瓦1500の一部にみえる鋸歯文の顎面施文は、多賀城系1520ヘラ描き重弧文の顎面施文である鋸歯文と共通し、その影響によるものと考えられる。いわゆる1520は鐙瓦1120などとセットとなり、多賀城系軒先瓦を構成する。1520宇瓦は粘土紐桶巻き作り、顎の断面が三角形となり、顎面には重弧文を施文したと同様の工具による鋸歯文、波状文と下端に二条の沈線が配されるもので、粘土紐による女瓦となる以外は基本的に多賀城跡の宇瓦511（第5図10）の系譜下にある。多賀城系宇瓦1520の顎面施文の文様が1500のごく一部に採用されたものと考えられる。これらのことから鐙瓦、宇瓦ともに多賀城系軒先瓦との技術的、文様的交流の痕跡を認めることができ、製作時期も近似していたものと考えることができる。大岡瓦窯は1から3号窯まで発掘され、2号窯から蓋、杯、1、3号窯から鐙瓦1100aのほか瓦が出土する。窯跡群全体が関和久・上町遺跡、借宿廃寺の成立に伴うものと考えら、蓋の特徴はカエリ消失直後の形態であり、カエリを持つものと持たないものが供伴する段階である7世紀末〜8世紀初と位置づけ、川原寺系鐙瓦の時期に比定している（福島県教育委員会1985・1994）。

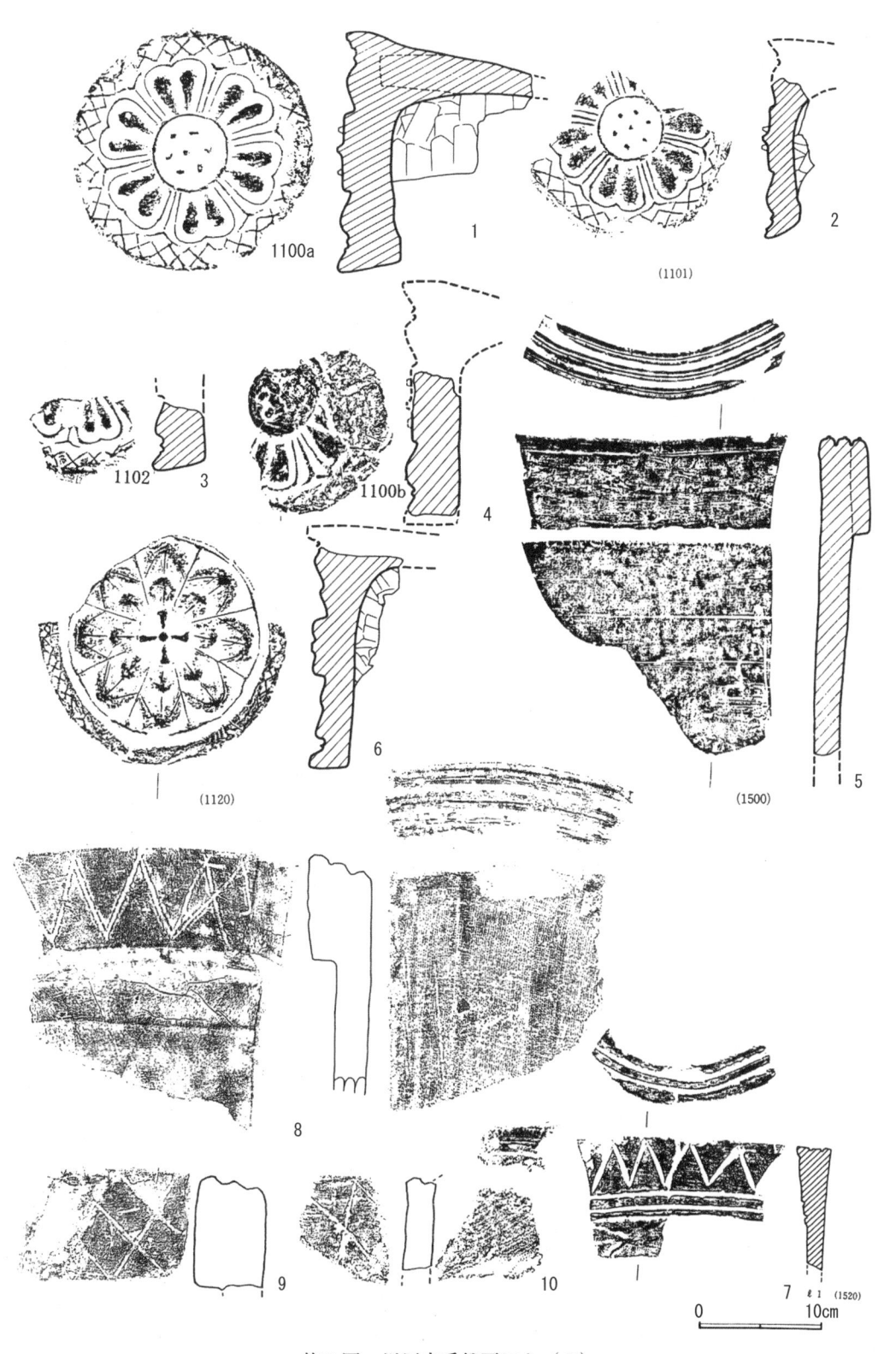

第3図　川原寺系軒瓦ほか（2）
関和久・上町遺跡（1～7）借宿廃寺跡（8～10）

（4）上人壇廃寺

　福島県須賀川市上人担と岩瀬森にあり、石背郡衙と推定される栄町遺跡に隣接する寺院である。立地は丘陵東端の南傾斜面にあり、南600mには阿武隈川支流の釈迦堂川が東流する。築地と溝による区画がみられ、東と南に門、中軸線上の前方に東西11.8m、南北10.3mの東西にわずかに長い基壇跡、後方には基壇規模東西26.5m南北18mとなる2つの中心建物による伽藍配置となる。出土する複弁六葉蓮花文軒瓦は110・111・112形式に分類されている（須賀川市教育委員会2009）。このなかで110（第4図1）が創建段階と考えられ、笵キズの進行からabcdの四段階に区分されている。軒瓦の面径は約20cm、中房蓮子1＋6＋6と中心蓮子の周囲を二重にめぐり、一重目の蓮子は小さい。周縁蓮子の位置は花弁間をさす。複弁の花弁は端部よりも中位に最大幅、盛り上がりをもち、花弁端部の反り返りも少ない。花弁は輪郭線により表現され、輪郭線は隣接する花弁同志で接し、間弁はない。花弁端部は切れ込みが強く、花弁内には大きな子葉がならび子葉間には分割線がない。外区内縁は傾斜面となり、交叉しない線鋸歯文が20単位配置される。外区外縁は平坦面となるがいずれもナデ調整されている。周縁の外側には1.5cmの深さで笵の被せが認められる。男瓦の接合は瓦当裏面にあらかじめゆるい見込みの溝を掘り、そこに男瓦を立て補強粘土を加え、きれいに調整するもので男瓦が深く挿入されるものと浅いものがある。瓦当面は粘土が2枚となるものが多い。接合する男瓦にはキザミはなく、粘土紐素材によるものがある。宇瓦には、型挽重弧文が1点あるがセットとなる宇瓦はヘラ描きにより、一本ずつ計2本の弧線による三重弧文（第4図2）となる。いずれも段顎で、弧線同様の工具により鋸歯文もしくは交叉状文などの顎面施文が施される。粘土板桶巻き作りの女瓦には凸面格子タタキがあり、凹面は布目が消されものがある。これらの特徴から軒、宇瓦に南に隣接する白河郡の関和久・上町遺跡、借宿廃寺の川原寺系複弁六葉蓮花文軒瓦1100・1101・1102、多賀城系ヘラ描き重弧文宇瓦1520などの強い影響を読みとることができる。このような関連は、白河郡に所在するカニ沢瓦窯の製品が白河郡の関和久・上町遺跡、借宿廃寺と共に石背郡内の米山寺遺跡からも出土し（戸田1987）、郡域を越えた需給関係からもうかがうことができる。

（5）根岸遺跡、夏井廃寺跡

　福島県いわき市平下大越にあり、夏井廃寺は夏井川右岸の沖積地に、根岸遺跡はその南の低丘陵上にある。根岸遺跡は石城郡衙跡と考えられ、規模は東西250m、南北500mある。丘陵の北東部に郡庁域、その西と南にそれぞれ北群、南群の正倉院、さらにその南には、豪族居宅が認められている。夏井廃寺は隣接寺院と考えられ、土塁状の遺構と溝により区画された内部の中軸線上に南北棟となる金堂とその後方に東西棟の講堂が並ぶ。後に造営される塔は金堂の東にあり、塔と金堂が対面することから変則的な観世音寺式伽藍と考えられる。根岸遺跡と夏井廃寺の創建期瓦群は共通しており、軒瓦には複弁六葉蓮花文軒瓦のほかに山王廃寺系複弁八葉蓮花文軒瓦1,2類（第4図4、5）がある。複弁六葉蓮花文軒瓦（第4図3）は、笵キズの顕著なものとないものが見られ、笵キズの見られるものは同笵となる。瓦当面径は17cm中房蓮子が1＋6あり、周縁

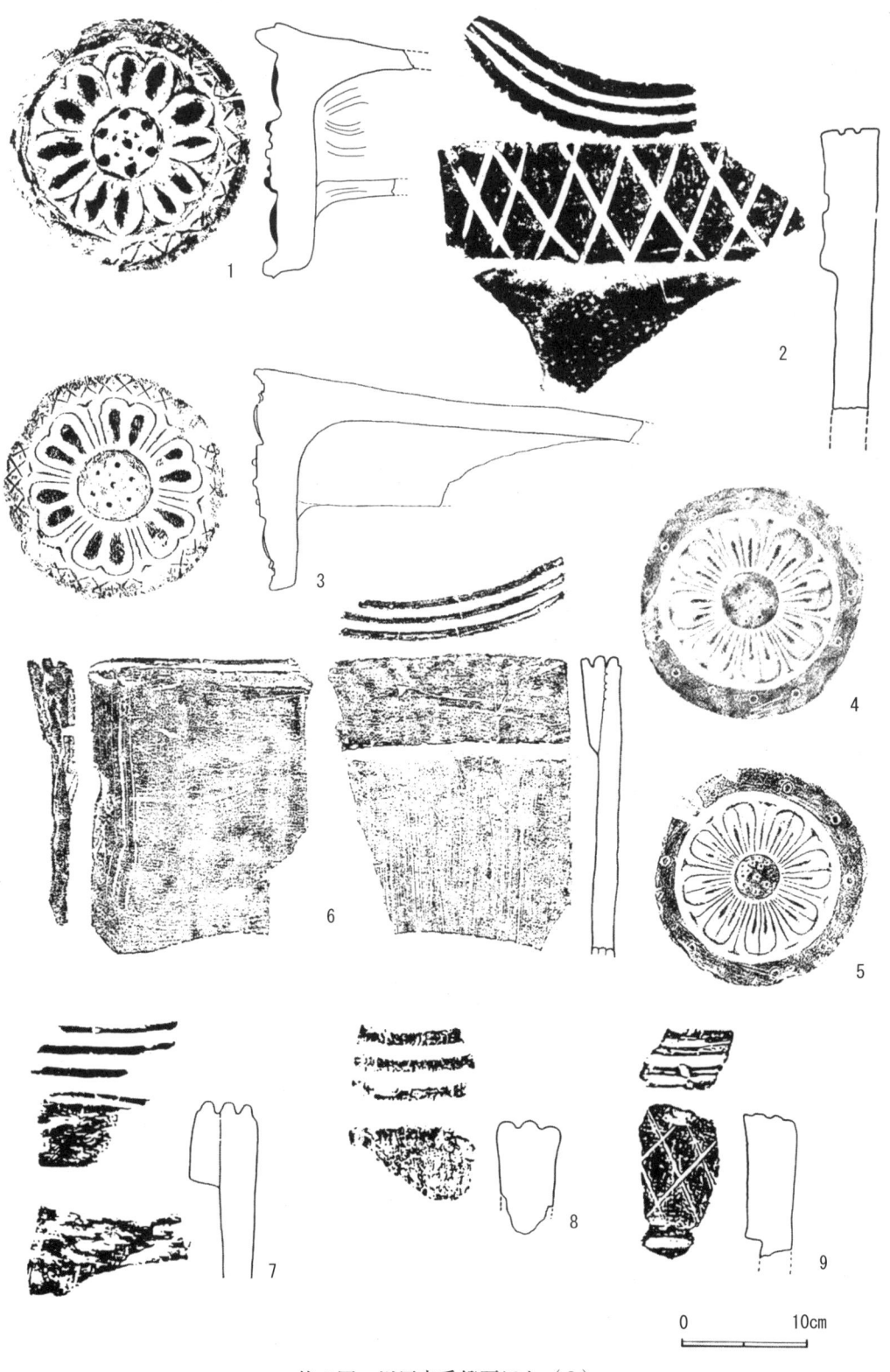

第4図　川原寺系鐙瓦ほか（3）
上人壇廃寺跡（1、2）夏井廃寺跡・根岸遺跡（3〜9）

蓮子の位置は花弁中央にある。中房の大きさは面径の3分1以下となる。蓮弁端部で最大幅をもち、端部で盛り上がり、花弁は輪郭線で表現され、花弁端部は切り込みが深い。花弁内には分割線はなく、花弁内部には大きめの子葉を配置する。周縁は傾斜縁で交叉状の線鋸歯文は間弁間に5から6単位あり、全部で32単位配置されるものと考えられる。一部隣接する交叉状鋸歯文が端部で重複し、不均等となる部分がある。交叉状鋸歯文の一部で単位が不揃いになる状況は関和久1100や花弁間に周縁蓮子を配し、小さめの面径である1101とも類似するが、遺跡を越えての同笵関係は見当たらない。男瓦との接合は瓦当裏面の男瓦接合位置に一条のゆるい溝を掘り、その部分に男瓦が接合される。その際、男瓦が深く入るものと浅い位置にあるものがある。男瓦の状況がよくわかるものはないが、瓦当裏面の観察からは男瓦は無加工、ヘラ刻みはないようである。複弁六葉と蓮花文鐙瓦山王廃寺系の複弁八葉蓮花文鐙瓦は基本的に重弧文系の宇瓦とセットとなると考えられる。重弧文宇瓦には、型挽や笵（第4図6～9）によるものがある。宇瓦の顎部は、段顎の、顎部がやや傾斜気味のものがある。夏井、根岸遺跡では、重弧文の弧が太く、深く、いくぶん弧や瓦当面がゆがむものが多く認められる。この種の宇瓦の供給瓦窯は梅ノ作瓦窯跡であり、女瓦粘土板桶巻き作り分割後の重弧文施文と考えられる（いわき市教育委員会2004）。また、重弧文宇瓦には、顎面に交叉状鋸歯文が施文されるものがある。陸奥南部地域である関和久・上町、借宿廃寺や上人壇廃寺とも共通する顎面施文としてその関連がうかがえる。女瓦は粘土板桶巻き作りである。以前から指摘されている凸面布目女瓦は認められない。

（6）大津廃寺

　茨城県北茨城市の大津港を見降ろす標高55mの太平洋に突き出た低丘陵上にある。現在も長辺約20m、短辺約16m、高さ約1.3mの基壇が残存し、古代常陸国多珂郡内に位置する寺院と考えられる。瓦は発掘品と表採資料がある。鐙瓦の面径は約18cmの複弁六葉蓮花文鐙瓦（第5図1、2）であり、中房は面径の3分の1以下で中房蓮子が1＋6、周縁の蓮子は花弁に位置する、六葉の複弁は端部で幅広、やや盛り上がる。蓮弁中央の分割線はない。花弁端から反転の切れ込みは深くするどい。間弁は中位と端部でやや盛り上がり、間弁端部は「Y」字型で大きくシャープに整って開く。周縁は傾斜縁であり、複合する線鋸歯文が26～27単位ある。整った線鋸歯文で間弁間に4単位が基本となり、一部で5単位となるところがある。瓦当は2cmほどと薄く、破片資料にはキザミを入れた男瓦を花弁端部の位置で瓦当裏面に置き粘土で補強し、よくナデ調整を行なうものがある。また、夏井廃寺、根岸遺跡出土の山王系複弁八葉蓮花文鐙瓦2類と同文の鐙瓦（第5図3）も表採されている。宇瓦は型挽三重弧文（第5図4、5）であり、約10cmと深い段顎である。女瓦は粘土板桶巻き作り、細かい縄タタキが全面に施されるものとないものがある。このほか、凸面布目女瓦が認められる。

（7）長者屋敷遺跡

　茨城県常陸太田市（旧金砂郷村）の久慈川に注ぐ山田川との合流点から約4km遡った山田川左

岸に広がる微高地上ある。大里・薬谷・久米地区に位置し、奈良平安時代の遺物が全体的に分布する。瓦が多量に採取されるのは、大里地区で特に近津神社の東・南側に集中している。大里地区には礎石の存在から寺院跡、薬谷地区には多くの焼き米が出土することから常陸国久慈郡衙跡と想定される。さらに、遺跡の北限溝から9世紀後半の墨書土器「久寺」が出土し、郡名寺院である「久慈寺」を示す可能性も考えられる。鐙瓦は、2102型式の複弁六葉蓮花文鐙瓦（第5図6,7）である。推定面系は、20cmを越える大型の鐙瓦である。大きな中房にやはり大きな蓮子を1＋8配置し、周縁蓮子の位置は花弁となる。大ぶりな花弁は輪郭線で区画され、内部には大きくて丸みを帯びた子葉が二個並ぶが弁間の区画はない。花弁端部中央には反転状の長い切れ込みがあるが花弁端部と間弁端部はつながり、内区の外側が、円弧状となる。間弁は中房には至らず、隣接花弁の輪郭線同志が分岐する部分から派生し、弁端でよく盛り上がる。周縁は傾斜せず、素文で高い。瓦当裏面は、男瓦を接合するための一条の浅い溝がみえる。男瓦へのキザミ痕跡はみられない。型挽重弧文や素文宇瓦が出土している。この他に単弁系鐙瓦や文様塼、鬼面文鬼瓦、凹面縄タタキ女瓦が出土し、造瓦に高句麗系工人の関わりが想定されている（黒澤2006）。

3　祖型について

　この種の複弁系鐙瓦は、川原寺系の文様系譜によるものと考えられ従来から祖型については、直接、間接を含め下野薬師寺（伊東1973）、畿内の岡寺（戸田1985）、近江普光寺ほか湖東、湖南の諸寺（木本1996）など諸説がある。陸奥国南部地域に分布する川原寺系複弁鐙瓦には共通する特徴をもつものが北武蔵地域である埼玉県でも認められている。この瓦は複弁八葉で花弁は輪郭線で表現され、隣接花弁同士が接して間弁は見られない。花弁内の大きく盛り上がる二つの子葉間には分割線がない。中房蓮子は配置が不揃いながら1＋5＋8と中心蓮子の回りを二重にめぐる。傾斜する周縁外区には交叉状線鋸歯文が30単位前後ある。接合する男瓦にはキザミがあり、瓦当裏面に深く接合される。基本的な文様構成は、祖型となる坂東北部の川原寺系鐙瓦に近い要素がみえ、陸奥国南部地域1群とも共通し、祖型を同じくするものと考えることができる。以前坂東北部における川原寺系鐙瓦を採用する遺跡の中で、東国においての下野薬師寺の位置と役割、規模、そして創建瓦である面違鋸歯文101の中房蓮子の周環、内区と外区の間の沈線が消失する104へという文様変化、周辺遺跡にも及ぼす同種文様の影響を考え、陸奥国南部に分布する川原寺系鐙瓦の祖型と考えたことがある（眞保1994）。しかし、北武蔵地域の寺院官衙造営に伴い採用される瓦群の系譜には上野地域との深い関わりがみられること（昼間2004）、陸奥国南部において川原寺系複弁蓮花文鐙瓦と共に広域に分布する山王廃寺系複弁七、八葉蓮花文鐙瓦、山田寺（上植木廃寺）系単弁八葉蓮花文鐙瓦の祖型が上野国と考えられること、下野薬師寺創建101型式の祖型が群馬県太田市寺井廃寺にある（山路2005）などの指摘があり、これらのことから下野国と共に上野国を含めた地域である坂東北部の川原寺系複弁八葉蓮花文鐙瓦に祖型を求めたい。

4 瓦群の特徴

　陸奥国南部を中心に出土する川原寺系軒瓦は瓦当文様の検討から大きく1から3群に分けることができ、文様の違いに時間的な差を求めることが可能である。

1群　角田郡山遺跡、清水台遺跡出土軒瓦

　文様は中房の中心蓮子の周囲に二重に蓮子が巡り、輪郭線により花弁が表現され、内部に分割線をもち子葉を二分する。花弁端部は盛り上がるが、反転の表現が弱く、切れ込みが弱い。交叉状鋸歯文数が24単位前後ある。文様面から当初、一重の線鋸歯文が配置されると考えられた角田郡山遺跡をより祖型に近いものと考えたが、その後の接合資料から交叉状線鋸歯文となることから、二遺跡はいずれも同種文様であることがわかった。しかし、反対に花弁等の文様や交叉状鋸歯文の配置が整い、「T」字形間弁の存在から型式的には清水台遺跡がより坂東北部地域での川原寺系軒瓦に近い文様をもつものと考えることができる。角田郡山遺跡出土の宇瓦文様が笵により施文されること、また、いく分傾斜気味の段顎形態であることなどもこのことを裏付けている可能性がある。軒瓦文様は同一系譜ながら同笵関係にはなく、セットとなる宇瓦文様、細部調整等のいずれの要素も相違している。

2群　関和久、上町遺跡・借宿廃寺、夏井廃寺・根岸遺跡、大津廃寺出土軒瓦

　文様面からは中房の中心蓮子の周囲に一重に蓮子がめぐる。輪郭線により花弁を表現し、二つの大きく盛り上がる子葉を区分する分割線はなく、花弁端部の折り返し表現が強く切れ込む。いずれも間弁が「Y」字型になる。文様面で関和久、上町・借宿廃寺と夏井・根岸廃寺が近く、交叉状線鋸歯文数が32に復元され、線鋸歯文の配置や規模のやや乱れに共通点をもつ。大津廃寺の複弁軒瓦はそれとは異なり、交叉状線鋸歯文数が26から27単位と少ないことのほか花弁輪郭線端部での切り込み、周縁線鋸歯文の配置と表現においてより大津廃寺の文様がよく整っているようにみえる。文様的には同一系譜に属するがいずれも同笵関係にない。型挽重弧文宇瓦の顎部の形態についても多種多様なあり方をしめしている。しかし、この三地域の遺跡には、複弁六葉の採用のほかにも国郡を越えた共通点を見ることができる。顎面に交叉状鋸歯文が施文される重弧文が関和久・上町、借宿廃寺と夏井・根岸遺跡に、山王系複弁八葉蓮花文軒瓦2類と考えられる軒瓦が夏井・根岸遺跡と大津廃寺に、凸面布目女瓦が関和久・上町、借宿廃寺と大津廃寺で認められ、2群の瓦当文様を採用する3地域において共有する部分をもち、時間的にも近い時期での造営による地域間交流の実態を示している。

3群　上人壇廃寺、長者屋敷遺跡出土軒瓦

　中房蓮子がさらに変化や間弁省略、外区周縁が直立縁、もしくは一部傾斜縁で線鋸歯文縁となる上人壇廃寺、長者屋敷遺跡がある。関和久・上町、借宿廃寺から上人壇へ、大津廃寺から長者屋敷遺跡への変化が考えられる。

　川原寺系複弁蓮花文軒瓦の2群から3群については、隣接する地域への比較的明瞭な文様系譜

をおうことができる。ここでは1群と2群について検討を行なうものである。1群については中房蓮子が中心蓮子周囲を二重にめぐることや花弁内分割線の存在から、2群に較べて型式的に古い要素をもつものである。そして1群である清水台遺跡（101）から角田郡山遺跡例へは、いずれも祖型と考える坂東北部の上野寺井廃寺や下野薬師寺にみる川原寺系鐙瓦系譜の間弁形状である「T」から「Y」、花弁端部の切れ込み弱いものから強いものへという変化がみられる。また、2群の特徴は中房蓮子が中心蓮子の周囲に1重になり、花弁内の分割線がなくなり子葉が大きくなるものであり、1群内での間弁形状が「T」から「Y」、花弁端部の切れ込み弱いものから強いものへという文様系譜を継承している。なおかつ最も文様的によく整う大津廃寺跡（1102）が他の30単位の交叉状線鋸歯文数が27から28単位を比較的均等に配置し、1群にも近い要素を持っている。このことから1群の文様系譜下において2群が特に陸奥南部地域を中心に成立したことが考えられる。しかし、このような型式的な違いがみられるものの、2群内での各種瓦群にみる文様や技術的な交流からは時間的な差はそれほど大きいものとは考えられない。それよりもこのような共有や交流関係にあっても複数笵種（同文異笵）が存在したという状況であったことに着目できる。1群内にあっても同様の状況は、武蔵国内での北武蔵地域の川原寺系複弁八葉鐙瓦が各郡の寺院官衙造営に基づき、基本的に笵キズを進行しつつも同笵関係にある鐙瓦が窯跡の供給によって展開していくものとは大きな違いである。このことが同系瓦の展開のあり方で北武蔵と陸奥地域における大きな相違であり、地域的な交流と律令国家としての関与といった相違が内在するものと理解している。

5　年代観について　—とくに多賀城系軒先瓦との採用とその背景から—

　東北地方における瓦作りの検討から、女瓦桶巻き作りにより分割後成形台上でヘラ描き重弧文が施文される技法出現を多賀城創建に求め、型挽重弧文宇瓦については多賀城創建をさかのぼるものと指摘している（進藤1976）。また、関和久遺跡の供給瓦窯である大岡瓦窯跡の瓦類を出土須恵器から7世紀末から8世紀初頭としている（福島県教育委員会1985）が、現状では7世紀代に溯ることをしめす資料は認められているとはいえない。しかし、角田市郡山遺跡周辺窯である川前瓦窯での出土須恵器から8世紀初頭での造瓦がみられるなど多賀城創建を溯る律令初期に各国各郡の寺院官衙の造営に伴い採用されることから、川原寺系鐙瓦に与えられた年代は遅くとも8世紀初頭の製作と指摘できる。

　ここでは2群である白河郡関和久・上町遺跡、借宿廃寺において採用された多賀城系軒先瓦の文様や技法面で影響を与えたとみられる多賀城跡出土軒先瓦の年代観や影響から創建瓦群と位置づけられている複弁六葉蓮花文鐙瓦と型挽重弧文宇瓦の下限を中心として1群、3群の時期についてふれるものである。多賀城跡出土瓦については、仙台郡山遺跡の単弁八葉蓮花文鐙瓦が多賀城I期の直接の祖形と指摘されている。中房の周縁蓮子間が盛り上がり、外区内縁に圏線をもつ1類（116・第5図9）と圏線を持たない2類（114・第5図8）などが多賀城I期の瓦群の中でもそ

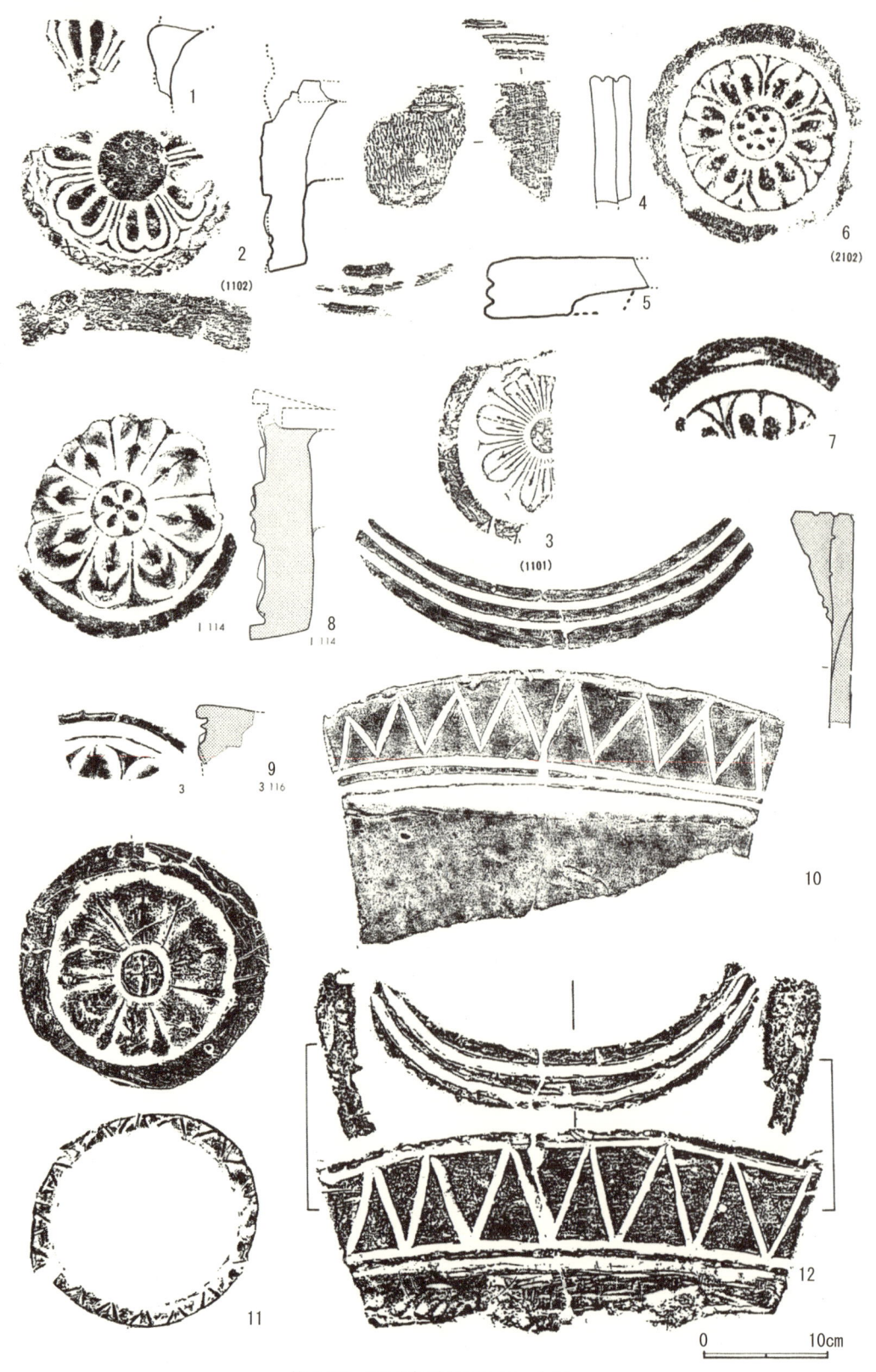

第5図　川原寺系鐙瓦ほか（4）
大津廃寺跡（1〜5）長者屋敷遺跡（6〜7）多賀城跡（8〜10）小浜代遺跡（11、12）

の初期の段階として位置づけられている。これらの瓦は下伊場野窯跡出土例と同笵もしくは酷似している。関和久遺跡の多賀城系軒瓦については、凸圏線、周縁蓮子周辺を取り巻く間弁状の明瞭な隆帯や隆線による区画は、認められない。これらは多賀城Ⅰ期の瓦群の中でも初期である下伊場野窯段階のものとは考えられず、それ以降の多賀城Ⅰ期段階の文様系譜と考えることができる。多賀城の創建については近年の研究により、養老4 (720) 年に発生した蝦夷の反乱を契機とするものであることが指摘されている（熊谷2000）。これは、多賀城政庁南門と外郭南門を結ぶ道路検出の際、確認された石組み暗渠から出土した木簡の年代が養老4年の征討軍派遣期間である9月から翌年4月と推定され、多賀城がその直後の造営と考えられ（平川1993）、多賀城創建を神亀元 (724) 年とする多賀城碑の信憑性が確かめられたことによるものである。

　陸奥国南部地域における、いわゆる陸奥国から石背、石城両国が分立する地域での多賀城系軒先瓦が採用される遺跡は、白河郡内の関和久・上町遺跡、借宿廃寺のほかに浜通りの小浜代遺跡で主体的な採用がみられている。小浜代遺跡の多賀城系軒先瓦（第5図11）は、単弁六葉であり、中房蓮子1＋4の中心蓮子と周縁蓮子は円形でそれを細い凸線で結び、楔状に近い文様表現となる。直立する外区内面には一重の線鋸歯文がめぐっている。宇瓦（第5図12）は断面形が三角形状となり、重弧文施文具で顎部に鋸歯文が施され、宇瓦の女瓦部分が粘土紐素材の桶巻き作りとなっている。これらの特徴から小浜代遺跡出土の軒先瓦の祖形が多賀城ではなく現状では白河郡地域の関和久・上町遺跡、借宿廃寺の鐙1120宇1520の系譜にあることを想定することができる。

　以上のことから陸奥国南部における多賀城跡出土瓦を直接の祖型とする遺跡は陸奥国最南端に位置する白河地域にほぼ限定されるものと現在考えている。このような多賀城系軒先瓦の採用段階は養老4 (720) 年の蝦夷反乱に対する律令国家が取り組んだ多賀城創建をはじめとする神亀元年体制下による白河軍団が設置される時期でもある。これは急激な軍事的緊張に伴う新たな軍団の設置であり、陸奥国へ再編した石城、石背両国のうち旧石背国地域からの兵士を従来の安積軍団と共に徴発し、多賀城はじめ征討事業に兵士を送り出すためのものである。多賀城系軒先瓦については、すでに鈴木啓氏が「神亀四 (728) 年白河軍団設置や白河関の存在が接点であろう」（鈴木2001）と採用の契機に軍団設置を結びつけた考えをしめされており、極めて重要な指摘と考えている。このことから多賀城系軒先瓦の採用、そして川原寺系軒先瓦との文様技術交流から、川原寺系軒先瓦である複弁六葉蓮花文鐙瓦と型挽重弧文宇瓦の下限の時期の一端を裏付けることができよう。また、多賀城系軒先瓦は借宿廃寺から出土しない傾向があり、1100以外の創建期瓦が出土しないことを考えると白河郡内での関和久・上町、借宿廃寺の造営順序やその性格について今後検討を加えなければならない。そして、このような白河での採用とその後の展開に隣接する岩瀬郡での上人壇廃寺の造営および川原寺系複弁六葉蓮花文鐙瓦や多賀城系軒先瓦群の採用が考えられ、その創建は8世紀第2四半期に入るものと考えられる。これらに関連が求められると2群の最終段階が神亀四 (728) 年文様的にもその前後となるⅠ群と3群の年代観を考える一つの定点とすることができる。

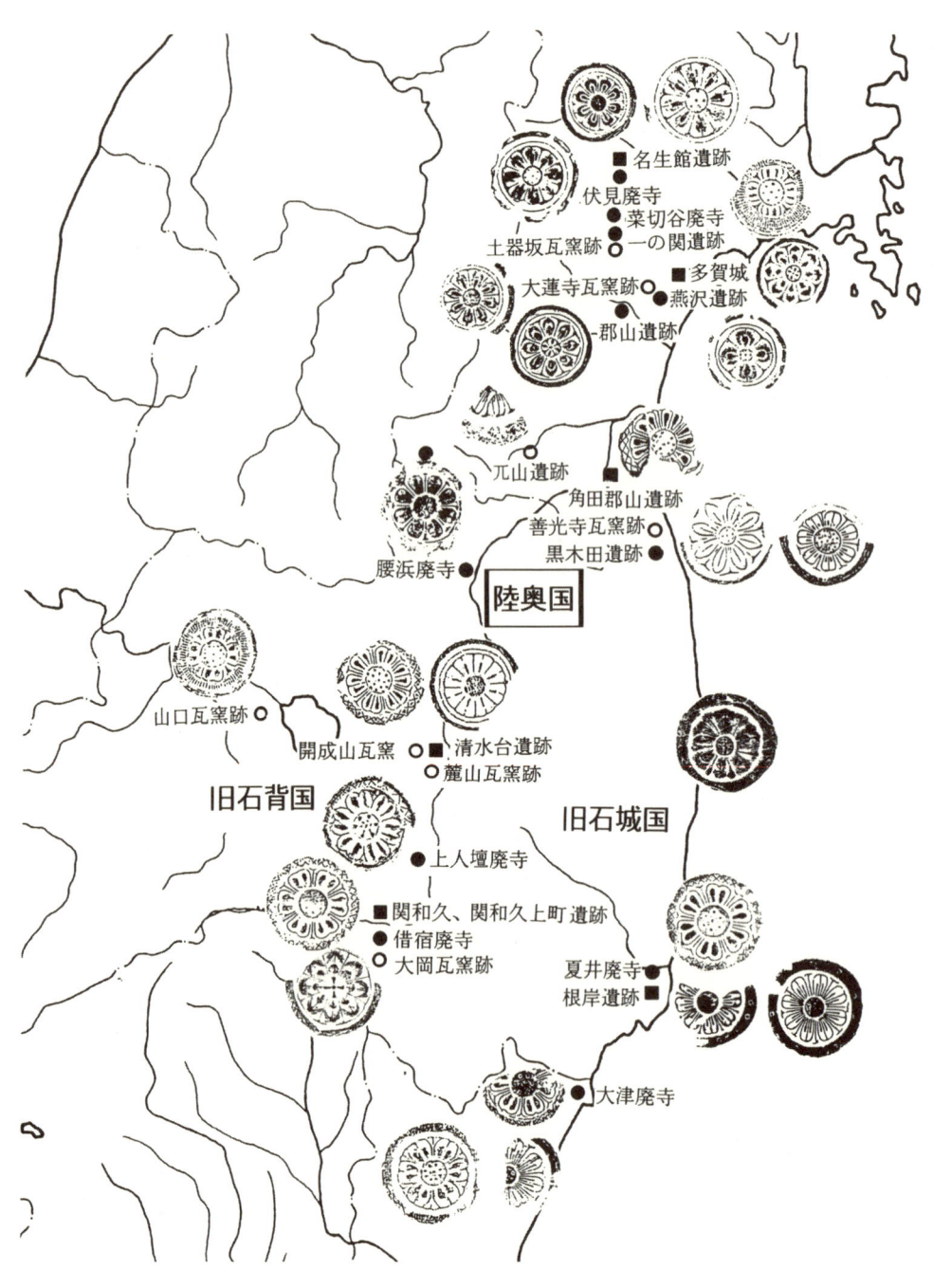

第6図　陸奥国を中心とした坂東北部系鐙瓦の展開

6　まとめ —展開とその意義—

　坂東北部に祖型を求めることができる川原寺系複弁六葉蓮花文鐙瓦は文様面の検討から大きく3群に区分され、この区分には文様の変遷すなわち時間的な差を読みとることが可能となった。

このような瓦のあり方は、律令期陸奥国南部における寺院官衙の造営に伴い、坂東北部を中心とした瓦当文様や技術の移入とその後に隣接する地域に同文異笵となる展開をしめしている。これらの背景には陸奥地域の地理や地形と共に歴史的に広域供給窯が発達していないこと、川原寺系鐙瓦の分布する阿武隈川流域はいわゆる国造制設置地域であり、その領域を基本的に令制下の各郡が引き継ぐ形となる強い独立性がみられること、坂東北部の上毛野、下毛野氏などの豪族との関連が考えられる。陸奥国における律令国家成立期の寺院官衙創建期の瓦には、坂東北部を祖型とする川原寺系のほか上野国山王廃寺系、山田寺（上植木廃寺）系などの瓦が採用される。それぞれ異なる系譜を持つ鐙瓦は、分布地域に偏在性を認めつつも陸奥国の範囲をおおまかに網羅する。川原寺系は陸奥国南部の阿武隈川流域であるいわゆる国造設置地域、上野国山王廃寺系が陸奥国府を中心とする地域といった分布が認められ、ここに異なる歴史的背景をもった固有の領域や交流圏の存在を読み取ることができる。特に陸奥国南部における川原寺系と山王廃寺系鐙瓦の展開は地域としてよりも安積、白河、行方、石城郡など軍団の設置される地域とも関わる可能性も指摘しておきたい。このことと対象的に陸奥国南部地域における寺院官衙造営に伴う陸奥国府とされる仙台郡山遺跡や多賀城系譜に連なるものは8世紀前半代においては極めて限定的となることは、大きな特徴といえる。多賀城系創建期の造瓦負担において坂東諸国の負担をしめすとみられる文字瓦が、早い段階では常陸、相模国、やや遅れて下野、上野が加わり、負担地域が坂東内で拡大するという指摘がある。いままで見てきたような陸奥国南部の各郡における寺院官衙造営初期での上野、下野など坂東北部を中心とした瓦系譜の存在は、これらが多賀城創建期の前段の状況をしめすものとして今後さらに解明する必要がある。

　本論をまとめるにあたり、資料の実見や種々有益なご教示を賜りました。ここに記して謝意を表します。

阿久津久　猪狩みち子　市毛美津子　出浦崇　大橋泰夫　押山雄三　樫村友延　樫村宣行　川口武彦　川井正一　河野一也　瓦吹堅　北原實徳　木本拳周　欅田克史　黒澤彰哉　木幡成雄　齋藤彰浩　佐藤敏幸　佐川正敏　嶋村一志　菅原祥夫　鈴木功　鈴木一寿　須田勉　清地良太　高橋一夫　高橋誠明　高松俊雄　田中敏　西野保　早川麗司　昼間孝志　藤木海　皆川隆男　村田晃一　森幸彦　柳沼賢治　柳田和久　山路直充　横須賀倫達　吉野滋夫

引用参考文献
伊東信雄ほか1973『関和久遺跡Ⅰ』福島県教育委員会
進藤秋輝1976「東北地方における桶型作り技法の存続年代について」『東北考古学の諸問題』
角田市教育委員会1980『角田郡山遺跡』角田市文化財調査報告書　第3集
宮城県教育委員会1980『多賀城跡』政庁跡図録編
富岡町1987「小浜代遺跡」『富岡町史』
宮城県教育委員会1982『多賀城跡』政庁跡本文編
福島県教育委員会1985『関和久遺跡』
戸田有二1987「古代石背地方古期屋瓦考」『国士舘大学文学部　人文学会紀要』19
須賀川市教育委員会1981『上人壇廃寺跡―発掘調査概報―』

瓦吹　堅 1988「大津廃寺跡」『北茨城市史』上巻
辻　秀人 1992「陸奥の古瓦の系譜」『福島県立博物館紀要』第 6 号
平川　南 1993「多賀城の創建年代」『国立歴史民俗博物館研究報告』50
酒井清治 1994「瓦当笵の移動と改笵とその背景－武蔵・上野に分布する交叉鋸歯文縁軒丸瓦の変遷から－」
　『研究紀要』第 11 号　財団法人埼玉県埋蔵文化財調査事業団
眞保昌弘 1994「陸奥国南部に分布する二種の複弁系鐙瓦の歴史的意義について」『古代』第 97 号
高松俊雄 1994「郡山市開成山窯跡出土の瓦－清水台遺跡出土瓦の変遷に関して－」『研究紀要』第一号（財）
　郡山市埋文発掘調査事業団
福島県教育委員会 1994『関和久上町遺跡』
角田市教育委員会 1996『宮城県角田市川前窯跡発掘調査報告書』角田市文化財調査報告書第 18 集
木本元治 1996「東北地方の複弁蓮花文軒丸瓦」『論集しのぶ考古』
鈴木　啓 2001「第 4 節白河郡衙跡の発掘調査成果　1．関和久官衙遺跡」『史跡関和久官衙遺跡保存管理
　計画書』泉崎村教育委員会
熊谷公男 2000「養老四年の蝦夷の反乱と多賀城の創建」国立歴史民俗博物館研究報告　第 84 集
山路直充 2005「下野薬師寺一〇一型式（川原寺式）鐙瓦の祖型」『古代東国の考古学』
いわき市教育委員会 2004『夏井廃寺跡』
昼間孝志 2004「国を越える同笵瓦に関する一考察」再考山下秀樹氏追悼考古論集
須田　勉 2005「多賀城様式瓦の成立とその意義」『国士舘大学文学部　人文学会紀要』37
黒澤彰哉 2006「常陸における高句麗系瓦の受容について」長者屋敷遺跡(薬谷廃寺跡)出土瓦の分析から
　『茨城県立歴史館報』第 33 号
郡山市教育委員会 2007『清水台遺跡－総括報告 2006－』
白河市教育委員会 2007『借宿廃寺跡確認調査報告書Ⅳ』
佐川正敏 2008「東北地域の寺院造営－多賀城創建期以前の寺院－」天武・持統朝の寺院造営－東日本
木本元治 2009「福島県関和久遺跡」『日本古代の郡衙遺跡』
齋藤彰裕 2009「宮城県角田郡山遺跡」『日本古代の郡衙遺跡』
須賀川市教育委員会 2009『史跡上人壇廃寺跡平成 19・20 年度確認調査概報』
挿図出典
第 1 図　眞保昌弘 1994 より転載一部加筆　第 2 図 1 角田市教育委員会 1980　2～9 角田市教育委員会
10～15 角田市教育委員会 1996　16・18 郡山市教育委員会 2007　17 高松俊雄 1994　第 3 図 1～6 福島県
教育委員会 1985　7 福島県教育委員会 1994　8～10 白河市教育委員会 2007　第 4 図 1．2 須賀川市教育
委員会 1981　3～9 いわき市教育委員会 2004　第 5 図 1～5 瓦吹堅 1988　6～7 黒澤彰哉 2006　8～10
宮城県教育委員会 1980　11．12 富岡町 1987　第 6 図「眞保 1994 より転載一部加筆」

坂東における瓦葺きの意味
― クラからみた対東北政策 ―

大橋　泰夫

はじめに

　ここでは『古代東国の地域間交流』として、瓦葺きのクラ（瓦倉）を含めて陸奥国とそれと接する下野国・常陸国など東国の地方官衙の実態を中心に検討する。

　古代において対東北政策（東北経営・蝦夷征討）における人的・物的の補給については、坂東を中心として東国が主体的な役割を担わされた点が文献史学から指摘されてきた。近年の東国における郡衙正倉の調査で、下野国や常陸国において一郡内に複数の大規模な正倉がみつかり、これは郡内統治のためだけでなく、対東北政策との関わりも深いとみられる。また、陸奥国とそれに接する下野国・常陸国では正倉の中に瓦葺きのクラが設置されており、他地域と異なる点が明らかになっている。ここでは威容を誇る瓦葺きのクラや大規模な倉庫群（正倉）のあり方から、東国諸国が対東北政策に果たした役割の一端をみていく。

1　一郡内に配置された複数の大規模な正倉

　『出雲国風土記』や他地域の郡衙正倉のあり方からみて、最近、明らかになってきた下野国と常陸国における正倉の姿は異常と思える。郡衙の他に正倉別院を置くのは、本来は郡内統治を目的として複数の正倉別院を配置する点にある（志賀 2007）。一方で、下野国や常陸国の正倉は、設置された位置や一郡内における正倉の数の多さ、丹塗り瓦葺きで威容を誇るクラ（法倉か）など、他の国でみられない特徴を示しており、単に郡内統治を目的に置かれたとみることは難しい。こうした正倉のあり方が、陸奥国と接する下野国と常陸国にみられる点は、対東北政策との関わりを想定できる。地方官衙における地域的な特徴は、山陽道の瓦葺きの駅をはじめとし、陸奥国や出羽国の城柵で認められてきたが、郡衙正倉においても陸奥国に接する下野国、常陸国においてうかがうことができる。

（1）下野国河内郡衙の様相

　下野国河内郡は、下野国中央部で国府所在郡の都賀郡に隣接し東山道が陸奥国へ向かう要衝地

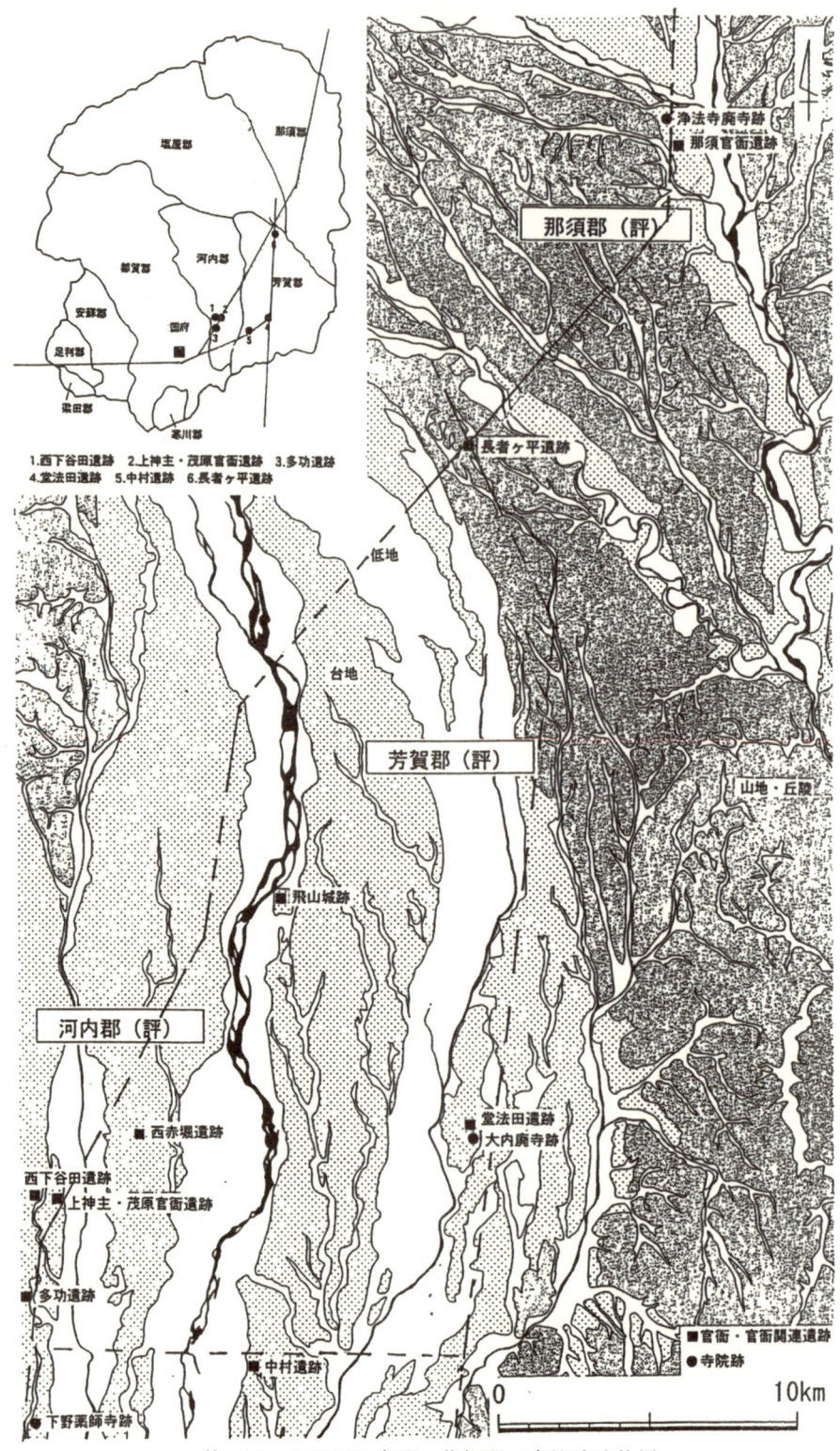

第1図 下野国河内郡・芳賀郡の官衙遺跡位置

である。この河内郡では官衙遺跡の西下谷田遺跡（栃木県宇都宮市）、上神主・茂原官衙遺跡（宇都宮市・上三川町）、多功遺跡（上三川町）が近接し、7世紀末〜8世紀にかけては併存する（第1図）。西下谷田遺跡と上神主・茂原官衙遺跡は浅い谷を挟み約700メートルと近接し、西下谷田遺跡の南門と上神主・茂原官衙遺跡の西門が直線的に結ばれる。一方、多功遺跡は、西下谷田遺跡から南に3キロ離れた同じ台地上にあり、南方には下野薬師寺が位置するなど一帯は河内郡の中枢地域となっている。河内郡内を通る東山道ルートは、下野国府から下野薬師寺を経て北上し、多功遺跡付近から上神主・茂原官衙遺跡の前面を通り北に直進する。上神主・茂原官衙遺跡から北東約12キロの飛山城跡では「烽家」と墨書された須恵器が出土し、「烽家」が置かれていた。

西下谷田遺跡（河内評衙か）

　西下谷田遺跡は、河内郡内で最初に設置された官衙であり、角材を用いた掘立柱塀で南北約150メートル・東西108メートル（推定）を長方形に囲み、内部に複数の掘立柱式建物や大型竪穴建物を配し南門を持つ。大きくみると、南門を持つ区画施設が機能していたⅠ・Ⅱ期と区画施設廃絶後のⅢ期に分かれ、Ⅰ・Ⅱ期の掘立柱塀で区画された中心施設は7世紀第3四半期にはじまり8世紀第1四半期までに終焉を迎える。西下谷田遺跡Ⅰ期は掘立柱塀で区画して棟門を設置し、区画の中央部をあけて空閑地を意識した建物配置をとる点などから、家政的性格を持つ機関（居宅）を内包した、下野国に最初に設置された拠点的評衙であった（板橋・田熊2003）。

上神主・茂原官衙遺跡（河内郡衙）

　上神主・茂原官衙遺跡は、7世紀第4四半期に西下谷田遺跡に遅れて成立した河内郡衙であり、9世紀前半には廃絶する（深谷・梁木2003）。三方を溝で、東西約250メートル・南北約390メートルに区画し、北側に掘立柱建物と竪穴建物群、中央に政庁建物、南側と西側に正倉群を整然と配置する（図2）。大きくは四時期の変遷があり、Ⅰ期は7世紀第4四半期で西下谷田遺跡に遅れて成立し、創設期には東西約250メートル、南北約390メートルの長方形の区画の中に、南から正倉、政庁、北方建物群を設置する。政庁は当初は西脇殿だけのL字型で、後に東脇殿を加えコの字型配置となるが、政庁を囲む施設や門は設けられない。Ⅱ期は8世紀前半で、正倉の整備・拡充が進み政庁には両脇殿が完備される。この時期には、西側の西下谷田遺跡では官衙施設が廃絶しており、官衙の機能が上神主・茂原官衙遺跡へ収斂される。Ⅲ期は8世紀後半で正倉内に大型の瓦倉（法倉）が造営される。この瓦倉は8世紀中葉に造営され、規模は東西14間（31.5メートル）・南北4間（9メートル）の長大な丹塗りの総柱式建物である。河内郡内の戸主層とみられる人名がヘラ書された、約1200点の瓦が出土し、その生産は郡内の負担によったことを示す。Ⅳ期は9世紀前半で、正倉の中心的な位置にあった瓦倉に替わって長大な側柱式掘立柱建物が設けられる。この9世紀前半に官衙機能は終焉を迎え、河内郡衙の機能は多功遺跡に集約されたとみられる。

多功遺跡（河内郡衙）

　多功遺跡は、西下谷田遺跡の南約3キロの台地上に位置し、両遺跡および上神主・茂原官衙遺跡間に目立った河川・丘陵などの障害物はなく遺跡間の見通しはよい。上神主・茂原官衙遺跡が

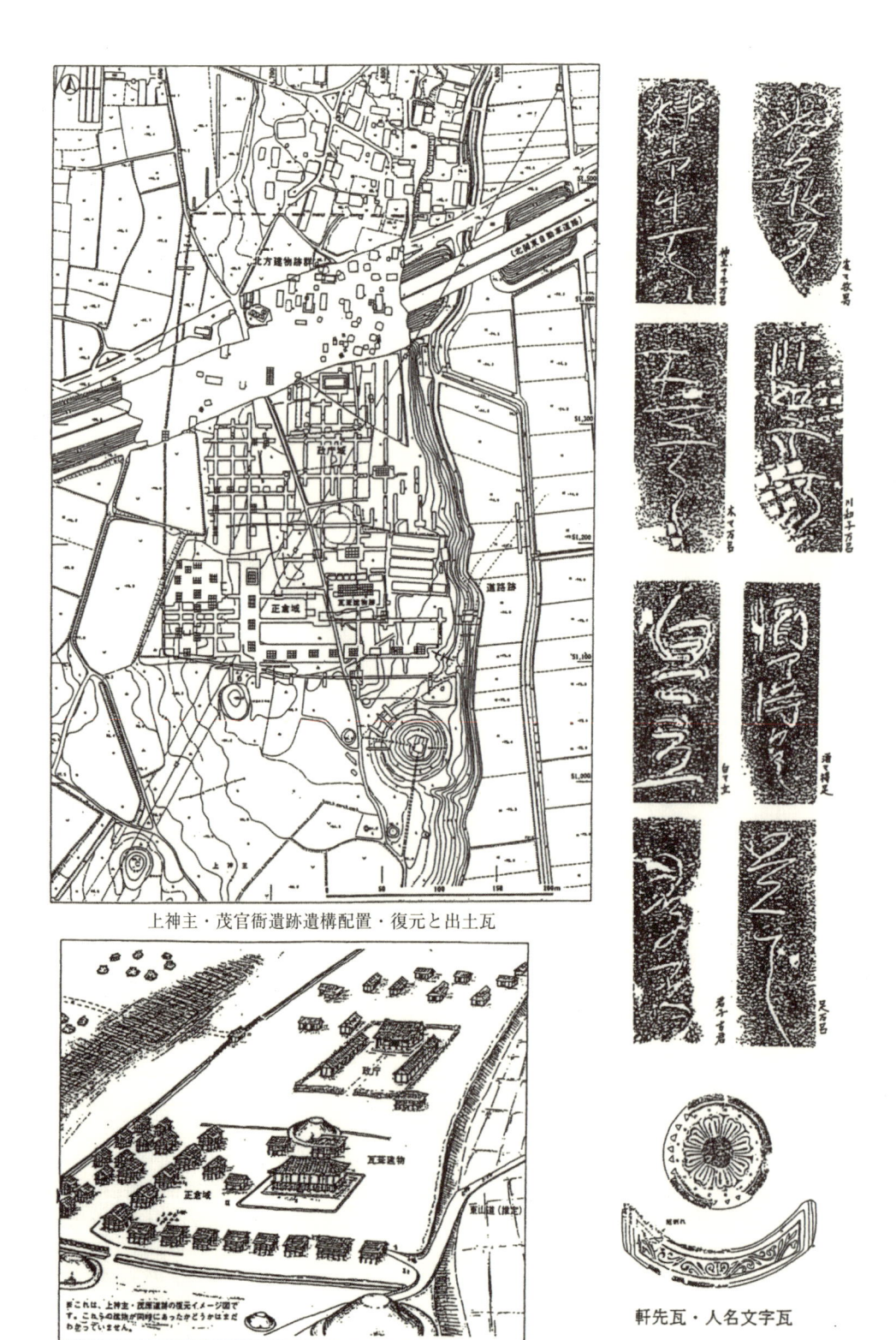

上神主・茂官衙遺跡遺構配置・復元と出土瓦

軒先瓦・人名文字瓦

第2図　上神主・茂官衙遺跡遺構配置・復元と出土瓦

発見されるまで河内郡衙とされた遺跡であり、みつかっていないが周辺に郡庁もあったと推定される。幅が狭い舌状台地上に立地し、東辺と西辺を溝で画し、東西150メートル、南北250メートル（推定）になる。総柱式建物を主体とし、掘立柱建物13棟以上、礎石建物10棟が整然と四群に配置され、掘立柱建物から礎石建物へ建て替えられ、炭化米も出土しており、河内郡衙正倉院である（秋元・保坂1997）。総長80尺（24m）の9間×3間の総柱式瓦葺建物があり、上神主・茂原官衙遺跡の瓦倉よりも先に建てられる。この瓦葺建物も正倉（法倉）とみられ、瓦の分布から合わせて2から3棟の瓦倉が推定される。官衙の存続期間は、7世紀第4四半期から10世紀にかけてで、西下谷田遺跡や上神主・茂原官衙遺跡より長い。

小　　結：3遺跡の変遷と評価

河内郡内の3遺跡の変遷をみると、まず西下谷田遺跡が7世紀第3四半期に居宅と未分化な状態で河内評衙として成立する。その後、7世紀第4四半期に東側に上神主・茂原官衙遺跡に河内郡衙として政庁と正倉が設けられ、同じ時期に多功遺跡も成立する。河内郡では7世紀末頃に西下谷田遺跡、上神主・茂原官衙遺跡、多功遺跡の三つの官衙が同時に存在していた。上神主・茂原官衙遺跡に接して東山道が通過し、南方の多功遺跡周辺につながり、東山道沿いに三遺跡が設置されており、延喜式に記載された「田部駅」もこの周辺に想定される。その後、8世紀初頭に西下谷田遺跡は官衙機能を失い、上神主・茂原官衙遺跡に機能が集約されたと推定される。さらに、8世絶後半以降に上神主・茂原官衙遺跡では政庁が撤去され、9世紀前半に官衙機能が失われ、多功遺跡もしくは隣接地への政庁移転（未確認）、郡衙機能の集約化が計られたとみられている（板橋・田熊2003、深谷・梁木2003）。

上神主・茂原官衙遺跡と多功遺跡は約3キロと近接し、その間に河川・丘陵などの自然障害物はなく、7世紀末頃にこれほど近接して正倉を2ケ所に設置する意味を考える必要がある。同一郡内に大規模な正倉が複数遺跡で確認された中で、これほど障害物もなく近接した例はない。

上神主・茂原官衙遺跡で確認されたコの字型配置建物群は郡衙の政庁とみられてきたが、下野国芳賀郡内においては、郡衙本院の堂法田遺跡ではなく郡衙別院とみられる長者ケ平遺跡においても政庁が確認されている。この点から、必ずしも一郡内に政庁は1ケ所だけと限定する必要はない。みつかっていないが、多功遺跡でも当初から政庁が設けられ、7世紀末から多功遺跡が河内評衙（郡衙）の本院であった可能性がある。

上神主・茂原官衙遺跡において9世紀前葉に倉庫群が機能を失い、終焉を迎えることについて、下野国と陸奥国との関係に関わる対蝦夷政策が反映した結果ではなかろうかと指摘されている（田熊2004）。上神主・茂原官衙遺跡は、郡衙別院というだけでなく、当初から対東北政策を睨んで設置されたと推察できる。9世紀前葉に上神主・茂原官衙遺跡の正倉が廃絶し機能を失い、郡衙機能が多功遺跡に収斂するのは、桓武朝の征夷政策の中止と連動しているのであろう。

（2）下野国芳賀郡衙の様相

河内郡の東側に接する芳賀郡でも、堂法田遺跡（栃木県真岡市）、中村遺跡（真岡市）、長者ケ平

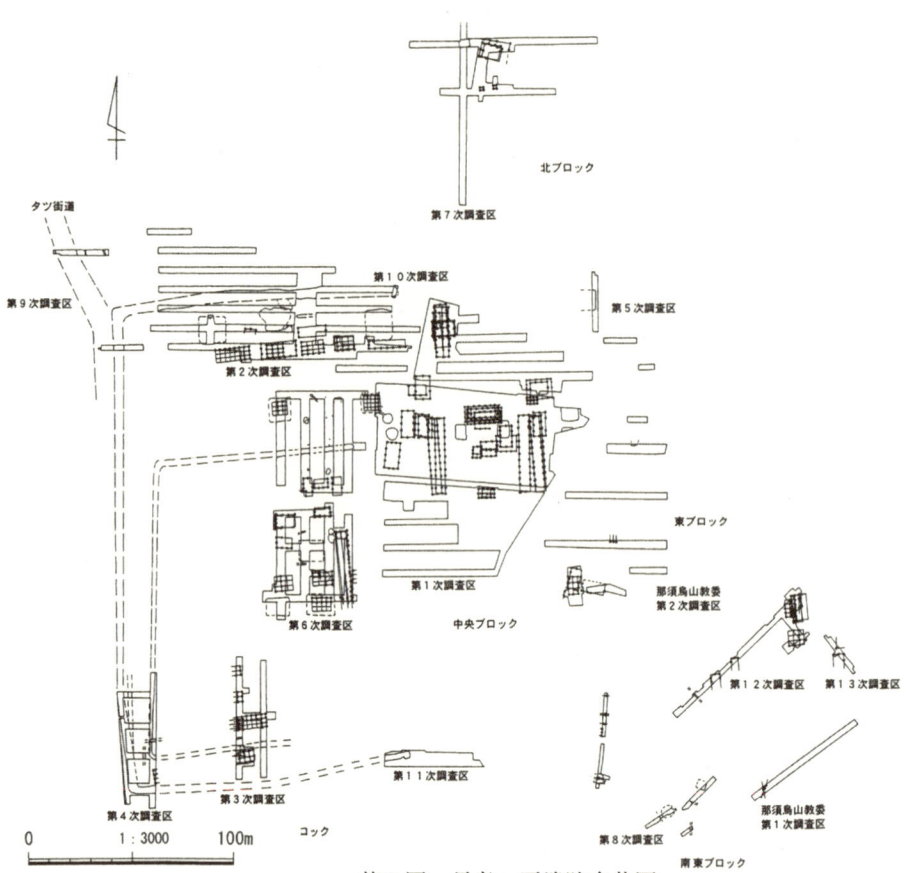

第3図 長者ヶ平遺跡全体図

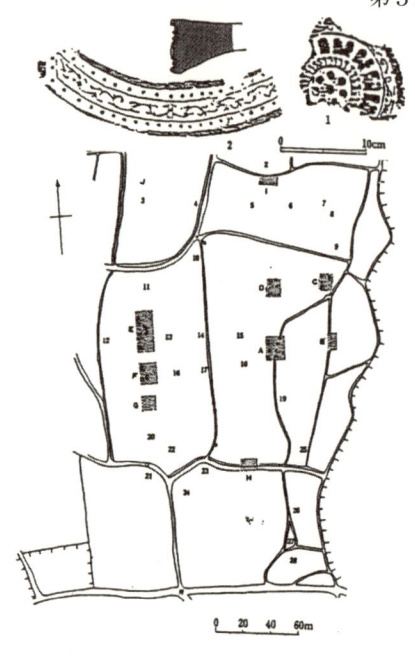

第4図 堂法田遺跡全体図

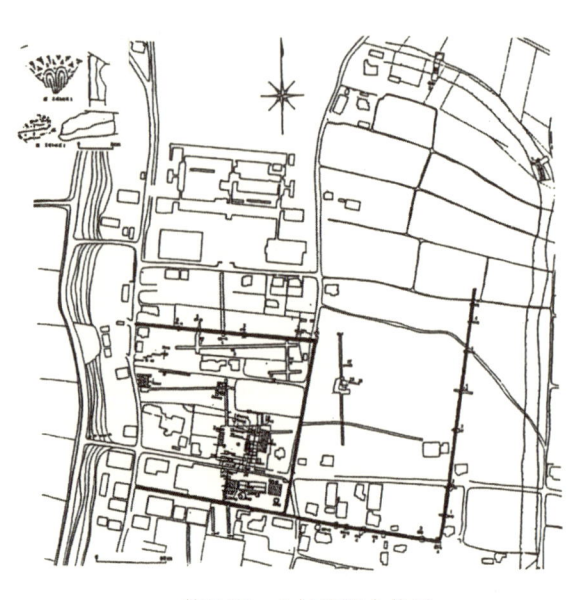

第5図 中村遺跡全体図

遺跡（那須烏山市）の３ケ所で官衙遺跡が確認されている（第１図）。河内郡と異なるのは、広い郡域に分散して官衙が配置されている点である。芳賀郡は『和名類聚抄』によると 14 郷からなる下野国最大の郡であり、藤原京跡から「下毛野芳宜評」と記された木簡が出土し、７世紀後半に建評されている。

堂法田遺跡（芳賀郡衙）

堂法田遺跡は、トレンチ調査によって正倉群とみられる礎石建物跡 38 基が、東西約 180 メートル、南北 300 メートルの範囲で整然と確認され、その中に、南北約 28 メートル、東西約 12 メートルの長大な建物地業がある（第４図、屋代 1984）。８世紀中葉の瓦が正倉域内から出土しており、建物は特定できないが河内郡衙の多功遺跡や上神主・茂原官衙遺跡と同じく瓦倉が建っていた。堂法田遺跡は、近くに７世紀末頃に創建された大内廃寺、西方に古墳時代後期の京泉シトミ原古墳群があり、歴史的に芳賀郡の中心地域であり、郡庁はまだみつかっていないが、この一画にあったとみられる。存続期間は明確ではないが、付近の大内廃寺と同じく７世紀末頃に設置されたと推定される。

中村遺跡（芳賀郡衙正倉別院）

中村遺跡は芳賀郡の南部、堂法田遺跡から南西 10 キロ離れた、鬼怒川東側の段丘端に立地する。範囲はきわめて広く、外郭を大溝で南北 800 メートル（推定）、東西 360〜380 メートルに区画し、その内に南北 220 メートル以上、東西 297 メートルの内郭を設ける。内郭は幅２メートル、深さ１メートルの溝で東西２郭に区画され、東郭に側柱式建物が建ち、西郭内に礎石建物跡６棟、掘立柱建物跡 17 棟以上が確認されている。炭化米も出土し、中村遺跡は芳賀郡南部に別置された正倉院である（第５図、大川 1979）。中村遺跡からも堂法田遺跡と同種の瓦が出土し、８世紀中葉に瓦倉が設けられている。官衙の存続期間は８世紀代から 10 世紀代である。郡内の位置や大内廃寺跡との関係から、堂法田遺跡が芳賀郡衙本院で中村遺跡は芳賀郡南部に別置された正倉別院であろう。

長者ケ平遺跡（芳賀郡衙別院）

芳賀郡では、さらに堂法田遺跡から北に約 22 キロ離れた郡域の最北部で、３ケ所目の官衙施設として、長者ケ平遺跡がみつかっている（栃木県教委 2007）。長者ケ平遺跡は、堂法田遺跡に向かう古代道と東山道が十字に交差した交通の要所にあたる、見晴らしがよい丘陵上に設置されている。周辺には古墳や古墳時代以来の集落がみられず、有力な在地勢力が認められない地域であり、官道の交差する交通の要所に新設された官衙である。

長者ケ平遺跡は政庁と正倉が整然と配置され、その官衙域は広く、南北 220 メートル、東西 310 メートル以上あり、北側の張り出した台地、南北約 150 メートル、東西約 100 メートルを加える（第３図）。正倉は掘立柱建物から礎石建物に建て替えられた後に焼けており、炭化米だけでなく、雑穀（アワもしくはヒエ）も出土し義倉も建っていた。また、炭化米は「籾がついている個体がほとんどないことから、玄米の状態で保存されていたと推測される」と分析されている（パリノ・サーヴェイ 2007）。これは玄米ではなく、糒であろう。長者ケ平遺跡は官衙域が広く、政庁

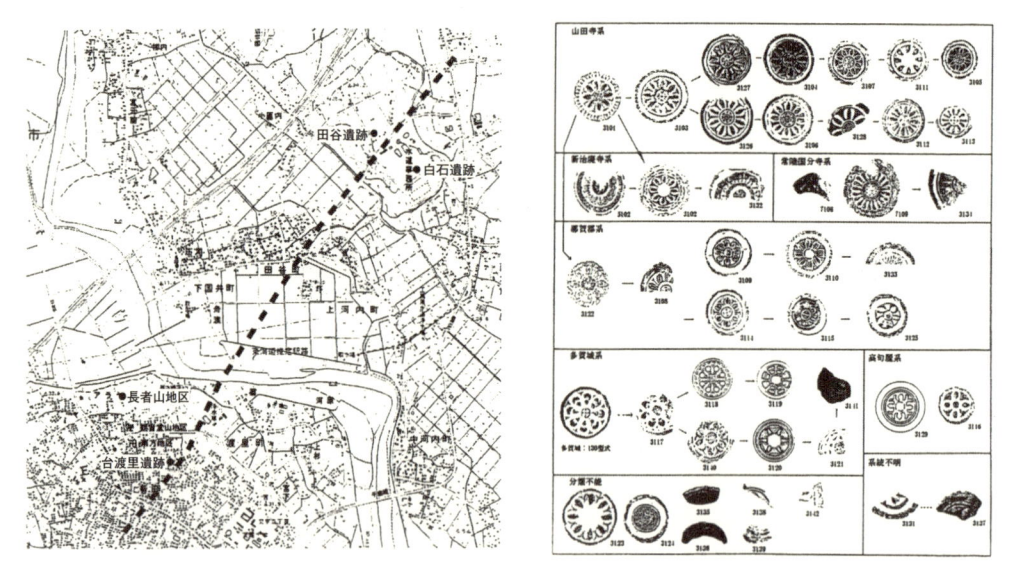

第6図　台渡里遺跡群と周辺官衙遺跡、東海道路線　　第7図　古代那賀における軒丸瓦変遷試案

第8図　台渡里廃寺跡長者山地区の礎石建物跡

と正倉群から構成され、郡衙の典型例である。芳賀郡では中央部で郡衙本院とみられる堂法田遺跡、南部で正倉別院の中村遺跡があり、北部の長者ケ平遺跡は郡衙別院と考えられる。なお、新田駅を駅間距離や地名から長者ケ平遺跡周辺とみる説があり、長者ケ平遺跡の政庁について駅館

とする意見もある。そのまま認めるには、正倉群の規模が駅としては大規模すぎるという難点があり、政庁とした施設を駅館とみるのはできない。ただし、近くに新田駅が置かれた可能性はある。

　小　結

　芳賀郡では堂法田遺跡、中村遺跡、長者ケ平遺跡の３ケ所で官衙施設が配置されていた。広い郡域を分割統治するために３ケ所に官衙施設を設けたのであろう。長者ケ平遺跡は一つには芳賀郡衙別院としての機能があったとみられるが、それだけではなく陸奥国に向かう交通の要所に設置され大規模な正倉を備える点から、河内郡衙の上神主・茂原官衙遺跡と同じく対東北政策を含めた機能についても考慮すべきである。

（３）常陸国那賀郡衙の様相

　下野国河内郡や芳賀郡でみられるように、同郡内に複数の官衙施設が置かれ、多様な機能を持つ遺跡として常陸国那賀郡の台渡里遺跡群や茨城郡の東平遺跡が挙げられる。常陸国北部に位置する那賀郡では、郡内を二分する那珂川の両岸において複数の官衙施設が確認されている。

　台渡里遺跡群（那賀郡衙）

　那珂川左岸の台渡里遺跡群（茨城県水戸市）は、常陸国那賀郡衙と寺院からなる（図６、水戸市2009）。これまで台渡里廃寺跡とされてきた遺跡は、北から長者山地区・観音堂山地区・南方地区の３地区からなり、さらに南東に離れた台渡里遺跡を含めて、ここでは台渡里遺跡群と呼ぶ。このうち長者山地区と台渡里遺跡は、東海道沿い（推定）に近接して設置された官衙遺跡である。

　長者山地区は那賀郡衙正倉院で炭化米が出土し、瓦葺の総柱式建物３棟を含めて10棟の礎石建物が確認されている（第８図、水戸市教委2009）。もっとも大型の建物SB001は桁行21 m、梁行7.2 mの瓦葺きの総柱式建物で、正倉（法倉）とみられる。その他に、SB002も瓦葺きで３×３間の総柱式の礎石建物であるが、規模が桁行、梁行とも8.1 mであり、他の正倉と規模が変わらない。長者山地区の瓦倉は郷里名の文字瓦から、郷里制下（717～740）に建てられている。政庁をはじめとする施設はみつかっていないが、周辺に推定できる。長者山地区の存続期間は明確ではないが、観音堂山地区（寺院）の創建と同じく７世紀末に設置され９世紀代まで機能したとみられる。

　さらに、官衙施設として那賀郡衙正倉の長者山地区とは別に、南東約600メートル離れた台渡里遺跡も官衙遺跡であり、近接して官衙施設（正倉）が二ケ所で設置されている（第６図、水戸市2006）。台渡里遺跡は一部が調査されただけであるが、溝で区画された中に掘立柱建物や礎石建物が確認され、炭化米や官衙施設を示唆する「備所」と記された墨書土器が出土する。８世紀前半は竪穴住居を主体とし、官衙施設は８世紀後半の掘立柱建物３棟からはじまり、後に掘込地業式の礎石建物に建て替えられる。台渡里遺跡では、長者山地区よりも遅れて８世紀後半になって正倉が設けられる点が注目できる。

　田谷遺跡、白石遺跡

　台渡里遺跡群の那珂川対岸においても、官衙施設の田谷遺跡、白石遺跡がみつかっている（第６図）。この地点は那賀郡衙の台渡里遺跡群を経て、那珂川を渡河した東海道ルート沿いにあたる。

田谷遺跡では6棟の礎石建物が確認され、長者山地区と同じ文様の軒先瓦や文字瓦が出土し、那賀郡衙正倉別院となり、瓦は正倉に葺かれた可能性がある。その南方に位置する白石遺跡からは奈良・平安時代の竪穴住居跡16軒の他に、南北36間、東西2間の長大な88メートルに及ぶ掘立柱建物が確認され、同じく官衙施設とみられる。田谷遺跡、白石遺跡については河内駅に関わる施設とみる説がある（黒澤1998）。

大串遺跡（那賀郡衙正倉別院）

常陸国那賀郡では、台渡里遺跡群、田谷遺跡、白石遺跡の他に、郡衙正倉別院とみられる大串遺跡が台渡里遺跡群から10kmほど離れてみつかっている（水戸市2008）。大串遺跡は、東北地方と海上交通を通して重要な役割を果たしたとみられる、『常陸国風土記』に載る平津駅に近い位置に設けられた倉庫群である（第9図～第11図）。礎石建物3棟、大型掘立柱建物1棟などが確認され、炭化米が出土している。

那賀郡では、台渡里遺跡群だけでなく、大串遺跡や那珂川対岸に位置する田谷遺跡や白石遺跡など、郡内に複数の官衙施設を配置している。河内駅や平津駅近くに大規模な倉庫群を設置するあり方は郡内統治のためだけでなく、対東北政策との関わりがあるとみられる。台渡里遺跡群でみられるように、8世紀後半に長者山地区（那賀郡衙正倉）から南東約600メートルも離して、新たに東海道沿いに台渡里遺跡に正倉を設けるあり方も、8世紀後半に緊張が高まる対東北政策を背景にしたと理解できる。

小　結

常陸国那賀郡においても、下野国河内郡と同じように官道に沿って複数の官衙施設が配置されている。特に、那賀郡の特徴は東海道ルート沿いにあたる那珂川の両岸に複数の官衙施設が展開する点である。当初から長者山地区が那賀郡衙正倉院として機能し、南東約600メートルに位置する台渡里遺跡も正倉とみられる。台渡里遺跡については、長者山地区から600メートル離して正倉を8世紀後半に設置した点が重要である。8世紀後半代は、常陸国では鹿ノ子C遺跡で明らかになったように蝦夷政策のために武器生産などを行う官営工房を設けた時期である。台渡里遺跡も郡衙の正倉別院としてみるだけでなく、対東北政策に関わる機能を考慮する必要がある。

（4）常陸国茨城郡、多珂郡の様相

常陸国では那賀郡だけでなく、茨城郡や多珂郡においても郡衙正倉別院がみつかっている。

東平遺跡（茨城郡衙正倉別院）

東平遺跡（笠間市）は、国府所在郡の茨城郡北部にあり、常陸国府から那賀郡衙の台渡里遺跡群に至る東海道ルート沿いに位置する官衙遺跡である（第12図、黒澤他2001）。茨城郡衙はまだみつかっていないが、常陸国府南東方約1.5キロの外城遺跡が有力視され、東平遺跡とは約12キロと離れており、東平遺跡は那賀郡衙本院ではない。こうした点から、茨城郡でも複数の郡衙施設が設けられていたとみられる。

東海道とされる直線道は、東平遺跡北側を流れる涸沼川対岸の五万堀遺跡で確認され、その延

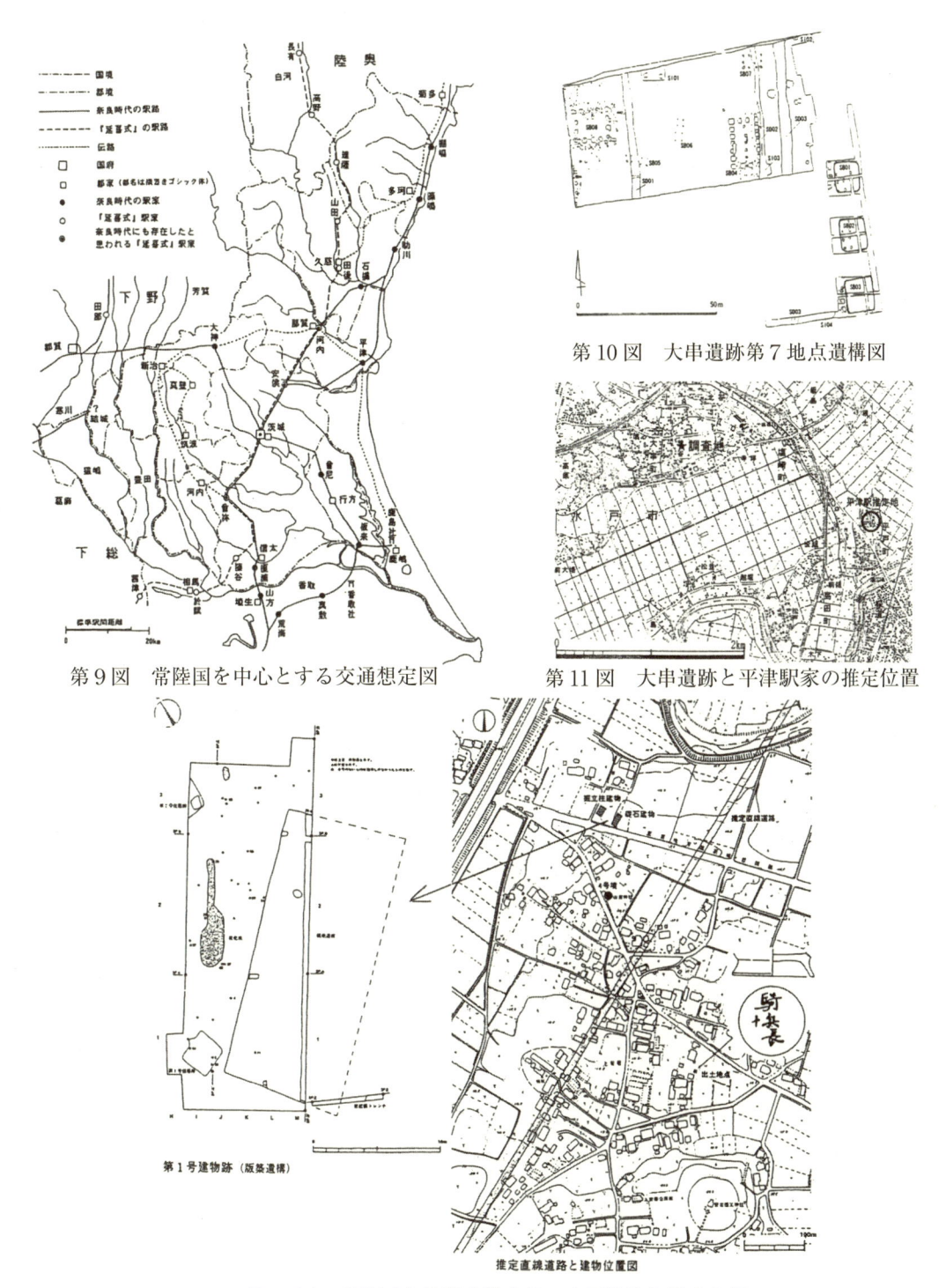

第9図　常陸国を中心とする交通想定図

第10図　大串遺跡第7地点遺構図

第11図　大串遺跡と平津駅家の推定位置

第12図　常陸国安侯駅家推定地・東平遺跡と墨書土器

長線上の東平遺跡付近を通る。この地は安居という地名で古代の安侯郷の遺称地とされ、養老3年（719）に設置された安侯駅が置かれたとされてきた。すぐ北側を流れる涸沼川を通じて太平洋に接続する水陸交通の拠点である。

東平遺跡では、東海道（推定）から100メートルほど西に離れた地点を調査し、掘立柱建物1棟と礎石建物1棟が確認され、建物方位は東海道とほぼ平行する。礎石建物は8世紀後半代で桁行約21メートル、梁行約9.9メートルの長大な建物となり、周辺から炭化米が出土し正倉とみられる（第12図）。東海道を挟み約350メートル離れた地点では、竪穴住居跡から「騎兵長」と記された墨書土器が出土している（海老澤・黒澤2000、平川・新井2000）。この墨書土器から、東平遺跡周辺には軍事的な駐屯施設の可能性が指摘され、8世紀後半に大型の礎石建物（正倉）が建てられた理由として、軍事的な政策との関わりが推定されている。

東平遺跡は水陸交通の要所に位置し、近くに安侯駅が設けられているとみられている。ただし、調査で確認された大型の礎石建物は、山陽道の駅とされる兵庫県小犬丸遺跡（布勢駅）、落地飯坂遺跡（野磨駅）の事例や駅関係の史料にみられない大型の倉庫で、郡衙正倉とみられる。したがって、東平遺跡は郡衙正倉別院と推定されるが、それだけでなく周辺には安侯駅や軍事的な機能を含めた複合的な機能を持った官衙であったと理解できる。史料によれば、常陸国は稲穀や糒を含めた物資を大量に東北に送っており、そうした対東北政策の拠点として東平遺跡は位置付けるべきであろう。東平遺跡は郡衙正倉別院だけでなく、駅や軍団の駐屯施設を含めた複合的な官衙施設として評価できる。

長者山遺跡（多珂郡衙正倉別院）

長者山遺跡は駅路に面した倉庫群を中心にした官衙で炭化米も出土しており、付近に藻島駅があった（日立市2009）。藻島駅は、『常陸国風土記』に「郡南三十里」とあり、多珂郡衙から三十里ほど離れた位置に置かれた。東平遺跡と同じく、駅路に面しすぐ北側に太平洋に注ぐ川もあり、水陸交通の要所に設けられている。

小　　結

常陸国でみられる官衙遺跡の状況は、水陸交通の要所にあたる地点で駅に近い位置に大規模な倉庫を設置する点が特徴であり、8世紀後半に大きな画期が認められる。対東北政策に関わるとみるべきであろう。

2　瓦　倉

東国の正倉のなかに超大型で瓦葺きのクラがある点が確定したのは、1996年に行われた那須官衙遺跡の調査成果による。その那須官衙遺跡例を基に郡衙正倉の瓦葺建物を検討し、東国の郡衙正倉における瓦葺きのクラ（瓦倉）について、下記の点を指摘した（大橋1999）。

1　分布：瓦倉は東国に多く畿内以西にはみられず、下野国・陸奥国・常陸国を中心に偏在する。
2　年代：瓦倉の造営は国分寺創建前後の8世紀前葉から中葉に多い。

3　立地と景観：瓦倉が道路（東山道か）に面し、対外的な視覚効果を目的とする。
4　規模：瓦倉は正倉の中でも特に大型である。
5　性格：瓦倉は超大型である点から、正税帳などの文献史料の「法倉」にあたり、飢饉などの際に稲穀を供出する特別な倉と考えた。

　また、上神主・茂原官衙遺跡を中心に瓦倉が国家の威信を示すものであり、対蝦夷政策を進める上で地方官衙施設の荘厳化の役割が重要であったと評価した（大橋2007）。

　近年、上神主・茂原官衙遺跡、常陸国那賀郡衙の台渡里遺跡長者山築や正倉別院とみられる大串遺跡の調査によって瓦倉の調査・研究が進み、新たな知見が増えている。ここでは、最近の調査を踏まえて現時点における成果と課題をみておく。

（1）分　　布

　瓦倉は東国に多く畿内以西にはみられず、下野国・陸奥国・常陸国を中心に偏在する点については、近年の下野国河内郡衙・上神主・茂原官衙遺跡、常陸国那賀郡衙の台渡里遺跡長者山地区や大串遺跡の調査によって確認されている。他に東日本では、東山道の信濃国伊那郡衙正倉の飯田市恒川遺跡から瓦が出土する。

信濃国伊那郡衙正倉・飯田市恒川遺跡

　瓦は正倉院を区画する大溝から炭化米と同じ層位で出土しており、正倉の中に瓦葺きの建物があった（飯田市2007）。報告では、瓦は「溝址底部付近より比較的まとまって出土しており、一括して廃棄されたと思われる。ほぼ同じ層位より炭化米も出土しており、正倉の火災に伴う廃棄の可能性も考えられる」とする。溝の内側に正倉群が存在しているが、瓦葺きの建物は特定されていない。瓦は重圏文軒丸瓦、重郭文軒平瓦、丸瓦、平瓦が出土する（第13図）。倉澤氏は軒丸瓦の文様から8世紀後半で法倉に葺かれたと推定する（倉澤2008）。恒川遺跡例で注目できるのは、籾殻が付着しない糯とされる炭化米も出土している点で、対東北政策における軍糧との関わりを推定できる。

　恒川遺跡出土瓦は、出土状況から正倉に葺かれていた可能性が高い。ただし、正倉院区画溝（SD15）から一括して出土し、完形の瓦も含まれる一方で量は少ない。SD15一括資料は、軒丸瓦2点（2点ともほぼ完形）、軒平瓦5点、平瓦20点（隅数15、幅1／2以上が4点、ほぼ完形2点）、丸瓦12点（隅数9、幅1／2以上が2点、ほぼ完形2点）、不明瓦10点（小破片）となっている。

　恒川遺跡について、瓦の総量が少ないなかで、軒先瓦の量が多い点から甍棟の可能性も考えた。しかし、熨斗瓦がなく平瓦と丸瓦の量比は2：1で甍棟にしては平瓦の比率が低いことから、甍棟とするのも難しい。総瓦葺きの建物の軒先部分だけが一括で溝に入った可能性があり、屋根景観は資料増加を待って結論をだすべきであろう。

　例外的に西日本では唯一、福岡県下高橋官衙遺跡（筑後国御原郡衙）の正倉院地区から少量の平瓦・丸瓦が出土し、正倉建物に瓦を葺いたと推定されている（赤川2000）。軒先瓦は出土していないが、正倉地区から平瓦・丸瓦合わせて200点ほどが出土している。隅数から算出した個体数は、

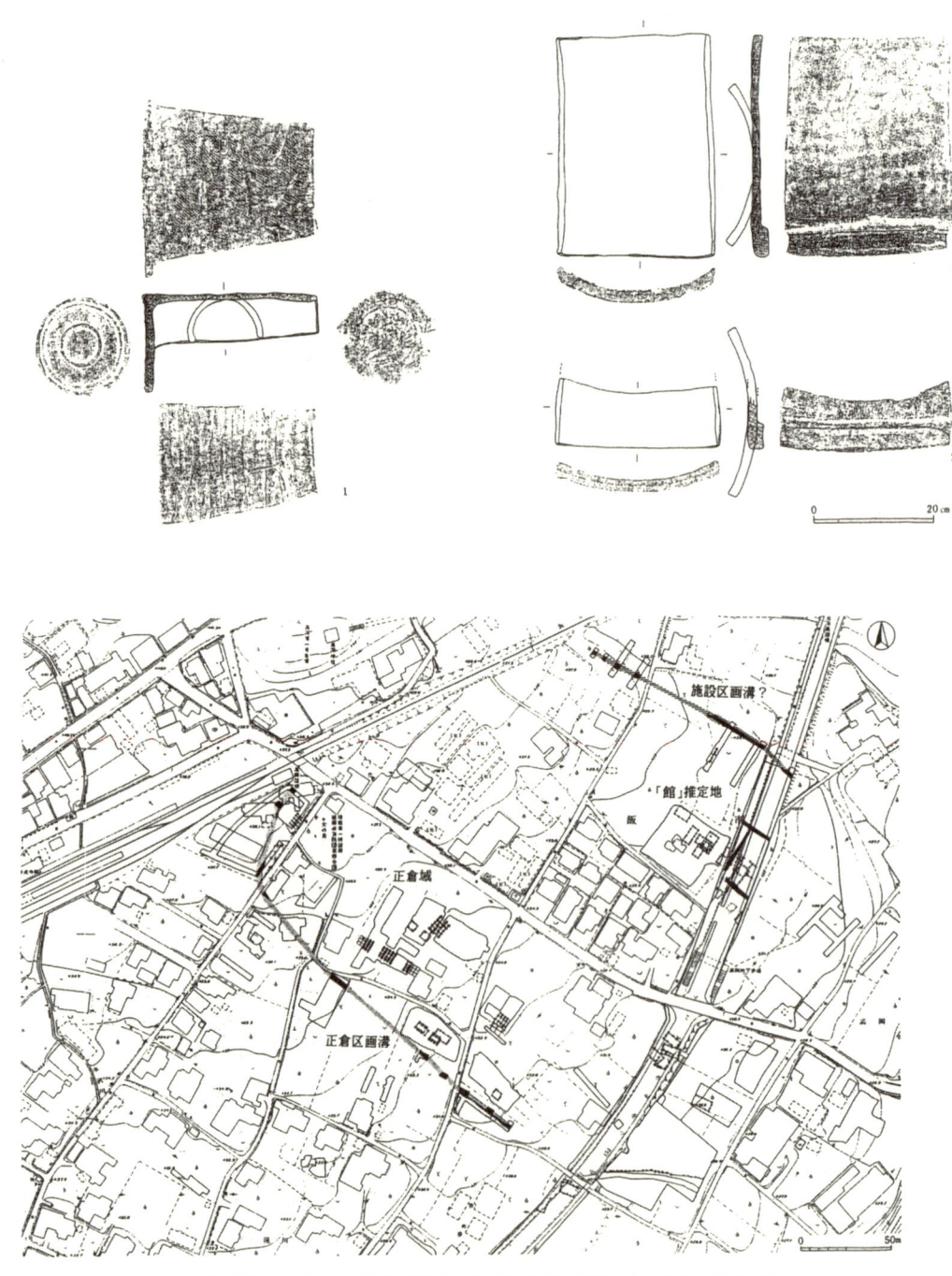

第13図　飯田市恒川遺跡（信濃国伊那郡衙）全体図と出土瓦

平瓦9（破片数126、隅数38）、丸瓦3（破片数70、隅数11）、のし瓦2（破片数2、隅数4）となっている。葺足がわかる平瓦もあり、平瓦と丸瓦の量比（3：1）から軒先瓦を用いない総瓦葺きだったと判断できる。平瓦・丸瓦を用いた総瓦葺きの正倉だった可能性が高く、年代は8世紀前葉から中葉である。下高橋官衙遺跡における瓦葺建物については、上野地区の正倉群西側列中に方形に区画

された一画があり、ここに礎石建物が想定されている。建物規模は不明だが、溝で区画された範囲（16 m×15 m）から大型の礎石建物が想定でき、周辺から瓦が出土しており、この礎石建物（推定）が瓦葺建物の候補の一つとなる。こうした点から、下高橋官衙遺跡のなかでもっとも大型の倉（法倉か）が瓦葺きとなり、威容を誇っていたことが想定できる。西日本では瓦葺きの正倉として異例なあり方を示す。

一方で、上野国交替実録帳に記載された佐位郡衙正倉院の三軒屋遺跡が調査され、瓦葺きの倉がなく、史料に記載された超大型の法倉も非瓦葺きである事実が明らかにされた（伊勢崎市2007・2010）。上野国では新田郡衙正倉院の天良七堂遺跡でも瓦葺きの倉がないことが明らかになっている（太田市2008、小宮2000）。

また、筆者は下総国相馬郡衙の日秀西遺跡から出土した瓦についても、正倉院北側から瓦が出土し正倉に葺いたとみていたが、7世紀末から8世紀第1四半期のもので未明の寺院が所在した可能性が指摘されている（辻2005）。日秀西遺跡出土瓦について、クラに葺かれた可能性も残るが、明確ではない。

瓦倉は、坂東諸国で広く造営されたのではなく、陸奥国とそれに接する下野国、常陸国を中心に造営された。

（2）年　　代

東国において瓦倉の造営が国分寺創建前後の8世紀前葉から中葉に多い。ただし、7世紀末から8世紀初頭頃に遡る例も陸奥国伊具郡衙正倉・角田郡山遺跡、白河郡衙・関和久遺跡で認められる（志賀2003）。ここでは瓦倉の初期例を検討する。

1）瓦倉を持つ遺跡の検討

角田郡山遺跡（陸奥国伊具郡衙正倉）

角田郡山遺跡は阿武隈川東岸の自然堤防上に立地し、水上交通との関わりが深い。大溝で区画された中に、礎石建物跡7棟、掘立柱建物跡8棟が確認され、掘立柱建物から礎石建物に建て替えられる（図14、角田市1980・2000・2006）。瓦が出土し、7世紀末から8世紀初頭に創建された瓦葺きのクラが想定できるが、建物は特定されていない。正倉群の中で注目できるのは、正倉院のほぼ中央で確認されたSB12aである。7×3間の掘立柱式総柱建物で総面積約120㎡の超大型高床倉庫である。SB12aが瓦から7世紀末から8世紀初頭に位置づけることができれば、郡衙正倉のなかでこの時期における初期の大型高床倉庫になる。SB12aは次期には側柱式建物（7×3間）、その後、3×3間の総柱式建物に建て替えられる。同一地点において、超大型倉庫は掘立柱建物から礎石建物に建て替えられるあり方が一般的であるが、角田郡山遺跡では一時期だけ超大型の高床倉庫でその後は側柱式建物、次いで普通の規模の高床倉庫に建て替えられる。なお、正倉院の立地が阿武隈川東岸にあり、景観としては陸上交通だけでなく水上交通を意識している点は、常陸国那賀郡の台渡里遺跡や大串遺跡と共通する。

角田郡山遺跡からは全体量は少ないが、軒丸瓦2種（複弁6葉蓮華文と素弁7もしくは8葉蓮華文）、

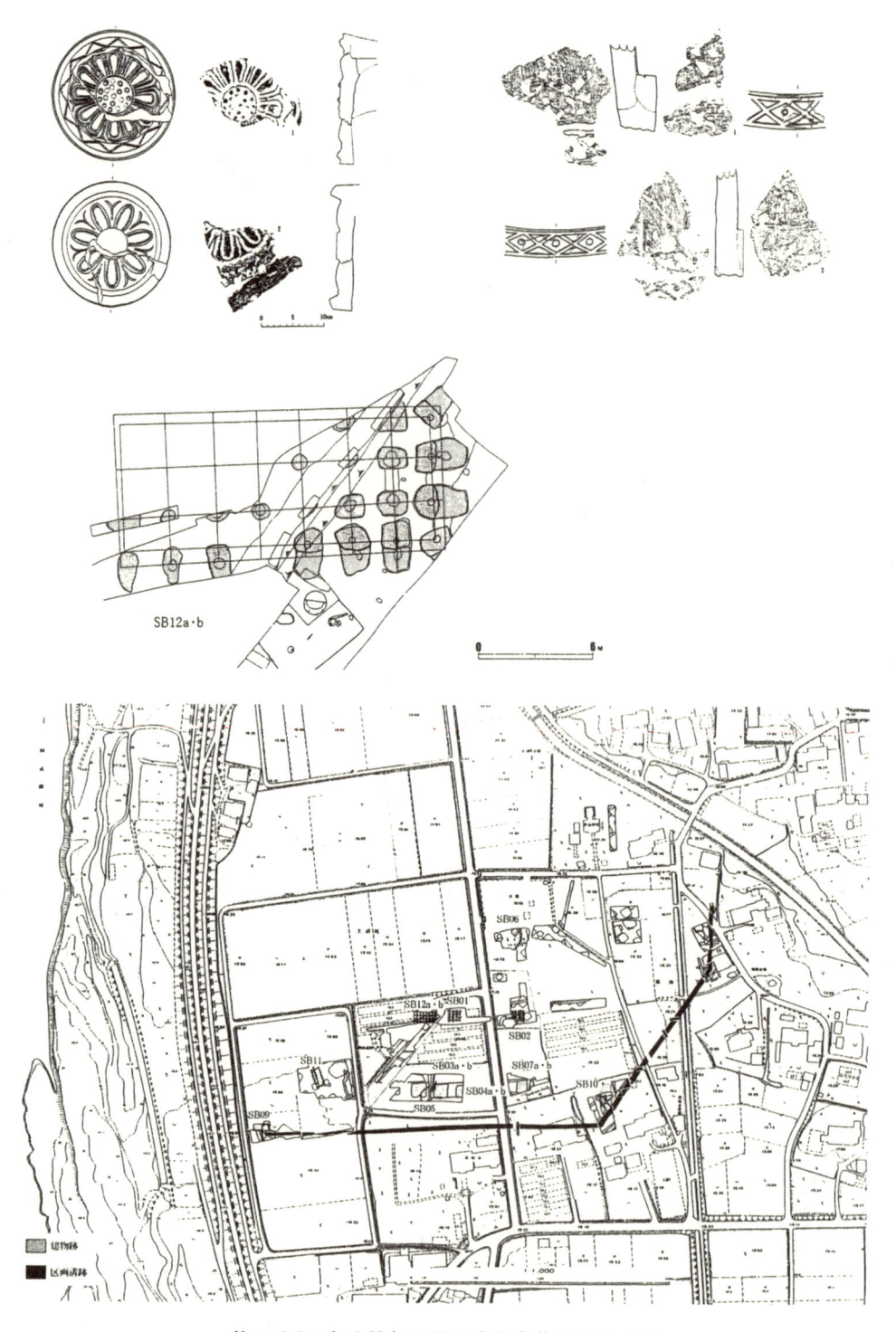

第14図　宮城県角田郡山遺跡全体図と出土瓦

軒平瓦1種（菱形文）、平瓦、丸瓦が合計629点出土している。数量は、軒丸瓦7（複弁4、素弁3）、軒平瓦3、平瓦450（隅数43で個体数10.8）、丸瓦179（隅数21で個体数5.25）で、平瓦と丸瓦の数量比がほぼ2：1で、軒先瓦数も少ない点から総瓦葺きであろう。

関和久遺跡（陸奥国白河郡衙）

関和久遺跡明地地区が正倉院で、東西約260m、南北約170mを大溝で区画し、その中に総柱建物群が整然と配置されている。穀倉とみられる総柱建物は礎石建物11棟、掘立柱建物として3棟が確認されている（第15図、福島県教委1985）。大溝と礎石建物10棟は方位・棟間距離などから、同時同一の計画によって造営されたとみられている。このなかに超大型の総柱建物は確認されていないが、正倉院全体が調査されていないので未調査区に超大型のクラがあった可能性は残る。7世紀末頃の複弁八葉蓮華文軒丸瓦が出土しており、建物は不明だが瓦倉があったとみられる。

関和久遺跡出土瓦については、瓦倉の棟数や屋根景観が問題になってきた。報告書で関和久遺跡の礎石建物10棟が瓦葺とされたが、この点については上原氏が「2000片にも満たない瓦片から10棟の総瓦葺建物を想定するのは英断と言うより暴挙に近いと思うが、隅切瓦を根拠に総瓦葺建物の存在を主張することに対する反論は困難である」とし、少数の総瓦葺建物が存在した可能性が示された（上原1988）。報告された隅切瓦については、今泉氏は関和久遺跡の隅切瓦は平瓦の全幅を残さない資料であり、総瓦葺建物の存在を示す十分条件を満たす資料ではないとし、熨斗棟・甍棟の建物を想定した（今泉1990）。こうした指摘を踏まえて、山中氏は正倉地区の建物は、瓦出土量が少ない点から甍棟もしくは熨斗棟も多いのではないかと推定した（山中1994）。一方、福島県では報告書に基づいて総瓦葺きの高床倉庫として復元している。

関和久遺跡の瓦倉については、棟数や総瓦葺きとみるか甍棟とみるかで問題があった。そこで、正倉の明地地区から出土した総点数で約2100点の瓦を藤木海氏と分析した。その結果、報告書で指摘されていたように隅切平瓦6点を再確認した（第15図）。数量は、軒丸瓦19、軒平瓦30、平瓦1482（隅数92で個体数23）、丸瓦650（隅数60で個体数15）であった。平瓦・丸瓦、軒先瓦の量比からみても、甍棟・熨斗棟ではなく総瓦葺きの瓦倉であると判断できる。関和久遺跡では下野国や常陸国郡衙正倉で明らかになっているように、正倉群中に瓦倉は1棟ないしは2棟程度で、総瓦葺きであった可能性が高い。

2）瓦倉の採用時期

角田郡山遺跡や関和久遺跡では、7世紀末から8世紀初頭頃には瓦葺きの正倉が造営されていた。「法倉」であったのかは不明だが、この時期にすでに天平期の正税帳にみられる法倉のような特別なクラがあったことを示す。

東国では官衙の瓦葺建物は、まず国府（下野国府、常陸国府）で7世紀末から8世紀初頭に採用された国もあった（大橋2010）。陸奥国での郡衙正倉の瓦葺き採用時期に遅れるわけではない。ただし下野国や常陸国の郡衙正倉で瓦倉が造営されるのは、8世紀前葉から中葉（第2四半期から中葉）で、角田郡山遺跡や関和久遺跡例より新しい。問題になるのは、上野国新田郡の入谷遺跡や日秀西遺跡（下総国相馬郡衙）、那須官衙遺跡である。日秀西遺跡については、前述したように

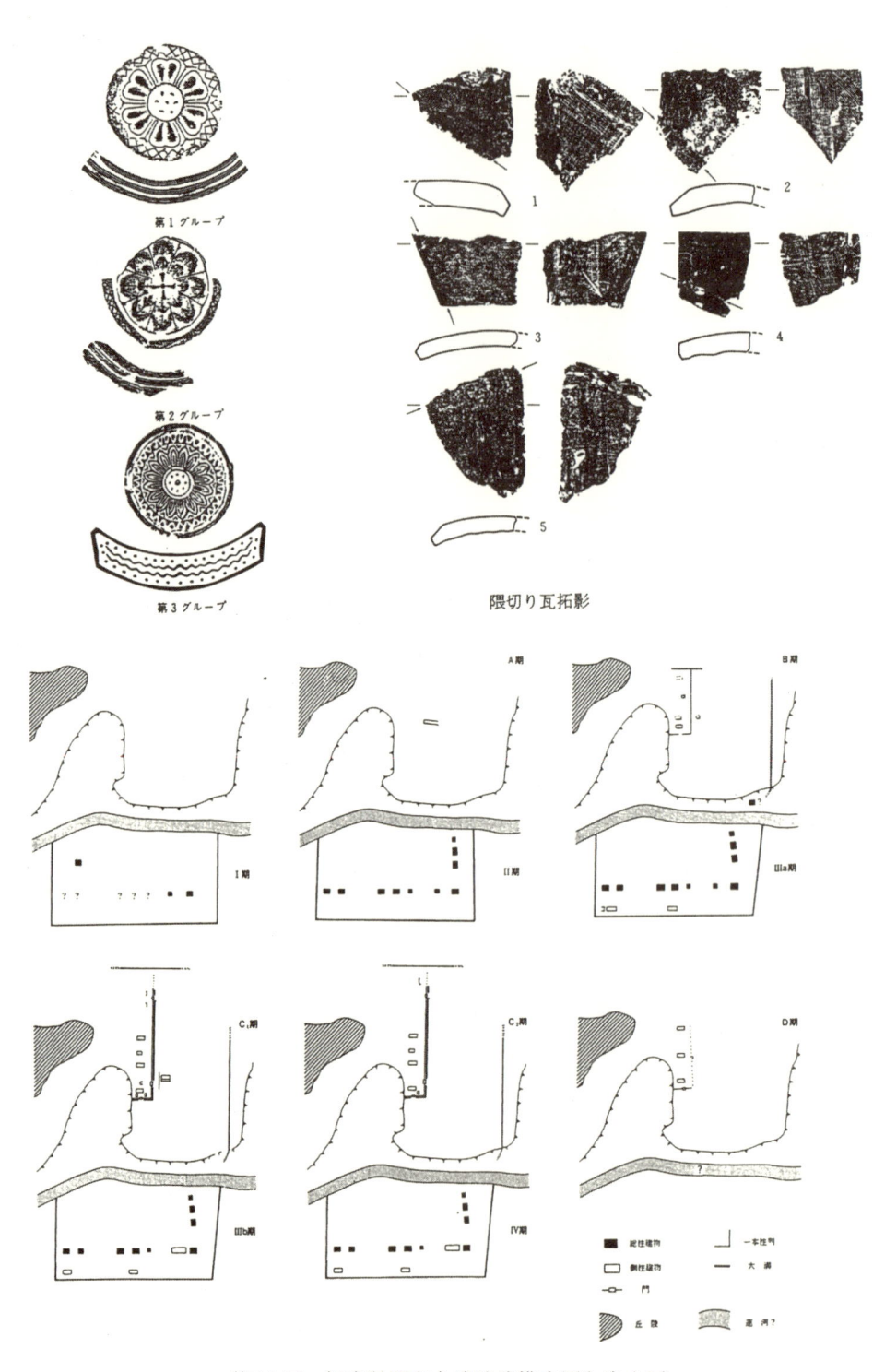

第15図　福島県関和久遺跡遺構変遷と出土瓦

未明の寺院が所在した可能性もあり、官衙所用瓦とは断定できない。また、8世紀第2四半期後半の瓦倉の代表例の一つとしてきた、那須官衙遺跡についても問題は残っている。

入谷遺跡

入谷遺跡（群馬県太田市）は上野国新田郡に所在する。約180m四方を溝で囲み、その中に瓦葺建物2棟が建つ（第16図・第17図、須田1990）。区画溝南辺にほぼ沿って道路（東山道か）が走り、東山道新田駅もしくは新田郡衙に関わる施設と考えられている。2棟とも5間×3間の総柱式の瓦葺建物で、7世紀末に造営され8世紀中頃に焼失している。前に東国の郡衙正倉を分析した際には、瓦葺きの倉の可能性が高いとした（大橋1999）。その後、新田郡では入谷遺跡東方において、天良七堂遺跡で政庁や正倉群の実態が明らかになった（太田市教委2008）。入谷遺跡の瓦葺建物がクラであるのか、再考が必要となっている。

近年の新田郡衙（天良七堂遺跡）の調査成果を含めて考えると、郡衙に関わる正倉とは推断出来ず、他の官衙施設の可能性もあり、遺跡の性格については新田郡内における官衙施設の動向のなかで検討が必要となっている。

那須官衙遺跡（下野国那須郡衙）

下野国内においては、ほぼ国分寺創建直前から創建期に諸郡で瓦倉が造営されたとしてきた。ただし、最初に瓦倉と判断した那須官衙遺跡TG161の創建年代については問題が残る。

正倉院に道路（東山道か）に面して、超大型の丹塗り瓦倉TG−161が建つ（第18図～第20図、栃木県教委2001）。ここから出土した軒先瓦は2種あり、一つは下野薬師寺に系譜を引く瓦（下野薬師寺系瓦）と下野国分寺創建期の同笵瓦（下野国分寺式瓦）で、当初は8世紀中葉でほぼ同時期に位置づけた（第21図、大橋1994）。その後、型式や量の違いから、下野薬師寺系が創建瓦で下野国分寺式瓦は8世紀中葉の補修瓦とみている。このように那須官衙遺跡の瓦倉は軒先瓦からみると、8世紀第2四半期後半に位置づけることができる。

しかし平瓦・丸瓦の中にはこうした軒先瓦と組まない一群の瓦（浄法寺系瓦）が一定量含まれており、問題が残っていた。この中に、那須官衙遺跡の瓦倉付近から出土したヘラ書きの文字瓦「山田五十戸」がある（第21図、大川・井1976）。当初はこの文字瓦は「山田布部」とされたが、後に田熊氏によって「山田五十阝」（田熊1989）と釈読され、倭名抄の那須郡山田郷に通じるとした。最近では竹内氏が「山田五十戸」と釈読する（竹内2009）。

筆者はこのヘラ書きの文字瓦と同種の平瓦とそれと組む丸瓦について、8世紀中葉まで下げていいのか考えあぐねてきた。1994年に那須官衙遺跡の瓦倉TG161出土瓦を報告した際には、「浄法寺系瓦の年代は不明である。「山田五十阝」の用字用例から、8世紀初頭をあまり下らないと考えることができるならば、下野薬師寺系、下野国分寺式よりも古いものとすることができる」（大橋1994、33頁）とした。浄法寺系瓦は文字瓦「山田五十戸」の用字用例から古い可能性もあったが、平瓦の量（個体数比）からみて、下野薬師寺系92%、浄法寺系7%、下野国分寺式1%と少なく、もっとも多い下野薬師寺系瓦と同時期の可能性もあるとみていた（第1表）。

五十戸の文字瓦について、山路氏は「瓦や須恵器などの窯業製品への記銘は在地での慣用的

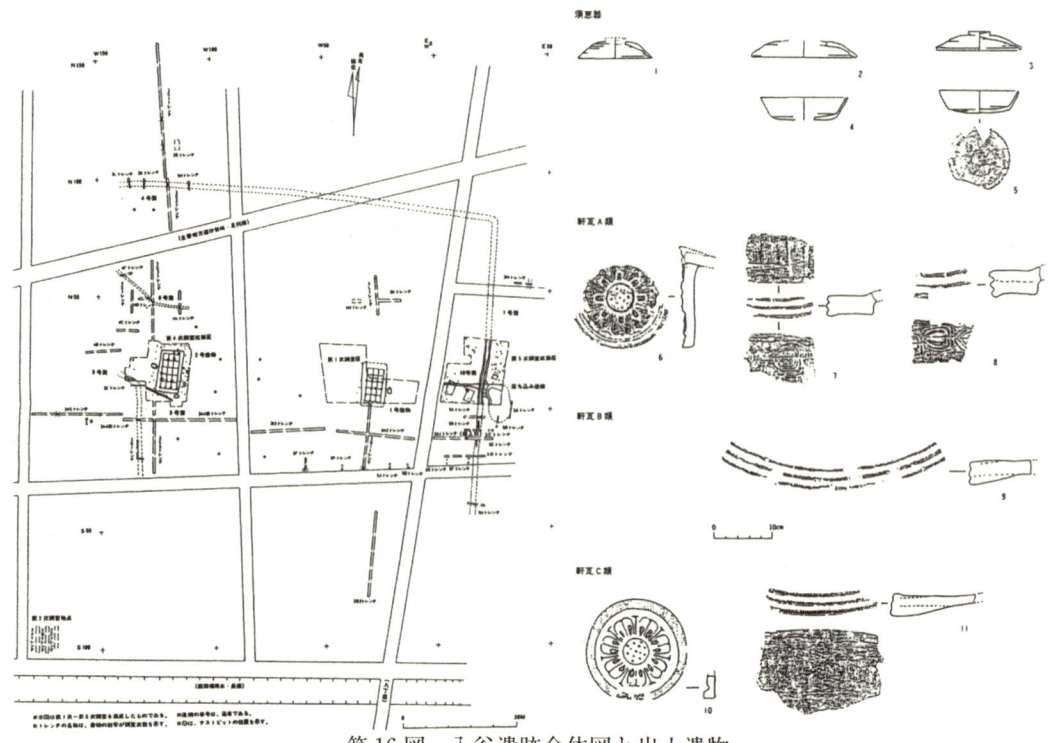

第16図　入谷遺跡全体図と出土遺物

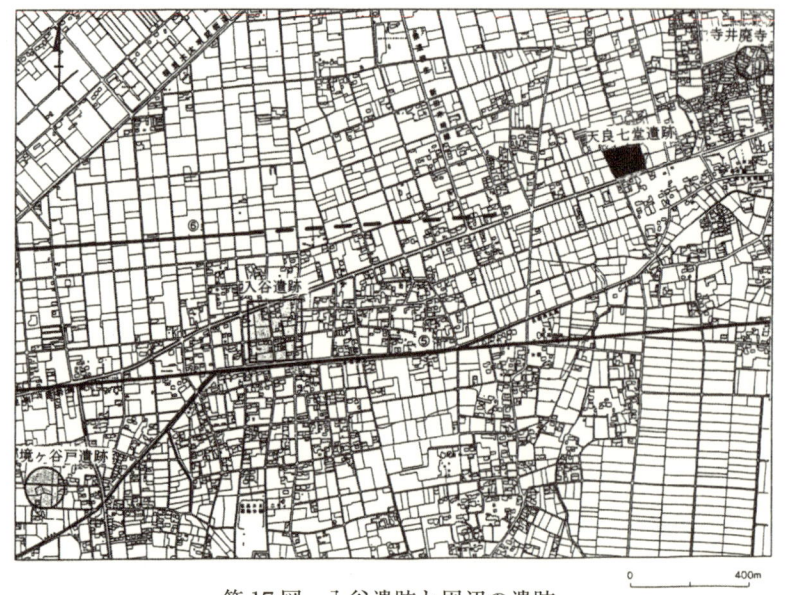

第17図　入谷遺跡と周辺の遺跡

な表記が残り8世紀前葉、一歩踏み込んで710年代を下限に変化する」と指摘する（山路2009）。浄法寺系瓦の年代を考える上で参考になる意見である。

　まだ、考古学的に那須官衙遺跡出土の「山田五十戸」文字瓦を含めた瓦類について、十分な結論を導き出せていないが、那須官衙遺跡における現状の瓦の位置づけを示しておく。

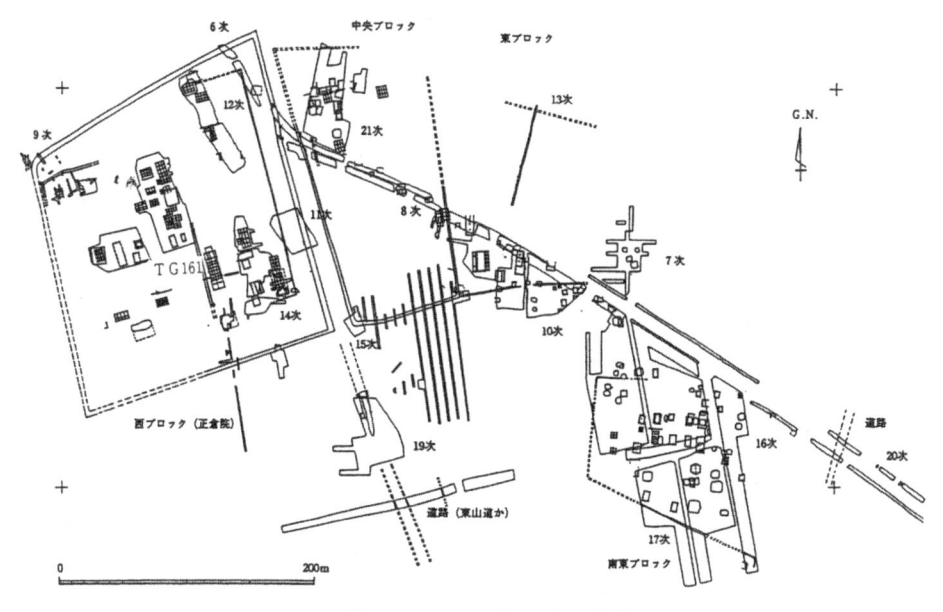

第18図 那須官衙遺跡全体図

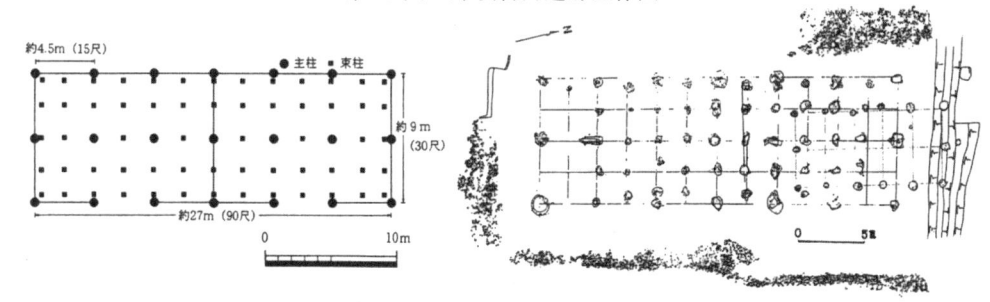

第19図 TG161模式図（なす風土記の丘資料館1993）と平面図（小川町教委）

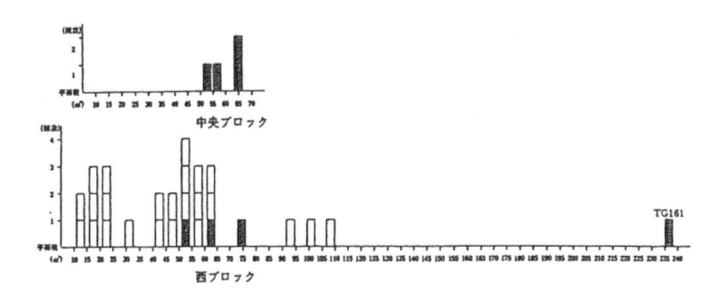

第20図 総柱建物の規模（斜線は礎石建物）

　那須官衙遺跡から出土する瓦は、軒先瓦として軒丸瓦2種・軒平瓦2種あり、文様・製作技法を下野薬師寺（軒丸瓦103、軒平瓦203A）に引く軒丸瓦1類、軒平瓦1類と、下野国分寺創建期の軒先瓦と同笵の軒丸瓦2類、軒平瓦2類である。一方、下野薬師寺系の平瓦は桶巻作り（凸面に格子叩き）で丸瓦は行基式に対し、下野国分寺式の平瓦は一枚作り（凸面に縄叩き）、丸瓦は玉縁式である。出土比率は、下野薬師寺系瓦が圧倒的に多くこれが創建瓦で国分寺創建に先行し、少

坂東における瓦葺きの意味（大橋）　115

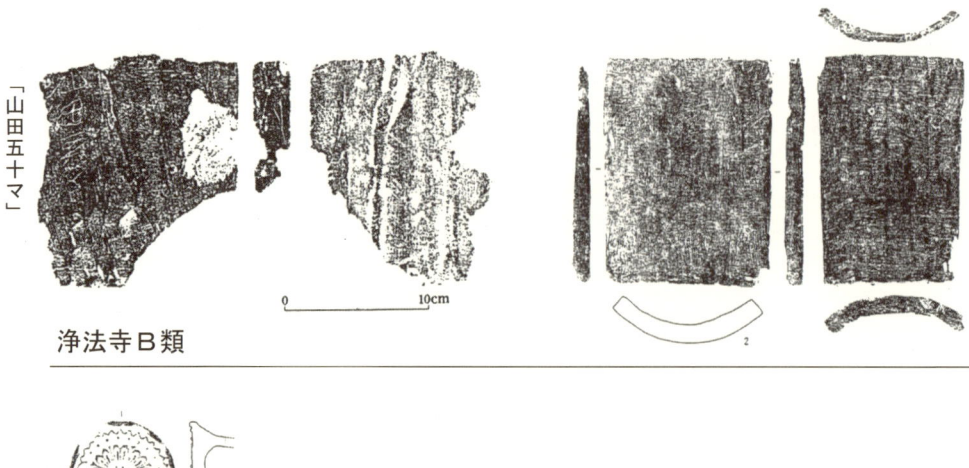

「山田五十マ」

浄法寺B類

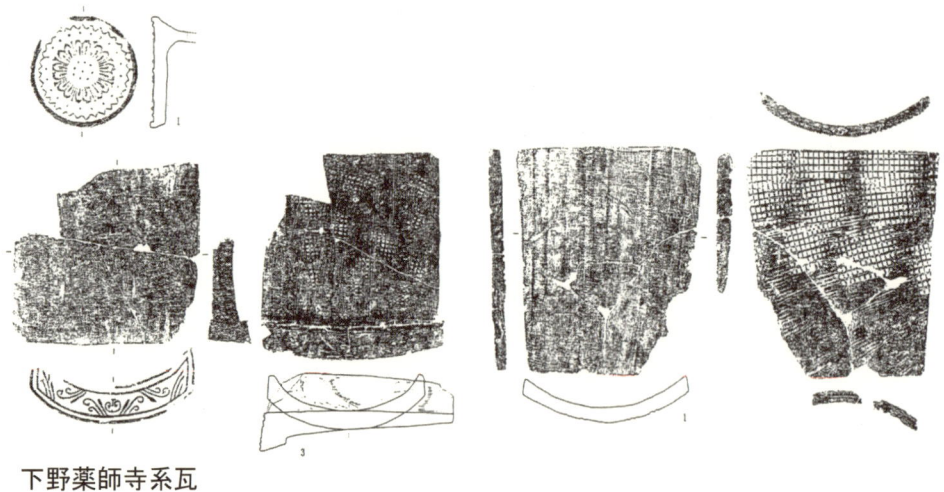

下野薬師寺系瓦

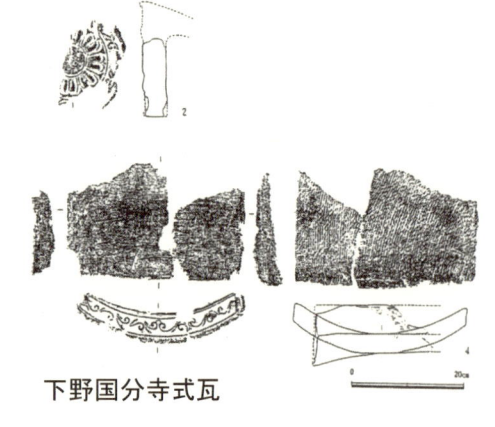

下野国分寺式瓦

第21図　那須官衙遺跡の瓦倉TG161出土瓦

第1表　TG161出土の平瓦

女瓦の種類	量	枚数（完形品一枚の重さ）	比率	備考
格子叩き	1824.7 kg	405 枚 (4.5 kg)	92%	下野薬師寺系
両面ケズリ（厚手）	178.0 kg	30 枚 (5.9 kg)	7%	浄法寺系
縄叩き	15.9 kg	3 枚 (5.0 kg)	1%	下野国分寺系

量出土する下野国分寺の同笵瓦は補修瓦であろう（大橋2001）。

　この他、下野薬師寺系・下野国分寺式と異なる平瓦・丸瓦の浄法寺B類が出土している（図21）。下野薬師寺系・下野国分寺式の平瓦が厚さ1.8～2.0cmに対して、その平瓦は厚手（厚さ3cm）で、

焼きが甘く、両面を丁寧に縦にヘラケズリし、広端部と狭端部の幅の差が少ないという特徴を持つ。桶巻作りの可能性が高いが、凹面を丁寧にヘラケズリしているために、桶巻作りか一枚作りかは明確ではない。「山田五十戸」と記銘された文字瓦は、この特徴を持つ平瓦である。丸瓦も、厚手でやや焼きが甘い。同種の平瓦・丸瓦は近くの浄法寺廃寺からも出土する。

浄法寺廃寺の瓦

浄法寺廃寺は那須官衙遺跡の北方300mに位置する寺で、出土瓦は那須官衙遺跡の瓦倉と関わりが深い。創建瓦は8葉素弁軒丸瓦と重弧文軒平瓦で、真保氏によれば軒丸瓦の製作技法から天智朝末から天武朝（壬申の乱以降）の7世紀後半の瓦（おおよそ7世紀第4四半期後半か）とみられている（真保1995、1997）。この創建期の軒先瓦と組む平瓦、丸瓦はともに桶巻作りで平瓦に格子叩きを加えるものであり、同種の瓦は那須官衙遺跡からは出土していない（大橋2001、134頁）。創建瓦を除くと、那須官衙遺跡出土瓦と同じ種類の瓦が出土し、前述した下野薬師寺系瓦、下野国分寺式瓦の他に、厚手の平瓦（「山田五十戸」記銘の文字瓦）・丸瓦も出土する。こうした厚手の平瓦・丸瓦と組む軒先瓦は浄法寺、那須官衙遺跡とも明確ではない。

浄法寺廃寺では堂塔が確認されておらず、堂塔の変遷の中で瓦群を位置づけることができない。そこで那須官衙遺跡および浄法寺遺跡出土瓦について、瓦の型式的な特徴と那須官衙遺跡TG161出土状況、山路氏の「五十戸」文字瓦の研究成果からおおよそ下記のように位置づけておく。

浄法寺出土瓦について、創建瓦を浄法寺A類（8葉素弁軒丸瓦と重弧文軒平瓦、これと組む平瓦・丸瓦）、厚手で那須官衙遺跡からも出土する一群を浄法寺B類（「山田五十戸」文字瓦も含まれる）とする。

「浄法寺廃寺・那須官衙遺跡出土の瓦」
- ・7世紀第4半期後半　　　浄法寺A類　　　→浄法寺創建
- ・7世紀末頃から710年代　浄法寺B類　　　→浄法寺・那須官衙
- ・8世紀第2四半期後半　　下野薬師寺系瓦　→浄法寺・那須官衙（TG161創建）
- ・8世紀中葉　　　　　　　下野国分寺式瓦　→浄法寺・那須官衙（TG161補修）

瓦の位置付けで問題になるのは、これまで那須官衙遺跡の瓦倉TG161の創建年代を下野薬師寺系瓦や下野国分寺式瓦から8世紀第2四半期後半とした点である。浄法寺B類の年代からみると大きな問題である。

瓦倉TG161は、桁行6間（総長90尺）、梁間2間（総長30尺）の大型礎石建物であり、下野薬師寺系瓦が主体を占める点から8世紀中葉（第2四半期後半頃）としてきた。この建物については、桁行6間（総長90尺）、梁間2間（総長30尺）の総柱建物と復元する案が有力となっている（第19図、栃木県教委1993）。

しかし、報告時点では時期を異にする2棟（TG161・TG162）と考えられていた（大川1976、11・12頁）。報告によれば、TG162建物はTG161に先行し、桁行6間（13.22）×梁行4間（7.7）、TG161であり、

その後、規模を大きくして建て替えられた建物とされた。その根拠は栗石に入った瓦であった。
「この両建物の新旧関係はTG162建物の礎石を置いた痕の栗石にはまったく瓦片が混在せず、かたやTG161建物の礎石痕にはTG162建物に葺かれた瓦と考えられる瓦片が栗石に混在していた。このことからTG162建物はTG161建物に先行したものと考えられる。」(大川1976-11頁)
これまで那須官衙遺跡の瓦倉について、TG161一時期とみてきたが、栗石の問題は残る。栗石に混在していた瓦が浄法寺系瓦であったかどうかは不明なために、前述したように、浄法寺系瓦(B類)について桶巻作りの点や「山田五十戸」(「山田阝」)文字瓦から古くなる可能性もあるとしたが、具体的な時期は不明と理解してきた。ただし、根石に瓦がつき込まれ先行した建物があったことが明らかになれば、TG161に先行する瓦葺建物があった点が遺構の上からも推定できることになる。

瓦と遺構との関係は不明であるが、浄法寺B類の瓦(「山田五十戸」文字瓦)が710年代までを下限とすることができるのであれば、瓦倉TG161に先行して那須官衙遺跡において瓦葺建物(瓦倉)があった可能性が高いことになる。不明な点が多いが、これまで下野国、常陸国において瓦倉は8世紀前葉から中葉から採用されるとした点について、那須官衙遺跡例ではそれを遡る可能性があることを指摘しておきたい。

小　結

現時点では下野国、常陸国の郡衙正倉では7世紀末から8世紀初頭に遡る瓦葺きのクラは確認されていない。郡衙正倉の瓦倉は陸奥国が先行したのであろうか。この点で、多賀城所用瓦生産で用いられた文字瓦の生産システムが坂東に伝播したみられる山路氏の指摘が注目できる(山路2005)。山路氏は、那賀郡衙正倉である台渡里遺跡長者山地区の瓦について、これまでは文字から年代を郷里制下とした点(高井1964、森1973、川口2006・2007)を多賀城政庁Ⅰ期の生産システムとの関わりから年代を絞り込む(山路2009)。これまで筆者も台渡里遺跡長者山地区から出土する軒丸瓦については、多賀城との関わりが深いとする黒澤氏の年代案(黒澤2000)を参考に、郷里制下(717～740)の後半段階とみてきた。瓦倉の採用時期については、入谷遺跡の評価や那須官衙遺跡例を含めて、さらに検討していく必要がある。

一方で、郡衙正倉だけで瓦葺建物の採用を考えるだけでなく、広く地方官衙施設のなかで検討すべき課題でもある。そうした点で、国府との関係が重要になる。郡衙正倉で瓦倉が造営されている下野国、常陸国、陸奥国では、国分寺創建に先行して国府に瓦葺建物が採用されている。国府建物の高質化に連動して、郡衙正倉の丹塗り瓦倉も造営されている点もみておく必要がある。

(3) 立地と景観

瓦倉の多くは正倉院の中でも特に中心に設置され、道路からの景観に配慮して設置されている。那須官衙遺跡や上神主・茂原官衙遺跡で道路(東山道)に面したあり方をみれば理解できよう。地方官衙には国家の威信を示す役割もあった。丹塗り瓦倉が東山道に面した上神主・茂原官衙遺跡に造営され、陸奥国とそれに接する下野国、常陸国に集中するあり方は、対東北政策を進める

上で地方官衙施設の荘厳化の役割が重要であったことを示すとみるべきであろう。

　常陸国那賀郡衙の台渡里遺跡群やその正倉別院の大串遺跡では、陸上交通とともに水上交通も重要視された位置にあり、水上からの景観も意識されていた（木本2008、川尻2009）。那賀郡内では平津駅の推定地に近い、大串遺跡第7地点においても礎石建物3棟、大型掘立柱建物1棟などが確認され、炭化米が出土している（水戸市2008）。ここは『常陸国風土記』の巨人伝説記事の大串貝塚との位置から、以前から平津駅推定地とされてきた地点に近い。遺跡の全体像は明らかになっていないが、未調査区の東方に文字瓦が出土する地点があり、この付近に瓦葺きの法倉が想定でき、平津駅の近くに那賀郡の正倉別院が設置された可能性が高く、まさに海からの景観も意識された瓦倉であった。郷里名の文字瓦が出土し、台渡里遺跡長者山地区と同じく国分寺創建前に瓦葺き建物（正倉）が造営されていた。同じ那賀郡の台渡里遺跡長者山地区に建つ瓦倉も那珂川を見下ろす台地上にあり、すぐ近くを駅路が通り、官道と合わせて河川からの景観も意識されて設置された可能性がある。

　こうした例を考える上で、長良川との関わりが深い弥勒寺東遺跡が参考になる。この遺跡は長良川右岸の河岸段丘上にあり、舟運によって稲穀などの大きな役割を担っていたとされる（田中2007）。田中氏は正倉の中でひときわ大型の礎石式倉庫・正倉2を法倉とみる。この正倉東2は郡庁よりも一段高い地点に立ち、基壇を持つ高質な倉庫である。法倉を含めて郡衙施設が河川からの景観も意識されて設置されていた事例である。

　近年における郡衙正倉の調査例からみても、景観も意識されて瓦倉を含めた正倉は設置されたとみられる。

（4）規模と性格

　これまで瓦倉は正倉の中でも特に大型で、文献史料の「法倉」にあたると考えた（大橋2007）。佐位郡衙正倉院・三軒屋遺跡の調査では、史料に記載された2棟の法倉が確認され、2棟とも超大型であった。山中氏の分析によれば、「平面積100㎡以上の超大型の総柱高床倉庫が正倉院ごとに1棟ないし数棟ずつ認められる傾向があり、法倉にあたるとみる一方で、法倉の規模に一定の基準があったとは考えがたく、各郡の正倉において最大級の倉が100㎡未満であっても法倉とされていたのであろう」とされた（山中2004）。

　これまで、法倉は他の正倉（凡倉）よりも大型であるという特徴が指摘され、下野国や常陸国で確認された瓦葺きの倉は大型で、法倉とみてきた。

　ただし、瓦倉がいずれも超大型とした点については、常陸国那賀郡衙の台渡里遺跡長者山地区の調査で、瓦倉が3棟確認され、このうちSB001は桁行21m、梁行7.2mで東西7間、南北3間の超大型になるが、SB002の建物は9尺等間（2.7m）の3×3間、SB004の建物は桁行・桁行とも9.0mで、9尺等間（2.7m）の3×3間となる点が判明した（水戸市2009）。SB001は超大型であったが、SB002、004は瓦葺きでありながら、その規模は他の正倉と変わらない。この結果、郡衙正倉に設置された瓦倉のなかには、超大型でないものもある事実が判明した。瓦葺きの倉がすべ

て法倉としていいのか、検討が必要となっている。
　一方で、正倉院全体が判明している遺跡のなかで、特に大型の正倉が確認されていない例として、大分県中津市長者屋敷遺跡（豊前国下毛郡衙正倉）がある（中津市教委2009）。長者屋敷遺跡では、13号建物が唯一礎石建物となり、官道からもっとも目立つ位置にある点から法倉の可能性があるが、規模は5間×3間で他の正倉よりやや大型なだけである。この長者屋敷遺跡例や法倉は1郡に複数棟あった点からみて、台渡里遺跡長者山地区で規模が他の非瓦葺きの正倉と同じ瓦倉について、大型ではないからといって法倉でなかったと断定することはできない。
　文献史料から、郡内最大級の倉を動用倉（法倉）としているのは、「支配権力の象徴的な存在としての心理的効果をも考慮したためではないか」（舟尾1977）と指摘された。筆者も正税帳に記載された法倉の規模は大きく、遺跡において瓦倉は超大型であった点から、瓦倉は法倉の可能性が高いと理解してきた。法倉の多くは超大型で高質化されていた建物であった。
　一方で、豊前国下毛郡衙正倉の長者屋敷遺跡でみるように、超大型の総柱建物が設けられていない正倉院がある点からみると、法倉には超大型でない場合を考える必要がある。法倉を認定する上で規模が超大型であることは絶対条件ではない。その場合でも、長者屋敷遺跡で明らかなように、他の正倉よりも早くに礎石建物となり高質化するクラが法倉であった可能性が高く、規模だけでなく外観として法倉は他の正倉（凡倉）とは特別なあり方をとっていたと理解できる。
　瓦倉の多くは他の正倉に比べて超大型の例が多く、柱を丹塗りし礎石建物となり高質化している事実から、正税帳などにみえる「法倉」にあたる倉であった。

（5）瓦倉の屋根景観
　これまで郡衙正倉の屋根については、軒平瓦に丹線がある点などから那須官衙遺跡、上神主・茂原官衙遺跡、多功遺跡例で総瓦葺きであることがわかっていたが、関和久遺跡など正倉地区からの瓦出土量が少ない点から蕚棟もしくは熨斗棟も多いのではないかと推定されていた（今泉1990、山中1994）。筆者も、これまでは瓦倉には蕚棟・熨斗棟もあると考えていた。関和久遺跡、角田郡山遺跡、恒川遺跡でみてきたように、平瓦・丸瓦と軒先瓦の数量や隅切瓦の有無等から検討した結果、蕚棟もしくは熨斗棟と考えられる瓦倉は確認できない。これまで郡衙正倉の瓦倉はその多くが蕚棟もしくは熨斗棟だとする意見は修正が必要である。量が少ないから総瓦葺きではないとするのは問題が多い。台渡里遺跡長者山地区でも、瓦倉のなかでSB001・002は総瓦葺きだが、すぐ近くのSB003は瓦が少量しか出土しておらず、軒先瓦も確認できない点から熨斗棟の可能性があるとされた（水戸市教委2009）。その後、川口武彦氏のご教示によれば、SB003についても整理作業の結果、軒丸瓦が1点と隅切軒平瓦が出土し、総瓦葺きの可能性が高いことが明らかになった。台渡里遺跡の瓦倉はすべて総瓦葺きだった。
　常陸国鹿島郡衙の神野向遺跡でも瓦が出土し、瓦倉が推定されている（鹿島町1980、新垣2006）。新垣清貴氏のご教示によれば、出土した瓦の破片数は軒丸瓦16点、平瓦734点、丸瓦421点で総点数は1100点と少ない。この神野向遺跡でも軒丸瓦、平瓦、丸瓦の量比から積極的

に甍棟を想定できず、総瓦葺きの可能性が高い。

瓦の出土量が少ないことを理由にして、甍棟あるいは熨斗棟と判断することはできない点を郡衙正倉の出土瓦を分析して痛感している。瓦の量が少ないことは、瓦葺建物の棟数が少ないことや建物廃絶後の瓦の処理等に起因しているとみるべきで、瓦の数量等の分析を経なければ屋根景観を復元することはできない（上原1988、大橋2004）。

地方官衙遺跡においても、総瓦葺きではなく甍棟・熨斗棟は存在するので、郡衙正倉が総瓦葺きでなくても問題はないが、現時点では確認することができない。瓦倉の多くは総瓦葺きだった。正倉群のなかで特定のクラ（法倉）にだけ葺かれたために、瓦の出土量が少ない遺跡もあると理解すべきである。

陸奥国とそれに接する下野国・常陸国の法倉が瓦葺きとなった理由としては、対東北政策を進める上で地方官衙施設の荘厳化の役割が重要であったとみたい。この一端を示すのが、東山道に面して造営された下野国河内郡衙の上神主・茂原官衙遺跡であり、瓦倉を含めて8世紀末から9世紀初頭に正倉としての機能を大きく失うことである。この9世紀初頭は征夷事業が終了し、大きく対東北政策が変わる時期で、上神主・茂原官衙遺跡の正倉が終焉を迎える一因は、対蝦夷政策が反映しているとみられる（田熊2004）。坂東の地方官衙のあり方を考える上には、蝦夷政策との関わりが深いことを示している。

（6）瓦倉の瓦生産システム

上神主・茂原官衙遺跡、多功遺跡（下野国河内郡衙）、台渡里遺跡長者山地区（常陸国那賀郡衙）の瓦倉から出土した人名文字瓦は、造瓦費用を割り当てられた戸主名を示したものとみられる。近年、郡衙正倉出土の人名文字瓦について、郡衙の造営との関わりを示すことから積極的に取り上げられている（山中2003・2007、山路2005、川口2009）。注目できるのは、台渡里遺跡長者山地区の瓦倉に葺かれた瓦について、多賀城政庁Ⅰ期の造営で生産された文字瓦の生産システムが伝播したと推定されている点である（山路2005）。

一方で、須田氏は「多賀城・多賀城廃寺の創建初期段階の瓦生産に当たって、常陸国那賀郡家正倉と新治郡の郡名寺院である新治廃寺の造営に関わった瓦工人が関与した」と想定する（須田2005）。

対東北政策の重要な位置を占めた常陸国那賀郡の正倉に葺かれた瓦を通して、陸奥国との関わりを読み取る点は重要である。今後は坂東諸国と陸奥国間における関係について、軒先瓦の瓦当文様とともに平瓦・丸瓦を含めて瓦工レベルまでの解明が期待される。

3 まとめ

坂東諸国は、東北経営や蝦夷征討の役割を持たされた地域で、古墳時代以来、ヤマト王権の軍事的基盤となっていた。律令国家成立以降も物資の補給基地としての機能だけでなく、移民政策

を含めた人的な負担など、征夷事業をはじめとする兵站基地としての役割が大きい地域であった。特に下野国や常陸国は陸奥国と境を接する辺要の地として重要視されてきた。

　東山道、東山道、北陸諸道から東北地方に穀稲や糒が運ばれたことは、蝦夷征討が活発となる8世紀後半から9世紀初頭にかけて史料に多くみられる。奈良時代から平安時代にかけて、蝦夷征討に対して東山・東海・北陸三道から兵士の徴発だけに限らず物資の調達・輸送、道路の整備がなされた。なかでも坂東が果たした役割は大きく、弘仁元年（810）五月条に「往年毎有征伐，必課軍糧於坂東」とあり、坂東が軍糧負担に大きな役割を担った。平川氏は史料から、「律令国家の東北政策において、戦時のみでなく、8世紀以降、一貫して、物質的・人的に負担させられたのは、坂東諸国（出羽国の場合、北陸道諸国も含まれる）である」とみる（平川1978）。坂東諸国は、「征夷」に関わる多数の兵士・柵戸の徴発，武器・食料・布衣などの莫大な軍需品調達が坂東八国に課せられ，坂東が律令国家の軍事基地，軍役国であった（服部1998）。

　軍事物資の輸送については、軍糧など軍事物資が重貨物であることから、水上交通が征夷事業に大きな役割を果たした。『続日本紀』宝亀一年（780）七月甲申条の勅には、蝦夷征討のために坂東の軍士を徴発し、九月五日を限って陸奥国多賀城に赴かせ、軍糧を官に送らせること。そのため「路の便近い」下総国の糒六千斛、常陸国の糒一万斛を八月二一日以前までに軍所に運輸することを命じている。こうした軍糧を短期間に陸奥国に送るにあたっては、水運の便利な郡の不動倉（正倉）を使ったことが推定されている（志田1998）。

　常陸国の駅付近に設置された郡衙正倉別院とみられる東平遺跡、大串遺跡、長者山遺跡はいずれも水陸交通の要所にあり、まさに史料が語る対東北政策下に設置された官衙施設とみなせる。

　北陸道においても、越前国正税帳の検討から越前国において糒の貯蔵量が多い点や稲穀が比較的乏しかったはずの加賀郡に、越前の貯糒総量の三分の一弱が遍在している理由を東北諸地域への輸送の便に基づくものとして、東北制圧のための人的・物的資源の供給基地としての性格が指摘される（浅香1978）。越前国内において、より東北に近い輸送の便がよい加賀郡に糒が貯蔵されていることは、国内各郡の正倉に均等に糒等を貯蔵するのではなく、東北政策に対応して特定の郡に多く置く政策がなされたことを示すのであろう。越前国にみられる糒や稲穀のあり方からは、軍糧の輸送に備えた正倉の設置が推定される。

　陸奥国に接した常陸国、下野国などでは正税帳が残っていないが、越前国と同じく糒の貯蔵量が多かったと推測される。『続日本紀』によれば東国からは糒だけでなく穀についても期日を限って陸奥国の軍所などへの運輸を命じた記事がみられ、輸送の便を考慮して糒や稲穀を収納する正倉が交通の要所に設置されたと考えられる。常陸国や下野国でみられるように、蝦夷征討に備えて輸送の便がよい地点に正倉が設置されていたことを推定したい。下野国芳賀郡衙別院の長者ヶ平遺跡で出土した炭化米の多くは籾殻がついていない点が明らかになり、その多くは糒とみられる。

　蝦夷征討を背景にした、糒・穀などの収納のあり方が常陸国や下野国の郡衙正倉の大規模化をもたらした要因の一つであり、そのなかで丹塗り瓦葺きの倉として威容を誇るクラが設けられた

のであろう。

　地方官衙は生産・流通に関わるために交通の要所に設置されることが多いが、坂東諸国では加えて対東北経営・蝦夷征討との関係も深かったとみられる。一般的には郡内に複数の郡衙施設を配置して統治する目的は、郡内を複数の官衙施設を配置して統治にあたるためであり、『出雲国風土記』に記された同一郡内に設置された複数の正倉の位置をみると、河川や丘陵に隔てられた地域にあり地理的な要因が大きいことがわかる。

　一方で、陸奥国に接した下野国河内郡や常陸国那賀郡では、近接して複数の官衙施設を配置した例がみられ、特徴の一つとして大規模な倉庫群が伴う。郡内に複数の正倉が置かれたあり方だけでなく、その規模がいずれもきわめて大きいことも特徴の一つとして挙げられる。これは郡の分割統治や郡内の地理的要因だけでは割り切れないことを推測させる。

　また、8世紀後半代に新たに常陸国那賀郡衙正倉院の長者山地区とは別に、正倉が台渡里遺跡に設置され、同じく茨城郡衙関連遺跡の東平遺跡でも正倉が置かれる。一方、下野国河内郡衙の上神主・茂原官衙遺跡では9世紀前葉にはその機能を失うなど、8世紀後半から9世紀にかけて下野国・常陸国内の地方官衙施設に大きな変化がある。これは桓武朝の対東北政策の一端を反映したとみられる。

　陸奥国に接する下野国や常陸国における地方官衙の配置やクラの数の多さ、威容を瓦葺建物で示すあり方は、それぞれの国や郡内統治を要因とするだけではなく、国家の対東北政策のなかで必要性があったことにも要因を求めるべきであろう。

参考文献

赤川正秀 2000「筑後国御原郡衙の正倉 - 小郡遺跡・下高橋遺跡 -」『郡衙正倉の成立と変遷』奈良国立文化財研究所

秋元陽光・保坂知子 1997『多功遺跡Ⅲ』上三川町教育委員会

浅香年木 1978「越前国正税帳・郡稲帳補論」『古代地域史の研究』(初出は 1972)

飯田市教育委員会 2007『恒川遺跡群　官衙編』

伊勢崎市教育委員会 2007・2010『三軒屋遺跡Ⅰ・Ⅱ』

板橋正幸・田熊清彦編 2003『西下谷田遺跡』栃木県教育委員会

今泉潔 1990「「瓦と建物の相剋」試論－大塚前遺跡出土瓦の分析－」『研究紀要12』(財)千葉県文化財センター

出浦崇 2007「三軒屋遺跡の調査成果と課題」『三間屋遺跡Ⅰ』伊勢崎市教育委員会

上原真人 1988「平安貴族は瓦葺邸宅に住んでいなかった」『高井悌三郎先生喜寿記念論集　歴史学と考古学』

海老澤稔・黒澤彰哉 2000「岩間町東平遺跡発掘調査報告——推定安侯駅跡出土の「騎兵長」墨書土器—」『婆良岐考古』第22号

大金宣亮 1984「大内廃寺跡」「堂法田遺跡」「中村遺跡」『真岡市史』第1巻

大川清編 1976『畳岡遺跡発掘調査報告書』栃木県小川町教育委員会

太田市教育委員会 2008『天良七堂遺跡』

大橋泰夫 1994「那須官衙出土の瓦」『那須官衙関連遺跡Ⅰ』栃木県教育委員会

大橋泰夫 1999「古代における瓦倉について」『瓦衣千年—森郁夫先生還暦記念論文集—』

大橋泰夫 2001「瓦類」『那須官衙関連遺跡Ⅶ』栃木県教育委員会
大橋泰夫 2004「瓦」「文字瓦」『古代の官衙遺跡Ⅱ遺物・遺跡編』奈良文化財研究所
大橋泰夫 2007「丹塗り瓦倉の評価」『上神主・茂原官衙遺跡の諸問題』栃木県考古学会
大橋泰夫 2010「地方官衙創設期の瓦葺建物について」『比較考古学の新地平』同成社
小川町教育委員会 1968『栃木県那須郡小川町梅曽遺跡発掘一次二次調査概報』
鹿島町教育委員会 1980『鹿島町内遺跡発掘調査報告Ⅰ』
加藤義成 1981『修訂出雲国風土記参究』(改訂3版)
角田市教育委員会 1980・2000・2006『角田郡山遺跡・Ⅷ・ⅩⅧ』
川口武彦 2005「常陸国那賀郡における郡衙と周辺寺院―国指定史跡「台渡里寺跡」範囲確認調査成果を中心に―」『地方官衙と寺院』独立行政法人文化財研究所奈良文化財研究所
川口武彦 2006「台渡里廃寺跡の文字瓦 辰馬考古資料館所蔵資料調査中間報告(1)」『明治大学古代学研究所紀要』創刊号,明治大学古代学研究所
川口武彦 2007「台渡里廃寺跡の文字瓦 辰馬考古資料館所蔵資料調査中間報告(2)」『明治大学古代学研究所紀要』3号,明治大学古代学研究所
川口武彦 2009「茨城県水戸市田谷廃寺跡出土瓦の再検討―多賀城様式瓦と文字瓦を葺いた瓦倉を伴う官衙遺跡―」『日々の考古学2』
川尻秋生 2009「東国からみた東北との交流」『古代社会と地域間交流―土師器からみた関東と東北の様相―』六一書房
木下 良 1995「常総の古代交通路に関する二、三の問題」『常総の歴史』16
木本挙周 2008「茨城県水戸市大串遺跡第7地点出土文字瓦の検討」『帝塚山大学大学院人文科学研究科紀要』第10号
木本挙周 2009「台渡里廃寺跡出土軒瓦の型式分類とその変遷」『台渡里1』水戸市教育委員会
倉澤正幸 2008「古代信濃における軒瓦の一考察―信濃国分寺跡他出土瓦の検討―」『長野県考古学会誌』126号
黒澤彰哉 1998「常陸国那賀郡における寺と官衙について」『茨城県立歴史館報』25、茨城県立歴史館
黒澤彰哉 2000「瓦にみる常陸国分寺の造営」『古代の瓦 常陸国府の瓦づくり』霞ヶ浦町郷土資料館 第22回特別展図録
黒澤彰哉・海老澤稔・川口武彦・渥美賢吾 2001『岩間町東平遺跡発掘調査報告書』岩間町教育委員会
小宮俊久 2000「古代新田郡の一様相－新田郡衙を中心として－」『群馬文化』261、群馬県地域文化研究協議会
志賀崇 2003「Ⅲ―9 瓦葺建物の比率と時期」『古代の官衙遺跡Ⅰ遺構編』奈良文化財研究所
志賀崇 2007「県外の郡内複数官衙について」『上神主・茂原官衙遺跡の諸問題』栃木県考古学会
志田淳一 1998「第二節 蝦夷征討と常陸国」『『常陸国風土記』と説話の研究』
新垣清貴 2006「鹿嶋市神野向遺跡正倉院採集の瓦について」『茨城県考古学協会誌18』
真保昌弘 1995「古代陸奥国初期寺院建立の諸段階」『王朝の考古学』雄山閣
真保昌弘 1997「下野国」『シンポジウム関東の初期寺院』資料、関東古瓦研究会
須田茂 1990「入谷遺跡」『新田町誌 通史編』新田町企画調整課町誌編さん係
須田勉 2005「多賀城様式瓦の成立とその意義」『国士舘大学文学部人文学会紀要37』
高橋美久二 1995『古代交通の考古地理』大明堂
竹内亮 2009「五十戸と知識寺院―鳥坂寺出土箆書瓦の釈読から―」『古代文化』60-4、古代学協会
田熊清彦 1989「下野国府と文字瓦」『古代文化』41-12、古代学協会
田熊清彦 2004「下野国河内郡家と文字資料」『法政史学』第61号
田中弘志 2008『律令体制を支えた地方官衙・弥勒寺遺跡群』新泉社
辻秀人 1985「瓦」『関和久遺跡』福島県教育委員会

辻史郎 2005「下総国相馬郡家正倉をめぐる一考察」『古代東国の考古学　大金宣亮氏追悼論文集』慶友社
栃木県教育委員会 1993『那須の歴史と文化』栃木県立なす風土記の丘資料館常設展示図録
栃木県教育委員会 2001『那須官衙関連遺跡Ⅶ』
栃木県教育委員会 2007『長者ケ平遺跡』
中津市教育委員会 2009『長者屋敷遺跡　第5次調査』
新田町教育委員会 1981・1985・1987『入谷遺跡Ⅰ～Ⅲ』
服部昌之 1998「7・8世紀日本の地域問題」『歴史地理学』187
パリノ・サーヴェイ 2007「附章　長者ケ平遺跡発掘調査に係る自然科学的分析」『長者ケ平遺跡』栃木県教育委員会
日立市教育委員会 2009『長者山遺跡―藻島駅家推定遺跡平成20年度発掘調査概報』
平川南 1978「東北大戦争時代」『古代の地方史』6、朝倉書店
平川南・新井重行 2000「岩間町東平遺跡出土の墨書土器について」『婆良岐考古』第22号
深谷昇・梁木誠編 2003『上神主・茂原官衙遺跡』上三川町教育委員会・宇都宮市教育委員会
福島県教育委員会 1985『関和久遺跡』
水戸市教育委員会 2006『台渡里遺跡』
水戸市教育委員会 2008『大串遺跡（第7地点）』
水戸市教育委員会 2009『台渡里1』
森　郁夫 1973「奈良時代の文字瓦」『日本史研究』136
屋代方子 1984「堂法田（塔法田堂址）遺跡」『栃木県考古学会誌』第8集
山中敏史 1994『古代地方官衙遺跡の研究』塙書房
山中敏史 2003「コメント　地方官衙と労働力編成」『日本史研究』487 日本史研究会
山中敏史 2004『古代の官衙遺跡Ⅱ　遺物・遺跡編』奈良文化財研究所
山中敏史 2005「地方官衙と周辺寺院をめぐる諸問題―氏寺論の再検討―」『古代官衙・集落研究会　地方官衙と寺院―郡衙周辺寺院を中心として―』奈良文化財研究所
山中敏史 2007「上神主・茂原官衙遺跡の倉庫群をめぐって」『上神主・茂原官衙遺跡の諸問題』栃木県考古学会・宇都宮市教育委員会・上三川町教育委員会
山路直充 2005「文字瓦の生産―7・8世紀の坂東諸国と陸奥国を中心に―」『文字と古代日本』3 吉川弘文館
山路直充 2009「「大伴五十戸」と記銘された軒丸瓦」『駿台史学』137

図版典拠
図1　栃木県教委2007。図2　上三川町教委・宇都宮市教委2003。図3　栃木県教委2007。図4・5　大金1984。図6・8　水戸市教委2009。図7　木本2009。図9　木下1995。図10・11　木本2008（一部改変）。図12　岩間町教委2001。図13　飯田市教委2207。図14　角田市教委1980・2000・2006。図15　福島県教委1985。図16　新田町教委1987『入谷遺跡Ⅲ』。図17　太田市教委2008。図18　栃木県教委2001。図19　栃木県立なす風土記の丘資料館1993、小川町教委1968。図20・21　栃木県教委2001。

Ⅱ　東北と関東の諸問題

//
常陸国の多賀城様式瓦からみた陸奥国との交流
― 那賀郡衙正倉院・正倉別院出土瓦を中心として ―

川口　武彦

1　序

　常陸国は陸奥国の南側に接しており、地理的位置から対東北政策の前線基地として位置づけられてきた地域である。常陸国では古代瓦を出土する遺跡は 64 遺跡が知られているが（茨城県立歴史館　1994）、多賀城様式およびその系譜をひしとみられる瓦が出土している遺跡は旧那賀郡域の水戸市渡里町に所在する台渡里廃寺跡長者山地区、同田谷町田谷廃寺跡、同大串町大串遺跡、ひたちなか市足崎原の寺瓦窯跡群の 4 遺跡に限られる。

　本稿ではこれらの遺跡から出土している多賀城様式の瓦当文様を持つ軒瓦と文字瓦を取り上げ、それらの技術的・形態的特徴、数量的位置等について検討するとともに、年代、多賀城様式瓦が瓦倉の軒先に採用された背景について言及する。

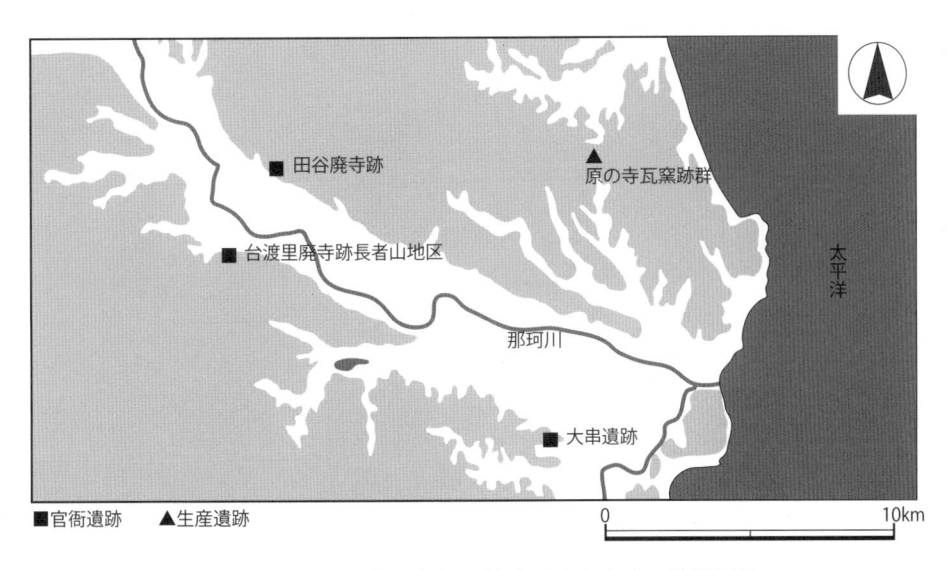

第 1 図　那賀郡内の多賀城様式瓦出土遺跡の位置関係

2　多賀城様式瓦が出土する那賀郡内の官衙・生産遺跡

（1）台渡里廃寺跡長者山地区（那賀郡衙正倉院）

　台渡里廃寺跡長者山地区は北緯36度24分41秒、東経140度25分50秒(世界測地系)を中心とし、水戸市渡里町字長者山3119番地ほかに展開する奈良・平安時代の官衙遺跡である。本遺跡からは、戦前に行われた髙井悌三郎氏の発掘調査で2棟の礎石建物が（髙井　1964）、昭和48年に水戸市教育委員会が行った発掘調査でも2棟の礎石建物が確認されており（瓦吹　1991）、炭化米が出土することから那賀郡衙正倉院と考えられている。また、これらの礎石建物からは多賀城様式瓦とみられる重弁八弁蓮華文軒丸瓦やそれから型式変化した軒丸瓦、顎面に鋸歯文を持つヘラ描き重弧文軒平瓦や260点を超える文字瓦が出土していることから瓦倉（大橋　1999・2007）とみられる。平成18年度に水戸市教育委員会が実施した保存目的の確認調査（第30次）により、髙井氏の調査で確認されていた2棟の礎石建物のほかに新たに6棟の礎石建物が確認されるとともにボーリング探査により5棟の礎石建物が確認されている（第2図、川口・渥美・木本　2009）。

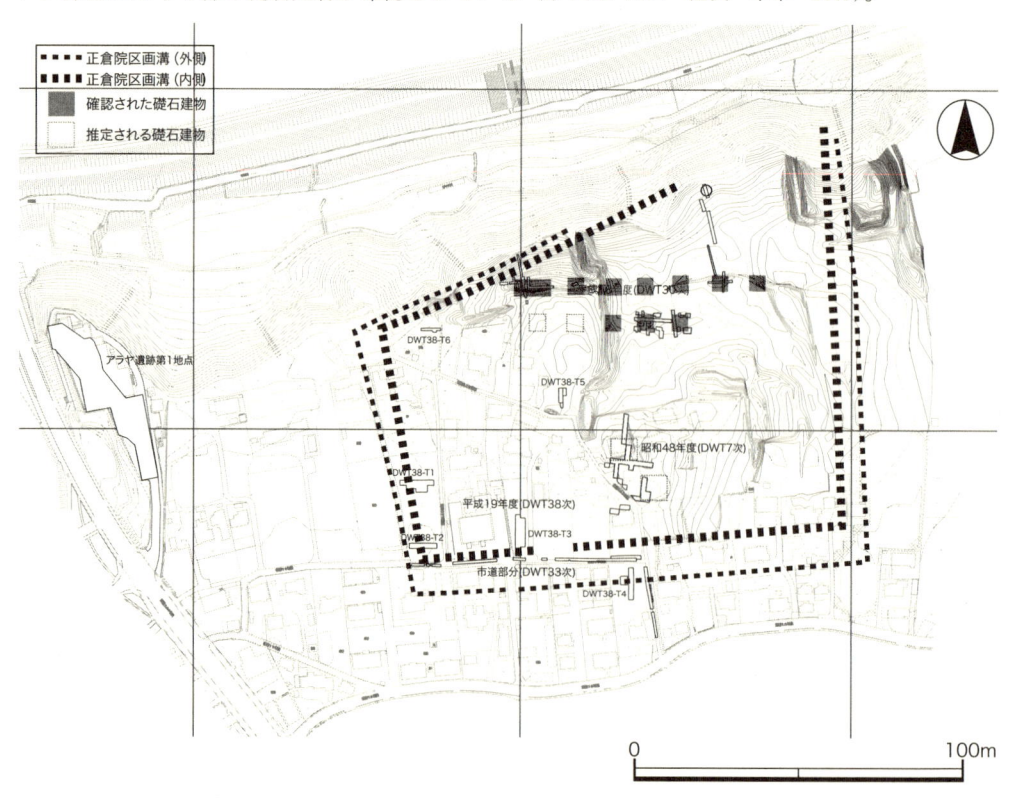

第2図　台渡里廃寺跡長者山地区の遺構配置

（2）田谷廃寺跡（河内駅家／郡衙正倉別院）

　田谷廃寺跡は北緯36度25分52秒、東経140度27分16秒（世界測地系）を中心とし、水戸市田谷町字百壇および上向梵天ほかに展開する奈良・平安時代の遺跡である。本遺跡はこれまで発掘調査は行われていないが、ボーリング調査による礎石建物の探査が行われており（伊東　1975）、3箇所において礎石建物の基壇とみられる地固めの痕跡や礎石が確認されており（第3図）、それ以外にも3箇所で礎石建物の基壇とみられる地固めの痕跡が確認されている。

（3）大串遺跡（平津駅家／郡衙正倉別院）

　大串遺跡は北緯36度19分59秒、東経140度32分39秒（世界測地系）を中心とし、水戸市大串町字仲道584-1外に展開する縄文時代、弥生時代、古墳時代、奈良・平安時代、中世、近世の複合遺跡である。

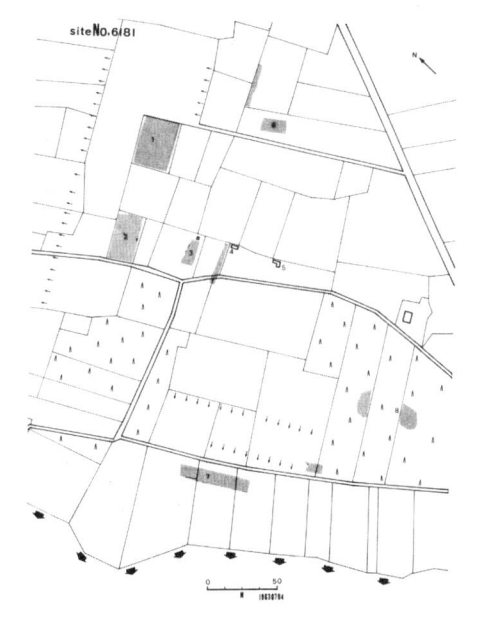

第3図　田谷廃寺跡の礎石建物確認位置

　本遺跡は1987年から現在に至るまで9地点において調査が行われており、各時代の遺構・遺物が確認されている。中でも注目されるのは介護老人保健福祉施設の建設に伴う第7地点の調査であり（第4図）、正倉院の西側区画溝（SD03）や穎穀を収納しておく穎屋もしくは穀屋あるいは倉の代わりに建てられた倉代とみられる大形床束建物（SB04）のほか、間仕切りとみられる柱を持つ大形掘立柱建物（SB08）やそれを囲繞するとみられる区画溝（SD01）など正倉院や官衙に関

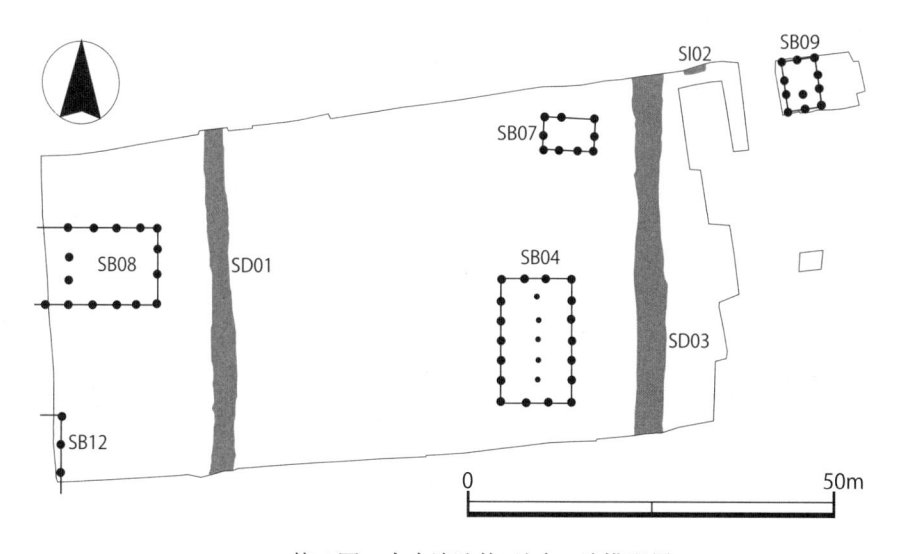

第4図　大串遺跡第7地点の遺構配置

連する遺構が確認されている（小川・大渕・川口・木本・渥美・関口・株式会社京都科学 2008）。
　さらに同時期に水戸市教育委員会が実施した駐車場部分の調査では正倉とみられる礎石建物3棟のほか、礎石建物の下層や周囲からは掘立柱建物跡や古墳時代前期・後期の竪穴建物跡も確認されている。

（4）原の寺瓦窯跡群（生産遺跡）
　原の寺瓦窯跡群は、ひたちなか市と東海村の市町村境を流れる新川水系によって樹枝状に形成された谷津の谷頭部に近い斜面に営まれている（第1図）。本遺跡からは4次にわたる発掘調査により、登窯2、溝1、住居兼工房跡5、原料粘土堆積遺構1、連房式工房跡1が確認されている（川崎・鴨志田・中野 1980・1981、鴨志田 2003、川口 2009c）。

3　那賀郡衙正倉院・正倉別院出土の多賀城様式瓦の特徴

　多賀城様式瓦と考えられるものは、重弁八弁蓮華文軒丸瓦（第5図左）とヘラ描き重弧文軒平瓦（第6図）、成形台文字瓦（第9図）である。また、粘土紐巻き作りによる有段式丸瓦などもあるがここでは紙数の関係から割愛する。

（1）重弁八弁蓮華文軒丸瓦
　第5図に取り上げた重弁八弁蓮華文軒丸瓦は、台渡里廃寺跡長者山地区のSB001から出土しているもので、3117型式に分類される（茨城県立歴史館学芸部 1994b、黒澤 1998、川口・渥美・木本 2009）。中房は中心蓮子がなく、不揃いな配置を採る円形の周縁蓮子4のみから構成される。8つある蓮弁は中房とは連結しておらず、先端が尖らない卵形を呈し、その上に長さが蓮弁の1/3

第5図　台渡里廃寺跡長者山地区と多賀城跡出土の重弁八弁蓮華文軒丸瓦（縮尺不同）

程度の小蓮弁が重ねられている。さらに蓮弁と小蓮弁の上には中央線がみられる。

　蓮弁の間には8つの間弁が配置されるが、蓮弁と同様中房とは連結していない。そして外区外縁と蓮弁の間には、三角状の珠文が配置される。その数については瓦当が完全に残っているものがないため、推定の域を出ないが20個程度あると考えられる。

　この3117型式と類似している文様を持つ軒丸瓦を多賀城跡関連遺跡から出土しているもので探したが、強いて言うならば124型式（第5図右）が挙げられようか。ただし、多賀城Ⅰ期に位置づけられる124型式は、周縁蓮子が楔形を呈している点、中心蓮子がある点で異なっており、周縁蓮子が円形状を呈するのは多賀城Ⅱ期の瓦にみられる特徴である。

　この3117型式から変化したとみられるのが3118型式であるが（第11図）、中房部分は残っていないため、文様の全容は不明である。また、3119～3121・3140・3142型式（第11図）も3117型式から文様が変化したものとみられる。

　3117型式は現在のところ、台渡里廃寺跡長者山地区以外の遺跡からは報告されておらず、軒丸瓦の中でも数量的には少ない。

（2）ヘラ描き重弧文軒平瓦

　ヘラ描き重弧文軒平瓦は、平瓦部が残っているものが少なく、凸面にヘラ削りが丁寧に施されているため、凸面調整は不明であるが、桶巻き作りによるものとみられる。顎は第6図のように粘土板を貼り付けて段顎を作り出すものが多いが、大串遺跡（第7地点）では包み込み技法によって曲線顎状に作り出すものが報告されており（小川・大渕・川口・木本・渥美・関口・株式会社京都

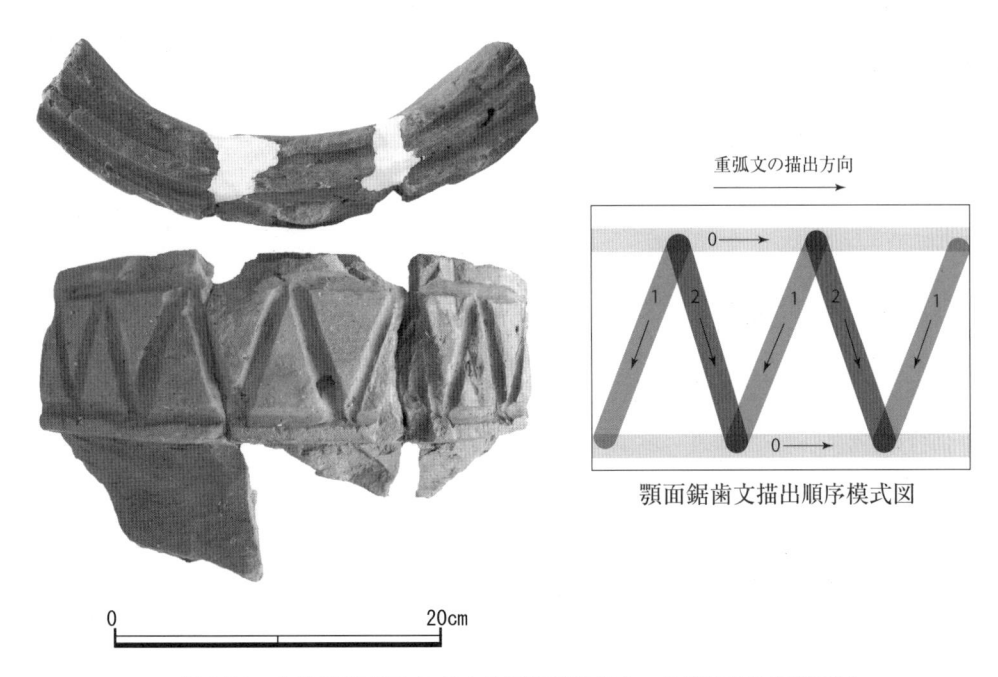

第6図　台渡里廃寺跡長者山地区SB001出土ヘラ描き重弧文軒平瓦

科学 2008、川口 2010)、髙井悌三郎氏の報告では、顎面を持たないものも報告されていることから (髙井 1964)、顎の作出方法には多様性がみられる。また、段顎を持つものでも顎の幅が長いもの、短いもの、その中間的なものがあり、3種類程度に細分可能との見通しを持っている。

瓦当面にはヘラ状工具で二条の横走する沈線を描くことによって三重弧文を表現するものが最も多いが、一条の横走する沈線を描くことによって二重弧文を表現するものもある。前者には段顎で顎面にヘラ状工具を用いて均整のとれた鋸歯文が描かれるものが多く、後者には段顎を持たず、櫛状工具を用いて波状文を描くものが多い。

顎面には第6図のようにヘラ状工具を用いて均整のとれた鋸歯文が描かれるもの、ヘラ状工具を用いてはいるものの、均整がとれていない鋸歯文が描かれるもの、櫛状工具を用いて波状文を描くものなど幾つかのヴァリエーションがある。

第6図の顎面にみられる鋸歯文の描出順序を沈線の切り合い関係から検討した結果、まず上下二段に横走する二条の沈線を描き、左下がりの沈線を全て描いた後に、左下がりの沈線の始点から隣接する左下がりの沈線の終点に向けて右下がりの沈線を描くという順序であることが判明した。さらに二条の横走する沈線の描出方向は瓦当面の重弧文の描出方向とも一致する。

第6図の軒平瓦と技術的・形態的特徴が似た軒平瓦を多賀城跡関連遺跡から出土しているもので探してみたものが第7図の軒平瓦である。

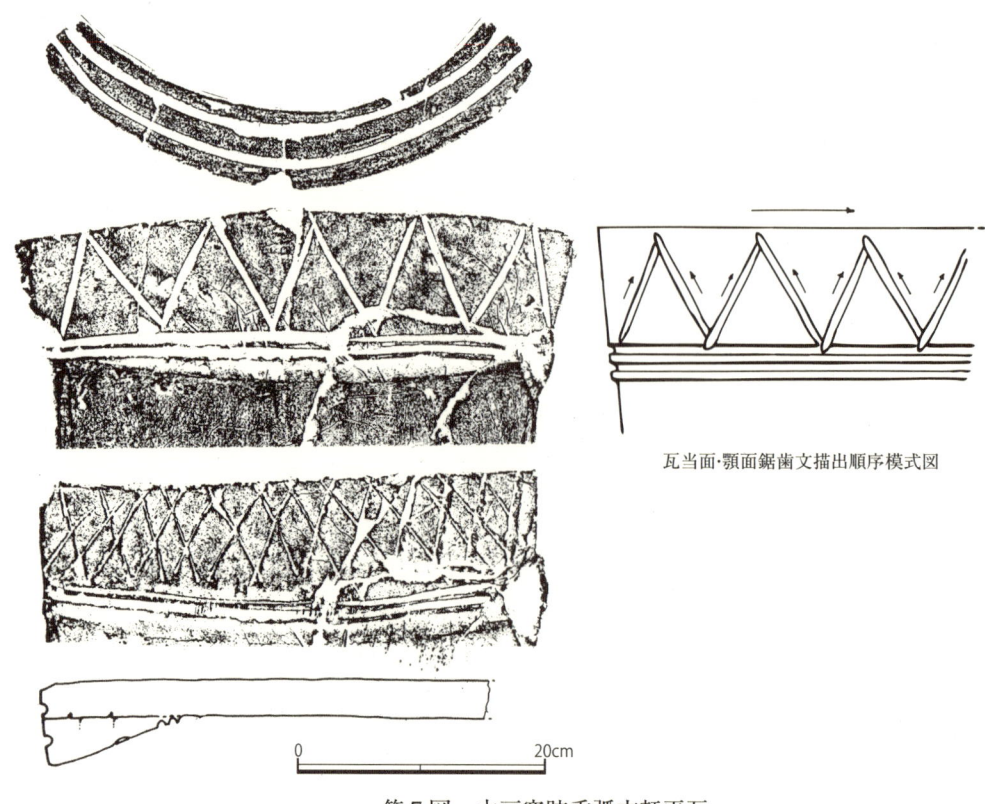

瓦当面・顎面鋸歯文描出順序模式図

第7図　木戸窯跡重弧文軒平瓦

第7図は宮城県大崎市の木戸窯跡から出土したヘラ描き三重弧文軒平瓦で、顎面に鋸歯文と二条の横走する沈線が描かれている。本資料は顎面の文様の描出順序が沈線の切り合い関係から検討されており（進藤・高野・渡辺 1975）、第6図のものと比較すると、二条の横走する沈線が下端にのみ見られる点は異なっている。また、鋸歯文の描き方についても、右上がりの沈線を描いた後、右上がりの沈線の終点に

第8図　台渡里廃寺跡長者山地区SB001
　　　出土重弧文軒平瓦顎接合面ヘラキズ

向かって左上がりの沈線を描き、これを連続的に繰り返していく点も異なっている。また、第7図の軒平瓦は、顎面に粘土板を貼り付ける際に均整のとれたX字状のヘラキズが施されている。第6図のものは顎面が剥落していないため、ヘラキズの付け方は不明であるが、台渡里廃寺跡長者山地区から出土している顎面が剥落した軒平瓦を見ると、井字状やランダムに線がX状に刻まれたものなどがあり（第8図）、木戸窯跡出土資料のように均整のとれたX字状のヘラキズを持つものは確認されていない。

　以上のように文様の見た目は似ているが、描出順序等は若干異なる。ただし、木戸窯跡から出土しているような顎面に鋸歯文を持つ軒平瓦は、凸形台（二次成形台）の上に置いて製作されたと考えられていることから（宮城県教育委員会・宮城県多賀城跡調査研究所 1982）、第6図の軒平瓦も凸形台（二次成形台）の上に置いて製作されたと考えられている（須田 2005）。

　ヘラ描き三重弧文軒平瓦は、台渡里廃寺跡長者山地区以外にも田谷廃寺跡、大串遺跡（第7地点）でも報告されており、軒平瓦の中でも数量的に最も多い。

（3）成形台文字瓦

　成形台文字瓦は、台渡里廃寺跡長者山地区から2種の文字が確認されている。ひとつは「日下」でもうひとつは「全隈」である。那賀郡は22郷からなる大郡であり、『和名類聚抄』には日下部郷と全隈郷の記載があることから、いずれも郷名とみられる。いずれも瓦の表面に文字が陽出する状態で浮き出ていることから、成形台に「日下」と「全隈」の字を彫り込んだとみられる。

　「日下」の資料は、「下」の字が通常のものと逆のものとがあることから（髙井 1964）、「日下」の成形台は2台存在したようである。また、「全隈」の資料についても、髙井悌三郎氏の調査で出土したもの9画像（第9図）と水戸市教育委員会が2006年に実施した範囲確認調査の際に出土したもの（第10図）をAdobe Illustrator CS4の透明機能（乗算）を用いて照合した結果、異なる成形台によるものであることが判明した。従って、「全隈」の成形台も2台存在したことになる。

　第10図の資料の凹面には、陽出文字に木目に沿ったヒビがみられるとともに陽出文字の左の

「日下」　　　　　　「全隈」　　　　　　「下」　　　　　　「今」

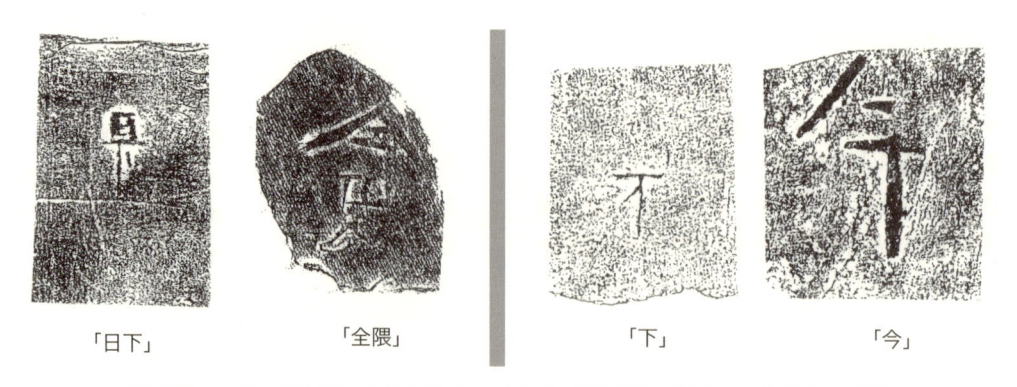

第9図　台渡里廃寺跡長者山地区（左）と多賀城跡（右）の成形台文字瓦

― 布目

第10図　台渡里廃寺跡長者山地区SB001出土二次成形台文字瓦「全隈」

位置に布目が僅かに消されずに残っている。また、側面の切り方も円弧に直交する形を呈している。さらに凸面には菱形格子叩きが重複して施されている。このことから、本資料は桶巻き作りによる平瓦で一次叩きの後に木製の凸形二次成形台に載せられ、凸面を菱形格子叩きでさらに叩

いたことにより、凹面に「全隈」の文字が浮かび上がったとみられる。凹面の布目はヘラ削りで消しているが部分的に残ったのであろう。

このような成形台文字瓦は、多賀城跡に瓦を供給した宮城県加美郡色麻町に所在する日の出山窯跡群でも出土しており（第9図右）、「下」と「今」の文字が確認されている。

現在のところ、成形台文字瓦は台渡里廃寺跡長者山地区以外の遺跡からは報告されておらず、文字瓦の中でも数量的には少ない。

4　多賀城様式瓦が出土する背景 ―技術者の移動―

これまで那賀郡衙正倉院である台渡里廃寺跡長者山地区、正倉別院あるいは駅家との複合遺跡とみられる田谷廃寺跡や大串遺跡（第7地点）から出土している多賀城様式瓦の技術的特徴についてみてきた。ここでは多賀城様式瓦が那賀郡から出土する背景について若干の私見を述べてみたい。その前にまず、研究史を振り返っておく。

台渡里廃寺跡長者山地区から多賀城様式瓦が出土することを最初に明らかにしたのは本遺跡を最初に調査し、学会に知らしめた髙井悌三郎氏である。

髙井氏は3117型式（素縁重弁八弁蓮花文軒丸瓦）について、「この長者山地区にみられた素縁重弁花文は多賀城遺跡で特色的な重弁花文すなわち八葉花文が相似の小さい花弁をつけて二重花文状をしめすものに示唆されたとみられるのである。軒平瓦においても三重弧文式のものがその下顎面に横に界線をつけ、その間に直波文をふとくつけることは全く多賀城廃寺・陸奥国分寺における手法であり、また素文面に印刻の波状文をやや太めに無造作につけることはまた多賀城廃寺に同趣のものをみるのである」（髙井 1947、68頁）と指摘され、その背景に「蝦夷地経営の基地としてこの常陸の地の重要であったことは多くの指摘できることであり、そのうちでもこの地の那賀郡が主要の地位をしめることは、さきにも触れたところである。そうした関係にあるとすれば、かの地の造瓦の技法がここに影響をあたえたとしても理解できぬことではない」（髙井 1947、68頁）と多賀城の造瓦技術が那賀郡の造瓦技術に影響を与えたこととの理解を示した。

この髙井氏の見解については黒澤彰哉氏も支持しており、「おそらく、3117軒丸瓦、重弧文軒平瓦、ヘラ削り平瓦、有段式丸瓦などが長者山地区の建物に葺かれたものと考えられるが、その直接的なきっかけとなったものは、養老7年（723）に那賀郡大領である宇治部荒山が私穀三千石を陸奥国鎮所に献納したことによるものであろう。荒山はこれにより外従五位下に叙せられているが、この私穀献納によって多賀城系瓦工の招聘が可能となったのではなかろうか」（黒澤 1998、74頁）と技術者の移動を指摘された。

これに対し、須田 勉氏は、多賀城創建期の重弁八弁蓮華文軒丸瓦は、郡山廃寺の軒丸瓦の中房と間弁と台渡里廃寺跡長者山地区の3117型式軒丸瓦の肉厚な重弁とを合体させて内区を構成し、外区については外区内縁の圏線と三角形の珠文を消失させ、外区外縁の素文縁のみを残した結果と理解された。また、軒平瓦についても郡山廃寺で採用された型挽重弧文ではなく、ヘラ描

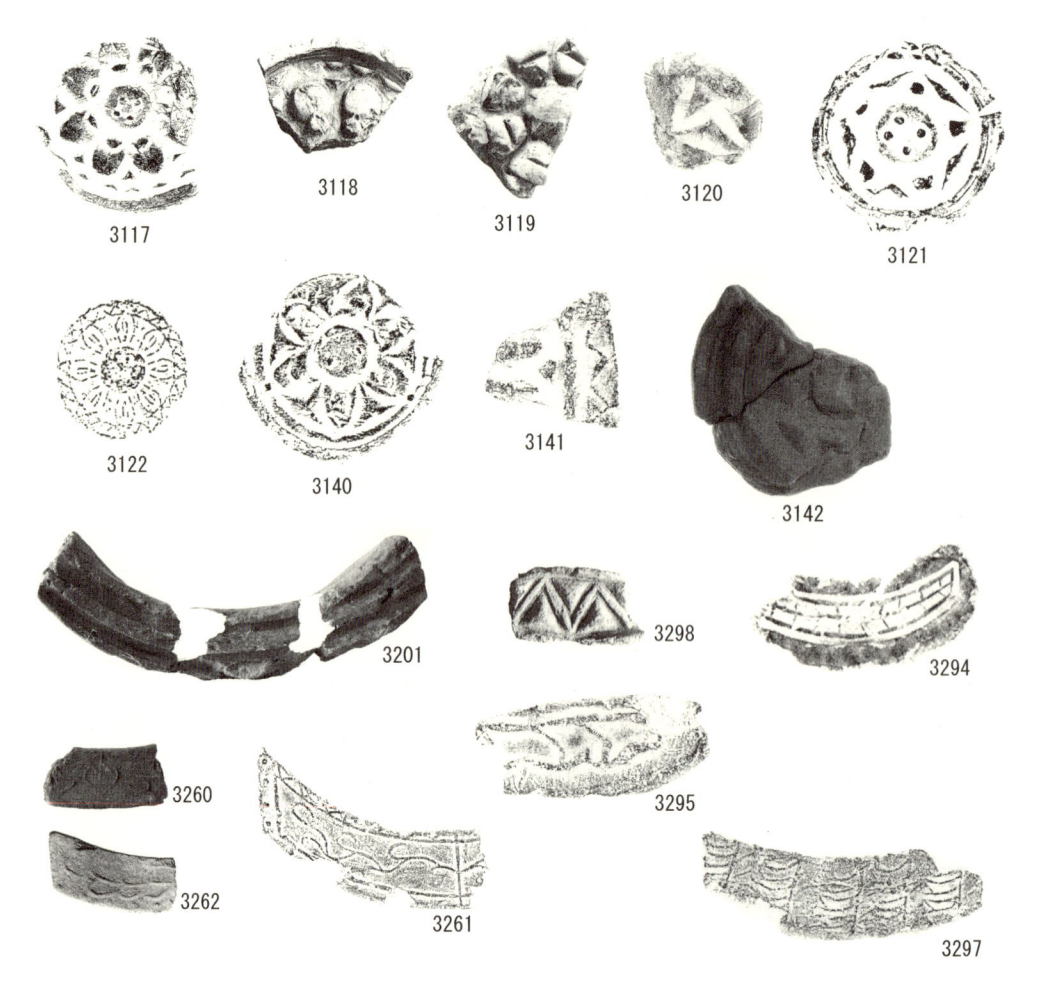

第11図 那賀郡内の官衙遺跡から出土している主な軒先瓦（縮尺不同）

き重弧文を採用したのも台渡里廃寺跡長者山地区の影響が強かったことによるものであるとし、「台渡里遺跡長者山地区における郡家正倉の造営に関った工人が移動した、と考えて良いだろう。従って、長者山地区における正倉の造営は、少なくともに、多賀城の造営が始まる以前には開始されていたと考えなければならない」（須田 2005、109頁）と技術者の移動と台渡里廃寺跡長者山地区の造営年代について言及された。

この多賀城創建期の重弁八弁蓮華文軒丸瓦の祖型に、台渡里廃寺跡長者山地区の3117型式軒丸瓦が関与しているとする須田氏の見解に対し、山路直充氏は瓦当文様の型式変化の視点から、内区外周の圏線の消失を捉え、郡山遺跡→多賀城→那賀郡家とするほうが自然であるとし、髙井氏や黒澤氏と同様の立場を取る（山路 2005a）。

以上が先行研究の概要であるが、筆者は髙井氏、黒澤氏、山路氏の見解と同様、台渡里廃寺跡長者山地区や田谷廃寺跡、大串遺跡（第7地点）の多賀城様式瓦は、多賀城のものよりも時期的に後出するとみる立場を支持する。

須田氏が想定されているように、多賀城創建期に位置づけられる下伊庭野窯の瓦生産の際に那賀郡衙正倉院の造営に関った工人が組み込まれ、出土している 116 型式（重弁八弁蓮華文軒丸瓦）の文様創出に関わったとすれば、彼らが作り慣れ、見慣れていたはずの 3117 型式が台渡里廃寺跡長者山地区で最初に屋根に葺かれた創建瓦として存在しなければならない。ところが、台渡里廃寺跡長者山地区で 3117 型式は少数しか出土しておらず、屋根に最初に葺かれた瓦として理解することは困難である。また、成形台文字瓦も点数的には少量である。量的な観点から言えば、3117 型式や成形台文字瓦は、那賀郡衙正倉院の補修瓦ということになり、多賀城の模倣品と理解すべきではないか。

　那賀郡衙正倉院では、7 世紀後葉～末に遡る竪穴建物跡と主軸が一致する掘立柱建物が確認されていることから（川口・渥美・木本 2009）、正倉院の造営が多賀城の創建期よりも古くなるという理解については問題ないとみられるが、礎石立ちの瓦倉の年代が多賀城の創建期よりも古くなるのか否かについては現状では不明である。

　離れた地域間で似たような文様や類似する製作技術によって生産された瓦が確認される現象の背景には、文様情報や技術の伝播等の要因が関与していると思われるが、その根底には人の移動が必ずある。

　先にも指摘したようにヘラ描き三重弧文軒平瓦の顎面の鋸歯文の描出順序は、多賀城政庁ⅠB 期の生産遺跡である木戸窯から出土しているヘラ描き三重弧文軒平瓦の顎面の鋸歯文と類似した描出順序を採用しており、黒澤氏や須田氏が想定されるように技術者あるいは技術指導者の移動があったことは間違いない。しかし、その出自が那賀郡にあって、多賀城造営に際して派遣された人々が造営の一段落に伴い帰還したと理解するのか、あるいは出自が陸奥国にある技術者あるいは技術指導者が、那賀郡司の私穀献納を契機に那賀郡衙正倉院・正倉別院の瓦倉造営に際し招聘されたと理解するのかによって、歴史像は変わってくる。この点については、今後の課題としなければならないが、現状で指摘できることは、顎面に鋸歯文が描かれた三重弧文軒平瓦の鋸歯文やその描出順序、顎面のヘラキズは多賀城のものと似ているが全く同じではないことである。このことから、多賀城造営に伴う屋瓦生産に参画していた技術者そのものが那賀郡衙正倉院の屋瓦生産に動員され、多賀城造営の際に習得した技術を発揮・運用したというよりは、その技術を指導する立場にあった人物の指導を受けた在地の技術者が、自らの方法で似たような瓦を生産したという仮説を立てておきたい。

5　瓦の年代

　これまで取り上げてきた常陸国那賀郡内の正倉院から出土する多賀城様式瓦の年代的位置については、多賀城創建期よりも後出すると述べてきたが、その年代はどの程度限定できるのであろうか。

　瓦窯から伴出する土器の技術的・形態的特徴を基軸におおよその年代を把握することが出来る

と考えられるが、残念ながら那賀郡内の瓦窯では3117型式や顎面に鋸歯文を持つヘラ描き三重弧線文軒平瓦そのものの出土が確認されていない。

そこで、以下では多賀城関連生産遺跡からみた軒瓦の年代、郷里名の記銘された文字瓦の年代、那賀郡内の集落遺跡出土瓦からみた相対年代について検討し、大凡の年代を絞り込んでみたい。

（1）多賀城関連生産遺跡からみた軒瓦の年代

顎面に鋸歯文を持つヘラ描き三重弧線文軒平瓦と同様の軒平瓦は、多賀城政庁跡第ⅠB期に位置づけられる下伊場野窯跡群や木戸窯跡群、日の出山窯跡群から出土している。先にも述べたように、筆者は髙井悌三郎氏、黒澤彰哉氏、山路直充氏の見解と同様、常陸国那賀郡内の正倉院から出土する多賀城様式瓦は、多賀城のものよりも型式的に後出するとみる立場を支持しており、多賀城で使用されていたものの模倣品と理解している。

多賀城Ⅰ期政庁は神亀元（724）年にはほぼ完成していたとみられることから（古川 2008）、顎面に鋸歯文を持つヘラ描き三重弧線文軒平瓦は神亀元年（724）以降に位置づけられよう。

（2）郷里名の記銘からみた文字瓦の年代

文字瓦は本稿で取り上げた4遺跡から出土しているが、郷里名が記銘されたものが多数確認されている。これらの生産年代については、森郁夫氏により郷里制の施行されていた霊亀3年（717）～天平12年（740）の期間に生産されたと理解されている（森1973）。また、山路直充氏は那賀郡司が多賀城造営にならって郡衙正倉院に瓦葺建物を採用し、瓦の生産経費負担に多賀城政庁Ⅰ期の造営で生産された文字瓦の生産システムが伝播したと理解されている（山路 2004a・2004b・2009）。多賀城Ⅰ期政庁は神亀元（724）年にはほぼ完成していたとみられ（古川 2008）、成形台文字瓦や郷里名のみられる文字瓦は多賀城政庁跡第ⅠB期に位置づけられる下伊場野窯跡群や日の出山窯跡群から出土している。山路氏の伝播説に従えば、常陸国那賀郡内の正倉院から出土する文字瓦の年代については多賀城政庁跡第ⅠB期の開始時期である神亀元（724）年から郷里制の施行終焉年代である天平12（740）年の期間に限定できる。

（3）那賀郡内の集落遺跡出土瓦からみた相対年代

ひたちなか市鷹巣遺跡第33号住居跡と第65号住居跡からは8世紀第3四半期の須恵器が出土しているが、この竪穴住居跡の竈の煙道部に台渡里廃寺跡長者山地区や大串遺跡第7地点、田谷廃寺跡から出土しているものと同様の文字瓦（有段式丸瓦）が転用されており、瓦の年代は8世紀第2四半期に遡るとみられる（鈴木・窪田・色川・稲田 2008）。また、水戸市堀遺跡第9地点では、8世紀第3四半期から第4四半期に位置づけられる竪穴建物跡から、台渡里廃寺跡長者山地区の正倉に葺かれていたものと同じ平瓦や文字瓦が出土しており（小川・大渕・渥美・川口・木本 2008）、瓦の年代は8世紀第3四半期以前に遡るとみられる。

以上の点から、常陸国那賀郡内の正倉院から出土する多賀城様式軒瓦や文字瓦の年代について

は、8世紀第2四半期に遡る可能性が高く、多賀城政庁跡第ⅠB期の開始時期である神亀元年(724)から郷里制の施行終焉年代である天平12(740)年の16年間の期間に絞り込めると理解しておきたい。

6　課題と展望

　本稿では、常陸国那賀郡内の4遺跡から出土している多賀城系の瓦当文様を持つ軒瓦と文字瓦を取り上げ、それらの出土状況、技術的・形態的特徴について検討するとともに、多賀城様式瓦が瓦倉の軒先に採用された背景とその年代的位置について言及した。

　結論としては、これらの瓦は多賀城政庁跡ⅠB期の瓦生産に従事した技術指導者が那賀郡へと移動し、郡衙正倉を瓦葺化する際に多賀城政庁跡ⅠB期の瓦生産で運用されていた技術を在地の技術者に伝達した結果、技術的・形態的特徴が酷似した瓦が生産されたとのではないかという仮説を提示した。そして、その年代については、多賀城政庁跡ⅠB期の開始年代である神亀元(724)年から郷里制の施行終焉年代である天平12(740)年の期間に限定できるとした。

　瓦の年代観については大方の賛同が得られると理解しているが、多賀城から那賀郡へ移動した人間が技術指導者であったという仮説については賛否があると考える。

　この仮説を検証していくための手段のひとつとしては、顎面に鋸歯文が描かれたヘラ描き重弧文軒平瓦の文様の描出順序について、1点ずつ検討していかなければならない。本稿では1点しか取り上げられなかったが、台渡里廃寺跡長者山地区と多賀城関連遺跡の両方で同じ視点に基づいて検討し、同一の技術によるものが確認されれば、技術者の移動も想定されるようになるし、同一の技術によるものが全く確認されなければ本稿で提示した仮説の妥当性も高まってくるのではないか。

　また、今後の課題として挙げられるのは、生産遺跡の調査である。これまで那賀郡内の生産遺跡で調査されているのは、ひたちなか市足崎に所在する原の寺瓦窯跡群、水戸市谷津町に所在する木葉下窯跡群が挙げられるが、両遺跡からは多賀城様式とみられる3117型式重弁八弁蓮華文軒丸瓦や顎面に鋸歯状の三角文を持つヘラ描き重弧文軒平瓦は出土していない。

　3117型式重弁八弁蓮華文軒丸瓦から変化したとみられる3118型式軒丸瓦～3120型式軒丸瓦(第11図)の生産遺跡については未詳であるが、3121型式軒丸瓦や3140型式軒丸瓦(第11図)などが、原の寺瓦窯跡群で生産されている状況を考慮すると、型式的に先行するとみられる3117型式軒丸瓦～3118型式軒丸瓦、3119型式軒丸瓦なども原の寺瓦窯跡群で生産されている可能性があろう。また、3122型式(第11図)と組み合う唐草文式軒平瓦(第11図の3260～3262型式)も生産遺跡は確認されていないが、胎土や色調の類似点から原の寺瓦窯跡群で生産されていた可能性がある。

　また、軒瓦の組み合わせについても検討する必要がある。台渡里廃寺跡長者山地区の正倉出土瓦については、現在も整理作業が継続中であるため、数量を提示することは出来ないが、型式学

的に3117型式が最も古く位置づけられるように思えるが、出土量は少なく、最も出土量が多いのは3122型式である。他方、軒平瓦はヘラ描き重弧文軒平瓦が最も多く、唐草文軒平瓦は量的に少ない。そうすると、屋根に葺く際には文様に基づくセット関係は成立しておらず、文様の異なる軒瓦同士で軒先が飾られたことになる。その背景について明確な答えを用意できていないが、正倉の屋根を瓦葺化する際に瓦倉の棟数が多かったため、瓦の生産が間に合わず、異なる文様同士の瓦で軒先を飾らざるを得なかった状況が考えられようか。那賀郡は22郷から成る大郡で、租税として収奪した稲穀を収納・備蓄しておく正倉もそれなりの数が必要とされたはずである。

　また、今回は軒瓦と文字瓦しか取り上げなかったが、量的に最も多い平瓦・丸瓦についても多賀城政庁跡出土資料と比較・検討していく必要がある。今後の課題とし、収束としたい。

＜謝辞＞

　本稿は、2008年12月20日に開催された国士舘大学考古学会での口頭報告「常陸国那賀郡における郡衙正倉院・正倉別院の瓦生産─陸奥国との関わりを中心に─」を基にその後に得られた知見等を加筆したものである。当日は会長である須田　勉先生をはじめ、吾妻俊典氏、大嶌正之氏、越前屋理氏、河野一也氏、佐藤敏幸氏、眞保昌弘氏から有益な御助言を頂戴しました。

　また、次の方々、諸機関からも台渡里廃寺跡をはじめとする常陸国那賀郡の古代寺院・官衙遺跡の調査を通じて多くの御指導・御教示をいただくとともに物心両面での御支援・御協力を賜っている。文末ではありますが、御芳名を記して御礼申し上げます。

　青山俊明、阿久津　久、渥美賢吾、荒井秀規、出浦　崇、大津郁子、大橋泰夫、岡本孝之、岡本東三、加藤真二、鴨志田篤二、川井正一、川崎純徳、瓦吹　堅、黒澤彰哉、木本挙周、木本好信、小松崎博一、後藤道雄、近藤康司、斎藤弘道、坂井秀弥、佐々木義則、新垣清貴、清野孝之、清野陽一、高島英之、玉田芳英、藤木　海、三舟隆之、宮内良隆、村田晃一、森　郁夫、山路直充、山中敏史、茨城県教育庁文化課、古代官衙・集落研究会、帝塚山大学考古学研究所、取手市埋蔵文化財センター、文化庁記念物課（五十音順、敬称略）

引用・参考文献

伊集重敏　1975　『常陸考古学研究所学報第16集　SiteNo.6181　水戸地方における古代窯業の研究（その2）水戸市田谷廃寺跡出土古瓦雑考』常陸考古学研究所

茨城県立歴史館　1986　『茨城県関係古代金石文資料集成─墨書・篦書─』

茨城県立歴史館学芸部　1994a　「6.田谷廃寺」『茨城県における古代瓦の研究』茨城県立歴史館

茨城県立歴史館学芸部　1994b　「7.台渡里廃寺」『茨城県における古代瓦の研究』茨城県立歴史館

大橋泰夫　1999　「古代における瓦倉について」『瓦衣千年─森　郁夫先生還暦記念論文集─』森郁夫先生還暦記念論文集刊行会

大橋泰夫　2007　「丹塗り瓦倉の評価」『上神主・茂原官衙遺跡の諸問題』栃木県考古学会・宇都宮市教育委員会・上三川町教育委員会

小川和博・大渕淳志・川口武彦・松谷暁子　2006　『台渡里遺跡　─集合住宅建設に伴う埋蔵文化財発掘調査報告書─』水戸市教育委員会

小川和博・大渕淳志・川口武彦・木本挙周・渥美賢吾・関口慶久　2008　『大串遺跡（第7地点）―介護老人保健施設建設工事に伴う埋蔵文化財発掘調査報告書―』水戸市教育委員会

小川和博・大渕淳志・渥美賢吾・川口武彦・木本挙周　2008　『堀遺跡（第9地点）―宅地造成工事に伴う埋蔵文化財発掘調査報告書―』水戸市教育委員会

樫村宜行　1993a　『（仮称）水戸浄水場予定地内埋蔵文化財調査報告書　白石遺跡』財団法人茨城県教育財団

樫村宜行　1993b　「白石遺跡で検出された遺構について」『研究ノート』第2号　財団法人茨城県教育財団

鴨志田篤二　2003　「茨城県原の寺瓦窯跡とその周辺」『新世紀の考古学―大塚初重先生喜寿記念論文集―』大塚初重先生喜寿記念論文集刊行会

川口武彦　2005　「常陸国那賀郡における郡衙と周辺寺院―国指定史跡「台渡里廃寺跡」範囲確認調査成果を中心に―」『地方官衙と寺院―郡衙周辺寺院を中心として―』独立行政法人文化財研究所奈良文化財研究所

川口武彦　2006a　「台渡里廃寺跡の文字瓦―辰馬考古資料館所蔵資料調査中間報告（1）―」『明治大学古代学研究所紀要』創刊号　明治大学古代学研究所

川口武彦　2006b　「郡衙周辺寺院における礎石建物の調査手法と課題―国指定史跡「台渡里廃寺跡」の調査を中心に―」『帝京大学山梨文化財研究所古代考古学フォーラム　掘立柱・礎石建物建築の考古学―官衙・集落・寺院におけるその分析と研究法―　発表要旨』帝京大学山梨文化財研究所

川口武彦　2006c　「範囲確認調査の成果」『国指定記念シンポジウム　台渡里廃寺跡を考える　資料集』水戸市教育委員会・茨城県教育委員会

川口武彦　2006d　「台渡里廃寺跡観音堂山地区出土の新治廃寺式軒丸瓦―郡域を越える同笵瓦の移動とその背景―」『婆良岐考古』第28号　婆良岐考古同人会

川口武彦　2006e　「常陸国風土記と那賀郡衙 ―台渡里廃寺跡長者山地区・台渡里遺跡の調査成果を中心に―」『古代常陸国シンポジウム―常陸国風土記・国府・郡家― 発表要旨』明治大学古代学研究所、古代常陸国シンポジウム実行委員会

川口武彦　2007a　「発掘された常陸国最古の初期寺院―国指定史跡台渡里廃寺跡―」『常総の歴史』35号　崙書房

川口武彦　2007b　「台渡里廃寺跡の文字瓦―辰馬考古資料館所蔵資料調査中間報告（2）―」『明治大学古代学研究所紀要』3号　明治大学古代学研究所

川口武彦　2007c　「水戸市台渡里廃寺跡―律令国家の権威を象徴する寺院と瓦葺きの正倉―」『埋蔵文化財センター第21回企画展 2006 発掘と発見　茨城県内遺跡の発掘速報展』取手市埋蔵文化財センター

川口武彦　2008a　「常陸国新治郡衙周辺寺院と生産遺跡出土文字瓦の様相―史跡新治廃寺跡・上野原瓦窯跡出土資料を中心に―」『明治大学古代学研究所紀要』6号　明治大学古代学研究所

川口武彦　2008b　「瓦倉の瓦に記銘された名前は誰か―水戸市台渡里廃寺跡長者山地区出土人名文字瓦の分析から―」『筑波大学先史学・考古学研究』第19号　筑波大学歴史・人類学系

川口武彦　2008c　「茨城県水戸市台渡里廃寺跡長者山地区・大串遺跡第7地点」『古代交通研究会第14回大会資料集　アヅマの国の道路と景観』古代交通研究会

川口武彦　2008d　「■問題提起18■　常陸国那賀郡衙周辺における瓦倉の造営―対蝦夷政策に伴う兵站基地の荘厳化―」『地方史研究』第334号　地方史研究協議会

川口武彦　2009a　「茨城県水戸市北屋敷遺跡出土瓦の再検討」『史聚』第42号　史聚会

川口武彦　2009b　「茨城県水戸市田谷廃寺跡出土瓦の再検討―多賀城様式瓦と文字瓦を葺いた瓦倉が眠る官衙遺跡―」『日々の考古学2』東海大学考古学教室開設30周年記念論文集編集委員会

川口武彦　2009c　「ひたちなか市原の寺瓦窯跡群・奥山瓦窯跡出土の文字瓦―記銘内容の再検討を中心として―」『常総台地16号　―鴨志田篤二氏考古学業45周年記念号―』常総台地研究会

川口武彦　2010　「大串遺跡の正倉の屋根景観を考える―大串遺跡群出土瓦の数量的検討から―」『婆良岐考古』第32号　婆良岐考古同人会

川口武彦・渥美賢吾・木本挙周　2009　『台渡里1 ―平成18年度長者山地区範囲確認調査概報―』水戸市教育委員会

川口武彦・小松崎博一・新垣清貴編　2005　『台渡里廃寺跡 ―範囲確認調査報告書―』水戸市教育委員会

川崎純徳・鴨志田篤二・中野晴久　1980　『原の寺瓦窯跡発掘調査報告書』茨城県勝田市教育委員会

川崎純徳・鴨志田篤二・中野晴久　1981　『原の寺瓦窯跡発掘調査報告書』茨城県勝田市教育委員会

木本挙周　2008　「水戸市大串遺跡第7地点出土文字瓦の検討」『帝塚山大学大学院人文科学研究科紀要―発刊10周年記念号―』第10号　帝塚山大学大学院人文科学研究科紀要編集委員会

木本挙周・川口武彦　2009　「台渡里廃寺跡出土軒瓦の新資料―3127型式と矢羽根文式軒平瓦の再検討―」『婆良岐考古』第31号　婆良岐考古同人会

木本雅康　2008　『遺跡からみた古代の駅家』山川出版社

黒澤彰哉　1998　「常陸国那賀郡における寺と官衙について」『茨城県立歴史館報』25　茨城県立歴史館

志賀　崇　2002　「Ⅲ―9　瓦葺建物の比率と時期」(『古代の官衙遺跡Ⅰ　遺構編』独立行政法人文化財研究所奈良文化財研究所

進藤秋輝・高野芳宏・渡辺伸行　1975　「多賀城創建瓦の製作技法」『研究紀要Ⅱ　続多賀城碑特集』宮城県多賀城跡調査研究所

鈴木素行・窪田恵一・色川順子・稲田健一　2008　『鷹ノ巣遺跡―第2次調査の成果―』ひたちなか市・財団法人ひたちなか市文化・スポーツ振興公社

須田　勉　2005　「多賀城様式瓦の成立とその意義」『国士舘大学文学部人文学会紀要』第37号　国士舘大学文学部人文学会

髙井悌三郎　1964　『常陸台渡廃寺跡・下総結城八幡瓦窯跡』綜藝舎

古川一明　2008　「多賀城創建期について」『第34回古代城柵官衙遺跡検討会―資料集―』古代城柵官衙遺跡検討会

古川一明・太田肇　1993　『日の出山窯跡群―詳細分布調査とC地点西部の発掘調査―』色麻町教育委員会

宮城県教育委員会・宮城県多賀城跡調査研究所　1982　『多賀城跡政庁跡　本文編・図録編』

山中敏史　1994　「第一章　郡衙の構造と機能　第四節　正倉の構造と機能」『古代地方官衙遺跡の研究』塙書房

山中敏史　2007　「2　基部構造にみられる特徴（1）掘立柱建物と礎石建物」『古代官衙の造営技術に関する考古学的研究　平成15年度～平成18年度科学研究費補助金（基盤研究（B））研究成果報告書』山中敏史

山路直充　2005a　「文字瓦からみた陸奥と坂東―多賀城Ⅰ期の文字瓦を中心に―」『第3回東北文字資料研究会資料』東北文字資料研究会

山路直充　2005b　「文字瓦の生産―七・八世紀の坂東諸国と陸奥国を中心に―」『文字と古代社会　三　流通と文字』吉川弘文館

山路直充　2009　「『大伴五十戸』と記銘された軒丸瓦」『駿台史学』第137号　駿台史学会

図版出典

第1図　(蓼沼・川口・池田・瓦吹・黒澤・渥美　2004)第6図をデジタルトレースし，加筆修正　第2図　水戸市教育委員会提供　第3図　(伊東　1975)より転載　第4図　筆者作成　第5図　左(水戸市教育委員会提供)、右(宮城県教育委員会・宮城県多賀城跡調査研究所　1982)より転載　第6図　水戸市教育委員会提供　第7図　(進藤秋輝・高野芳宏・渡辺伸行　1975)より転載　第8図　水戸市教育委員会提供　第9図　(須田　2005)より転載　第10図　水戸市教育委員会提供　第11図　(川口・渥美・木本　2009)より転載

鎮守府胆沢城
―ヒト・モノの交流の舞台―

伊藤　博幸

はじめに

　平安時代、陸奥国北半部にあたる東北北部地域を中心に統治・支配した鎮守府胆沢城と、これを舞台に活動した人々の実相を考古学的資料から見ていく。

　岩手県奥州市水沢区にある胆沢城跡は、律令期の9世紀初めに造られ、王朝国家期の10世紀後半まで存続した古代城柵跡として知られている。遺跡は胆沢川扇状地北東端、北上川と胆沢川の合流付近の右岸段丘上に立地する。遺跡の中央を蛇行する九蔵川が東流して北上川に注ぐ（第

第1図　胆沢城跡と周辺遺跡主要建物跡

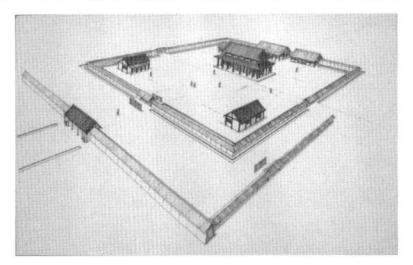

第3図　政庁の想像図

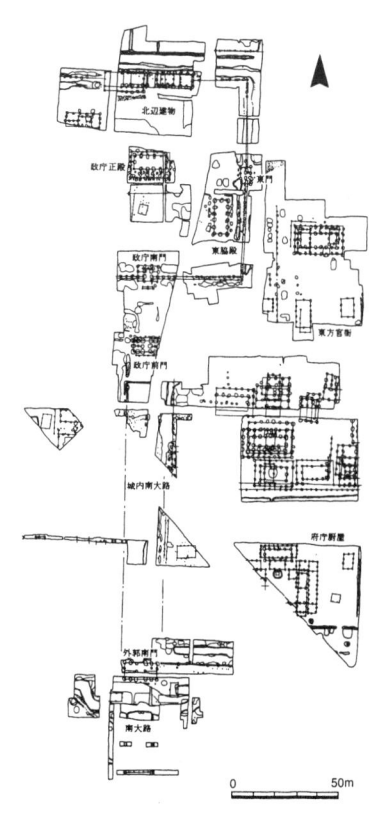

第2図　胆沢城遺跡の主要建物跡

1図）。城の構造は、一辺675mの築地で区画される外郭線と、その内部中央南寄りに一辺90m四方の大垣で区画された政庁域からなる。政庁域の周辺には実務官衙群が機能的に配置されている（第2図・第3図）。1974（昭和49）年から本格的に始まった発掘調査で、さまざまな遺構や遺物の発見が相次ぎ、城柵が政治的・軍事的支配の拠点であるとともに、多くのモノが行き交う人々の交易の拠点でもあったことが徐々に判明してきている。

1．胆沢城と東国社会

　胆沢城は、蝦夷および蝦夷の住する北方地域を支配することを目的に、802年（延暦21）に古代胆沢の地である奥州市水沢区佐倉河の地に造営された。この目的を達成するために城下に郡郷制を敷き、東国および東北南部社会から多くの農民や浪人を移住させ、在地に定着させようとした。あわせて808年（大同3）には、鎮守府を国府多賀城から移し、官制面からも機構の充実を図っていった。はじめに胆沢城跡および周辺の関連遺跡出土の主な東国関係資料を見ていく。これより胆沢城が意図した在地支配とは何かの一端が窺えると思われる。以下に取り上げる遺跡は、すべて奈良末～平安前期で、伯済寺遺跡が胆沢城跡南方約500mの微高地上にある掘立柱建物跡群と工房跡からなる集落跡。跡呂井二ツ檀遺跡は胆沢城跡の南南東約5kmにある集落跡で、古代「常石（常盤）」郷に、林前遺跡は同南南東約7kmにある大集落跡で、古代「余戸」郷にそれぞれ比定される遺跡である（第4図）。なお、胆沢城跡内の主な文字資料の出土地点については、別掲のとおりである（第5図）。

　（1）**鎮兵関係漆紙文書**（第6図）　胆沢城に派遣された武蔵国・□野国ほかの坂東諸国名と鎮兵数、統領（引率者）名を記した鎮兵に係る文書である（胆沢城跡第23次調査SD114大溝・1976年）。

【釈文】　　合□百人
　　　　　　□蔵国一百人
　　　　　　□野国二百人
　　　　　　　　□□百人　統領物部連荒人

第4図　遺跡位置図

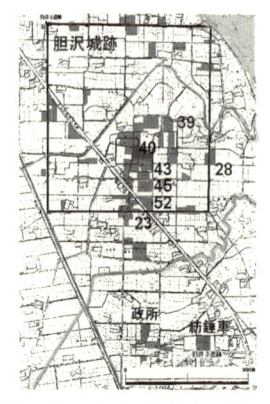

第5図　文字資料出土地点
（図中の数字は調査次数を示す）

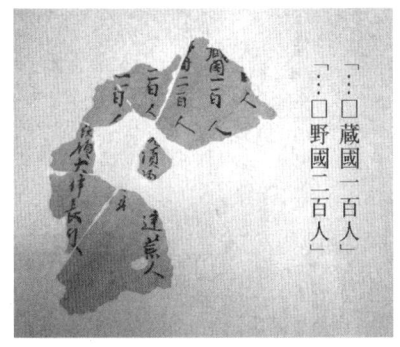

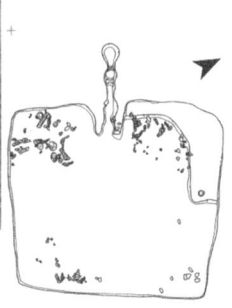

第6図　胆沢城跡出土の漆紙文書第1号　　　第7図　跡呂井二ツ壇遺跡の住居跡

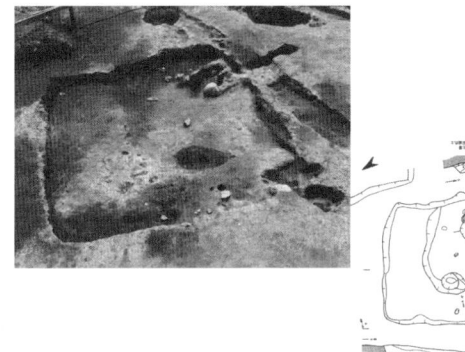

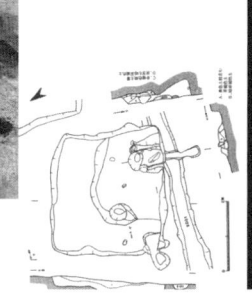

第8図　林前遺跡の住居跡　　　第9図　伯済寺遺跡出土の人名刻書紡錘車

　　　　　　　　□□百人
　　　　　　　統領大伴長□

　文書のはじめに「合□百人」と総計を記し、以下に内訳を記す形式である。すべて百人単位の人数であることから軍団兵士と見られ、武蔵・上野・下野など坂東8国から送られてきた兵士—鎮兵の数が記載されていたと推測される。陸奥国の兵制は、弘仁6年（815）8月に鎮兵制から国内兵士制に切り替えられており、この文書は弘仁6年以前の史料といえる。

　(2) **古代集落の構造**（第7図・第8図）　胆沢城周辺に配された古代集落の竪穴住居跡に、煙道の短いカマドに、ベッド（棚）状遺構が伴う構造のものが見られる。蝦夷といわれる在地系の住居のカマド煙道は、総じて長大であり、また作り付けのベッド状の施設はもたない。図8の跡呂井二ツ檀遺跡の住居跡は、東西3.8×南北4.2mのわずかに北側に広がる矩形で、住居北東寄りの壁に沿って幅35〜65cm、段差5cmほどのベッド状の高まりが逆L字形に敷設される（SI105住居・1996年）。奈良末ころの住居。第8図の林前住居跡は、一辺3.5m前後の隅丸方形で、北壁から西壁側に幅約1m、段差10〜15cmのベッド状遺構をもつ（SI24住居・1978年）。平安前期の住居。これらは東関東系の住居形態である。ただし、出土遺物は在地系の土器群である。

　(3) **その他の出土遺物**（第9図〜第16図）　第9図は伯済寺遺跡出土の人名刻書紡錘車で滑石製、径5.1、厚さ1.4cm、重量35 gある。片面に細く鋭い線で、反時計回りに「金見長秋[女]ヵ」と女

第10　胆沢城跡出土関東系土師皿（1） 　　　　図11　胆沢城跡出土関東系土師皿（2）

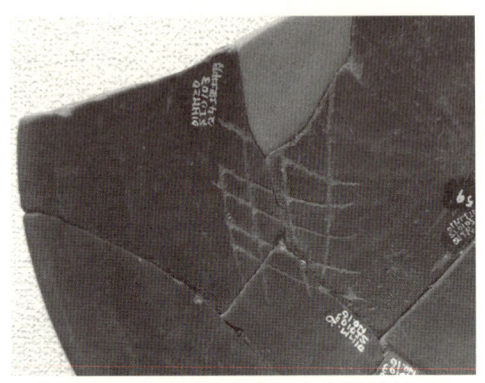

第12図　林前遺跡出土の九字資料 No.59 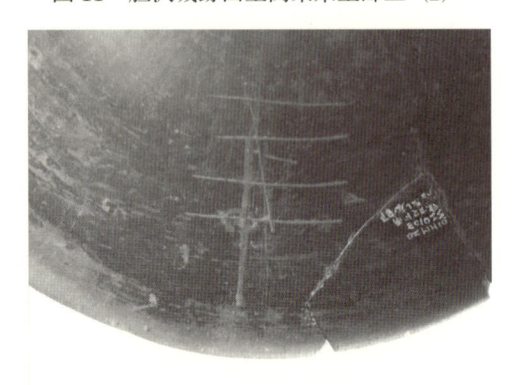　　　第13図　林前遺跡出土の九字資料 No.70

第14図　林前遺跡出土の九字資料 No.107 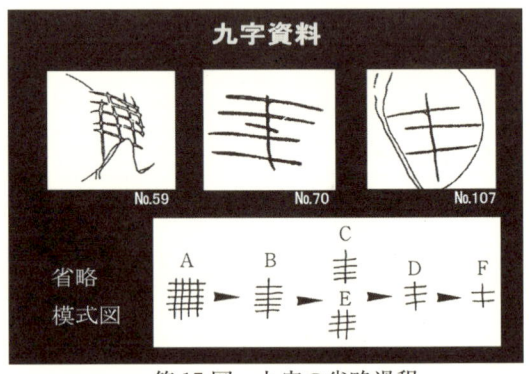　　　第15図　九字の省略過程

性の名を刻む（SI01住居・2001年）。北関東地方に類例が多く、東北ではほとんど例がない。第10図・第11図は関東系の土師器皿である。口径14.6～15.0cm、器高2.7～3.0cmで、内面黒色仕上げ、底部外面回転ヘラケズリ、内外ヘラミガキなど製作は東北の手法だが、形態は東北の土器と異なる（胆沢城跡第43次調査 SK854土壙・1983年）。関東地方の影響を受けたものと考えられる。第12図～第15図は林前遺跡出土の九字資料である。資料は1棟の住居から一括で約30点出土した。すべて土師器の焼成後に九字を線刻したもので、ほとんどが内面に刻される。うち第12図は、口径14.3、器高5.0、底径5.4cmの糸切り杯で、口縁部内側に3×2cmの範囲に、タテ4

×ヨコ5本の完全な形の九字を切る唯一の例である。第13図・第14図は、口径14.2cm前後の回転ヘラ切りの杯で、タテ1本にヨコが5、3本の例である（第20次調査SI0103住居・2001年）。これらの線刻を九字に関連した記号としてみると、共伴した線刻資料との分析から九字の省略過程を推定することができる。それを示したのが第15図である。はじめの9本線Aから最終的に1×2本Fにまで省略されていることが判明する。ただし、省略化といってもAからB、さらにCへというように時間的経過を追って変化したのではなく、すでに本住居では各種同時に並行して線刻されている。それらの型式学的序列を整理すると以上のようになるということである。これらは九字の導入からほとんど間をおかずにB、C…が刻まれていった事実を示すものであろう。省略化された例は、胆沢城からも多く出ている。第16図は、胆沢城跡出土の人名墨書土器である。口径14.1、器高5.2、底径6.4cmの須恵器杯で、口縁部に正位に「上毛野朝臣　広世」と墨書きする。姓と名は対応する面に分かち書きされる（胆沢城跡第28次調査SD301大溝・1977年）。有力氏族上毛野氏の末裔か。上毛野氏が9世紀前半にも蝦夷政策に関与していることを示す資料。

　このように、初期における胆沢城支配とは、一面では東国社会の習俗や習慣の移動であり、支配システムも東国社会の人々の生活水準に依存した体制であったと見ることもできる。それは彼らがもっているイデオロギーが在地に布衍することでもあった。延暦21年（802）正月、胆沢城造営の傍ら駿河・甲斐・相模・武蔵・上総・下総・常陸・信濃・上野・下野等の国から浪人4,000人を胆沢城に配したことと、和名抄に見える胆沢・江刺郡の信濃・甲斐・白河・下野・常石・上総などの郷名の存在は、表裏の関係にあり、考古学資料がこれを裏付けているといえる。また郡郷制の施行は、蝦夷支配のための新体制づくりでもあったが、胆沢城下には一定数の柵戸（移住系住民）と蝦夷（在地系住民）が混住していたことが窺われる。このような混沌とした中から在地社会の再編という課題が推進されていったのである。

2．胆沢城と蝦夷社会

　一方、胆沢城においては蝦夷との交流を示す資料はそれほど多いわけではない。しかしながら、東北南部からの人々の移動、あるいは支配体系への蝦夷系の人々の関与が窺われる資料がある。

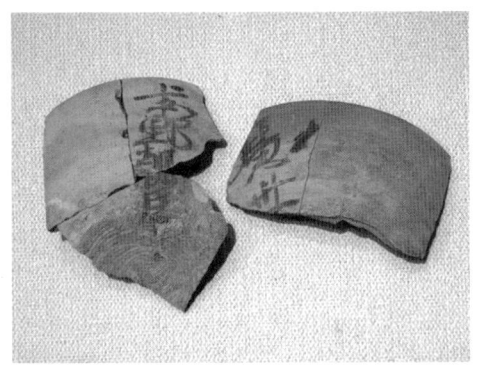

第16図　胆沢城遺跡出土の人名墨書土器

第17図　胆沢城遺跡出土の漆紙文書第43号

(1) 漆紙文書（第17図・第20図）　第17図は、胆沢城に貢進された陸奥南部からの兵士歴名簿である。次に紹介する第18図の食糧支給関係文書と一緒に投棄されていた（胆沢城跡第45次調査SK925土壙・1984年）。漆紙の全体は24×15cmほどの大きさで遺存、別紙を補っており、漆桶径は約24cmと推定される。主な釈文は次のとおりである。

【釈文】　　　　　　　、駒椅郷八戸主巫部人永□□
　　　（人名）　□年廿三　、高椅郷廿五戸主刑部人長戸口
（紙継ぎ目）－－－－－－－－－－－－－－－－－－－－
　　　　　　　　　　　、駒椅郷十七戸主巫部本成戸口
　　　（人名）　□年卅一　潞城郷五十戸主吉弥侯部黒麿戸口
　　　　　　年廿三　　　駒椅郷冊八戸主巫部諸主戸口
　　　巫部□□麿年冊六　、潞城郷卅八
　　　　　　　　　　　、駒椅郷廿一戸主丈部犬麿戸口
　　　　　　　　　　　、衣前郷□

文書の形式は、上段が人名＋年齢、下段が郷名＋数値＋戸主＋人名＋戸口の体裁をとる。上段

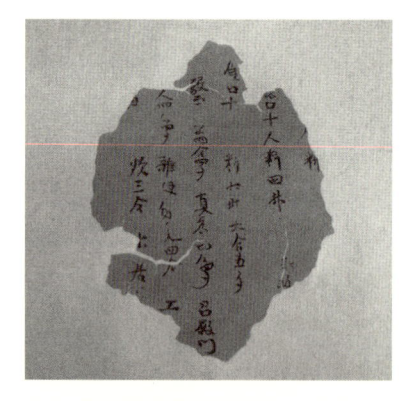

第18図　胆沢城跡出土の漆紙文書第44号

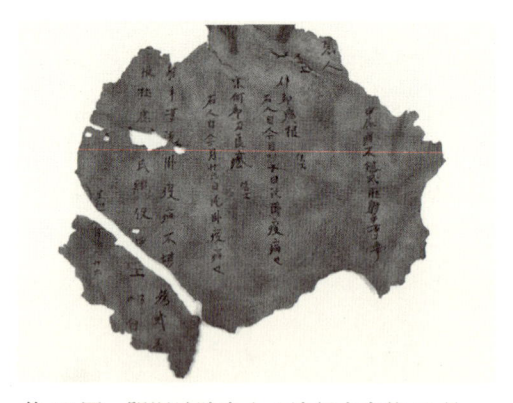

第19図　胆沢城跡出土の漆紙文書第18号

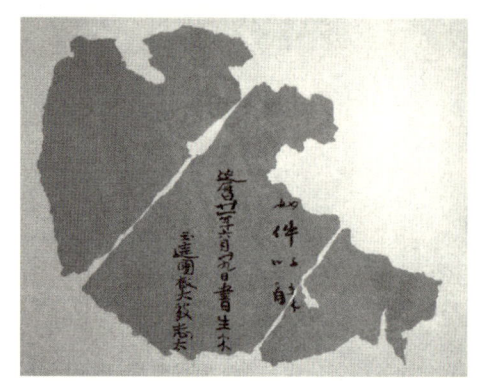

第20図　胆沢城跡出土の漆紙文書第6号

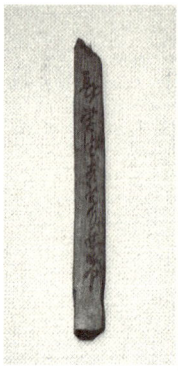

第21図　胆沢城跡出土の木簡第17号

第22図　胆沢城跡出土の木簡第18号

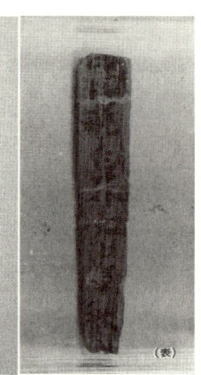

第23図　胆沢城跡出土の木簡第12号

の人名は、他の例から見てもすべて成人男子に限られている。下段はその人名の本貫地および戸主名であり、郷名の次の数値は各郷の戸主に付せられた「戸番」である。駒椅・高椅・潞城・衣前の諸郷は陸奥国柴田郡の郷名であり、本史料は、柴田郡から郷単位で胆沢城へ兵士を貢進した戸番をもつ兵士歴名簿ということができる。なお、各行頭にある、は、本帳簿の照合の痕跡を示す合点である。

　第18図は、兵士歴名簿と共伴した、食糧支給関係文書である。長径17×短径12cmの大きさで遺存。主な釈文は次のとおりである。

【釈文】　　□人料
　　　　　　□□口十人料四升　　　□□□
　　　□□隻口十□人料□升九合五勺　　□□　□□
　　　　□穀弓□□四合四勺真□四合四夕　召殿門□
　　　　　□人四合四勺　雑使健児四合　　　工□
　　　　　□□四合　　炊三合　土居□□

　本史料は支給額の少量なことから、鎮兵関係とするよりは、間食料（二食のほか、激務に従事する者などに支給された食事）支給に関する食口帳の類と推定される。ことに間食料が主に人別四合の例が多い傾向にあることを知り得る史料でもある。ここに見える「隻」「穀弓」「雑使健児」などは、軍事関係の職務に携わる人々と考えられ、下級兵士の可能性がある。「召殿門」「土居」は兵士の守備する場所を指すものと推定される。発掘調査でこれらの施設は、政庁南門の南30mにある門構造の建物およびこれの区画施設に相当するものと考えられている（第2図・第3図）。

　第19図は、陸奥国中部から胆沢城に宛てた番上健士関係の解文である（胆沢城跡第43次調査南包含層3b層・1983年）。全体が27.5×31.5cmの大きさで残っており、ほぼ原状の一紙に相当する。主な釈文は以下のとおり。

【釈文】　　　　□　　申依病不堪戍所射手等事
　　　　　　□貳人
　　　　　　　番上
　　　　　　　　伴部廣根　健士
　　　　　　　　　右人自今月廿五日沈臥疫病也

　　　　　　　　宗何部刀良麿　健士
　　　　　　　　　右人自今月廿六日沈臥疫病也

　　　　　　　□射手等沈臥疫病不堪為戍□
　　　　　　　□主帳牡鹿連氏縄使申上以解
　　　　　　　　承和十年二月廿六日□

　文書の書式は解文である。冒頭の差出し部分を欠くが、内容は病気のために戍所（守備地）に

赴けない射手のことを言っている。3行目以下がその内訳である。本来、番上すべき健士である伴部廣根と宗何部刀良麿の2名は、今月の2月25・26日より疫病（流行病）のため臥していると、その理由を記している。その旨を承和10年（843）、陸奥国小田団（宮城県北部）から胆沢城へ報告するため、主帳牡鹿連氏縄が使者として申上したものである。

第20図も同じく、陸奥国中部から胆沢城へ発せられた解文である（胆沢城跡第40次調査 SK654 土壙・1981年）。残存部は解文の文末部分のみで、本文は不明である。

【釈文】　□員□　□如件以解
　　　　　延暦廿一年六月廿九日書生宗□
　　　　　　　玉造団擬大毅志太□

上申書の内容は不明だが、延暦21年（802）は胆沢城の造営年である。「志太□」は玉造郡に隣接する志太郡の郡名を負う点から、おそらく志太郡の豪族と推定される。現在の宮城県北部の玉造団に擬大毅として志太郡の豪族が参加していたことを裏付ける史料である。図23の史料とあわせると黒川以北の諸郡は、山道方面が玉造団に、海道方面が小田団にそれぞれ属していたことが判明する。いずれも軍団関係の貴重な史料である。

（2）木簡（第21図〜第23図）　第21図は、胆沢城府庁厨屋井戸跡出土の勘合木簡である。次の第22図の木簡と一緒に出土した（胆沢城跡第52次調査 SE1050井戸・1986年）。上端を欠く。現存長13.1×幅1.9×厚さ0.8cmある。

【釈文】　□勘書生吉弥侯豊本

片面は削られ、文字は確認できない。内容は上部を欠くが、鎮守府の書生吉弥侯豊本が上部に記載されていたと思われる物品等の数量について帳簿類と照合したこと（「勘」）を記したものである。「吉弥侯」姓は坂東にも見られるが、その多くは古代東北地方の蝦夷系住民（この段階はほとんどが俘囚）が有したもので、これより在地蝦夷系が鎮守府在庁に登用されている可能性があることを示す史料といえる。

第22図は、勘合木簡と共伴した、胆沢城への貢進荷札木簡である。上端の両角を削り落して山形とし、下端は両側から削って尖らせた形態。寸法は18.5×2.0×0.2〜0.4cmある。

【釈文】　和我連□□進白五斗

内容は、和我地方の有力者である和我連氏が白米を胆沢城に貢進したときの荷札で、五斗＝1俵ごとに付けたものである。府庁厨屋から出たことに意義がある。和我氏に関しては、天平9年（737）に出羽方面を通じて「和我君計安塁」という有力者がおり、ほぼ100年を経て、連姓に上昇していることが判明する。

第23図は、陸奥国柴田郡からの貢進荷札木簡である。北方官衙井戸跡から出土（胆沢城跡第39次調査 SE573井戸・1981年）。非常に小型の木簡で、頭部をゆるく山形状に削り、下端は折損している。現存長9.8×1.6×0.6cmある。

【釈文】　柴田郡白木郷中臣秋□

本史料は、柴田郡白木（新羅）郷から中臣秋□が胆沢城へ貢進した物資（物品名は不明）の付札

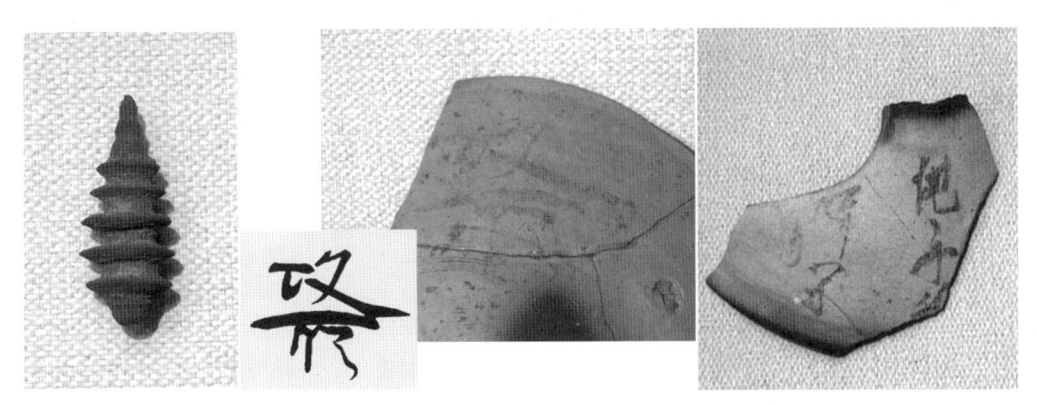

第24図　伯済寺遺跡出土の銅製仏具　　第25図　伯済寺遺跡出土の墨書土器　　第26図　高瀬Ⅰ遺跡出土の墨書土器

である。北方官衙は、胆沢城への物資搬入などの事務を扱うところで、そこから出たことに意義がある。

　(3) その他の出土遺物（第24図～第26図・第27図・第28図）　第24図は、伯済寺遺跡出土の銅製仏具である（SX01土壙・2002年）。本跡は、鉄製品が一括で多く出土する大きな土壙である。法量は長さ3.9×径1.3cm、重量22.8ｇある。百万塔の先端か、多宝塔の頂部、あるいは錫杖の飾り金具と推定される。第25図も同じく伯済寺遺跡出土の墨書土器で、口径14.5、器高4.6、底径6.3cmの土師器杯である（SK122土壙・2005年）。口縁部に正位で「政所」と墨書される。周辺に「館」に関わって家政機関的な部署の存在を推定させる資料である。時期は9世紀末ころ。第26図は、古代の閇伊村である遠野市高瀬Ⅰ遺跡出土の墨書土器で、土師器破片である（D区西側低地層・1989年）。口縁部に逆位に「地子稲得不」と墨書する。和文体で「地子稲を得ず」と読み、「地子を支給されていない」の意と解される。『延喜式』では、陸奥・出羽両国の「地子」は現地で用いられることとされている。このうち陸奥国の地子は、儲糒（たくわえの糒）ならびに鎮兵粮（食糧）に、出羽国の地子は、狭禄に充てることと規定されている。本資料は、この地の服属した蝦夷が、支給されるべき「地子稲」を得ていない事実を、土器に書き記したものとみられる。

　第27図・第28図は、胆沢城東方官衙地区出土の国産施釉陶器・中国産陶磁器である（胆沢城跡第43次調査・1983年）。城内からの陶器類は、政庁周辺出土資料が圧倒的に多い。比率は国産95％、中国産5％である。国産では緑釉陶器、灰釉陶器があり、3分2が緑釉陶器である。中国産陶磁器はいわゆる初期輸入陶磁器のもので、越州窯系青磁と邢州窯系の白磁がある。青磁がわずかに多い。国産施釉陶器の産地別では、畿内産（近江、山城系）、猿投産、尾張産、東濃産などがあり、過半数を畿内産が占める。器種には、大別して椀・皿・瓶・香炉・壺・唾壺・鉢などがある。時期は、9世紀前半から後半にかけてのものが多く、10世紀前半代になるとほとんど出土しなくなる。替わってこの段階になると、周辺集落跡からの出土が多くなる。施釉陶器群の集落への拡散である。

　このほかに、墨書人面土器、武器・農具の形代、久慈産の琥珀などがある。

鎮守府胆沢城─ヒト・モノの交流の舞台（伊藤）　　153

第27図　胆沢城跡出土の国産施釉陶器と中国産陶磁器（1）

第28図　胆沢城跡出土の国産施釉陶器と中国産陶磁器（2）

おわりに

　以上、鎮守府胆沢城を舞台にした人々の交流の実相を見てきた。城柵としての胆沢城はいうまでもなく、水陸の交通の要衝の地に立地している。これは城の造営当初から（収奪か互恵的関係かを問わなければ）人々や物資の行き交う交易センター、交流の場という性格をも有していたことを示す。胆沢城が単なる城砦ではなく、蝦夷支配の拠点であると同時に、国家の側の人々と蝦夷との交流の場でもあったと捉えることができる。交通・交流が政治や軍事的側面のほかに経済的側面をもつことはつとに指摘されているが、この点からすると蝦夷との最大の交流は交易ということになる。考古学的に見て、さまざまな性格や機能を見せているのが、鎮守府胆沢城の姿といえるし、その過程を通して、蝦夷・俘囚と呼ばれた在地の有力者らが在庁として公権力に参画していったことも見ることができた。また、その背後には、東国や東北南部社会のさまざまな生活や信仰形態が徐々に、在地に根付いていったことがあげられる。優劣はともかく、このような共通の基盤が形成されていったことで、新たな北東北型の蝦夷・俘囚社会ができたと考えられる。六国史等には、坂東諸国の負担関係が多く記載されているが、考古資料は意外に陸奥南部〜中部の諸郡の負担も多くあったことを示していると解される。この点の具体的検討は、これからの大きな課題である。

付記　本稿は2010年5月22日に開催された、日本考古学協会第76回総会（於　国士舘大学文学部）において同題で行った記念講演をもとに、その後の考察も含め論文のかたちにまとめたものである。

引用・参考文献

板橋　源・田中喜多美・斎藤　忠　1957　『胆沢城跡調査報告』岩手県教育委員会

小向裕明・佐藤浩彦　1992　『高瀬Ⅰ・Ⅱ遺跡—県営圃場整備事業松崎地区関連遺跡発掘調査—』遠野市教育委員会

伊藤博幸　1997　「律令期村落の基礎構造—胆沢城周辺の平安期集落—」『岩手史学研究』80号　岩手史学会

伊藤博幸　2000　「胆沢城跡殿門跡の発掘調査」『日本考古学』10号　日本考古学協会

伊藤博幸　2002　「胆沢城跡の発掘調査の成果」『第28回古代城柵官衙遺跡検討会資料集』古代城柵官衙遺跡検討会

伊藤博幸　2005　「古代城柵における最近の研究成果—胆沢城・志波城・徳丹城—」『国士舘考古学』1号　国士舘大学考古学会

伊藤博幸　2007　「徳丹遷城論—城柵造営のメカニズム—」『国士舘考古学』3号　国士舘大学考古学会

伊藤博幸　2007　「胆沢地方の古代掘立柱建物群とその評価」『岩手考古学』19号　岩手考古学会

伊藤博幸・佐久間賢・平川　南　1982　『胆沢城跡—昭和56年度発掘調査概報—』水沢市教育委員会

伊藤博幸・佐久間賢・平川　南　1983　『胆沢城跡—昭和57年度発掘調査概報—』水沢市教育委員会

伊藤博幸・佐久間賢・平川　南　1984　『胆沢城跡—昭和58年度発掘調査概報—』水沢市教育委員会

伊藤博幸・佐久間賢・平川　南　1985　『胆沢城跡—昭和59年度発掘調査概報—』水沢市教育委員会

伊藤博幸・佐久間賢・土沼章一　1986　『胆沢城跡—昭和60年度発掘調査概報—』水沢市教育委員会

伊藤博幸・佐久間賢・平川　南　1987　『胆沢城跡—昭和61年度発掘調査概報—』水沢市教育委員会

伊藤博幸・佐々木志麻・佐藤良和　2003　『林前南館跡—市道秋成本線建設に伴う緊急発掘調査—』水沢市埋蔵文化財調査センター

伊藤博幸・千田政博・池田明郎　1997　『杉の堂遺跡群—跡呂井二ツ檀地区の調査—』水沢市埋蔵文化財調査センター

伊藤博幸・新田　賢　1979　『林前遺跡—区画整理に伴う範囲確認調査—』水沢市教育委員会

佐藤良和・遠藤榮一　2006　『林前Ⅱ遺跡・寺ノ西遺跡—マイアネタウン造成工事に伴う緊急発掘調査—』水沢市埋蔵文化財調査センター

司東真雄　1967　「七・八世紀頃の通路考—岩手県の場合—」『日本歴史』224号　日本歴史学会

千田幸生・伊藤みどり　2007　「伯済寺遺跡」『水沢遺跡群範囲確認調査—平成17年度発掘調査概報—』奥州市教育委員会

寺院と瓦生産からみた律令国家形成期の陸奥国

佐川　正敏

1．東アジアを意識した華夷思想の導入と陸奥国での版図拡大戦略

（1）東アジアを意識した倭国首都の変遷と華夷思想の導入

　飛鳥時代にも中国や朝鮮半島の先進文化を摂取する過程で、倭国を大変革したある種の文明開化があった、と大橋一章氏は主張している（大橋 1997）。倭国は東アジアの一員であることを意識し、存在を認められるために、外交使節の往来、政治制度の整備、度量衡や暦法の導入、仏教の受容、技術者の招聘、留学生・僧の派遣、そして都城制の導入と仏教寺院の造営などを、7世紀前後の激動の国際関係の中で加速的に展開していった。

　とくに、王権や中央集権の力を内外に視覚的に示す都城制の導入については、倭国が7～8世紀初頭の東アジア情勢に翻弄されながら、試行錯誤を繰り返していた。井上和人氏はそれを以下の3つの画期に分けている（井上ほか 2010）。

　画期1は、舒明朝630年であり、飛鳥岡本宮が飛鳥の地に置かれてから飛鳥浄御原宮まで、倭国の首都がおおむね固定されたことである。また630年は、倭国がはじめて遣唐使を派遣した。当時は、唐が首都・長安城を完成させていた。しかし、倭国が飛鳥で採用した都城は、条坊を伴う羅城を設置しない、王宮の防衛のためのもので、不定形都城である百済の泗沘城を参考にしていた。唐は高句麗を滅ぼし、新羅と図って660年に泗沘城を陥落させ、百済を滅亡させた。斉明は百済救援のために派兵するが、663年に白村江で敗北し、倭国は歴史上最大の危機に直面した。

　画期2は、7世紀後葉の天武・持統朝における藤原京の造営である。飛鳥を首都とする限界を痛感した天武は、中国的な方形の羅城を有する藤原京の造営を計画し、条坊を施行した。しかし、それははじめて羅城を設置したが、唐長安城とは異なる宮城を中央に置く正方形都城であった。その原因の1つは、遣唐使派遣長期中断による情報不足の中、『周礼』「考工記」を参考にして計画したからであると理解されている。天武の遺志を継いだ持統は、694年に藤原京へ遷都した。

　画期3は、704～710年の平城京造営の建議および遷都である。大宝令施行直後に36年ぶりに派遣された遣唐使は、藤原京と長安城との大きな違いを痛感し、帰国後に長安城を都城のモデルとする方針転換を建議したと推定される。そして、平城京が計画・造営され、遷都が行われた。

　以上のように倭国の首都は、630年からわずか80年間に百済や唐を強く意識しながら、暗中

模索と試行錯誤した上に構想、実現、改変を繰り返した。とくに、画期1の段階に本格的に導入された華夷思想は、7世紀後半以後の陸奥国の版図拡大戦略を大きく推進させた。

（2）陸奥国の後方支援を負担した坂東における古代寺院の造営

　寺院の伽藍も鎮護国家の理念の視覚的象徴物である。陸奥国の初期寺院の軒瓦文様が坂東との関係で採用されたことについては、すでに先学の指摘するところである（関東古瓦研究会1997、真保1994、辻1994、独立行政法人文化財研究所奈良文化財研究所2005）。その後、宮城県内では仙台市郡山遺跡の調査成果が総括され、福島県内では泉廃寺跡、借宿廃寺跡、上人壇廃寺跡で調査や再調査が行われて、当該期の官衙遺構と寺院遺構、軒瓦の新資料が増えた。

　また、福島・宮城両県の土器組成の精緻な研究に基づく地域編年の構築や、搬入土器や関東系土器、横穴墓などの故地の特定が進展しつつある。高橋誠明氏は、大崎市・名生館官衙遺跡の遺構変遷や関東系土師器の研究によって、坂東から仙台平野への移民が乙巳の変以前の6世紀末から認められること、大崎平野では郡山遺跡Ⅰ期官衙段階には下野国との強い関係が認められること、郡山Ⅱ期官衙造営段階、建郡準備段階、建郡から多賀城創建までの段階には北武蔵との強い関係が認められることを明らかにした（高橋2007）。果たして、初期寺院の造営は対応するのか。

　さて、乙巳の変以前の坂東の寺院は、依然として武蔵国の寺谷廃寺跡が唯一であり、649年に国造制を基盤としながら評制が開始されたが、各国の評ごとに寺院が併設されるという制度化した状況にはなかった。須田勉氏は、7世紀第3四半期（孝徳～天武朝前半期）になると一国一ヶ寺（まず金堂程度を造営）の状況となり、7世紀第四半期（天武朝後半期～持統朝）になると前代の寺院の伽藍が整備、完成されたが、上総や相模、下総国のように多くの評に寺院をもつ坂東南部と、そうでない坂東北部諸国の差が大きい状況があり、それが大宝令施行後の8世紀第1四半期頃（文武朝～奈良時代初頭）になってようやく一郡一ヶ寺の状況となった、と指摘している（須田2008）。坂東の初期寺院の造営状況に関する須田氏の見解は、坂東の大きな関与や支援を受けて進行した陸奥国の初期寺院の造営と瓦生産を考察する際に、十分考慮しなければならない。

2．立評期の陸奥国北端を意識した寺院造営

（1）乙巳の変後の評制施行と阿倍比羅夫の北征

　乙巳の変後の7世紀第3四半期に陸奥国で評制が施行された範囲は、旧国造制が施行されていた阿武隈川を北限とする説が有力である（第1図の陸奥国Ⅰ区：今泉2005に加筆）。遣唐使が持ち帰った唐の華夷思想に触発され、倭国政府はそれを倭国でも実現することを国家的重要政策に位置づけ、そのために阿武隈川以北の蝦夷の領域を本格的に支配することを企図していった。そして、倭国政府は仙台平野（第1図の陸奥国Ⅱ区）まで本格的に進出し、その拠点として郡山遺跡Ⅰ期官衙（仙台市）を造営した（仙台市教育委員会2005）。また、斉明朝は蝦夷の領域の深部である北東北や北海道の実態を把握するために、阿倍比羅夫による蝦夷領域の北征を658～660年に3回に渡

第1図　陸奥国の版図拡大過程と初期寺院等の分布

って日本海側から、さらに太平洋側からも敢行した（熊谷 1986）。この北征は、660 年の泗沘城陥落、百済滅亡によって中断され、その後、船団は百済救援へと向かったと考えられる。

　以上の時代背景を踏まえて、ここでは陸奥国最古の寺院跡である黒木田遺跡と腰浜廃寺跡を取り上げ、主として軒瓦からその造営の意義について考察する。

（2）浜通り北端の初期寺院・黒木田遺跡

　黒木田遺跡（福島県相馬市）は、浜通り地区北辺の宇多評家（後の郡家）とその付属寺院と推定される（相馬市教育委員会 1990）。中野廃寺跡と称されることもある。方位を異にする礎石基壇跡が少なくとも 2 棟重複しており、出土した軒瓦にも 7 世紀後半から 9 世紀までのものがあるので、この寺院跡には 2 時期以上にわたる創建や再建、修理の経緯があったと考えられる。これらの瓦葺き礎石建物は南面する東西棟であるので、おそらくこの建物跡は金堂跡か講堂跡であろう。軒瓦の種類の多様さからみれば、その他の堂塔が建っていた可能性はきわめて高い。

　創建軒丸瓦は有稜素弁 8 弁軒丸瓦（黒木田軒丸瓦 C 類）一種であり、薄手品と厚手品がある（第2図）。皿状に窪んだ弁の中央に最大幅があり、凸線で稜を表現する。T 字形間弁の基部は中房に付くか近い位置にある。凸中房に 1 + 4 の蓮子を置く。外縁は素文で、幅狭い直立縁である。組み合う軒平瓦がなく、平瓦の代用が考えられる。なお、軒丸瓦の文様は前期穴太廃寺跡（滋賀県大津市）に類似する（第 3 図：大津市歴史博物館 2008）。

　薄手品と厚手品は時間差をもって製作されたと見られるが、極少量しか出土していないので、

所用堂塔と関連するか否かは不明である。創建年代については、この軒丸瓦と組み合う凸面格子叩きの平瓦小片が焼台に使用されたという善光寺遺跡3号窯跡の須恵器の年代観によって、7世紀第2四半期に位置づけられてきた（木本1989）。しかし、同様の平瓦は郡山I期官衙の遺構から出土しているので、7世紀第3四半期とする見解もある（仙台市教委2005）。

（3）中通り北端の初期寺院・腰浜廃寺跡

　腰浜廃寺跡（福島県福島市）は、中通り地区北辺の信夫評家（後の郡家）の付属寺院と推定される（伊東編1965）。発掘後に市街化が進行してしまったので、寺院の実態は不明なままである。

　創建用軒丸瓦は、大小の酷似する有稜素弁8弁蓮華文軒丸瓦である。弁央に稜線があり、横断面がへの字形をなし、その最大幅は弁端よりにあり、弁端が反り上がる。稜線とT字形の間弁の基部は中房に達する。凸中房に蓮子を1+8置く。外縁は素文で、直立縁である。大型品（100型式）の弁幅が狭く、結果として間弁は三角形に近くなり、中房の周辺蓮子は間弁位置に対応させて置く（第5図）。小型品（101型式）の周辺蓮子は弁位置に置く（第4図）。ともに非常に端正な文様であり、おそらく祖型を忠実に表現したと思われる。丸瓦部の接着は、大型品が丸瓦用粘土円筒による瓦当嵌め込み技法であり（第6図、佐川2004a、辻2004）、小型品が半截丸瓦接合技法による。なお、瓦当文様は衣川廃寺跡例（大津市）に酷似する（第7図、大津市歴史博物館2008）。

　寺院遺構の実態は不明であるが、貼付段顎の二・三重弧文軒平瓦とセットになること、黒木田遺跡に存在する8世紀初頭および奈良時代の軒瓦を欠いていること、9世紀代の複数種の軒丸瓦や鬼瓦が存在すること、それらがほとんど腰浜廃寺跡専用であることから見て、複数の堂塔の存在が確実視される。したがって、創建段階には大小二組の軒瓦で葺いた伽藍がある程度完成していたと推定される。両創建用軒丸瓦の二種の成形技法は、二群の造瓦集団の関与を示そう。

（4）立評期に意識された倭国北端と寺院造営

　初期寺院の年代　坂東では7世紀前半の寺院は、依然として武蔵の寺谷廃寺跡だけであり、評制施行とともに7世紀第3四半期になって各国で造営活動が本格的に開始される（須田2008）。黒木田遺跡の創建年代は、善光寺3号窯跡の年代観によって7世紀前半に位置づける説が従来有力であった。しかし、格子叩きを施した薄手平瓦は小片であるので、須恵器焼成の焼台として積極的に評価しうるかは検討の余地があろうし、さらに善光寺7号窯跡の同種の薄手平瓦が、丸瓦とともに郡山遺跡I期官衙段階でも使用されたという事実は非常に重い（仙台市教委2005、菅原2010）。したがって、黒木田遺跡と腰浜廃寺跡の有稜素弁8弁蓮華文軒丸瓦が、評制施行後に造営された宇多評と信夫評の付属寺院に葺かれたと見るのがもっとも合理的であると考える。

　有稜素弁8弁蓮華文軒丸瓦の祖型　これについては、近江の前期穴太廃寺例と衣川廃寺跡例を候補として挙げた。前者は瓦の紀年銘と大津宮の造営年代（後期穴太廃寺跡創建年代）から630～667年頃に造営され、後者も6世紀中葉の造営開始年代が推定されている（小笠原1989、細川1988）。それぞれ造営の一定の進行過程を経て、7世紀第3四半期に文様情報が外部へもたらされ

第2図 黒木田遺跡の有稜8弁蓮華文軒丸瓦 　第3図 穴太廃寺跡の有稜8弁蓮華文軒丸瓦 　第4図 腰浜廃寺跡の有稜8弁蓮華文軒丸瓦小型品

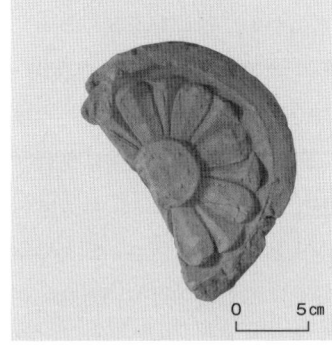

第5図 腰浜廃寺跡の有稜8弁蓮華文軒丸瓦大型品 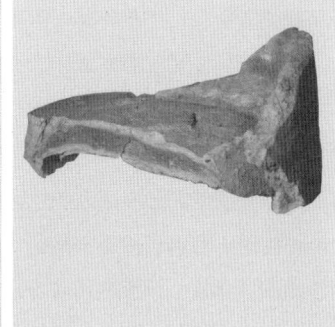　第6図 同左瓦当嵌め込み技法 　第7図 衣川廃寺跡の有稜8弁蓮華文軒丸瓦

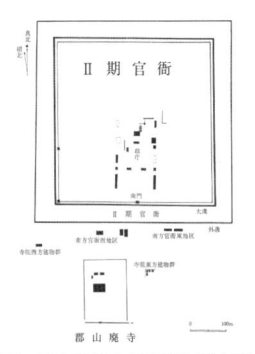

第8図 郡山遺跡Ⅱ期官衙と郡山廃寺跡 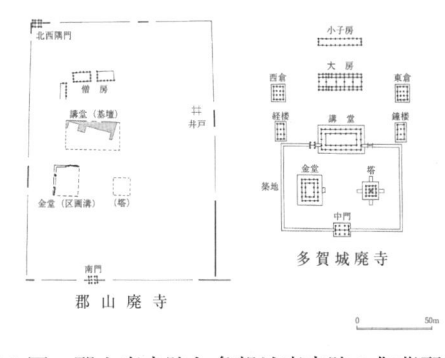　第9図 郡山廃寺跡と多賀城廃寺跡の伽藍配置

第10図 郡山廃寺跡軒丸瓦A種 　第11図 上植木廃寺跡軒丸瓦A02 　第12図 郡山廃寺跡軒丸瓦B種

寺院と瓦生産からみた律令国家形成期の陸奥国（佐川）　161

たということは、前述した年代の理解と矛盾しない。文様を比較してみると、まず黒木田例（第2図）と前期穴太廃寺例（第3図）の弁の立体感にやや差があるものの、弁形が杏仁形である、稜線が棒状表現である、小型の凸中房である、素文外縁が幅狭い直立縁であるという類似性が認められる。つぎに、腰浜廃寺跡例の大型品（第5図）と衣川廃寺跡例（第6図）は弁の表現が酷似し、同小型品（第4図）と衣川廃寺跡例の中房蓮子の配置原則が一致している。したがって、両者の有稜素弁8弁蓮華文の祖型は坂東でなく、畿内、とくに近江（大津）に求められる可能性が高いと考える。これは7世紀第4四半期以後の状況と基本的に異なる。

　有稜素弁8弁蓮華文軒丸瓦の種類から見て、黒木田遺跡では少なくとも金堂が、腰浜廃寺跡では一定の堂塔が、7世紀第3四半期に建立していたと推定される。黒木田遺跡は地下遺構が残存している可能性があるので、今後発掘調査を行い、建物跡と所要瓦について再検討を望みたい。

　さて宇多評は、浜通り地区（後の石城）のほぼ北端であり、対蝦夷政策上重要であった良港・松川浦が存在し、製鉄の拠点であり、近江との地域間交流が確認されている（飯村2005、菅原2010）。信夫評は中通り地区（後の石背）の北端に位置する。これに対して、評家の遺構に先行する国造の居館跡が発見されている浜通りの磐城評と中通りの白河評では、当該期に寺院は造営されなかった。したがって、倭国政府が唐から華夷思想を本格的に導入したことに伴い、蝦夷の領域と対峙する立評期の陸奥国北端を明確に意識し、蝦夷領域の南端である仙台平野への本格的進出の安寧を図るために、宇多評と信夫評に最初の寺院を造営したと推定される（佐川2008）。

　なお、郡山遺跡Ⅰ期官衙段階の遺構から出土した薄手丸・平瓦については、少量であることから、郡山廃寺造営の準備とする見解（長島榮一氏）や郡山遺跡Ⅰ期官衙内の仏殿所用品と推定する見解（亀田修一氏）がある（仙台市教委2005）。黒木田遺跡で想定した創建年代との関係では、後者が整合しようが、今後資料の増加を待って再度検討すべき課題である。

3．郡山遺跡Ⅱ期官衙と付属寺院の造営

（1）藤原宮をモデルとした郡山遺跡Ⅱ期官衙と造営年代

　郡山遺跡Ⅱ期官衙は、Ⅰ期官衙を廃棄した場所に、その主軸方位を真北に大きく修正して造営された。近年の発掘調査によって、①外郭の平面形が正方形（1400小尺四方）である、②正殿の南面に複数の建物が対称的に配置されている、③外郭外の大溝の150小尺外側にほぼ正方形に外溝をめぐらし、間を藤原宮のように空閑地とすることから、Ⅱ期官衙は首都藤原京の正宮である藤原宮をモデルとして造営されていたことが明らかとなった（第8図：今泉2005）。さらにⅡ期官衙は、④正殿の東側にある飛鳥石神遺跡の方形池に類似するものが蝦夷服従儀礼（禊）の施設であったと推定される、⑤次述する付属寺院の伽藍配置と規模が陸奥国府多賀城の付属寺院であった多賀城廃寺に類似することから、多賀城に先行する陸奥国府であったとする説が有力である。

　郡山遺跡Ⅱ期官衙が藤原宮をモデルにしていたことは、まずⅡ期官衙の造営年代を考える上で重要である。それは藤原京への遷都が694年であるが、704年に粟田真人を正使とする遣唐使が

帰国すると、唐長安城との大きな差異を解消すべく平城京遷都計画がにわかに検討された可能性が高い（井上ほか2010）。したがって、藤原宮がモデル足り得たのは、694〜704年ということになる。また今泉氏は、Ⅱ期官衙で採用した1歩が6大尺であることと、方形池を使用した服従儀礼の形式が、ともに大宝令施行より古い制度であることから、郡山Ⅱ期官衙の造営を700年以前と推定している（今泉 2005）。蝦夷の領域の南端を取り込み、そこに藤原宮と飛鳥石神遺跡をモデルとした国府を築いたことは、倭国政府が華夷思想に基づく対蝦夷政策（軍事、外交、通商）を、国家的重要課題として位置づけていたことを如実に示している。

（2）郡山廃寺跡の伽藍配置と軒丸瓦

a　観世音寺式伽藍配置

郡山Ⅱ期官衙の南西には、郡山廃寺跡が造営された（第9図）。金堂位置では南北に長い基壇外装の抜取り溝が、講堂位置では基壇の掘込地業が、僧房位置では掘立柱建物跡が、観世音寺式伽藍配置である多賀城廃寺跡とほぼ同位置で発見されており、その規模も近い。塔想定位置は未調査であるが、かつて大きな礎石が存在したという（仙台市教委 2005）。したがって、郡山廃寺跡も観世音寺式伽藍配置であった可能性が高い。観世音寺式伽藍配置は、従来から異国・異民族に対峙する倭国西端の大宰府観世音寺と北端の多賀城廃寺跡で、観音信仰に基づく鎮護国家を目的として中央政府が意図的に採用したものと指摘されてきた（九州歴史資料館 2007、菱田 2005）。

南門跡には新旧二時期の柱穴があり、新しい柱穴から鴟尾の破片が出土したので、中心伽藍の堂塔に建て替えや修理があったことがわかる。また、多賀城跡や陸奥国分寺跡からは次述する郡山廃寺跡の軒瓦は1点も発見されておらず、両者からの搬入品もなく、さらに8世紀前半の土器も出土しているので、郡山廃寺跡は国府多賀城移転後もしばらく存在したとみられる。

b　複数種存在した単弁蓮華文軒丸瓦

郡山廃寺跡の軒丸瓦の文様は、単弁8弁蓮華文であり、弁央に稜線をもち、弁端が尖りやや反り上がり、大きなT字形A系統間弁、外区内縁に圏線を置く。弁の特徴は、大局的には百済大寺式軒丸瓦の系統を引いている。しかし、中房に単弁4弁蓮華文と間弁を置く点は、郡山廃寺跡の創建軒丸瓦の大きな特色であり、多賀城創建軒丸瓦にも継承された（進藤 2004）。

軒丸瓦は4種（A〜D種）ある。A種（第10図）の丸瓦部は行基式であり、粘土板巻き作りによる。瓦当への接着は接合式である。従来はA種一種のみと考えられていたが、筆者は1999年に、子葉が大きく盛り上がり、T字形間弁の交差部分が三角形的となる別笵のB種を2点発見した（第12図：佐川 2003）。その後、長島榮一氏がA種に酷似するが弁と子葉がやや扁平な小型品C種2点を発見し、さらに東北大学所蔵の伊東信雄氏採集品中にD種1点を見出した。D種はB種に類似するが、弁端が間弁より若干長く、弁と子葉の幅がやや狭くて細長く、子葉も長く、間弁の盛り上がりが弱く、別笵と見て大過ない。以上については、藤木海氏が追認し（藤木 2009b）、佐川も2009年にD種の存在を追認した。なお、これらの軒丸瓦は型式学的にA種→C種→B、D種

の順に退化している。型式差のある後二者は、やや遅れて製作されたと考えられ、点数も少ないので、南門跡で予想された堂塔の修理と関連しよう。

　筆者は郡山廃寺跡の軒丸瓦を再調査し、笵傷進行や製作上の特徴を検出し、その分布を検討した上で、郡山廃寺の複数の堂塔の造営を探る手掛かりを得たいと考えた。A種には前後二（Ⅰ→Ⅱ）段階の笵傷進行があり、丸瓦の瓦当裏面への接合位置の角度のまとまりにも有意な差があることを確認した（佐川 2003）。これはA種の製作段階に2つの画期があったことを示す。したがって、A種笵傷Ⅰ段階→A種笵傷Ⅱ段階→C種→B、D種の順に製作された可能性がある。そして、それは金堂と塔、講堂の造営工程や修理と何らかの関係をもっていたと考えられる。

c　郡山廃寺跡の軒丸瓦文様の祖型－上野・上植木廃寺跡軒丸瓦A02祖型説－

　郡山廃寺跡A種の文様のベースは、弁端が反り上がりながらも尖らず、弁端の断面がへの字形に表現される山田寺式（第39図）ではなく、百済大寺式の系統を引いたものである。その祖型の最大の候補は、上野上植木廃寺跡（伊勢崎市）創建用軒丸瓦A02である（第11図）。上植木廃寺跡では、7世紀第3四半期に創建段階の造営が金堂から開始され（軒丸瓦はA01a・b）、第4四半期に金堂以外の堂塔が順次造営され、それぞれ同文異笵の軒丸瓦が使用されていた（古代瓦研究会 2005）。上植木廃寺跡A02は後者の初期の軒丸瓦であり、弁端が尖り、やや反り上がる（A02がもっとも精緻）、T字形の間弁はA系統（A03以後はB系統）、外区外縁に退化した二重圏文を施すが、内縁に三重圏文の名残として圏線を一条めぐらすという特徴は、全体的にみて郡山廃寺跡A種とじつによく一致する。上植木廃寺跡A02の中房蓮子が1＋8（大4と小4：他は1＋4）で、それが間弁のほぼ延長線上に配置されている点も、郡山廃寺跡A種の中房における中心蓮子の周囲に単弁4弁蓮華文と間弁4弁を置くこと、そしてそれらが弁区間弁の延長線上に配置されていることに影響を与えている可能性がある。なお、上植木廃寺跡A02と組む軒平瓦は、段顎の三重弧文であり、郡山廃寺跡A種と共通する。

　しかし、違いもある。郡山廃寺跡A種の子葉の形状は、上植木廃寺A02と異なって長さが長く、先端は弁端同様に尖りながらわずかに反り上がる。郡山廃寺跡A種の外縁には重圏文をめぐらさない。中房に蓮子の代わりに4弁蓮華文を置くのは、上植木廃寺跡にも、郡山遺跡Ⅱ期官衙のモデルとなった藤原宮や藤原京などにも類例がなく、郡山廃寺跡A種独特の特徴である。いわば三重に蓮華文をめぐらす構成を採っており、統一新羅の軒丸瓦文様の発想にヒントを得た可能性もある。こうして郡山廃寺跡の軒丸瓦は、単なるコピーやリメイクではなく、倭国北端を鎮護する寺院用に新たにアレンジされた文様となり、辻秀人氏が指摘するように陸奥国のシンボルマークとして多賀城創建軒丸瓦に継承されたのであろう（辻 2004）。

d　組み合う三重弧文軒平瓦と竹状模骨痕の謎

　軒丸瓦A種と一部セットを組んだと考えられるのが、二種の貼付段顎の三重弧文軒平瓦である。一種は平瓦部凸面縄叩きの例で、郡山廃寺跡の出土品である。他の一種は平瓦部凸面格子叩きの

例であり、官衙域の出土である。しかし、出土点数が非常に少ないので、セットで葺いたのは一部の建物だけで、多くの堂塔では平瓦が代用していたと推定されている。

　なお、平瓦部凸面格子叩き例の凹面には、竹状模骨の痕跡が残されている。竹状の圧痕は、半円柱形で幅が8mm程度と揃っており、連結用の横紐の痕跡が確認できないので、半裁した篠竹の半裁箇所に近いところに穿孔し、そこに紐を横に通して連結していたと推定される。これだけでは軒平瓦用粘土円筒の重量に耐えられないので、内側には通常の枠板連結式桶を置き、その上に竹状模骨を巻き、さらに布を被せたと考えられる。竹状模骨は、古新羅の領域や統一新羅時代では発見されていないので、百済で開発された道具であったといえ、丸・平瓦の製作に使用された（亀田 2010）。倭国の竹状模骨は7世紀初頭の北部九州で最初に使用され、百済滅亡前後に畿内でも使用されたが、いずれも丸瓦製作が目的であった（花谷 2010）。しかし、郡山廃寺跡では軒平瓦製作に限定して使用され、丸瓦と平瓦の製作には使用されていない。竹状模骨は、上植木廃寺跡周辺も含めて坂東に類例がなく、また多賀城創建瓦の製作にも使用されていないので、その系譜については不明であるが、百済系渡来人の何らかの関与があったのかもしれない。

4．郡山遺跡Ⅱ期官衙段階の陸奥国における寺院造営と造瓦活動

　郡山遺跡Ⅱ期官衙の段階は、史料と関東系土師器による年代から、Ⅱ期官衙造営期（694～700年頃）、大宝令施行による郡制への移行段階（701～707年頃）、阿武隈川から大崎平野にかけて建郡した段階（707～多賀城創建の724年頃）におおむね細分できる。その間に各郡では寺院が創建されていった（古代城柵官衙遺跡検討会第33回事務局 2007、日本考古学協会2005年度福島大会実行委員会 2005）。さらに715年にはおそらく大崎平野を中心に坂東6ヶ国から1000戸を移民させて倭国最北端の各郡を整備し、国家体制に強引に組み込もうとした。718年には阿武隈川以南の陸奥国南半を石城と石背に分国したが、新生・陸奥国において蓄積した在地蝦夷との矛盾は、720年に蝦夷の反乱と按察使の殺害事件を引き起こした。その結果、中央政府は722年に後方支援のために不可欠な2国を再び陸奥国に併合した。そして724年前後に、国府は軍事的機能とともに郡山遺跡Ⅱ期官衙から多賀城へ移設されたのである。

　陸奥国の寺院造営に大きく関与した坂東と建郡の状況を考えれば（須田 2008）、その年代は8世紀第1～2四半期とみるのが妥当であろう。本項では、寺院の堂塔の検出状況や軒瓦などの出土状況をできる限り積極的に活用しながら、辺境の初期寺院の実態について解説する。

（1）伽藍配置がある程度判明している寺院と軒瓦

　本項に該当するのは、福島県に所在する夏井廃寺跡、借宿廃寺跡、上人壇廃寺跡であり、従来ほとんど触れられなかった伽藍配置計画や軒瓦の所用堂塔についても、かなり踏み込んで解説する。なお、陸奥国分寺創建以前の陸奥国内の寺院には、多賀城廃寺跡も含めて回廊はなかった。

a 夏井廃寺跡

伽藍配置と造営計画 夏井廃寺跡は福島県浜通り地区のいわき市に所在し、その南方丘陵上にある磐城郡家（根岸遺跡：先行する在地豪族居館も存在）の付属寺院と考えられており、金堂と講堂の基壇掘込地業の南北中軸線を一致させ、その東方に塔を置く観世音寺式伽藍配置の変形とみなされている（第13図、いわき市教育委員会 2004）。現地の地形を観察すると、講堂跡の東部がかなり低くなっているので、おそらく大規模な整地をすることなく造営した結果とみられる。

筆者は、塔に残存する礎石の根石位置や金堂と講堂で確認された掘込地業と基壇土の広がり、講堂に残された1個の礎石位置を手掛かりに、造営計画や建物規模に関する復原を試みた。それによれば、まず塔は柱間7尺（小尺）で3間×3間、舎利孔のない地上式心礎を置いていたといえる。つぎに、講堂は残存する礎石を母屋用とし、柱間10尺で桁行9間×梁行4間に復原すると、建物は掘込地業内の中央南よりに収まる。最後に金堂は講堂建物の南北中軸線と塔の東西中軸線の交点を建物の中心と見て、柱間10尺で桁行5間×梁行4間に復原すると、掘込地業内の東よりに収まる。結果的には、金堂と塔の心々間の南北中軸線上に講堂建物の身舎東妻が位置することになる。そして、金堂と塔の心々間は90尺、金堂身舎北妻から講堂身舎南側柱までは120尺で、寛数値となる。これを多賀城廃寺跡と比較すると、前者が50尺短く、後者が約50尺も長く、南北に間延びした配置となっている。以上から、筆者は金堂→塔→講堂の順に造

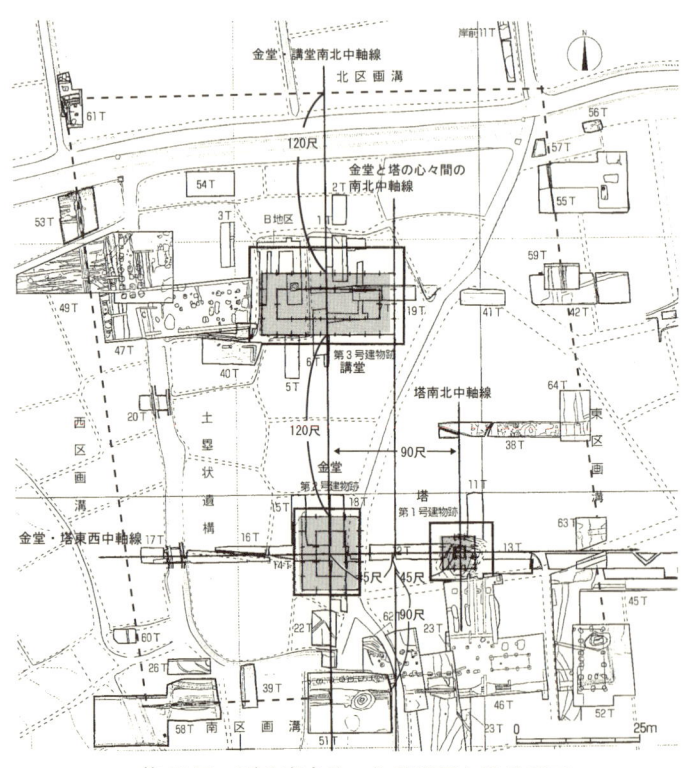

第13図 夏井廃寺跡の伽藍配置と造営計画

第14図 夏井廃寺跡の複弁8弁蓮華文軒丸瓦

第15図 夏井廃寺跡の複弁6弁蓮華文軒丸瓦

営が進行したと推定する。

　堂塔の中軸線と寺院外郭区画溝（東西330尺×南北390尺）、土塁状遺構の軸線が大きくずれているのは、何とも頓珍漢な話だが、後二者の造営が堂塔よりもかなり遅れ、測量基準軸を他の地割りや地物に依拠したことが原因として考えられる。それでも、金堂と塔の心々間の中点から外郭区画溝南辺までが90尺と寛数値であり、外郭区画溝南辺よりにあって、後に土塁状遺構に設置された南門の中心が、金堂と塔の心々間の南北中軸線上に位置しているので、既存の伽藍配置の測量基準点も外郭の設定に利用されていたことがわかる。

なぜ観世音寺式伽藍配置か　さて、郡寺であった夏井廃寺跡が観世音寺式伽藍配置を採用した理由は何であったのだろうか。近年、全国の観世音寺式伽藍配置を検討した貞清世里氏らは、同伽藍配置が奈良時代に入ってからも南端の薩摩国から日本海北端の出羽国に至るまで七道辺境の要所に存在することから、観世音寺式が対異民族にとどまらない鎮護国家思想を象徴する伽藍配置であるという考え方が継承されていた、と指摘している（貞清ほか2010）。そうであるとするならば、夏井廃寺跡周辺が当時、倭国の東端であったと見なされていた可能性がある。

二系統の創建用軒丸瓦と所用堂塔　夏井廃寺跡の創建軒丸瓦には、上野山王廃寺例を祖型とする珠文縁複弁8弁蓮華文軒丸瓦の大型品（第14図、中房蓮子1＋8＋8）と後出の小型品（中房蓮子1＋3＋8）、および後述の借宿廃寺跡例に酷似する下野薬師寺系の交差鋸歯文縁複弁6弁蓮華文軒丸瓦（第15図：複弁弁央に区分線なし、間弁あり、中房蓮子1＋6）の三種がある。さらに三種には厚手品と薄手品があり、笵の使用期間に対応すると推定される（大河原2002）。

　これらは三重弧文軒平瓦と組み、少なくとも三組を構成して三堂塔に葺かれていたと想定される。複弁8弁蓮華文軒丸瓦と複弁6弁蓮華文軒丸瓦の二系統が使用され、前者（大・小型品とも）が山王廃寺跡軒丸瓦Ⅲ類の影響を示す8弁でありながら、外縁に同Ⅳa類の影響を示す竹管状工具による珠文をめぐらすのは、陸奥国南部で夏井廃寺跡が唯一である（詳細は本書の藤木論文を参照）。しかし、奈良時代以後の修理用・葺き替え用軒丸瓦は、複弁6弁蓮華文の系統を引くものである。このことは、先行する金堂と塔を複弁8弁蓮華文の大・小型品で葺き、後出の講堂を複弁6弁蓮華文で葺いたことと、二系統の瓦工人の入れ替わりを暗示しているかもしれない。また、珠文縁は明らかに統一新羅の要素である。

b　借宿廃寺跡

伽藍配置と造営計画　借宿廃寺跡は福島県中通り地区の南端の白河市に所在し、その北東方の白河郡家（関和久遺跡）の付属寺院と考えられ、先行する在地豪族居館である舟田中道遺跡に近接する（鈴木2006）。金堂と塔の残存基壇と確認調査で検出された講堂によって、法隆寺式伽藍配置であったことが判明した（第16図：白河市教育委員会2008）。三堂塔ともに掘込地業を有し、金堂と塔には木製基壇外装の抜取り溝があり、金堂には母屋の礎石2個が現位置に残されている。

　三堂塔の諸痕跡を手掛かりにするならば、金堂は柱間8尺の桁行5間×梁行4間に、塔は柱間8尺の3間四方に復原できる。金堂と塔の心々間は85尺である。講堂の掘込地業の軸線が、金

堂と塔と比べて北で東に振れているのは、飛鳥寺の講堂と同様に造営時期が遅れ測量基準方位がずれたからであろう。講堂の掘込地業は、先行して造営された塔の南北中軸線の延長を西端の基点とし、金堂と塔の東西中軸線から北へ140尺の位置に東西中軸線を設定して掘り込まれたようであるが、東西長が異常に長い。その理由は不明であるが、講堂の基壇東端を金堂の南北中軸線の延長上に想定すれば、柱間10尺の桁行7間、梁行4間に復原できる。

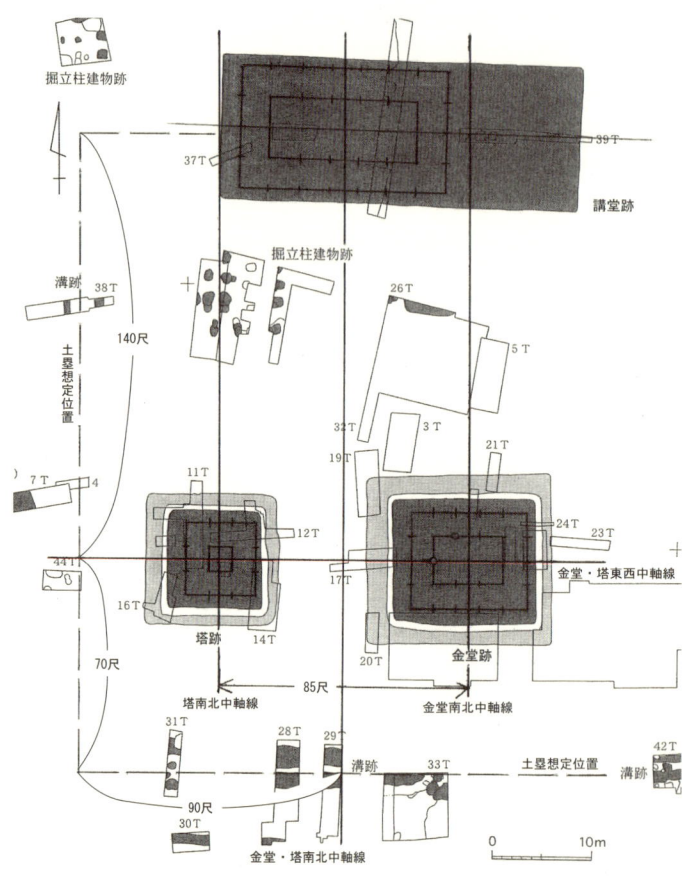

金堂と塔の周囲からは二条の側溝が検出されたので、本来は土塁が存在していたと推定される。法隆寺の場合には、創建時の北面回廊は講堂に取り付かず、講堂の前方で閉じている。借宿廃寺跡の土塁はそのような閉じ方をしていないので、多賀城廃寺跡のように講堂の東西に取り付いていたか、夏井廃寺跡や次述する上人壇廃寺跡のように講堂北方で閉じていたと推定される。ちなみに、法隆寺は710年代に五重塔や回廊、中門が完成したとみられるが、講堂の完成はさらに20年ほど後のことであった。法隆寺式伽藍は、必ずしも法隆寺をモデルにしたわけではない。

創建用軒瓦 創建用軒丸瓦には、下野薬師寺系の交差鋸歯文縁複弁6弁蓮華文軒丸瓦1100型式（第17図：複弁の弁央に区分線なし、間弁あり、中房蓮子1＋6）の厚手品と薄手品（笵傷進行と対応）、その退化型式1111形式

第16図 借宿廃寺跡の伽藍配置と造営計画

第17図 借宿廃寺跡の複弁6弁蓮華文軒丸瓦1100

第18図 借宿廃寺跡の複弁6弁蓮華文軒丸瓦1111

(第18図：鳥足跡形鋸歯文縁、薄手品のみ）がある（白河市教育委員会 2007）。これらはともに三重弧文軒平瓦とセットになる。また、関和久遺跡で使用された多賀城系軒丸瓦も平安時代の軒瓦も出土していない。先に造営された金堂と塔の屋根には 1100 型式の厚手品と薄手品のセットを葺き、造営が遅れた講堂には 1111 型式のセットを葺いたのであろう。

c 上人壇廃寺跡

伽藍配置と造営計画 上人壇廃寺跡は中通り地区の須賀川市に所在し、磐瀬郡家（栄町遺跡）の北東に位置する付属寺院と推定される（須賀川市教育委員会 2011）。筆者は、南門（増改築あり）と金堂（木製基壇外装）、講堂（掘込地業あり）、北門（建て替えあり）の心々を同一南北中軸線上に置き、築地塀で囲む伽藍配置と考えている（第19図）。塔の遺構は中心伽藍内では検出されなかったが、瓦塔が出土している。このような伽藍配置は、多賀城創建期を大きく遡らないであろう。

筆者は以前に上人壇廃寺跡の造営計画案を提示した（佐川 2011）。陸奥国の郡寺でははじめての試みである。この案は、建物の南北中軸線が1つ目の造営基準線であること、東門の心々の東西中軸線が2つ目の造営基準線であること、両者の交点が造営上の基準点で

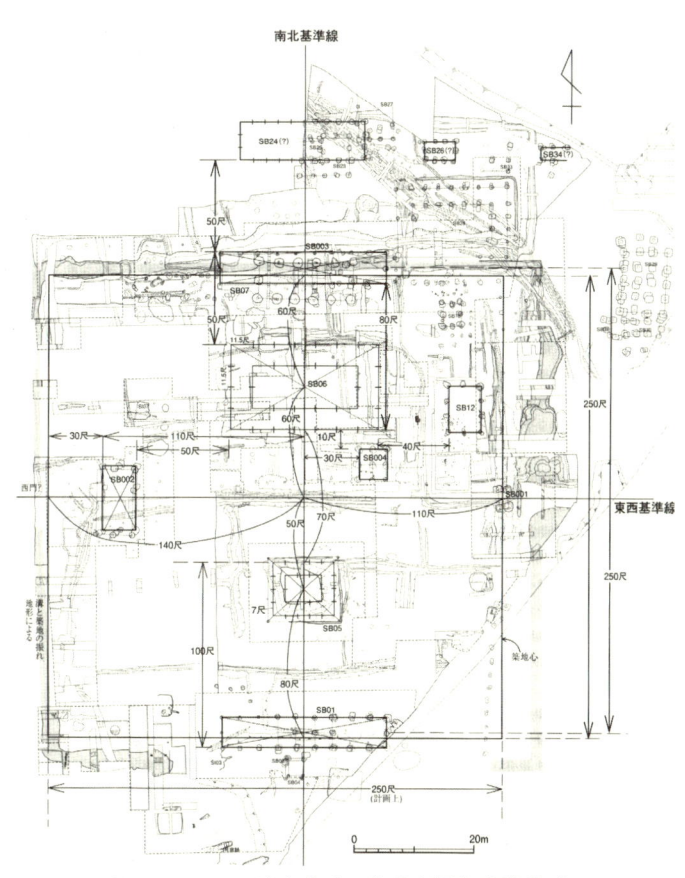

第19図　上人壇廃寺跡の伽藍配置と造営計画

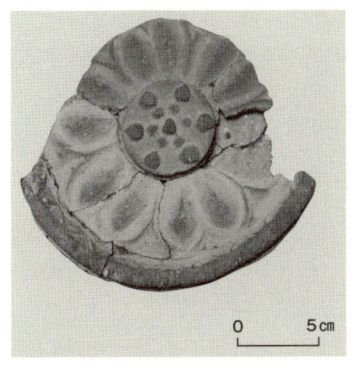

第20図　上人壇廃寺跡の複弁6弁蓮華紋軒丸瓦厚手品

第21図　上人壇廃寺跡の複弁6弁蓮華文軒丸瓦薄手品

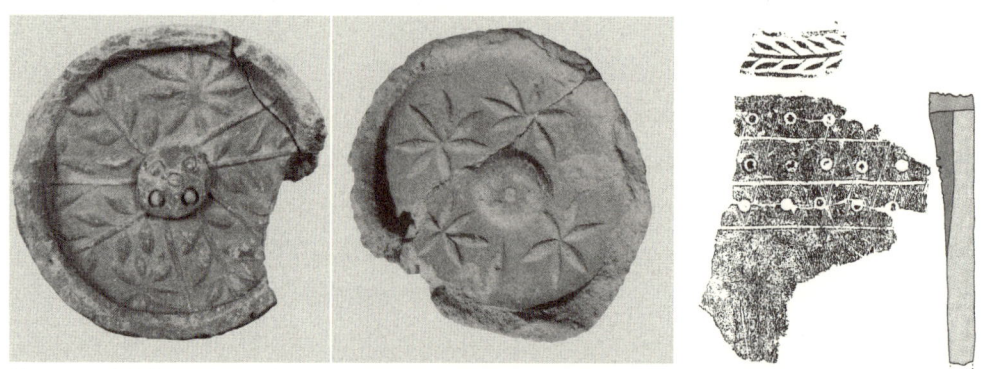

第22図 泉廃寺跡の花葉文軒丸瓦　第23図 泉廃寺跡の花文軒丸瓦　第24図 泉廃寺跡の木葉文軒平瓦

第25図 尾張元興寺跡の忍冬蓮華文軒丸瓦　第26図 黒木田遺跡の複弁7弁蓮華文軒丸瓦　第27図 黒木田遺跡の複弁8弁蓮華文軒丸瓦Ab類

第28図 黒木田遺跡の複弁8弁蓮華文軒丸瓦Aa類　第29図 清水台遺跡の複弁6弁蓮華文軒丸瓦Ⅰタイプ　第30図 清水台遺跡の複弁6弁蓮華文軒丸瓦タイプⅡ

第31図 籠山瓦窯跡の単弁8弁蓮華文軒丸瓦　第32図 同左の分割式笵型の痕跡　第33図 上植木廃寺跡の軒丸瓦A03と笵型痕

あること（金堂と講堂の想定心々間などが寛数値をとる）、築地塀の一辺が250尺であることを看取した結果に基づいている。古代人であれ何の基準線も物差しもなく、広い寺院や官衙を計画、施工することはあり得ないので、夏井廃寺跡と借宿廃寺跡を含めて、一定の合理性を追求しながら構築した仮説である。

創建用軒瓦 創建用軒丸瓦である複弁6弁蓮華文軒丸瓦（鋸歯文縁に変化、複弁を二分する区分線なし、弁同士着き間弁なし、中心蓮子1＋6＋6）は、借宿廃寺跡の同文軒丸瓦を主たる祖型にしたと推定される。厚手品（第20図）と、笵傷が進行した薄手品がある（第21図）。これらは段顎三重弧文軒平瓦とともに中門南西側の窯跡で生産され、金堂と講堂に葺いたのであろう。

（2）遺構は不明であるが、複数の創建用軒瓦のセットからの堂塔の存在が推定される寺院

伽藍が存在した郡山廃寺跡、夏井廃寺跡、借宿廃寺跡には、二～三種の創建用軒丸瓦が厚手・薄手品も含めて存在し、時間差をもって造営が進行する堂塔ごとに使い分けられていたと考えて大過ない。金堂と講堂の遺構が存在する上人壇廃寺跡の創建用軒瓦は一種のみであるが、製作段階が前後する厚手品と薄手品が使い分けられていたとみられる。法灯の短い郡山廃寺跡でも修理用軒瓦が二種あり、10世紀頃まで法灯が続いた夏井廃寺跡と上人壇廃寺跡には、各段階二種以上の修理用軒丸瓦がある。したがって、つぎに述べるように遺構が不明でも、複数の創建用軒瓦が存在する場合、複数の堂塔、すなわち伽藍をもつ寺院であった蓋然性が高いと考えられる。

a 泉廃寺跡

泉廃寺跡は福島県南相馬市に所在し、郡制移行時に新たに建郡された行方郡家と推定される泉官衙遺跡（国史跡指定以前は泉廃寺跡が総称）の付属寺院（現在は泉廃寺跡と呼称）で、遺構は未発見であるが、大量の瓦が発見された同遺跡舘前地区にその存在が想定される（南相馬市教委2007）。軒瓦については、すでに詳細な研究がなされている（佐川2000・同2004a・同2004b・藤木2005・同2006・同2009a・同2009b、南相馬市教委2008）。それによれば、寺院の創建用軒瓦は植物文軒丸瓦からなる軒瓦Ⅰ群であり、まず大型の花葉文軒丸瓦（第22図、同笵だが改笵品などあり）と三～五重弧文軒平瓦（直線顎）の軒瓦Ⅰa群、つぎに花葉文を変形し小型化した花文軒丸瓦五種（第23図）と木葉文軒平瓦（第24図、直線顎、包み込み技法で製作）の軒瓦Ⅰb群が製作された。軒瓦Ⅰ群における軒平瓦の製作技法の変化は、工人集団の再編を示そう。

花葉文軒丸瓦の直径は、吉備池廃寺（百済大寺）や大官大寺の軒丸瓦に準ずる大きさであり、通常の大きさの花文軒丸瓦と同一建物に葺くことはできない。また、花文軒丸瓦からなるセットには複数種ある。さらに、8世紀第2四半期に製作された細弁蓮華文軒丸瓦と偏行唐草文軒平瓦からなる軒瓦Ⅱ群（平城宮系：第40図）は四セットあり、9世紀代に製作された有蕊弁軒丸瓦も四種あり、創建後も複数の建物で屋根の修理や葺き替えが行われていたことがわかる。したがって、泉廃寺跡は伽藍をもつ寺院であったと考えて差し支えない。とくに、花葉文軒丸瓦の異常な

大きさは、金堂の偉容さを暗示しているのかもしれない。将来、寺院遺構をぜひ発見してほしい。
　泉廃寺跡のⅠ群以下の軒瓦の文様は、類例を他地域に見出すことができなかったので、日本有数の難解な文様と考えられてきた。しかし、倭国において瓦当文様を完全創作することは容易なことではなく、やはり祖型になる軒瓦文様があって、泉廃寺跡の場合には各群ともにそのトレースと表現の仕方に特異性や問題があったと考えられる。たとえば花葉文軒丸瓦と木葉文軒平瓦の場合は、「花」文は従来通り蓮華文とみ、「葉」・「木葉」文を忍冬文とみる。泉廃寺の鬼瓦には「葉」文をより整えた忍冬文が施されている。したがって、忍冬文蓮華文軒丸瓦が祖型であったと考える（佐川 2004b）。祖型の候補は、尾張元興寺例（第 25 図、名古屋市教委 2002）や相模宗元寺廃寺例である。軒瓦Ⅱ群の細弁蓮華文軒丸瓦と偏行唐草文（旧称は釣針文）軒平瓦については、城生遺跡（推定色麻柵：宮城県加美町）や多賀城等で使用された多賀城軒瓦 230・231-660（平城宮式軒瓦 6282-6721 がモデル）が祖型であったことを論証し、近年それが藤木氏によって裏付けられた（佐川 2000、藤木 2009a）。要は、難解な文様に残されたヒントをどう解読するかである。
　なお、軒瓦Ⅱ群が 740 年代と推定されるので、創建用軒瓦Ⅰ群は 8 世紀前葉に位置づけられる。

b　黒木田遺跡

　黒木田遺跡（福島県相馬市）では有稜素弁 8 弁蓮華文軒丸瓦によって、7 世紀第 3 四半期に金堂一堂程度が造営された後、造営活動は中断された。その後、8 世紀初頭になって伽藍の改変や整備が再開されたことが、遺構の方位と軒丸瓦から推定される（木本 1989、相馬市教委 1990）。
　この第二次創建段階の軒丸瓦は、複弁 7 弁蓮華文軒丸瓦（黒木田軒丸瓦 F 類、第 26 図）と複弁 8 弁蓮華文軒丸瓦である（詳細は本書の藤木論文を参照）。前者は上野山王廃寺跡の珠文縁でない軒丸瓦Ⅳ b 類を模倣した陸奥国南部で唯一の例であり、半截丸瓦瓦当嵌め込み技法によって製作されている。複弁 8 弁蓮華文軒丸瓦は、山王廃寺跡の軒丸瓦Ⅲ類か夏井廃寺跡の複弁 8 弁蓮華文軒丸瓦大型品を祖型とし、弁形や子葉（蕊状子葉）を大きく改変し、中房蓮子を複弁 7 弁例と同じく 1 + 4 + 8 にし、外区を素文にしている。蕊状子葉を有する複弁は、統一新羅の中原地域に存在したので、新羅系工人の関与が想定される。これらとセットをなす四・五重弧文軒平瓦は、貼付式段顎の額面に一条凸線を置き、山王廃寺跡例の影響が認められる。複弁 8 弁蓮華文軒丸瓦は、弁と間弁の形状、および中房蓮子の配置からみて、弁端が反り、間弁が楔形の Ad 類→弁端が反り、間弁が T 字形化した Ab 類（第 27 図）→弁表現が平板化した Aa 類（第 28 図）→粘土紐巻き作りに転換した Ae 類の順に製作され、堂塔に葺かれたと推定される。

c　清水台遺跡

　清水遺跡は福島県中通り地区の郡山市に所在し、安積郡家の想定地であるが、遺跡は市街地化し、具体的な遺構は不明である。平安時代までの複数種の軒瓦が出土するので、郡衙の一部か、付近の付属寺院に葺かれていたと推定される。創建用軒丸瓦は、二種の下野薬師寺系の交差鋸歯文縁複弁 6 弁蓮華文軒丸瓦である（高松 1994）。一種目は複弁の弁央に区分線をもつⅠタイプ

で、T字形の間弁長が弁長よりも若干長い、中房蓮子が1＋5＋10、分割式枷型（京都国立博物館 1990）を使用するという特徴をもつ（第29図）。二種目は複弁の弁央に区分線がないⅡタイプで、弁区が平板で、中房蓮子が1＋8（推定）である（第30図）。両タイプが共存するのは、陸奥国で唯一である。両者は、遺跡西方の開成山瓦窯跡で製作された。

このほかに両タイプと同時期の軒丸瓦には、清水台遺跡の西方にある麓山瓦窯跡から出土した単弁8弁蓮華文軒丸瓦がある（第31図：高松1984）。その特徴は、弁は軽く中央で膨らむ、尖った弁端表現の代わりに楔状の短い凸線を置く、間弁が弁を完全に囲むB系統、中房蓮子が1＋7、外区内縁に圏線を一条めぐらす、外縁が直立縁、分割式枷型作り（第32図）である。また、麓山瓦窯跡からは貼付式段顎の三重弧文軒平瓦も出土しており、単弁8弁蓮華文軒丸瓦とセットであったことがわかる。軒丸・平瓦ともに粘土板巻き作りで、凸面に斜格子叩きが施されている。枷型作りを含むこれらの特徴は、中房蓮子数（1＋4）と外縁（斜縁：二重圏文の名残）の差を除けば、上野上植木廃寺の軒丸瓦A03（第33図）とそれと組む三重弧文軒平瓦の状況と非常に類似しているので、上植木廃寺跡例を祖型にした可能性が高いと考える。なお、軒丸瓦A03は、郡山廃寺跡軒丸瓦A類の祖型と推定した同A02のつぎの段階に製作されたものである。

単弁8弁蓮華文軒丸瓦のセットは、清水台遺跡からは出土しておらず、供給地は不明である。しかし、複弁6弁蓮華文軒丸瓦も陸奥国では例のない枷型作りであることからみて、前者の製作が先行した後、この瓦工人は後者の製作に関与したが、前者の范型はどこかへ移動した可能性がある。なお、清水台遺跡では奈良時代以後の軒瓦も数種出土しており、伽藍の存在が推定される。

（3）一堂のみ検出されている寺院

a 郡山五番遺跡堂の上地区

郡山五番遺跡は福島県浜通り地区の双葉町に所在し、同遺跡堂の上地区は標葉郡家の付属寺院の想定地で、正方形（一辺約10m）の掘込地業とその西北方から礎石が発見されている（渡邉編1979）。藤木海氏が近年、臨郡の泉廃寺跡軒瓦Ⅱ群との詳細な比較を行った（藤木2009a）。それによれば、最古の軒瓦は泉廃寺跡軒瓦Ⅰ群の三重弧文軒平瓦（直線顎）と木葉文軒平瓦（包み込み技法による）などであるが、点数が極少であるので、具体的な所用状況は不明と考えている。同地区の軒瓦は、平城宮系の細弁蓮華文軒丸瓦E〜H類の四類（泉廃寺跡軒丸瓦と四類とも同范）と偏行唐草文軒平瓦A-1・2類の二類（泉廃寺跡軒平瓦と四類中二類が同范）から構成される複数のセットが主体であるので、これが標葉郡家付属寺院の本格的造営の開始を示すと考えている（第40図）。つまり、泉廃寺跡軒瓦Ⅱ群の生産の契機は、740年代の標葉郡家付属寺院の造営がメインであり、ほぼ同時に行われた泉廃寺跡の修理がサブであったとみる。隣接する郡同士が瓦の生産と供給において協力し合う体制は、陸奥国にもあったのである（須田2008）。

ともあれ、郡山五番遺跡の堂の上地区には複数の堂塔を有する伽藍があった蓋然性が高い。正方形の掘込地業は塔のものであった可能性があり、その西北方の礎石が講堂のものであれば、法起寺式伽藍配置の潜在性を有する。将来、原発放射能問題が解決した際に、再調査を期待したい。

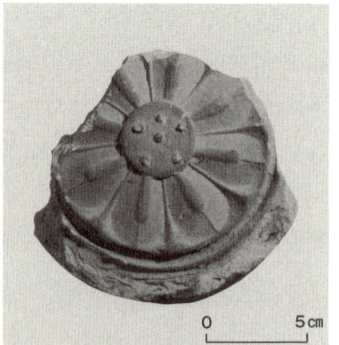

第34図 大蓮寺窯跡の単弁8弁蓮華文軒丸瓦Ⅰ-a類　第35図 伏見廃寺跡の単弁8弁蓮華文軒丸瓦ⅠA種　第36図 伏見廃寺跡の単弁8弁蓮華文軒丸瓦ⅠB種

第37図 伏見廃寺跡の単弁8弁蓮華文軒丸瓦ⅠC種　第38図 勝呂廃寺跡の単弁8弁蓮華文軒丸瓦　第39図 龍角寺廃寺跡の単弁8弁蓮華文軒丸瓦

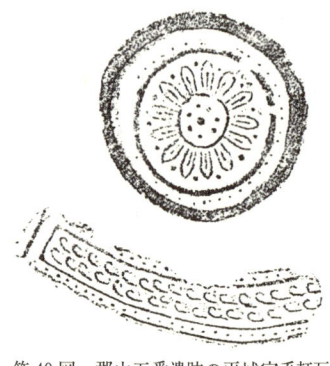

第40図 郡山五番遺跡の平城宮系軒瓦　第41図 一の関遺跡の雷文縁複弁4弁蓮華文軒丸瓦　第42図 村北窯跡の雷文縁複弁4弁蓮華文軒丸瓦

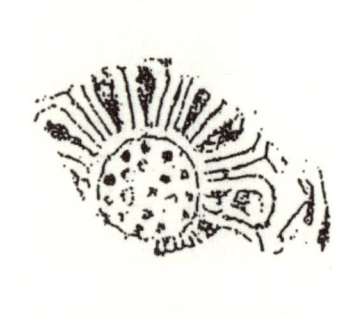

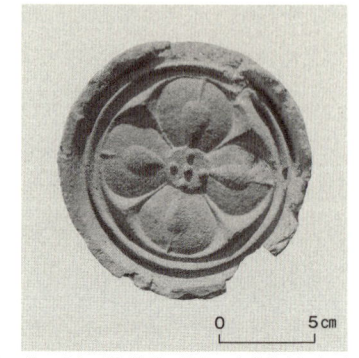

第43図 角田郡山遺跡の複弁6弁蓮華文軒丸瓦　第44図 兀山遺跡の複弁8弁蓮華文軒丸瓦　第45図 燕沢遺跡の単弁4弁蓮華文軒丸瓦

174

b 伏見廃寺跡

　郡山遺跡Ⅱ期官衙段階の倭国最北の官衙遺跡は、宮城県大崎市に所在する名生館官衙遺跡である（佐々木2008）。この名生館官衙遺跡Ⅲ期遺構群は713年に設置された丹取郡家の可能性が高い。郡庁正殿を後述の単弁8弁蓮花文軒丸瓦ⅠA種で瓦葺きにしており、これは当該期の地方官衙では希有なことであり、蝦夷政策の最前線としての立場が意識されたものと考えられる。

　さて、その南東方にある伏見廃寺跡は、丹取郡家の付属寺院に比定されている。発掘調査によって、東西に長い（北半部残存、約18×15mと推定）基壇跡が検出され、仏堂（金堂）と推定された（佐々木1971）。また、名生館官衙遺跡Ⅲ期の政庁所用軒丸瓦の同笵品である単弁8弁蓮華文軒丸瓦ⅠA種と同ⅠB、C種が発見された（第35～37図）。なかでも軒丸瓦ⅠA種は、弁端凸線の長短と枷型作りを除けば、郡山市麓山瓦窯跡出土の同文軒丸瓦（第31図）と同様の特徴をもっている。さらに、弁の肥厚、子葉の配置の精緻さ、弁端から子葉にかけて付けられた凸線の形状と有無、内区圏線の太さについて三種を比較すると、軒丸瓦ⅠA、B、C種の順序に退化、簡略化されており、ⅠA、B、C種の順に製作されたと考えられる。

　軒丸瓦ⅠB、C種は、伏見廃寺跡と名生館官衙遺跡以外に供給されていないので、供給先の主体は伏見廃寺跡ということになる。また伏見廃寺跡では、三種の軒丸瓦と四・五重弧文軒平瓦から構成される三種のセットの存在が想定される。つまり、伏見廃寺跡には仏堂以外の建物があった可能性がある。そこで当時、倭国最北の寺院であった伏見廃寺跡の実態を探るために、筆者は2007～2009年度に大崎市教育委員会文化財課の協力を得て、物理探査（地中レーダー探査と電気探査）調査を実施した（佐川2010）。仏堂基壇の位置は再確認したが、耕作地が多いこともあって、他の建物存在を明確に把握できていないが、さらに物理探査調査を継続していきたい。

c 菜切谷廃寺跡と一の関遺跡

　菜切谷廃寺跡は、宮城県加美町に所在し、西方にある賀美郡家（東山官衙遺跡）の付属寺院と推定され、城生遺跡に隣接している（伊東編1956）。東西に長い基壇（約15×13m）と現位置をとどめる礎石を残す。発掘調査によって、東西に長い乱石積み基壇であることが判明した。創建用軒丸瓦は、いわゆる雷文縁複弁4弁蓮華文軒丸瓦と小型の上総系の素文縁単弁4弁蓮華文軒丸瓦が少量出土した。前者は弁の輪郭線が弁端で途切れ、複弁の弁央に区分線がなく、大きな中房に1＋6の蓮子を置き、雷文が弁端内向きの複弁タイプである。次述する一の関遺跡に同笵品がある（第41図）。後者は後述する燕沢遺跡例（第45図）とともに陸奥国では二例しかない。間弁がB系統で、外区内縁に圏線をめぐらす特徴は、上総の例にはないので、単弁8弁蓮華文軒丸瓦からの影響と考えられる。なお、軒平瓦がないので、平瓦を代用させていたのであろう。

　一の関遺跡は、宮城県色麻町に所在し、所在地不明の色麻郡家か、その付属寺院と推定されている（阿部1977）。発掘調査によって、東西に長い乱石積み基壇跡（約19×15m）が検出された。菜切谷廃寺跡と同笵の雷文縁複弁4弁軒丸瓦（第41図：色麻町土器坂瓦窯跡産）が出土したが、点

数が少なく、所用の実態は不明である。組み合う軒平瓦はなく、平瓦が代用したと推定される。

（４）郡山Ⅱ期官衙段階頃の軒瓦を出土しているが、供給建物の実態が不明
　村北窯跡は、福島県会津若松市に隣接する河東町に所在し、会津郡家（河東郡山遺跡）との関連が推定される（日本考古学協会2005年度福島大会実行委員会2005）。雷文（弁端内向きの複弁タイプ）縁複弁4弁蓮華文軒丸瓦が丸・平瓦とともに出土している（第42図）。弁輪郭線の端部をハート形に切り欠いている点は、前述の菜切谷廃寺跡と一の関遺跡例と異なるが、複弁の弁央に区分線がなく、大きな中房に1＋6の蓮子を置き、斜縁である点は共通する。
　角田郡山遺跡は、宮城県角田市の阿武隈川沿いに所在し、伊具郡家かその付属寺院と関連すると推定される（角田市教育委員会1994）。交差鋸歯文縁複弁6弁蓮華文軒丸瓦が出土している（第43図）。複弁弁央の区分線とY字形間弁があり、中房蓮子が二重（1＋6＋11）である特徴は、清水台Ⅰタイプに類似する。
　兀山遺跡は、宮城県白石市に所在し、実態不明な苅田郡家と関連する窯跡と推定される。黒木田Ａｂ類と同笵と思われる複弁8弁蓮華文軒丸瓦がある（第44図：白石市編さん委員1976）。
　燕沢遺跡と大蓮寺窯跡は、宮城県仙台市北東部の小田原台原丘陵の東端に位置する。燕沢遺跡では、郡山Ⅱ期官衙段階から9世紀代までの軒瓦が出土しており、寺院の存在が推定されてきた（長島1995）。単弁8弁蓮華文軒丸瓦が一種（Ⅰ－ａ類）と上総系の単弁4弁蓮華文軒丸瓦一種（第45図）が、貼付式段顎をもつ三重弧文軒平瓦とともに出土している。付近の大蓮寺窯跡からは、燕沢遺跡の軒丸瓦Ⅰ－ａ類の同笵品（第34図、中房蓮子1＋6）がそれより一回り大きな単弁8弁蓮華文軒丸瓦Ⅰ－ｂ類、三重弧文軒平瓦とともに出土している（木村1995）。軒丸瓦Ⅰ－ａ類では弁端に麓山瓦窯跡軒丸瓦と同様の楔形の短い凸線を置くが、同Ⅰ－ｂ種ではそれが子葉まで達する凸線に変化し、弁形も退化する。しかし、両者とも外区内縁の圏線は残している。陸奥国で二例しかない単弁4弁蓮華文軒丸瓦は、菜切谷廃寺跡例とは別笵であるが、B系統間弁をもち、外区内縁に圏線をめぐらす特徴は、上総例にはないので、軒丸瓦Ⅰ－ａ、ｂ種の影響であろう。外縁は上総例のような二〜三重圏文ではなく素文である。しかし、燕沢遺跡例も上総例と同様に小型品である。以上より、燕沢遺跡では本来、上記の大小三種の軒丸瓦と三重弧文軒平瓦が三セットを構成していたと推定されるので、伽藍をもった寺院が存在していたのかもしれない。
　高安窯跡は、山形県東置賜郡高畠町に所在し、置賜郡家と関連すると推定されるが、郡家の実態は依然として不明である。粘土板桶巻き作りによる三重弧文軒平瓦が丸・平瓦とともに出土している（東北芸術工科大学考古学研究室2003）。

5．陸奥国初期寺院と軒瓦をめぐる諸問題

　以上、寺院の堂塔との対応関係を考えてきた軒瓦について簡単にまとめ、若干の考察をする。

（1）郡山遺跡Ⅰ期官衙段階の寺院造営の意義と有稜素弁8弁蓮華文軒丸瓦の祖型

　黒木田遺跡（宇多評）および腰浜廃寺跡（信夫評）の有稜素弁8弁蓮華文軒丸瓦は、陸奥国最初の瓦葺き寺院の存在を示す。その年代を7世紀第3四半期の評制施行後、その造営の契機を蝦夷領域と接する浜通り地区と中通り地区に寺院を建立し、倭国北端の安寧と郡山遺跡Ⅰ期官衙を設置した蝦夷領域南端の蝦夷の円滑な服属化を図るためであったと考える。また、近江との関係については、蝦夷領域への版図拡大戦略上重要な製鉄技術をめぐる彼我の交流も確認されており、非常に重要な要素であったといえる（飯村2005、菅原2010）。

　有稜素弁8弁蓮華文軒丸瓦の祖型については、坂東ではなく、黒木田遺跡例は前期穴太廃寺跡例を、腰浜廃寺跡例は衣川廃寺跡例を候補と考える。両候補はくしくも近江大津の寺院跡であり、伽藍配置形式は最初期（630年代造営開始）の川原寺式（衣川廃寺跡は未完成か）とされている。森郁夫氏が指摘したように、川原寺跡以前にすでに川原寺式伽藍が存在することは重大な問題であり（森2003）、観世音寺式の出現時期も注視される。そして、黒木田遺跡も腰浜廃寺跡も倭国北端に意識して建立されたという点を改めて思い起こせば、観世音寺式に込めたと同様の鎮護国家の理念は、7世紀第3四半期にはすでに存在していたことになる。ともあれ、倭国政府の大きな梃子入れによって造営された寺院を有する両遺跡は、倭国独特の伽藍配置形式の創成の過程を探る大きな鍵を握っているようである。

（2）郡山廃寺跡の単弁8弁蓮華文軒丸瓦A種の祖型

　郡山廃寺跡は、陸奥国国府の付属寺院であったと推定されている。その屋根に葺いた単弁8弁蓮華文軒丸瓦A種の祖型については、上野の上植木廃寺跡で7世紀第4四半期に伽藍が整備され始めた段階の軒丸瓦A02であったという仮説を提示する。郡山廃寺跡軒丸瓦A種は、上植木廃寺跡軒丸瓦A02を下敷きにアレンジを加え、陸奥国国府の新生を意識した端正な文様に仕上げている。さらに、上植木廃寺跡のつぎの段階の軒丸瓦A03も、8世紀第1四半期に麓山瓦窯跡などの陸奥国の単弁8弁蓮華文軒丸瓦の祖型となっており、上植木廃寺跡の主体者である佐井評（郡）家の深い関与が伺える。筆者は従来、武蔵の勝呂廃寺跡（第38図、埼玉県立歴史と民俗の博物館2010）との関連を考えてきたが、同廃寺跡の単弁8弁蓮華文軒丸瓦は弁形が山田寺系（第39図、弁端が尖らず、三角形に処理）であり、外区内縁に圏線がない点を改めて認識したので、従来の見解を撤回する。

　しかし、郡山廃寺跡の軒丸瓦A種の文様は、多賀城創建軒丸瓦に継承されるが、8世紀第1四半期の陸奥国内では泉廃寺跡（行方郡）の別笵同文軒丸瓦1点を除くと、まったく何の祖型にもなっていない（藤木2009b）。国府側の拘束があったのか不明だが、今後の大きな課題である。

　一方で、大宰府観世音寺の創建軒瓦である老司Ⅰ式の祖型は、藤原宮中期段階の藤原宮式軒瓦であったと考えて大過ない（岩永2009）。その段階は、まさに郡山廃寺の造営時期と重なる。また、大宰府創建瓦である鴻臚館Ⅰ式の祖型は興福寺式軒瓦（平城宮所用の型式）である。したがって、大宰府周辺で宮都の軒瓦が祖型とされたのは、この地で没した斉明との関わりや唐と統一新羅と

の外交という中央政府の強い思い入れと関与があったからであり、陸奥国府周辺とは好対照な状況である。

(3) 郡山遺跡Ⅱ期官衙段階の陸奥国の軒瓦と坂東

　坂東から陸奥国へ瓦当文様の祖型が導入される際に、浜通り（石城）、中通り（石背）、仙台・大崎平野（陸奥新領域）という地域的なまとまりが意識されていた点に注目しながら総括する。本書の藤木海氏、昼間孝志氏、出浦崇氏の詳しい論考とあわせてご覧いただきたい。

　複弁7・8弁蓮華文軒丸瓦　前者が東山道に位置する上野山王廃寺跡（群馬郡）の軒丸瓦Ⅲ類、後者が同軒丸瓦Ⅳ類を直接の祖型としたことは明白である。そして、それは旧評制が施行された浜通り地区（石城）に意識的に導入された（佐川2008の図44）。まず複弁7弁蓮華文が黒木田遺跡（宇多郡）へ、やや遅れて複弁8弁蓮華文が夏井廃寺跡（磐城郡）へ導入され、金堂などの造営が行われた。その後、夏井廃寺跡では複弁6弁蓮華文軒丸瓦が導入され、講堂の造営が進行したと推定されるので、夏井廃寺跡の複弁8弁蓮華文軒丸瓦に関わった瓦工人も、黒木田遺跡の複弁8弁蓮華文軒丸瓦の製作に関与したのかもしれない。黒木田遺跡の複弁8弁蓮華文の成立には統一新羅の文様要素（蕊状子葉）も取り入れられているが、Ａｄ類以後、退化の一途をたどるので、在地工人主体の製作に転換していったと考えられる。黒木田遺跡の複弁8弁蓮華文軒丸瓦の初期段階のＡｂ類の范型は、兀山遺跡（苅田郡）へ移動されたようである。

　複弁6弁蓮華文軒丸瓦　東山道に位置する下野薬師寺跡の面違鋸歯文縁複弁8弁蓮華文が大きな意味での祖型であり、それは旧評制が施行された中通り地区（石背）へ意識的に導入された（佐川2008の図45）。平板な弁区、複弁の弁央の区分線と間弁をもち中房周辺蓮子を二重にめぐらす下野薬師寺跡例にやや近いⅠタイプ（清水台遺跡（安積郡）と角田郡山遺跡（伊具郡））と、複弁弁央に区分線はないが、間弁をもち、中房蓮子は1＋6であるⅡタイプ（借宿廃寺跡（白河郡）、夏井廃寺跡、清水台遺跡）がある。後者は複弁の弁央に区分線がない点が、武蔵国に分布が集中する交差鋸歯文縁複弁8弁蓮華文軒丸瓦と共通するが、この武蔵国タイプは複弁の下半同士が密着して間弁がなく、一部の中房周辺蓮子が二重である。問題は三者の関係である。従来、下野薬師寺跡例→Ⅰタイプ→Ⅱタイプ、下野薬師寺跡例→武蔵国タイプという型式学からみた見解が提示された（真保1994）。しかし、ⅡタイプはⅠタイプから欠落した要素が多いが、文様構成は弁の立体感も含めて整っている側面もある。清水台遺跡に両タイプが存在することや、退化型式である上人壇廃寺跡例（磐瀬郡）が、弁を借宿廃寺跡例から、中房蓮子を清水台遺跡例から影響を受けて成立していることを考慮するならば、先の三者が並行存した可能性もあると考える。

　単弁8弁蓮華文軒丸瓦　東山道に位置する上野上植木廃寺跡（佐井郡）の軒丸瓦A03を祖型とし、麓山瓦窯跡軒丸瓦（安積郡）を介して、陸奥北半の仙台平野（燕沢遺跡、宮城郡家か）へ、さらに大崎平野（名生館官衙遺跡、伏見廃寺跡：丹取郡）へ導入されたといえる（佐川2008の第46図）。麓山瓦窯跡を介すとしたのは、麓山瓦窯跡例が中通り地区では唯一の単弁8弁蓮華文であること、上植木廃寺跡軒丸瓦A03と同様に分割式枷型を使用しており、それが清水台遺跡の複弁6弁蓮

華文軒丸瓦の製作に引き継がれたことから、仙台、大崎平野の単弁8弁蓮華文軒丸瓦の直接の祖型となるべく、范型が手本として移動されたかもしれない。上植木廃寺跡軒丸瓦A03で尖った弁端表現が杏仁形の短い凸線に置き換えられ、これは麓山廃寺跡軒丸瓦では間弁と一体になった楔形の凸短線となり、さらにそれが大蓮寺窯跡軒丸瓦Ⅰ－aでもトレースされており、この時点までは子葉端につかない。そして、名生館官衙遺跡と伏見廃寺跡軒丸瓦ⅠA類では楔形の短い凸線が子葉に達する長い凸線に変化し、さらに伏見廃寺跡軒丸瓦ⅠB類と大蓮寺窯跡軒丸瓦Ⅰ-bでは弁端の切れ込み表現が喪失し、最後には伏見廃寺跡軒丸瓦ⅠC類では弁央の凸線もなくなる。後三者では弁表現の退化も進行する。伏見廃寺跡軒丸瓦ⅠA類以降は、在地工人主体の製作に転換していったのである。

　雷文縁複弁4弁蓮華文軒丸瓦　雷文は本来、光背等の蓮弁装飾が起源である。大崎平野西部の菜切谷廃寺跡と一の関遺跡、そして唯一、会津盆地の例である村北窯跡から出土している。坂東では上総に雷文縁があるが、雷文が単弁構成で、弁区が複弁8弁蓮華文であり、類似例がない。阿賀野川沿いに会津盆地を経由する北陸方面からの導入も考えられるが、詳細は不明である。

　素文縁単弁4弁蓮華文軒丸瓦　東海道に位置する上総から仙台平野の大蓮寺窯跡（燕沢遺跡）と大崎平野の菜切谷廃寺跡へ導入されたことは明らかである。小型瓦という特徴も維持しているが、上総でみられた外縁の重圏文は素文となり、中房は小型化する。大蓮寺窯跡例には、弁端よりの凸線が残り、また間弁がB系統化する、内縁に圏線を置くという特徴がみられるので、単弁8弁蓮華文軒丸瓦と同時期製作されていたと推定される。

　行方郡と標葉郡の軒瓦文様　新設の行方郡の泉廃寺跡では上記の坂東の軒瓦文様が、まったく祖型になっていない。創建段階の植物文軒丸瓦の花葉文と木葉文は忍冬文が大きくデフォルメされたものと考え、尾張元興寺跡や相模宗元寺跡の忍冬蓮華文との関連を推定する。8世紀第2四半期の泉廃寺の修理用軒瓦である細弁蓮華文軒丸瓦と釣針文軒平瓦は、平城宮式軒丸瓦6282－6721型式を祖型とする多賀城軒瓦230・231－660と関連して成立した。その契機は、藤木氏が指摘したように、8世紀第2四半期における隣接する標葉郡家付属寺院の創建である（藤木2009a）。

　多賀城創建期の造瓦負担からの考察　このように陸奥国各郡寺の造瓦支援においては、東山道に位置する上野と下野の負担が圧倒的に大きかった。ここで注意されるのが、多賀城創建期の文字瓦の国名を検討した進藤氏の見解である（進藤2004）。720年に近い創建期初頭の下伊場野窯跡の国名は、下総、上総、相模の東海道諸国に限定されるが、最盛期の日の出山窯跡の国名は、東海道諸国に加えて、東山道の上野と下野も認められる。つまり、東山道と東海道という単位での造瓦負担、多賀城創建期初頭は郡寺造瓦負担の少ない東海道諸国が分担したこと、そして730年頃になって東山道諸国による陸奥国各郡寺の造瓦支援が終束したことが読み取れよう。

（4）郡山遺跡Ⅱ期官衙段階の陸奥国の寺院の伽藍配置と坂東

　辺境の寺院が一堂のみという旧説は、再考する必要がある。8世紀第1四半期の陸奥国には、

夏井廃寺跡（磐城郡）の観世音寺式と借宿廃寺跡（白河郡）の法隆寺式伽藍配置があった。とくに、前者は夏井廃寺跡のある磐城郡が、当時倭国東端であったとの認識に基づいて選択された可能性がある。したがって、当時実質的に倭国最北の寺院であった伏見廃寺跡についても、そうした視点で伽藍配置の追究を継続する必要がある。

坂東でも遺構の実態が不明な寺院が圧倒的に多いが、上野山王廃寺跡や下総龍角寺廃寺跡、結城廃寺跡などにみられる法起寺式が比較的多く採用されていた。下野大内廃寺跡と常陸茨城廃寺跡の法隆寺式と常陸新治廃寺跡の薬師寺式は、目下マイナーな存在である。しかし、法隆寺式の前二寺と借宿廃寺跡の軒丸瓦は異なった系統の文様であるし、交差文縁複弁 6 弁蓮華文軒丸瓦が集中する武蔵国では目下、法隆寺式伽藍配置は確認されていない。寺院造営にあたっては、伽藍配置形式と軒瓦文様は別々に決定され、後者は坂東の東山道諸国を主体とする郡との関係で採用されていたようである。

なお、夏井廃寺跡などで試みた造営企計画を読解する視点をぜひ広めたい。それによって、廃寺跡を活きた史料として蘇らせ、堂塔の造営と軒瓦との関係も少しは解明できるであろう。

謝辞　本稿で取り上げた寺院跡出土の瓦調査においては、所在地の各教育委員会からご高配をたまわった。また、大河原基典氏（色麻町教育委員会）、鈴木雅氏（白石市教育委員会）、長島榮一氏（仙台市教育委員会）、水戸部秀樹氏（山形県埋蔵文化財センター）から諸処ご教示をいただいた。衷心より感謝申し上げる。

引用・参考文献
阿部　恵　1977　『一の関遺跡』（宮城県文化財調査報告書第 48 集）、宮城県教育委員会
飯村　均　2005　『律令国家の対蝦夷政策・相馬の製鉄遺跡群』（シリーズ「遺跡を学ぶ」021）、新泉社
伊東信雄編　1956　『菜切谷廃寺跡』（宮城県文化財調査報告書第 2 集）、宮城県教育委員会
伊東信雄編　1965　『腰浜廃寺』福島市史編纂委員会
井上和人・粟野　隆　2010　『平城京ロマン　過去・現在・未来』京阪奈情報教育出版株式会社
今泉隆雄　2005　「付章　古代陸奥国と郡山遺跡」『宮城県仙台市郡山遺跡発掘調査報告書－総括編（1）－』（仙台市文化財調査報告書第 283 集）、仙台市教育委員会
いわき市教育委員会　2004　『夏井廃寺跡－陸奥国磐城郡古代寺院跡の調査－』（いわき市埋蔵文化財調査報告第 107 冊）
岩永省三　2009　「老司式・鴻臚館式軒瓦出現の背景」『九州大学総合研究博物館研究報告』第 7 号
大河原基典　2002　「多賀城創建期における瓦生産の展開」『宮城考古学』第 4 号、宮城県考古学会
大津市歴史博物館　2008　『かわら－瓦からみた大津史－』
大橋一章　1997　『飛鳥の文明開化』吉川弘文館
小笠原好彦　1989　「穴太廃寺」『近江の古代寺院』近江の古代寺院刊行会
角田市教育委員会　1994　『角田郡山遺跡Ⅲ』（角田市文化財調査報告書第 22 集）
亀田修一　2010　「朝鮮半島における造瓦技術の変遷」『古代東アジアの造瓦技術』（奈良文化財研究所研究報告第 3 冊）、独立行政法人国立文化財機構奈良文化財研究所
関東古瓦研究会　1997　『シンポジウム　関東の初期寺院資料集』
木村浩二　1995　「燕沢遺跡」『仙台市史　特別編 2　考古資料』仙台市史編さん委員会
木本元治　1989　「善光寺遺跡（第 2 次）」『国道 113 号バイパス遺跡調査報告』Ⅴ、福島県教育委員会
九州歴史資料館　2007　『観世音寺』吉川弘文館

京都国立博物館　1990　『畿内と東国の瓦』京都国立博物館

熊谷公男　1986　「阿倍比羅夫北征記事に関する基礎的考察」『東北古代史の研究』

古代瓦研究会　2005　『古代瓦研究　Ⅱ－山田寺式軒瓦の成立と展開－』

古代城柵官衙遺跡検討会第33回事務局（南相馬市教育委員会）　2007　「特集　陸奥国南部における郡家の構造と変遷」『第33回古代城柵官衙遺跡検討会資料』

埼玉県立歴史と民俗の博物館　2010　「勝呂廃寺」『仏教伝来　埼玉の古代寺院』（特別展図録）

佐川正敏　2000　「陸奥国の平城宮式軒瓦6282－6721の系譜と年代－宮城県中新田町城生遺跡と福島県双葉町郡山五番遺跡・原町市泉廃寺－」『東北学院大学東北文化研究所紀要』第32号、東北学院大学東北文化研究所

佐川正敏　2003　「仙台市郡山廃寺所用軒丸瓦の調査報告」『東北学院大学東北文化研究所紀要』　第35号、東北学院大学東北文化研究所

佐川正敏　2004a　「東北地方の古代瓦研究の新視点」『考古学の方法』第5号、東北大学文学部考古学研究会

佐川正敏　2004b　「福島県原町市泉廃寺跡出土軒瓦が語る古代行方郡衙郡寺の様相」『東北学院大学東北文化研究所紀要』第36号、東北学院大学東北文化研究所

佐川正敏　2008　「東北地方の寺院造営－多賀城創建期以前の寺院－」『天武・持統朝の古代寺院－東日本－』帝塚山大学考古学研究所

佐川正敏　2010　「宮城県大崎市伏見廃寺跡の物理探査とその意義」『アークスⅢ』（文部科学省・組織的な大学院教育改革推進プログラム『遺跡遺物資料処理技能開発の日中韓協同推進』成果報告書）、東北学院大学大学院文学研究科アジア文化史専攻大学院GP委員会

佐川正敏　2011　「上人壇廃寺跡の遺構配置計画について」『上人壇廃寺跡』（須賀川市文化財調査報告書第56集）、須賀川市教育委員会

佐々木茂楨　1971　「宮城県古川市伏見廃寺跡」『考古学雑誌』第56巻第3号

佐々木茂楨　2008　「古代史」『通史Ⅰ（原始～近世）』（古川市史第1巻）

貞清世里・高倉洋彰　2010　「鎮護国家の伽藍配置」『日本考古学』第30号、日本考古学協会

白河市教育委員会　2007　『借宿廃寺跡確認調査報告書Ⅳ』（白河市埋蔵文化財調査報告書第47集）

白河市教育委員会　2008　『借宿廃寺跡確認調査報告書Ⅴ』（白河市埋蔵文化財調査報告書第50集）

白石市史編さん委員　1976　「117　兀山遺跡」『白石市史　別巻　考古資料篇』

進藤秋輝　2004　「多賀城創建期の造瓦活動」『考古学の方法』第5号、東北大学文学部考古学研究会

真保昌弘　1994　「陸奥国南部に分布する二種の複弁系鐙瓦の歴史的意義について」『古代（特集：古代における同笵・同系軒先瓦の展開）』第97号、早稲田大学考古学会

須賀川市教育委員会　2011　『上人壇廃寺跡』（須賀川市文化財調査報告書第56集）

菅原祥夫　2010　「宇多・行方郡の製鉄と近江」『福島県文化センター白河館研究紀要』2010、（財）福島県文化振興事業団福島県文化財センター白河館

須田　勉　2008　「関東地区における天武・持統朝の古代寺院」『天武・持統朝の古代寺院－東日本－』帝塚山大学考古学研究所

鈴木　功　2006　『白河郡衙遺跡群』（「日本の遺跡」10）、同成社

仙台市教育委員会　2005　『宮城県仙台市郡山遺跡発掘調査報告書－総括編（1）－』（仙台市文化財調査報告書第283集）

相馬市教育委員会　1990　「4．中野廃寺跡」『県営ほ場整備事業　相馬西部地区遺跡分布調査報告書』（相馬市文化財調査報告書第6集）

高橋誠明　2007　「律令国家の成立期における境界地帯と関東との一関係－宮城県大崎地方出土の関東系土師器と出土遺跡の意義－」『国士舘考古学』第3号、国士舘大学

高松俊雄　1984　「郡山市麓山瓦窯跡出土の瓦について」『福島考古』第25号記念号、福島県考古学会

高松俊雄　1994　「郡山市開成山窯跡出土の瓦－清水台遺跡出土瓦の変遷に関して－」『研究紀要』第1号、（財）郡山市埋蔵文化財発掘調査団

辻　秀人　1994　「陸奥国における雷文縁複弁四弁、単弁八弁蓮華文軒丸瓦の展開について」『古代（特集：古代における同笵・同系軒先瓦の展開）』第97号、早稲田大学考古学会

辻　秀人　2004　「陸奥国の古瓦研究」『考古学の方法』第5号、東北大学文学部考古学研究会

東北芸術工科大学考古学研究室　2002　『山形県高畠町高安窯跡群B区第1次発掘調査報告書』東北芸術工科大学考古学研究報告第2冊）

独立行政法人文化財研究所奈良文化財研究所　2005　『地方官衙と寺院－郡衙周辺寺院を中心として－』

長島榮一　1995　「燕沢遺跡」『仙台市史　特別編2　考古資料』仙台市史編さん委員会

名古屋市教育委員会　2002　『尾張元興寺跡第7次発掘調査報告書』

日本考古学協会2005年度福島大会実行委員会　2005　「7世紀の東日本－変革期の諸相－」『日本考古学協会2005年度福島大会シンポジウム資料集』

花谷　浩　2010　「飛鳥の瓦と百済の瓦」『古代東アジアの造瓦技術』（奈良文化財研究所研究報告第3冊）、独立行政法人国立文化財機構奈良文化財研究所

菱田哲郎　2005　「古代日本における仏教の普及」『考古学研究』第52巻第3号、考古学研究会

藤木　海　2005　「泉廃寺跡出土の植物文軒先瓦の変遷」『古代東国の考古学』慶友社

藤木　海　2006　「有蕊弁蓮華文鐙瓦の展開と背景」『福島考古』第47号、福島県考古学会

藤木　海　2009a　「泉廃寺跡と関連遺跡の8世紀における造瓦－泉廃寺跡出土のⅡ群とⅣ群をめぐって－」『福島考古』第50号記念号、福島考古学会

藤木　海　2009b　「陸奥国行方郡衙周辺寺院の陸奥国府系瓦について－郡衙周辺寺院と定額寺との関連をめぐる試論－」『国士舘考古学』第5号、国士舘大学

細川修平　1988　「衣川廃寺の再検討」『滋賀県文化財保護協会紀要』第1号、（財）滋賀県文化財保護協会

南相馬市教育委員会　2007　『泉廃寺跡－陸奥国行方郡家の調査報告－』（南相馬市埋蔵文化財調査報告書第6集）

南相馬市教育委員会　2008　『泉廃寺跡－陸奥国行方郡家出土瓦の報告－』（南相馬市埋蔵文化財調査報告書第7集）

森　郁夫　2003　「古代寺院研究上の問題点」『学叢』第25号、京都国立博物館

渡邉一雄編　1979　『郡山五番遺跡　Ⅲ』双葉町教育委員会

古代東北地方への仏教伝播
── 『日本霊異記』下巻第4縁を中心に ──

三舟　隆之

1．はじめに

　東北地方への仏教伝播については、律令制国家の蝦夷政策が征討事業による服属と朝貢を目的としたという観念から、あたかも蝦夷社会が未開社会であり、仏教のような先進文化が伝播するのは、東北地方が律令体制の中に組み込まれてからというイメージが未だに強い。戦後の発掘調査の増加によって、東北地方の古代寺院跡も調査されてその姿が明らかになってきたが、寺院の性格は「城柵附属寺院」という、支配拠点に附属し蝦夷の教化を行うものと理解され、公的な性質が伴うと考えられている。そのような背景には、『日本書紀』や『続日本紀』などの蝦夷観があるものと思われる。

　ところが戦後の多賀城跡などの城柵官衙遺跡の発掘調査の成果からは、城柵遺跡が必ずしも軍事的拠点だけでなく、むしろ一般的な官衙遺跡との共通点も見いだされるようになって来ている。また寺院遺跡についても多賀城跡を中心とする出土瓦の研究が進み、古瓦研究や寺院遺跡研究は進展したが、東北地方の初期の仏教信仰の実態については文献史料も少ないせいもあって、それに言及した研究は少ない。本稿では、『日本霊異記』下巻第4縁などの説話や出土史料から、古代東北地方の仏教信仰の姿を明らかにしたい。

2．東北地方の古代寺院の成立と仏教の伝播

（1）文献に見える東北地方への仏教の伝播
　東北地方への仏教の伝播については、『日本書紀』に以下のような記事が見える。
① 持統3（689）年正月丙辰（3日）条[1]
　　務大肆陸奥国優嗜曇郡城養蝦夷脂利古男、麻呂與鉄折、請別鬢髪為沙門。詔曰、麻呂等、少而閑雅寡欲。遂至於此、蔬食持戒。可随所請、出家脩道。
② 同年同月壬戌（9日）条[2]
　　是日、賜越蝦夷沙門道信、仏像一軀、灌頂幡・鍾鉢各一口、五色綵各五尺、綿五屯、布一十端、鍬一十枚、鞍一具。

③　同年7月壬子朔（1日）条[3)]

　　　付=賜陸奥蝦夷沙門自得、所請金銅薬師仏像・観世音菩薩像、各一軀、鍾・裟羅・宝帳・香爐・幡等物_。

　以上の3つの史料の内、①は後の出羽国置賜郡地方の蝦夷であり、②は越蝦夷沙門道信とあるところから、大化3（647）年以降の渟足・磐舟柵設置に関して、日本海側の蝦夷に、仏具などを授けたものと思われる。③についてはこの陸奥がどの地域を指すか不明であるが、賜与された仏像が薬師像と観世音菩薩像であったことは興味深い。

　一般にこれらの史料は、同じ『日本書紀』持統6（692）年閏5月己酉（15日）条に「詔=筑紫大宰率河内王等_曰、宜遣=沙門於大隅與=阿多_、可レ伝=仏教_」とあるので、蝦夷や隼人に仏教を伝え教化を行うとした記事であると解釈されている。しかし陸奥国の蝦夷は積極的に出家して上京し仏像や仏具を賜っているが、一方の隼人の方には積極的な仏教受容の記事が7世紀後半には見られないので、蝦夷と隼人では仏教受容への積極性に相違があるのではなかろうか。

　その結果、陸奥では早くから寺院造営が始まっているのに対し、大隅や薩摩には7世紀後半に遡る寺院は造営されていない。蝦夷と隼人への仏教受容の要請は律令制国家としては教化の目的があったとは思われるが、受容する側に仏教信仰の意志がなければ、仏教が広まることはない。ここでは陸奥の蝦夷側に仏教受容への積極的な意志があったと思われ、次に述べる大崎平野の古代寺院跡も、その結果造営されたと思われる。

（2）東北地方の初期寺院の成立

　東北地方の初期寺院については文献史料に残るものはほとんどない為、古瓦の分布という考古学的成果から判断せざるを得ない。陸奥国の範囲は広く、そのためいくつかの瓦群に分類することができ、それを初めて概括的にまとめたのが辻秀人氏の研究（辻1992・1994）で、その後眞保昌弘氏がさらに諸段階に分類している（眞保1995）。

　眞保氏の分類によれば、①素弁系は宮城県大崎市伏見廃寺と福島県双葉町郡山五番遺跡から出土し、素弁に稜線や鎬を持つものが福島県福島市腰浜廃寺、相馬市黒木田遺跡から出土している。しかし腰浜廃寺と黒木田遺跡は両者の間に共通性は見いだせないので、それぞれ独自の系譜ルートがあったことが考えられる。

　②単弁系は伏見廃寺の他に、城柵官衙遺跡と考えられる宮城県大崎市名生館官衙遺跡と仙台市郡山遺跡から出土し、瓦窯跡としては仙台市大連寺瓦窯跡、福島県郡山市麓山瓦窯跡から出土している。③複弁系は、群馬県山王廃寺系の複弁系軒丸瓦が、陸奥南部の福島県いわき市夏井廃寺と根岸遺跡（石城郡衙遺跡）、相馬市黒木田遺跡、茨城県北茨城市大津廃寺、また相馬市新地町善光寺遺跡や宮城県白石市兀山遺跡などの瓦窯跡から出土している。

　一方、下野薬師寺系の複弁六葉蓮華文軒丸瓦が、宮城県角田市角田郡山遺跡、福島県清水台遺跡、須賀川市上人壇廃寺、泉崎村借宿廃寺や関和久・関和久上町遺跡（白河郡衙関連官衙遺跡）、さらにいわき市夏井廃寺や茨城県大津廃寺などから出土している。

この中でもとくに興味深いのは、大崎平野の寺院群である（第1図）。最近の城柵官衙遺跡の発掘調査によって、大崎市名生館官衙遺跡や加美郡城生遺跡・東山官衙遺跡、などが相次いで発見され、『続日本紀』の天平9（737）年に見える多賀柵（多賀城）の他の、牡鹿・新田・色麻・玉造柵などの城柵に比定される可能性が高まった。このうち牡鹿柵は宮城県東松島市赤井遺跡に比定されているので、名生館官衙遺跡などが新田・色麻・玉造柵のどれかに比定される可能性があるが、文献には見えない大崎市宮沢遺跡などの城柵官衙遺跡も存在するので確定は困難である。また東山官衙遺跡などはむしろ賀美郡衙跡の可能性が指摘され、上記の城柵官衙遺跡については、「城柵」という軍事施設と郡衙が一体となった官衙遺跡の可能性も考えられている。

　さらに名生館遺跡には伏見廃寺、城生遺跡には菜切谷廃寺などが近接し、また付近には一の関遺跡も存在するので、城柵官衙遺跡と寺院跡がセット関係になっていると考え、これらの寺院を「城柵附属寺院」と見る説もある（今泉2001、熊谷2009）。しかし樋口知志氏も指摘するようにこの3寺院はそれぞれ単堂程度の寺院で伽藍を持つほどの規模とは考えられず[4]、多賀城廃寺のような寺院と同列に扱うことができるかどうか疑問である。また伏見廃寺などは出土した軒丸瓦

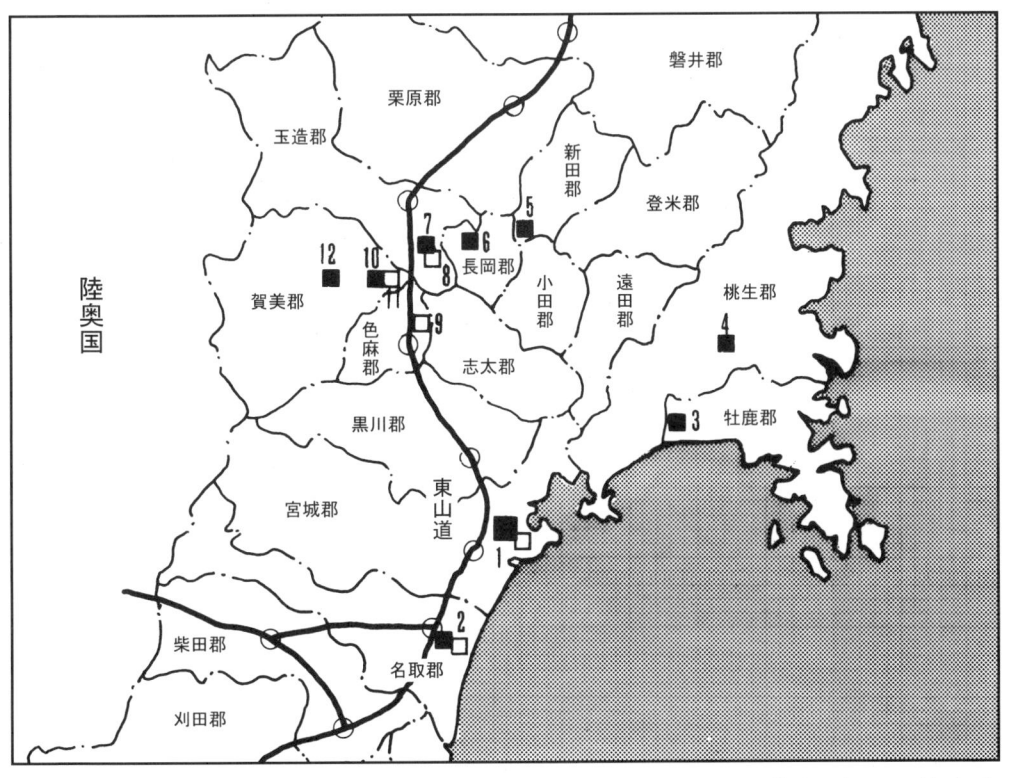

1．多賀城跡・多賀城廃寺跡　2．郡山遺跡・郡山廃寺跡　3．赤井遺跡　4．桃生城跡　5．新田柵跡
6．宮沢遺跡　7．名生館官衙遺跡　8．伏見廃寺　9．一ノ関遺跡　10．城生遺跡　11．菜切谷廃寺跡
12．東山官衙遺跡

第1図　多賀城跡周辺古代城柵・官衙・寺院跡と駅路

を見る限り、城柵官衙遺跡よりも年代的に古く、城柵官衙遺跡の周辺にあるという立地面だけから、「城柵附属寺院」という概念で寺院の性格を決定することには検討の余地があろう。大崎平野の3寺院跡は、その創建瓦から多賀城創建以前に造営されたと考えられるので、「城柵附属寺院」とは別の性格で考えていく必要があると思われる。

東北地方の瓦当文様の系譜を大まかに求めれば、素弁系は埼玉県寺谷廃寺や栃木県浄法寺廃寺、単弁系は上野上植木廃寺、複弁系は群馬県山王廃寺、栃木県下野薬師寺などを祖型とすると考えられている。この分布を見ると、素弁・単弁系は東山道ルート、山王廃寺系の複七・八弁は海道ルート、下野薬師寺系の複弁六葉は陸奥国南部という、ある程度のまとまりを持つことが明らかで、これらの分布の背景には律令制国家の意図というよりは、関東と東北の旧来の在地的同族関係によって分布したことが指摘されている（岡本1996）。そして眞保氏は、これらの氏族関係の背後には上・下毛野氏による陸奥経営が影響していると指摘している（眞保1995）。軒瓦の瓦当文様からは、東北地方へその瓦当文様が伝播したルートが明らかであるが、それでは次に仏教信仰自体の伝播経路を見ていきたい。

3. 仏教伝播の経路と信仰の実態

（1）海上ルート

東北地方への仏教信仰の伝播ルートについては、古瓦の瓦当文様の分布から東山道ルートと海道ルートが想定される。『続日本紀』養老3（719）年閏7月丁丑と信仰の実態（21日）条には石城国に10駅を設置し駅路を開いたとあり、『日本後紀』弘仁2（811）年4月乙酉（22日）条に廃止された「陸奥国海道十駅」に該当することが明らかであるが、そのほかに海上ルートが存在したことを裏付ける説話がある。『日本霊異記』下巻第4縁には、以下のような説話が収録されている[5]。

　　諾楽の京にひとりの大僧ありき。名詳かならず。僧つねに方広経典を誦じ、俗に即きて銭を貸し、妻子を蓄養へり。ひとりの女子嫁ぎて、別に夫の家に住む。
　　帝姫阿倍の天皇のみ代の時に、聟、奥の国の掾に任けらる。すなはち舅の僧に銭二十貫を貸へて、装束をつくり、任けられし国に向かふ。歳余を歴て、貸れる銭一倍して、わづかに本の銭を償ひ、いまだ利の銭を償はず。いよいよ年月を逕て、なほし徴り乞ふ。聟ひそかに懐に嫌みて、この念ひをなし、便りを求めて舅を殺さむとす。舅は知らず。なほし平らかなる心にして乞ふ。聟、舅に語りていはく、「奥に共せむとす」といふ。舅聞きて往き、船に乗りて奥に度る。
　　聟、船人と、心を同じくして悪を謀り、僧の四つの枝を縛り、海の中に擲げ陥れて、往きて妻に語りていはく「汝が父の僧、汝の面を瞵むとおもひ、率て共に度り来りき。たちまちに荒き浪に値ひ、駅船海に沈み、大徳溺れ流れて、救ひ取らむに便なし。つひに漂ひ沈みて亡りぬ。ただしわれわづかに活くらくのみ」といふ。その女聞きて、大きに哀しび哭きて

はく、「幸なくして父を亡へり。何に図りてか宝を失ふ。われ別に知りぬ。能く父の儀を見むや。寧ぞ底の玉を視むや。また父の骨を得むや。哀しきかな。痛きかな」といふ。

僧海に沈み、心を至して方広経を読誦するに、海の水凹み開き、底に踞りて溺れず。二日二夜を逕たり。後に、他の船人、奥の国に向ひて度る。見れば縄の端泛びて、海にありて漂ひ留まる。船人縄を取りて牽けば、たちまちに僧上る。形色つねのごとし。

ここに船人大きに怪しびて問ひて「汝は誰そ」といへば、答ふらく、「われは某なり。われ賊盗に遭ひ、繫縛れて海に陥れられぬ」といふ。また問ふ、「師、なにの要術ありてのゆゑに、水に沈めども死せぬ」といふ。答ふ、「われつねに方広大乗を誦持す。その威神の力を、なにぞさらに疑はむ」といふ。ただし甥の姓名は、他に向かひて顕さず、「われを具して奥に泊てよ」といふ。船人冀ひに随ひて、奥に送る。

その甥、奥の国にして、陥れし舅のために、いささかに斎食を備へて、三宝に供ふ。舅の僧、展転りて乞食し、たまさかに法事に値ふ。自度の例にあり、面を匿して居て、その供養を受く。甥の椽、みづから布施を捧げて、衆僧に献る。ここに、海の中に捨てられし僧、手を申べて施行を受く。椽見て、目漂青かに、面赫然して、驚き恐りて隠る。法師咲を含み、瞋らずして忍び、つひに後までその悪事を顕さざりき。

これ、海に沈めども水汚みて溺れず、毒ある魚も呑まず。身も命も亡びず。誠に知る、大乗の威験と、諸仏の加護となることを。

賛にいはく、

　　美きかな、その悪を挙げず、なほし能く忍ぶること。
　　まことにこの法師、鴻きに忍辱の高行を立つ。

といふ。

このゆゑに、長阿含経にのたまはく、「怨をもて怨に報ゆるは、草をもて火を滅すがごとし。慈くしびをもて怨に報ゆるは、水をもて火を滅すがごとし」とのたまへるは、それこれをいふか。

まずこの下巻第4縁は陸奥国を舞台とした説話であるが、出雲路修氏はこの「奥の国」を隠岐国と考え[6]、陸奥国に向かう一般的な海路が存在したことに疑問を呈している。しかし隠岐国は令制では「外国」であるから国司に「椽」は置かれておらず、本説話の内容とは一致しない。また『左経記』長元5(1032)年4月10日条には、藤原正兼が父の陸奥守兼貞に随って陸奥国に下向する際、「下ニ向奥国一」と記されているので、「奥国」は陸奥国を示すものと考えられる。本説話の「奥の国」を隠岐国と考える出雲路説は成り立ちがたく、やはり陸奥国と考えるのが妥当であろう。

次に「帝姫阿倍の天皇のみ代の時」とあるから、この説話は孝謙（または称徳）天皇の時代と考えられるが、『日本霊異記』の説話収録は年代順であり、中巻第39・41・42縁が淳仁天皇の頃、とあるから、配列順からすると称徳天皇の時代と考えられていたと思われる。

説話の内容は、主人公の僧侶は「沙門」「大僧」と称されていながら、実際は高利貸を行い妻

子を養うなど、私度僧の様な生活を行っている。娘婿は大国の掾であるから、『職員令』によれば正7位下か従7位上ぐらいの官人であろう。銭20貫を娘婿に貸し付け、「歳余を歴て、償れる銭一倍して」とあるから、1年あまりで借金が倍になったことを示している。『雑令』によれば、財物出挙は最長480日で1倍（10割）となっているので[7]、法定利息に違反しない程度の高利で貸し付けていたことがわかる。『正倉院文書』に残る天平勝宝2年5月26日の「謹解　申請出挙銭事」などを見ると、月別の利息は15文程度という[8]。いずれにせよ、高利で娘婿に貸し付けていたことになるが、編者の景戒はそれを非難の対象としていないので、当時では批判される行為ではなかったことになる。ただし『僧尼令』では「凡僧尼、不レ得下私蓄二園宅財物一、及興販出息上」とあって[9]、僧尼が財産を持ち出挙することも禁止しているから、この僧の行為は『僧尼令』に抵触する行為であろう。下巻30縁でも「俗に即」いた私度僧を「沙門」と呼んでいるところから、この僧も私度僧であったと思われる。

　またこの娘婿の国司であるが、陸奥国は『延喜式』によれば「大国」であるから、国司は守・介・大掾・少掾・大目・少目から成る。先述したように、一般的には大国の掾は正7位下か従7位上ぐらいの官人であるが、陸奥国の場合は蝦夷征討と関係した重要地域であった為、重要な氏族が任命されている。

　この説話の年代が称徳朝であるとすれば、『続日本紀』を見ると神護景雲元(767)年10月辛卯(15日)条では伊治城築城の功により、従4位下田中朝臣多太麻呂に正4位下、正5位下石川朝臣名足・大伴宿禰益立に正5位下が、従5位下上毛野朝臣稲人・大野朝臣石本にそれぞれ従5位上が授けられている。このうち田中朝臣多太麻呂は、天平宝字6(762)年4月庚戌（1日）条では従5位上を授けられ、さらに天平宝字8(764)年9月癸亥（29日）には従4位下とあって鎮守府将軍を兼任している。同じように大伴宿禰益立も鎮守府副将軍であったが、762年に陸奥介を兼任している。また神護景雲元年条では4名の名前が上がっていて、そのうち田中朝臣多太麻呂と大伴宿禰益立はそれぞれ守・介と明記されているから、残る上毛野朝臣稲人・大野朝臣石本が「掾」であった可能性が高い。

　大野氏に関しては、大野朝臣東人は神亀元(723)年の海道蝦夷の反乱を征討し、天平元(728)年には鎮守将軍に任ぜられている。このうち大野朝臣横刀は鎮守判官で陸奥の産金に功績があり、石本も恐らく陸奥国伊治城を築いた功績によって、神護景雲2(768)年閏6月に左大舎人頭に任ぜられている。上毛野朝臣氏も大化前代から蝦夷征討に関わっており、奈良時代では養老4(720)年には蝦夷の反乱によって按察使であった上毛野朝臣広人が殺害されている。そのほか上毛野朝臣安麻呂は和銅元(708)年2月、小足は3月にそれぞれ陸奥守に任ぜられ、馬長が776(宝亀7)年7月に出羽守に任ぜられている。上毛野朝臣氏も大野朝臣氏も豊城入彦命の後裔氏族で、どちらも東北経営に関係が深い伝統的な氏族であるが、どちらも本貫を京に移して中央貴族となっていた。本説話の大僧の娘婿が上毛野朝臣氏や大野朝臣氏であるとただちに断定することはできないが、両氏族のどちらかである可能性も考えられよう。

　もっとも説話のモチーフは、『冥報記』などの海難（水難）説話の影響が大であり、『冥報記』

中巻10話に「唐の中書令の岑文本が法華経の功徳で水死を免れたこと」という説話がある。以下にその説話をあげると、

> 中書令の岑文本は江陵の人なり。少きより仏法を信じて常に法花経普門品を念ず。昔船に乗りて呉江の中流にして、船壊れて船人尽く死ぬ。文本沈みて水中に在り。聞くに人有りて言はく「但に仏を念ぜよ。必ず死な不るなり」といふ。是の如く三たび言へり。既にして波に随ひ涌り出でて既に北岸に着き遂に免る（以下略）。

とあって[10]、『法苑珠林』巻56富貴篇第63感応縁にも同じ説話が見える。また同様な内容は、同じく『冥報記』中巻第9話にも、

> （前略）武徳中に都水使者蘇長を以て巴州の刺史と為す。蘇家口を将て任に趣く。嘉陵江を渡るに中流にして風を起こし船沈みて男女六十余人一時に溺死す。唯一の妾有り。常に法花経を読む。船中に水の入るに妾頭に経函を戴きて俱に没まむことを誓ふ。既にして船没す。妾独り沈まず。波に随ひて汎濫して頃之ありて岸に着きぬ。経函を沈むることを遂めて、出して其の戴きたる経を開き視るに了に湿汗ること無し。（以下略）

とあって[11]、これも『法苑珠林』巻18敬法篇感応縁や『太平広記』巻109蘇長に、さらに『今昔物語集』「震旦都水使者蘇長妻持法花免難語第29」に見える。どちらも『法華経』によって水難を免れた説話で、確かに『法華経』観世音菩薩普門品には「若為大水所漂、称其名号、即得浅処」または「或漂流巨海、龍魚諸鬼難、念彼観音力 波浪不能没」とあるから、これらの説話は『法華経』による観音信仰に基づくものと考えられる。『日本霊異記』上巻第17縁には、白村江の戦いで唐軍に捕虜になった伊予国越智郡大領の先祖が、観音信仰によって唐を脱出して帰国し、天皇に仕えて郡を立て寺を作った説話があるが、これなどはまさしくこの『法華経』観世音菩薩普門品による、観音信仰の影響と考えることができる。

だが下巻第4縁には『法華経』も観音信仰も登場せず、登場する経典は『方広経』である。『方広経』とは『大通方広経』のことで、正式には『大通方広懺悔滅罪荘厳成仏経』といい、仏名懺悔に用いられる経典で、中国で成立した擬経である。『正倉院文書』の「優婆塞貢進解」などにも見えるから、奈良時代に流布していたことは間違いない。また寺川眞知夫氏が指摘するように、『東大寺諷誦文稿』にも引用されているから（寺川 1996）、布教に用いられていた可能性が高い。『政事要略』巻28には、774（宝亀5）年12月に宮中で方広悔過が行われたことが見えるが、以後方広会は12月の悔過行事として定例化していく。『日本霊異記』では、上巻第8縁に病気で耳が聞こえなくなった人が、禅師を呼んで『方広経』を唱えてもらったところ聞こえるようになったという説話と、上巻第10縁の化牛説話などに登場するが、それぞれ前世の罪と亡父の罪を懺悔する内容である。ところが下巻第4縁では、『方広経』読誦の功徳による「威神の力」を示しており、本来の仏名懺悔的な内容は見られない。

近年多賀城跡の周辺遺跡の発掘調査が進み、東西大路や国守館跡などが検出され、古代都市が存在していたことが判明している（第2図）。昭和58（1983）年山王遺跡東町浦地区で幅12メートルの東西大路が検出されたが、その北10メートルの土壙から200点以上の土器が出土した。

その土器の内面には油煙状の付着物が認められ、さらにその中に「観音寺」と墨書された土器が発見された（第3図-1）。またこの「観音寺」は、多賀城跡の周辺に所在する多賀城廃寺の可能性が高い（多賀城市 1991・1997）。多賀城廃寺からは「花会」と書かれた墨書土器も出土しており（図3-2）、この「花会」は「法華会」を指す可能性が高い（多賀城市 1991・1997）。先述したように観音信仰は法華信仰と併行して流布するから、少なくとも多賀城廃寺では観音信仰と法華信仰が存在していたことは確かであろう。持統3（689）年年7月壬子朔条では、観世音菩薩像一軀が賜与されているからも、陸奥国には早くから観音信仰が存在したことは想定できる。

また油煙状の付着物がついた土器は高崎遺跡井戸尻地区からも大量に出土し（多賀城市教育委員会 1995）、灯明器として使用されたと考えられている。出土した土器の年代は10世紀前半と考えられ、万灯会に用いられたと推測される。万灯会は多くの灯明を燃やして仏の供養を行う法会で、白雉2（651）年12月に味経宮で2700余の灯を燃やして、安宅・土側経などを読んだことが見られ、その後翌白雉3年は内裏で行っている。天平16（744）年12月丙申（8日）には、金鐘寺（東大寺）と朱雀大路で一万坏を燃やして燃灯供養を行ったとあり、天平18（746）年10月にも金鐘寺で同様な燃灯供養が盧舎那大仏の前で行われている。

このような万灯会は東大寺ばかりでなく地方の寺院でも行われ、『日本霊異記』下巻第5縁では、河内国安宿郡の信天原山寺の妙見菩薩に毎年燃灯を奉っていることが記されている。また最近では、8世紀中頃の寺院遺跡と推定される京都府馬場南遺跡から、「神雄寺」などと書かれた墨書土器と共に多数の灯明皿が出土して燃灯供養が行われていたことが判明しており、燃灯供養が広

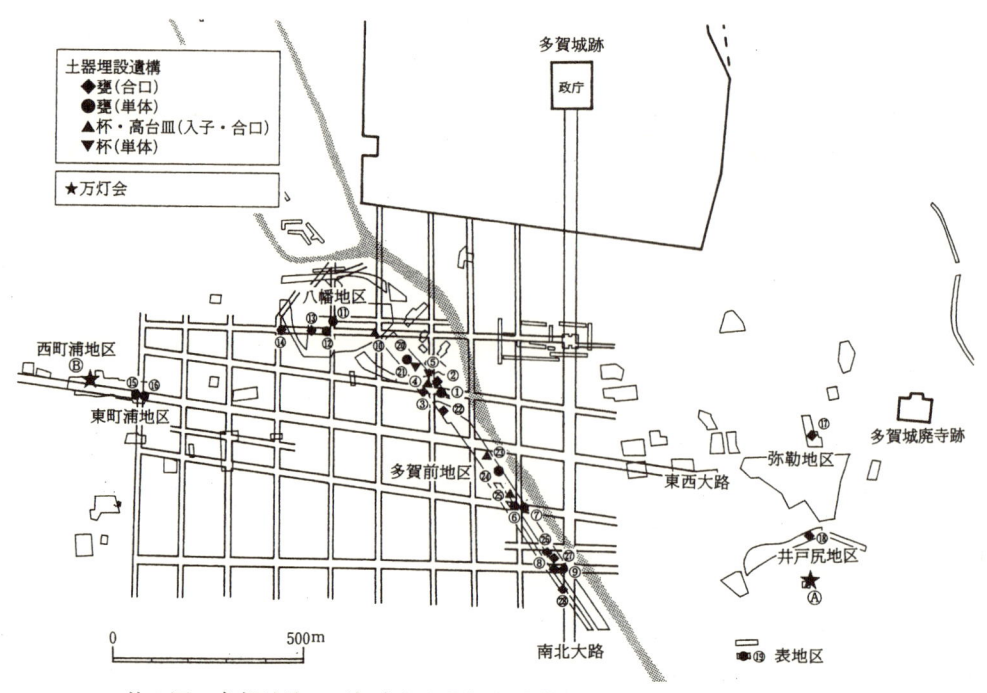

第2図　多賀城跡　万灯会と土器埋設遺構（『多賀城市史』第1巻より引用）

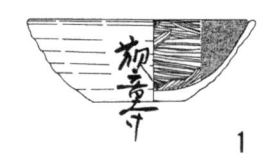

第 3 図

1　山王遺跡出土墨書土器「観音寺」　　2　多賀城廃寺出土土器「花会」
(1・2『多賀城市史』第 4 巻より引用)

く行われていたことを示している。山王遺跡や高崎遺跡は多賀城の周辺遺跡で方格地割内にあり、付近に多賀城廃寺が存在することから、少なくとも 10 世紀前半までにこのような法会が行われていたことが判明していることは興味深い。

　燃灯供養は仏を祀る儀式であるが、朱鳥元(686)年 6 月丁亥(19 日)条には、「勅、遣_百官人等於川原寺_、為_燃燈供養_。仍大齋之悔過也」とあり[12]、燃灯供養を行って悔過したとあるところから、同時に悔過も行われていたことを示している。『正倉院文書』でも「香山薬師寺三綱牒」(大日本古文書14―217)などにも千灯悔過の例が見え、悔過と燃灯供養は広く行われていた。「悔過」は自己の罪過を懺悔する法会だから、これには『方広経』の仏名懺悔も関係していたと思われる。多賀城跡周辺では懺悔を行う悔過の法会と関係する燃灯供養が行われていたことが遺物からも判明しており、もし説話の法会が事実とすれば、「観音寺」と推定される多賀城廃寺や、灯明土器が多数出土し国司の館が所在した山王遺跡の周辺で法会が行われたと推測される。

　以上から考えると、『日本霊異記』下巻第 4 縁の説話は陸奥国に早くから伝わった観音信仰・法華信仰と在地で行われていた悔過の儀式が背景にあって、説話が形成されたのではなかろうか。説話の内容からすれば本来は法華信仰の影響が考えられるが、速水侑氏は奈良朝の悔過は祖霊追善と招福除災的現世利益な性格が共通すると指摘しており(速水1970)、陸奥国でも行われていた悔過法会も方広悔過と共通の性格を持つので、下巻第 4 縁の経典が『方広経』として想定されたのではなかろうか。『日本霊異記』では同様な例に上巻第 10 縁と中巻第 15 縁があり、二つの説話は同じモチーフを用いて同類異話の内容でありながら、登場する経典は『法華経』と『方広経』で、ともに父母の供養の為に法会を行っている。この例からも『法華経』と『方広経』の両者は、同じ性格であるとして在地で理解されていたと思われる。

　さらに下巻第 4 縁では婿の国司が法会を行った際に、『方広経』の加護で助かった大僧が参加することが記されているが、同時にそこには多数の私度僧が参加していることから、陸奥国でも仏教信仰が広まっている状況がうかがえる。近年の発掘調査の結果多賀城跡・多賀城廃寺とその周辺は、多賀城跡を中心とする都市が形成されていたと考えられているから、このような都市にも私度僧が流入してきているのであろう。『続日本紀』天平勝宝元(749)年閏 5 月甲辰(11 日)条には陸奥国の産金で功績があった者に叙位が行われ、その中の一人に私度の沙弥小田郡丸子連宮麻呂がおり、「応宝」の僧名と師位が授けられている。このように陸奥国では京機内と変わらず私度僧が存在し、下巻第 4 縁のように在地での仏教活動は活発であったと思われる。

また「賛にいはく」とあるところから、説話の主人公である大僧に関する文章が存在した可能性がある。『霊異記』には「賛」は15例存在するが、例えば上巻第6縁の行善についても「賛」が存在し、『続日本紀』には養老5（721）年6月戊戌（23日）条にも行善の功績が称えられているから、こういう僧侶の人物伝が存在して記録された可能性は高い。同じく『日本霊異記』上巻第7縁の百済僧弘済は地方寺院の僧であるが、このような地方の僧侶でも同様に人物伝は存在するので、下巻第4縁の主人公の僧伝も実際に存在したのではなかろうか[13]。

　さて陸奥国への海上ルートであるが、いくつかの可能性が考えられる。仙台市太白区郡山に所在する郡山遺跡は多賀城創建以前の古瓦が出土し、発掘調査の結果2期の官衙遺跡が存在し、Ⅰ期官衙は7世紀中頃に設置された城柵遺跡的な存在（名取柵）、Ⅱ期官衙は7世紀末の時期で多賀城設置以前の陸奥国府と推定されている（仙台市教育委員会2005）。郡山遺跡の立地は広瀬川と名取川の合流点がⅠ期官衙の正面であるから、郡山遺跡は当初は河川や海上交通を意識した配置になっており、下巻第4縁のような海上交通が存在していたことを裏付けている。また多賀城においても、東門は塩竈街道に向いていることが発掘調査の結果判明しており、宮城洋一郎氏は海上ルートから塩竈の津に上陸し、さらにそこから多賀城に入るようなルートの存在を想定している（宮城2002）。

　郡山遺跡はⅡ期官衙の段階で寺院（郡山廃寺）が造営され、発掘調査の結果郡山廃寺は多賀城廃寺と同じ伽藍配置であり、多賀城廃寺の前身寺院であると想定されている。大宰府の観世音寺とも共通する伽藍配置であるところから、郡山廃寺も大宰府観世音寺と対になる東北辺境経営の拠点寺院である、という見解が存在する（仙台市教育委員会2005）。

　また出土した単弁蓮華文軒丸瓦の瓦当文様が多賀城系の軒丸瓦の瓦当文様に継承されていくところからも、郡山廃寺が多賀城廃寺の先駆的な役割を果たすとされている。遺跡からは、寺院東の井戸跡から「学生寺」と読める木簡が出土している（第4図-1）。「学生」とは文字通り仏教を学ぶ学僧のことであり、第3号木簡（第4図-2）は優婆塞の習書木簡で修行中の在家僧である優婆塞の

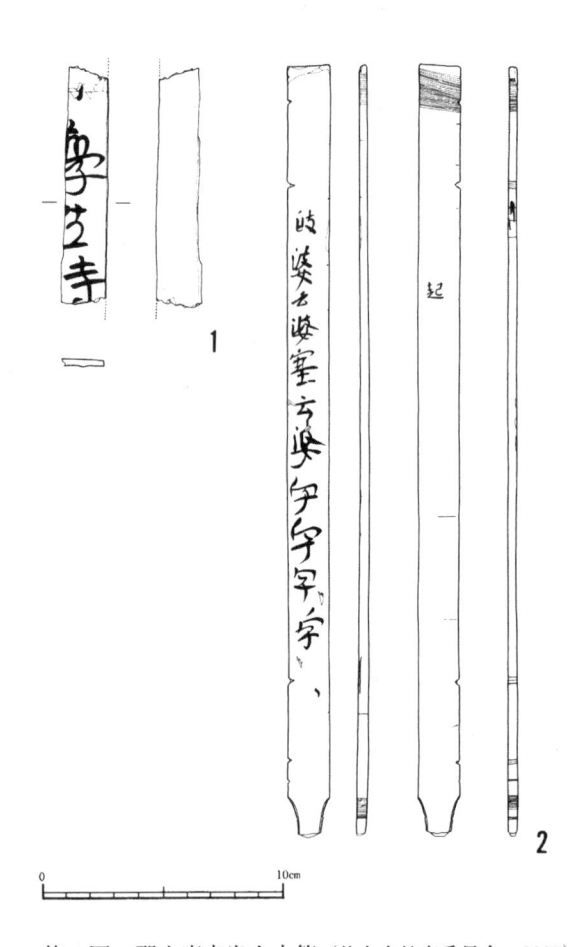

第4図　郡山廃寺出土木簡（仙台市教育委員会　2005）

存在が推定され、少なくとも郡山廃寺が在地で仏教的な機能を果たしていたことを示している。郡山遺跡の位置から考えると、海上ルートによる仏教伝播の可能性が考えられよう。

『常陸国風土記』香島郡条には、大船が難破して海岸に埋まっている記事が見られるが、その注に「謂下淡海之世、擬レ遣レ覓レ国、令二陸奥国石城船造一、作二大船一、至二于此一着レ岸、即破之上」とあって[14]、陸奥国石城郡に「長一十五丈、濶一丈余」の大船を造らせているから、陸奥から常陸を航行する海路があったことが想定される（佐々木 1995．中村 1996、川尻 2003）。ただし説話文中には「駅船」とあって海上ルートが存在したことは推測できるが、「駅船」については他の史料には見えず、それが制度として存在したかどうかは不明である。

律令制国家の調庸物の運京は原則として陸路・人担方式であったが、『続日本紀』霊亀元(715)年5月甲午条では調庸物貢納の海運を禁止している。そのことは裏を返せば、調庸物の貢納において海運が存在していたことを示している。『職員令』兵部省主船司条によれば、「正一人〈掌二公私舟檝及舟具事一〉」とあって[15]、全国に存在する公私の船の最終的な掌握官司が兵部省主船司であったことがわかる。兵部省の管轄であるから、軍事的性格が強いと思われる（松原 1985）。『続日本紀』宝亀7(776)年7月己亥(14日)条には、「和二一市安房・上総・下総・常陸四国船五十隻一。置二陸奥国一以備二不慮一」とあり[16]、また同じく天応元(781)年2月己未(30日)条には、「穀一十万国斛仰二相模・武蔵・安房・上総・下総・常陸等国一、令レ漕二送陸奥軍所一」とあって[17]、陸奥国への海上交通の存在を示すと共に、それが軍事的行動の一環であることを示している（佐々木 1995、中村 1996）。

しかし陸奥国への海上交通は、必ずしも征討事業ばかりではないことが福島県いわき市荒田目条里遺跡出土木簡から推測される。荒田目条里遺跡は夏井川が太平洋に注ぐ河口付近に立地し、付近には磐城郡衙跡と推定される根岸遺跡や、その郡領氏族の氏寺と推定される夏井廃寺が存在する。遺跡からは古墳時代から平安時代の土師器・須恵器などの土器類や多数の木製品も出土し、荒田目条里遺跡が郡家の津としての機能を持っていたことを示している。出土した1号木簡には「郡符　立屋津長伴マ福麿　可□召×／右為客料充遣召如件長宜承×」とあって、磐城郡司が立屋津長の伴マ（大伴部）福麿に差し出した郡符木簡で、立屋津に来客があって津長が郡司の命令を受けて周辺の人々を徴発したと考えられる（いわき市教育委員会 2001）。磐城郡家の付近に津（港）があり、「津長」という港湾管理者が存在していたことは注目に値する。木簡文中の「客」が陸奥国から来たのか、また陸奥国へ向かうのかは不明であるが、陸奥国の太平洋沿岸に海上交通の津があり、木簡の文面の「客」は征討事業以外の使者であった可能性もあろう。従来陸奥国への海上交通は、蝦夷の征討事業と関連して説明されてきたが、荒田目条里遺跡の郡符木簡のように征討事業以外の海上交通の存在も考えられる。いずれにせよ陸奥国への海上交通の存在は明らかであり、『霊異記』下巻第4縁の「駅船」は制度ではないにしても必ずしも創作ではなく、そのような海上交通手段を「駅船」と称したのではなかろうか。

（2）東山道ルート
　一方、東山道ルートであるが、『日本霊異記』下巻第7縁には、蝦夷征討に参加した東国豪族の観音信仰が示されている。それを挙げると[18]、

　　　正六位上丈の直山継は、武蔵の国多磨の郡小河の郷の人なりき。その妻は、白髪部の氏の女なりき。山継征人となり、賊の地に毛人を打ちに遣はさる。賊の地を廻りし頃に、その妻、賊の難を脱れしめむがために、観音の木像を作り、慇に懃めて敬ひ供へまつる。夫、災難なくして、賊の地より還り来り、歓喜の心を発し、妻と相供つかへまつれり。

　　　経ること数の年、帝姫阿倍の天皇の御世の天平宝字の八年の甲辰の十二月に、山継、賊臣仲麿の乱に遭ひて、殺罪の例に羅り、十三人の類に入る。十二人の頸を誅りをはる時に、山継心迷惑ふ。その作りたてまつり敬ひ供ふる観音の木像、呵嘖してのたまはく、「咄、汝、なにぞこの穢き地に居る」とのたまひ、足を挙げ頂より蹈み通して、行藤とす。

　　　すなはち見しその頸を張り曳べ、打ち殺されむとせし時に、勅使馳せ来りていはく、「もし丈の直山継、この類にありや」といふ。答へていはく「あり。今し誅り殺さむとす」といふ。使諫めて、「殺すことなかれ。ただまさに信濃の国に流罪せよ」といひて、流されき。しかして後に、久しくあらずして召し上げられ、官せしめて、多磨の郡の少領に任けられき。

　　　難に逢ひて張り曳べられたるその眼なほし残れり。山継殺さるることを脱れて命を全くせしは、観音の助救なり（以下略）。

　この説話でまず「丈の直山継」は、「武蔵の国多磨の郡小河の郷の人」とある。しかし底本には「大真山継」とあり、これを「丈部直」という東国に多い豪族名とする説もあるが、ここでは「大直」、すなわち「大伴直」と考えたい[19]。

　『続日本紀』の天平宝字8（764）年12月庚寅（28日）条には、仲麻呂の乱に連座した死刑囚が罪一等減じられているので、この説話と関係する可能性が高く、説話の内容もあながち創作ではないだろう。ここでは妻が蝦夷征討の無事帰還を祈って観音像を造り、そのお陰で無事帰還した、とある。『続日本紀』には蝦夷征討の記事が散見するが、山継が参加した蝦夷征討は、称徳朝という説話の時期から見て、（天平宝字2）758年に板東の兵士を徴発して桃生城・小勝柵を造営した征討事業の可能性がもっとも高い。

　古代における観音信仰は一般的であるから、この説話だけでは関東地方から東北地方へ観音信仰が伝播したということはできないが、本稿では東北地方の仏教も関東地方と同質であることを強調しておきたい。先述したように東北地方ではすでに早くから観音信仰が成立していたと思われる。そのルートは郡山廃寺などの事例からすると海上ルートが想定されるが、東山道が開かれてからはそのルートから仏教が伝播したことも考えられる。

　その例として、福島県江平遺跡からは『最勝王経』読誦木簡が出土している。江平遺跡は福島県石川郡玉川村大字小高字江平に所在し、古代では白河郡に所在したと思われる。ただし江平遺跡は官衙に附属するような寺院遺跡ではなく、8世紀中頃の竪穴住居40軒や8世紀後半から9世紀前半の掘立柱建物80棟等が検出された集落遺跡である。遺跡からは、9世紀初頭と推定さ

れる四面廂付建物の周辺から「寺」字の墨書土器も出土しており、また灯明器も出土しているところから村落寺院の可能性が指摘されている（福島県教育委員会他 2002）。

出土した木簡には、

　　　最□（勝ヵ）　□□佛説大□（辨ヵ）功徳四天王経千巻　又大□（般ヵ）□百巻

　　合千巻百巻謹告万呂精誦奉　天平十五年三月□（三ヵ）日

とあり（第5図）、『金光明経』四巻本の大弁品・功徳品・四天王品の三品を合わせた「千巻」と、『大般若経』の「百巻」を在地の有力者層と思われる告万呂なる人物が「精誦」したことを記録したものと見られる（福田・平川　2000、福島県教育委員会他　2002）。『続日本紀』の天平15（743）年正月癸丑（12日）条によれば、聖武天皇によって『大乗金光明最勝王経』の転読の法会の実施を諸国に命じているから、それに応じて告万呂が『金光明経』を誦読したことを示している。木簡の日付が3月3日だとすると、正月14日から行われた「七七日」（49日）の法会の終了日に当たり、この法会が全国的に行われたことを示している。

木簡に記された大弁品・功徳品・四天王品の3品は「金光明経四巻本」の巻2にあたり、最新の『金光明最勝王経』ではない。また『大般若経』も用いられ、経典としての一貫性は失われている点などを考えれば、これが聖武天皇による『大乗金光明最勝王経』の転読の詞に応じたものとしても、この転読は国家主導のものではなく、告万呂なる人物の自発的行為と見るべきである。この人物は在地有力者ではあるが、『日本霊異記』に登場するような私度僧の可能性もあろう。

告万呂なる人物がどのようにして『金光明経』などの経典を入手したかは不明であるが、江平遺跡の所在する白河郡には郡衙関連遺跡と推定される関和久遺跡の他に借宿廃寺が存在するから、東山道を中心とする仏教活動を背景に推測することができよう。8世紀には各地の国衙で『金光明経』の転読を行った例が正税帳などで見られるから、陸奥国でも国衙で行われていたことは十分考えられる。その場合、陸奥国への主たるルートは東山道であるから、僧侶や『金光明経』は東山道を利用して移動した可能性が高い。

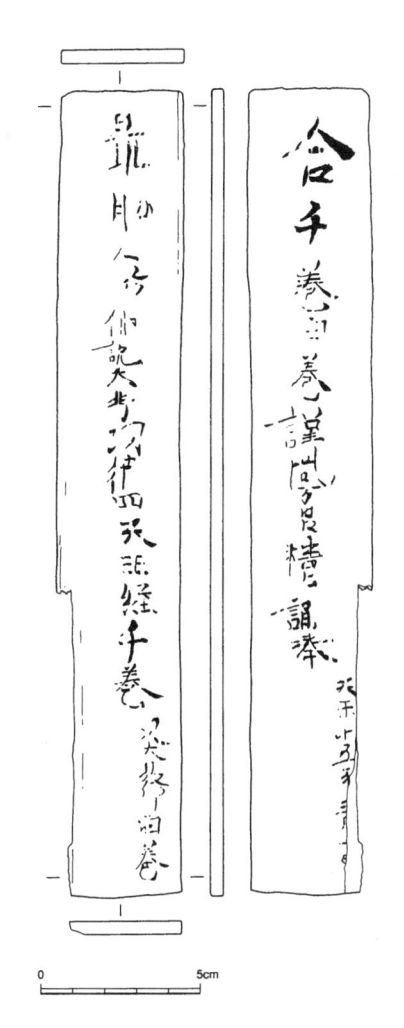

第5図　江平遺跡出土木簡
（福島県教育委員会他　2002）

4．おわりに

　以上、東北地方の仏教信仰について、『日本霊異記』下巻第4縁などの文献史料や最近の考古学的成果から、その具体像を明らかにしようと試みた。『日本霊異記』の説話については、編者景戒の意図が加味され、また『冥報記』などの中国の文献の翻案の影響も強く、下巻第4縁も『冥報記』の影響は否定できない。しかし内容とその背景をよく検討してみると、近年多賀城跡の周辺から出土した仏教関係の遺物との関係も少なからず見ることができ、陸奥国における在地の仏教活動が下巻第4縁にも反映されていると考えられる。

　『日本霊異記』と並んで、僧侶の布教のテキストに使用された草案と推定されているのが『東大寺諷誦文稿』（以下『諷誦文稿』）であるが、これは東大寺関係の僧侶からなる草稿と推測されている。その中には「東国方言」「飛騨方言」と並んで「毛人方言」が挙げられており、少なくとも東大寺レベルの官僧でも実際に東北地方に布教に行っていた僧侶が存在していたことが想定される。『諷誦文稿』には唱導を行う場合、寺院の立地条件を賞賛する際に「山辺」や「林河」について言及せよとあり、「山辺」や「林河」と並んで「若城辺附　城云」という語もあって[20]、「城辺」の場合は「城」について言及することになる。東国や飛騨と並んで「毛人方言」があるのだから、この場合の「城」はやはり東北地方の城柵を指すものと考えられる。

　先述したように『諷誦文稿』には「方広経云」という文言があり、その文章は『方広経』の経文と対応していることが指摘されている（寺川 1996）。下巻第4縁は本来『法華経』による観音信仰の内容であるが、それが『方広経』に変わっているのは東北地方で『方広経』が広まっていたからに違いなく、それは『諷誦文稿』に見えるような官大寺僧が広めたと思われる。下巻第4縁に『方広経』が登場することは偶然ではなく、実際にこのような僧侶の交通が背景にあって下巻第4縁が成立した可能性が高い。

　すなわち下巻第4縁は、東北地方に実際に赴いて布教を行い在地の法会などの実情を知っていた官大寺僧か、それらの官大寺僧と接する機会があった多賀城廃寺（「観音寺」）の僧や陸奥国分寺僧などが関与して、在地で形成された「大僧」の「賛」のような説話の原型（一次伝承）が創作された可能性が推測される。そしてこのような官大寺僧から、説話の原型（一次伝承）を最終的に景戒が入手して編纂し、下巻第4縁が成立したと考えられる。江平遺跡の木簡に表れる経典も、そのような東山道を交通する官僧から呰万呂なる人物が入手したと考えるのが、もっとも妥当なのではなかろうか。

　このように東北地方への仏教伝播のルートは、海上・海道ルートと東山道ルートの双方から存在していたことが想定できた。従来古瓦の研究を中心として東北地方への仏教伝播が論ぜられてきたが、それ以外にも『日本霊異記』などの説話や木簡などの文字史料からも東北地方の仏教信仰を考えることは可能であることを述べた。ただそれらの仏教信仰は、『法華経』の観音信仰や『方広経』の仏名悔過などの信仰で、必ずしも鎮護国家的な仏教信仰ではない。下巻第4縁では国司

の掾が行った法会の目的は海に沈めた亡父の供養であり、追善供養が目的であると思われる。また江平遺跡の『金光明経』の読誦も聖武天皇の命に応じたものであって、蝦夷征討が目的ではない。東北地方に展開する仏教信仰を、蝦夷征討における鎮護国家仏教的性格というような一面からだけで理解しようとする視点からは、もはや脱却すべきであろう[21]。

本稿で明らかにした東北地方の仏教信仰の性格は古代東北地方独自のものではなく、当時の一般的な仏教信仰であると考えられる。東北地方における古代寺院の成立が7世紀後半に遡るという事実は、蝦夷社会も関東地方と同様に仏教を受容する基盤が存在していたことを示している。そこで行われた法会は他の地方と変わらず、また私度僧の存在からも陸奥国における仏教信仰の展開は京畿内と同様であることが明らかである。そして陸奥国への僧侶の交通も活発であり、下巻第4縁の原型の伝承もそのような状況を背景として形成されたと思われる。

付記　本稿は、平成22年度文部科学省科学研究費補助金（基盤研究Ｃ）による研究成果の一部である。

註
1) 日本古典文学大系『日本書紀』持統3年正月丙辰条　494頁　岩波書店　1965
2) 日本古典文学大系『日本書紀』持統3年正月壬戌条　494頁　岩波書店　1965
3) 日本古典文学大系『日本書紀』持統3年7月壬子朔条　498頁　岩波書店　1965
4) 樋口知志「仏教の発展と寺院」『新版　古代の日本　東北・北海道』角川書店　1992
5) 新潮日本古典集成『日本霊異記』下巻第4縁　218～222頁　新潮社　1984
6) 新日本古典文学大系『日本霊異記』134頁注4　岩波書店　1996
7) 日本思想大系『律令』479頁　岩波書店　1976
8) 日本思想大系『律令』補注（雑令）698頁　岩波書店　1976
9) 日本思想大系『律令』221頁　岩波書店　1976
10) 『冥報記の研究』第1巻　258頁　勉誠出版　1999
11) 『冥報記の研究』第1巻　254頁　勉誠出版　1999
12) 日本古典文学大系『日本書紀』686（朱鳥元）年6月丁亥条　478頁　岩波書店　1965
13) 『日本霊異記』下巻第30縁にも、私度僧観規の「賛」が存在する。
14) 日本古典文学大系『風土記』香島郡条　73頁　岩波書店　1958
15) 日本思想大系『律令』173頁　岩波書店　1976
16) 新日本古典文学大系『続日本紀』五　17頁　岩波書店　1998
17) 新日本古典文学大系『続日本紀』五　173頁　岩波書店　1998
18) 新潮日本古典集成『日本霊異記』下巻第7縁　225～227頁　新潮社　1984
19) その根拠は、『日本霊異記』の武蔵国関係の説話である中巻第3縁や9縁に郡司として大伴氏が登場すること、「大伴直」も『続日本紀』宝亀8年6月乙酉条などに見えることによる（拙稿「『日本霊異記』における東国関係説話」小峰和明・篠川賢編『日本霊異記を読む』吉川弘文館　2004年）。
20) 中田祝夫『東大寺諷誦文稿』71頁　勉誠社文庫12　勉誠社
21) 貞清世里・高倉洋彰「鎮護国家の伽藍配置」（『日本考古学』第30号　2010）では、多賀城廃寺や郡山廃寺などの観世音式伽藍配置を取る寺院を鎮護国家の寺院であるという説を述べているが、「鎮護国家」自体の具体的な内容と伽藍配置との関係を示していないばかりでなく、夏井廃寺や大御堂廃寺などの明らかに郡領氏族の氏寺の存在からも見ても、説には従い難い。

引用・参考文献

速水侑　1970　「密教的観音信仰の成立と展開」『観音信仰』塙選書72　塙書房
松原弘宣　1985　「律令制下における船」『日本古代水上交通史の研究』147頁　吉川弘文館
多賀城市史編纂委員会　1991　『多賀城市史』第4巻　考古資料　多賀城市
辻秀人　1992　「陸奥の古瓦の系譜」『福島県立博物館紀要』第6号　福島県立博物館、
辻秀人　1994　「陸奥国における雷文縁複弁四弁、単弁八弁蓮華文軒丸瓦の展開について」『古代』97号　早稲田大学考古学会
佐々木虔一　1995　「古代東国の交通路」『古代東国社会と交通』　校倉書房
眞保昌弘　1995　「古代陸奥国初期寺院建立の初段階─素弁、単弁、複弁系鐙瓦の分布とその歴史的意義─」大川清博士古希記念論文集『王朝の考古学』　雄山閣
多賀城市教育委員会　1995　『高崎遺跡─第11次調査報告』多賀城市文化財調査報告第37集
岡本東三　1996　「東国の畿内系瓦当の変容と独自性」『東国の古代寺院と瓦』　吉川弘文館
寺門眞知夫　1996　「方広経の霊験」『日本国現報善悪霊異記の研究』358〜359頁　和泉書院
中村太一　1996　「東国と陸奥地域の水上交通」『日本古代国家と計画道路』　吉川弘文館
多賀城市史編纂委員会　1997　『多賀城市史』第1巻　原始・古代・中世　多賀城市
福田秀生・平川南　2000　「江平遺跡」『木簡研究』22号　126〜128頁　木簡学会
今泉隆雄　2001　「多賀城の創建─郡山遺跡から多賀城へ─」『条里制・古代都市研究』17号　条里制・古代都市研究会
いわき市教育委員会他　2001　『荒田目条里遺跡』　いわき市埋蔵文化財調査報告第75冊
福島県教育委員会他　2002　『福島県空港・あぶくま南道路遺跡発掘調査報告12　江平遺跡』　福島県文化財調査報告書第394集　351頁
宮城洋一郎　2002　「『日本霊異記』下巻第四縁の一考察」『奈良仏教の地方的展開』52頁　岩田書院
川尻秋生　2003　「古代東国の海洋交通」『古代東国史の基礎的研究』　塙書房
仙台市教育委員会　2005　『郡山遺跡─総括編(1)─』307〜308頁
平松良雄　2007　「八世紀の燃灯供養と灯明器」大和を歩く会編『古代中世史の探究』　法藏館
中林隆之　2007　「護国経典の読経」『日本古代国家の仏教編成』　塙書房
長島榮一　2009　『郡山遺跡』　同成社
熊谷公男　2009　「古代蝦夷と仏教」『歴史と地理』625号　山川出版社

律令国家形成期における陸奥国と関東との地域間交流
— 寺院・官衙の瓦に関する考古学の研究成果を手がかりに —

樋口　知志

はじめに

　近年、考古学方面において、東北と関東との地域間交流の様相を浮き彫りにする新たな研究が進められている。その一つは7、8世紀のいわゆる関東系土師器に関わる研究であり、本書の姉妹編である『古代社会と地域間交流―土器からみた関東と東北の様相―』[1)]に最新の研究成果がまとめられている。宮城県域を中心とする東北地方の諸遺跡より出土した関東系土師器は従来、文献史料より窺える関東から東北への柵戸移配の実態と密接に関わる考古資料として位置づけられ研究が重ねられてきたが、最近に至って、関東系土師器の出自地域と、律令国家形成期における柵戸の出身地とがそのまま重なり合うものではないことが明確に指摘されるようになってきた（村田2005、高橋2007）。すなわち関東系土師器は、関東出身の移民集団が自家使用のために作った土器ではなく、律令国家形成期に公権力が東北の地に新たな土器様式を持ち込んだことを契機として成立したものであり、8世紀第2四半期以降には急速に須恵器に取って代わられていくという。文献史学の立場より柵戸と関東系土師器との関係を詳細に論じた熊谷公男氏の言葉を借りれば、「関東系土師器の存在は、巨視的にはそのような（中央政権によってクニの解体＝評の設置などの地方支配の変革が推進される傾向－樋口注）7世紀後半段階の畿内政権による地方支配の変革が東北地方にも及んできたことを示す土器とみるべきであって、関東からの移民に直接結びつくものではない」ことが明らかになってきたのである（熊谷2009）。

　関東系土師器とともに、東北と関東との地域間交流の実態に関わる重要な考古資料として研究が進められてきたのが、寺院・官衙遺跡出土の瓦である。私には正確な研究史を述べがたいけれども、2010年5月23日に国士舘大学で開催された第76回日本考古学協会総会・研究発表におけるシンポジウム「古代社会と地域間交流―寺院・官衙・瓦からみた関東と東北―」の報告資料集には、現在最先端の研究報告が収載されている。今から20年も前に、瓦に関する考古学の研究成果にも学びつつ、東北地方における古代仏教の展開について未熟な小論（樋口1989・1992）を呈したこともある私にとって、それらはいずれも興味深く、清新な学問的刺激に満ちたものであった。

　寺院や官衙に葺かれた瓦、とりわけ軒丸瓦の文様は、その地を支配する在地豪族の権力の象徴

としての意味をも有していたと考えられ、その系譜的考察、すなわち陸奥国内各地で出土している瓦それぞれの出自地域や、同種の瓦群によって形成された系統的なネットワークについて解明していくことは、律令国家形成期における陸奥国と関東との地域間交流に関する研究を深めていくうえで、きわめて資するところが大きいであろう。

そこで本稿では、瓦をめぐる考古学的研究の成果を手がかりに、文献史料にもとづく諸知見との突き合わせなどをおこないながら、陸奥国における律令制支配形成の史的趨勢について、関東地方との地域間交流の観点より論じてみたい。

1 国造制施行地域最北端における寺院造営

現時点における東北地方最古級の瓦は、福島県相馬市黒木田遺跡（中野廃寺）と福島市宮沢瓦窯跡群より出土している。木本元治氏は、黒木田遺跡の創建瓦を7世紀第2四半期中頃、宮沢瓦窯跡群出土の瓦を同第2～3四半期前半に比定した。また木本氏は宮沢瓦窯跡群出土の瓦は福島市腰浜廃寺へ創建瓦として供給されたものであったとしたうえで、それぞれ黒木田遺跡の寺院跡は浮田（宇多）国造の、腰浜廃寺は信夫国造の氏寺であったと推察した（木本1989）。黒木田遺跡の創建軒丸瓦である素弁八弁蓮華文軒丸瓦の出自は不明であり、腰浜廃寺の創建軒丸瓦は未発見であるので（同廃寺出土の素弁八弁蓮華文軒丸瓦がそれに相当する可能性もある[2]）、両廃寺の創建瓦の系譜ははっきりしない。ただし辻秀人氏によれば、腰浜廃寺出土の素弁八弁蓮華文軒丸瓦が群馬県前橋市山王廃寺の創建軒丸瓦と同一の系譜上にあるとされ、また黒木田遺跡の創建軒丸瓦に後続する複弁七弁蓮華文軒丸瓦も山王廃寺第二期の同タイプの軒丸瓦の影響を受けていることが指摘されている（辻1992）。陸奥国最古級の2寺院の屋根に7世紀後半代に葺かれた瓦がともに北関東上毛野地方の寺院の瓦の影響下に製作されたとみられる点は、やはりきわめて重要であろう。なお山王廃寺は上野三碑の一として知られる山ノ上碑（辛巳＝681年）や「上野国交替実録帳」（『平安遺文』古文書編第9巻4609号）に名がみえる放光寺であると考えられ、律令制下の国府域にあたる上野国の中心地に造営された寺院で、その北東方には6世紀初頭より7世紀末まで存続した首長墓群である総社古墳群も存在する。その創建年代は諸説あるが、7世紀第2四半期最終末～同第3四半期に収まるとみられている。

両廃寺が国造制下ではなく、大化改新後の評制下で建立されたとみる意見もあり、佐川正敏氏は、7世紀第3四半期に中央政権が当時の陸奥国北端と仙台平野への進出を明確に意識して、浜通り（後の石城国）・中通り（後の石背国）両地域の北端に位置する宇多評と信夫評に最初の寺院を造営したと推定している（佐川2008）。また真保昌弘氏も、両廃寺は白村江敗戦後に旧来の古墳に代わる新たな象徴として造営され、蝦夷経営にも関わる国家仏教の拠点としての意味をも有していたとみている（真保1995）。

一方文献史学の側からは佐藤英雄氏が、黒木田遺跡の瓦が山王廃寺系であるとする岡本東三氏の見解[3]に依拠しつつ、「国造本紀」[4]が浮田国造の祖を『日本書紀』神功皇后49年3月条や応

神天皇15年8月丁卯条に上毛野公氏の祖としてみえる賀我別王(かがわけ)としている点、『続日本紀』神護景雲3年（769）4月甲辰条に、宇多郡に南接する行方郡の住人である下毛野公田主等4人が朝臣姓を賜与されたことがみえる点、多賀城跡出土の宝亀11年（780）の年紀をもつ漆紙文書（『青森県史資料編古代2出土文字資料』（青森県 2008年）多賀城跡1号）に「行方団□毅上毛野朝…」と所見する点などを根拠に、宇多・行方両地方には国造制段階より毛野氏の影響が強くおよんでいたものと推察している（佐藤2004）。

　黒木田遺跡・腰浜廃寺の創建瓦の系譜は未詳なのであるが、佐藤氏によって注目されたところの、浮田国造が上毛野氏と同祖の系譜を有していたらしい点はかなり重要であると思われる[5]。両廃寺の所在地は、ほぼ国造制施行地域の北限に位置しており、国造制施行期に国造が設置されていなかった北辺地域が蝦夷（当時の用字は「毛人」）の地であったとする今泉隆雄氏の指摘（今泉1992）を踏まえるならば、大化前代に蝦夷経営に深く関与していた上毛野氏が、国造制施行領域の最北端をなす宇多・信夫両地方を足掛かりとして蝦夷の地との交流をおこなっていた可能性が浮上してくるのである。また両廃寺の7世紀後半代の瓦に影響を与えた山王廃寺（放光寺）が、上毛野地方を支配した上毛野氏一族の氏寺であるとされている点にも、この際注意を要しよう（岡本1996a）。

　『日本書紀』中には、よく知られた上毛野氏の祖による征夷に関連した説話がある。一つは仁徳天皇55年条で、反乱した蝦夷を討つために派遣された田道(たみち)（同53年5月条に、上毛野君の祖竹葉瀬(たかはせ)の弟とある）が蝦夷に敗れて伊峙水門(いじのみなと)で戦死し、従者が田道の手纒を彼の妻に手渡したところ、妻は手纒を抱いて縊死した。その後蝦夷が再び反乱し田道の墓を暴こうとしたところ、墓より大蛇が現われ大勢の蝦夷を殺したというものである。今一つは舒明天皇9年（637）是歳条で、蝦夷が叛いて来朝しなかったので、大仁上毛野君形名(かたな)を将軍に任じて蝦夷を討たせたが、形名は蝦夷に敗れ、塁に逃れた。塁は蝦夷の軍勢に囲まれ、味方の軍衆も逃げ散じていたので、形名も垣を越えて逃走しようとしたが、彼の妻は「汝が祖等(おやたち)、蒼海を渡り、万里を跨ぎて、水表の政を平(ことむ)けて、威武を以て後葉(のちのよ)に伝えたり。今汝頓(ひたぶる)に先祖が名を屈(くじ)かば、必ず後世の為に嗤(わら)われなん」と夫を引き留め叱咤激励した。さらに妻は形名に酒を飲ませ、自ら夫の劔を佩き、十の弓を張って数十人の女にそれらの弓の弦を鳴らさせた。すると形名も戦意を取り戻し、蝦夷方が塁中に多くの軍衆がいると思って引き退いた隙に、逃げ散じた軍衆も陣へ戻ってきた。そこで軍を整え直して蝦夷を討ったところ、大勝し、敵方の蝦夷をことごとく虜にしたという。

　これらの説話は上毛野氏の家記より『日本書紀』が採り入れたものと考えられ、もちろん史料的信憑性には大きな問題があるが、大化前代より同氏が蝦夷（毛人）経営の担い手として顕著な活動を展開し、後に陸奥国に編入された本州東北部の在地社会に対して長きにわたって大きな影響を与えてきたことはおそらく事実であると考えられる（前沢1992）。黒木田遺跡・腰浜廃寺の造営が国造制段階まで遡るかどうかは依然として問題であるが、仮にそこまでは遡らないとしても、最北端の地の国造であった浮田・信夫両国造氏を上毛野氏が政治的影響下に取り込むことで、すでに大化前代にそれらの地が同氏の北方経営の拠点として位置づけられていたという史的

経緯があり[6]、そうしたことが前提となって大化改新後の評制段階において、北辺鎮護のために両寺院が造営されたという可能性は大いにありうるように思われる。いずれにしても、両廃寺の創建には上毛野氏の勢力が背後で何らかのかたちで深く関与していた可能性が高いように推察される。

2　陸奥国北部の単弁八弁・雷文縁複弁四弁蓮華文軒丸瓦と移民集団

　宮城県大崎市古川大崎に所在する伏見廃寺は、丹取郡衙跡と目される名生館官衙遺跡Ⅲ期官衙の付属寺院跡と推定されているが、Ⅲ期官衙政庁跡で出土するのと同様のいわゆる山田寺系の単弁八弁蓮華文軒丸瓦と轆轤挽き重弧文軒平瓦のセットを出土している[7]。このタイプの瓦は、群馬県伊勢崎市上植木廃寺の創建瓦の系譜を引くものと考えられている（辻1994、岡本1996a）。上植木廃寺の創建は7世紀第3～第4四半期とされるが、最新の出浦崇氏の見解では第4四半期前半頃とされている（出浦2010）。また同寺創建瓦の系譜を引く瓦は、上野国でも利根川東岸の新田・佐位・勢多3郡を中心とした地域に分布している（真保1995）。この種の瓦が7世紀末～8世紀初期におけるフロンティアの最前線である大崎平野の地におよんでいる点について、岡本東三氏は上毛野氏の蝦夷経営活動と関わると推察し（岡本1996a）、真保昌弘氏は蝦夷経営に参画した上野国の利根川東岸地域の豪族がその普及に関与したものと考え、具体名として佐位郡の郡領氏族である檜前部君氏を挙げている（真保1995）。

　伏見廃寺の所在地は『和名類聚抄』郡郷部に所見する玉造郡府〔俘カ〕見郷の地と推定され、陸奥大国造道嶋宿祢嶋足の申請による陸奥国内の豪族・在地有力者への一括賜姓を記した『続日本紀』神護景雲3年（769）3月辛巳条には、玉造郡人外正七位上吉弥侯部念丸ら7人に下毛野俯見公の新姓が与えられたことがみえている。同条は、以下でもたびたび言及する重要な史料であるので、全文を掲出しておく。

　　辛巳、陸奥国白河郡の人外正七位上丈部子老、賀美郡の人丈部国益、標葉郡の人正六位上丈部賀例努ら十人に姓を阿倍陸奥臣と賜う。安積郡の人外従七位下丈部直継足には阿倍安積臣。信夫郡の人外正六位上丈部大庭らには阿倍信夫臣。柴田郡の人外正六位上丈部嶋足には安倍柴田臣。会津郡の人外正八位下丈部庭虫ら二人には阿倍会津臣。磐城郡の人外正六位上丈部山際には於保磐城臣。牡鹿郡の人外正八位下春日部奥麻呂ら三人には武射臣。日理郡の人外従七位上宗何部池守ら三人には湯坐日理連。白河郡の人外正七位下靱大伴部継人、黒川郡の人外従六位下靱大伴部弟虫ら八人には靱大伴連。行方郡の人外正六位下大伴部三田ら四人には大伴行方連。苅田郡の人外正六位上大伴部人足には大伴苅田臣。柴田郡の人外従八位下大伴部福麻呂には大伴柴田臣。磐瀬郡の人外正六位上吉弥侯部人上には磐瀬朝臣。宇多郡の人外正六位下吉弥侯部文知には上毛野陸奥公。名取郡の人外正七位下吉弥侯部老人、賀美郡の人外正七位下吉弥侯部大成ら九人には上毛野名取朝臣。信夫郡の人外従八位下吉弥侯部足山守ら七人には上毛野鍬山公。新田郡の人外大初位上吉弥侯部豊庭には上毛野中村公。信夫郡の人外少初位上吉

弥侯部広国には下毛野静戸公。玉造郡の人外正七位上吉弥侯部念丸ら七人には下毛野俯見公。並に是れ大国造道嶋宿祢嶋足が請う所なり。（原漢文）

　8世紀後期の同史料に現われた吉弥侯部念丸らと伏見廃寺の造営に関わった氏族とを安易に結びつけるわけにはいかないが、念丸が伏見廃寺の所在した玉造郡俯見郷の住人であったことはほぼ疑いなく、やはり両者には浅からぬ関係があったものと考えたい。同条中には、玉造郡と同じくいわゆる黒川以北十郡（牡鹿・小田・新田・長岡・志太・玉造・富田・色麻・賀美・黒川の10郡）に属していた新田郡にも念丸と同様に郷名と公のカバネを併せた上毛野中村公姓を与えられた吉弥侯部豊庭がみえ、しかも新田郡は上野国新田郡からの柵戸系移民を中心として建郡されたものと考えられている（今泉2001）。既述のように、上野国東部の利根川東岸の新田・佐位・勢多3郡を中心に上植木廃寺創建瓦の系譜を引く単弁八弁蓮華文軒丸瓦が分布しており、すると新田郡にほど近い玉造郡俯見郷の地に同系の瓦を用いた伏見廃寺が7世紀末期頃に造営されたこと[8]は、その頃の大崎平野への移民政策に上野国新田・佐位・勢多3郡周辺の在地豪族が深く関与していたことを暗示しているようにも窺える[9]。

　伏見廃寺や名生館官衙遺跡Ⅲ期官衙の出土瓦とは別種であるが、同様に上植木廃寺創建瓦の系譜を引くとみられる単弁八弁蓮華文軒丸瓦を出土しているのは、宮城県仙台市郡山遺跡Ⅱ期官衙と郡山廃寺である。郡山遺跡Ⅱ期官衙は、持統8年（694）に都城として成立した藤原宮をモデルに7世紀末頃に造営された陸奥国府で、多賀城の前身にあたると考えられており（今泉2005）、郡山廃寺はその付属寺院とみられる。それらはともに、仙台平野を東流する名取川と西北より東南流する広瀬川の合流点の西に造営され、古代の名取郡内に位置した。なお郡山遺跡Ⅱ期官衙よりも古いⅠ期官衙は、7世紀なかばまで遡る材木列塀の外郭で囲まれた広大な敷地を有しており、大化改新後に造営された初期の城柵と考えられている（今泉2001）。

　前掲の神護景雲3年3月辛巳条には、名取郡に住む吉弥侯部老人や賀美郡に住む同大成ら9人に上毛野名取朝臣の新姓を賜ったことがみえる。この新姓より、賀美郡の住人であった大成らも元々は名取郡に本貫がありそこから賀美郡へ移住したものと推察され、彼ら親族集団の中心的拠点が名取郡にあったことが窺い知れる。彼らの元の姓が、玉造郡俯見郷の住人の念丸や新田郡の住人の豊庭らと同じ吉弥侯部であったことと、郡山遺跡Ⅱ期官衙や同廃寺の創建軒丸瓦が上植木廃寺系の単弁八弁蓮華文軒丸瓦であったこととを併せ考えるならば、郡山遺跡Ⅱ期官衙や同廃寺の造営に、上野国東部の豪族勢力と関係の深かった名取評（郡）の吉弥侯部姓集団が深く関与していたと推察することも可能であろう。

　なお上植木廃寺系の単弁八弁蓮華文軒丸瓦は以上に挙げた4遺跡の他に、宮城県仙台市燕沢遺跡、同大蓮寺瓦窯跡、福島県郡山市麓山瓦窯跡でも出土しているが、主として仙台平野と大崎平野に分布が認められる。これらの地域は前節で取り上げた国造制施行領域の北端よりも北方に位置し、7世紀なかば頃には未だ蝦夷（毛人）の地に属していた。そのような当時のフロンティアの最前線をなした地域を律令制支配領域に編成していくうえで、上野国東部の豪族勢力が具体的にどのように関与したのかを明らかにすることは、今後の大きな課題である。

また大崎平野では、上植木廃寺系の単弁八弁蓮華文軒丸瓦の他に、雷文縁複弁四弁蓮華文軒丸瓦もほぼ同時期に製作・使用されている。宮城県色麻町の一の関遺跡の仏堂跡と同加美町の菜切谷廃寺はともに金堂１堂だけの小寺院とみられるが、ともに雷文縁複弁四弁蓮華文軒丸瓦を創建瓦とする（進藤1990、桑原1990）。同タイプの軒丸瓦は福島県会津若松市山口瓦窯跡でも出土例があるが、辻秀人氏によれば、その文様を構成する要素の多くは７世紀末葉の上総国の瓦群の中に認められることから、雷文縁複弁四弁蓮華文軒丸瓦は上総の系譜を引く工人集団が陸奥国内において単弁四弁と雷文縁複弁蓮華文を融合して作り出したものであるとされている（辻1994）。

　上総国は、『続日本紀』霊亀元年（715）５月庚戌条に「相模・上総・常陸・上野・武蔵・下野六国の富める民千戸を移して、陸奥に配く」（原漢文）とある中で、富裕な柵戸を陸奥へ移配した国の一つとしてみえており、前掲の神護景雲３年３月辛巳条において、陸奥国内諸豪族への一括改賜姓を中央政府に申請した陸奥国大国造道嶋嶋足ら道嶋宿祢氏の故地もまた上総国であった（熊谷1992a）。さらに同条では、牡鹿郡の春日部奥麻呂ら３人が武射臣の新姓を賜ったこともみえるが、この春日部姓集団も上総国武射郡地方からの移民を祖としていたことが窺える。

　大崎平野地方で確認される雷文縁複弁四弁蓮華文軒丸瓦は、あるいは上総国を故地とする移民系集団の流れが、道嶋宿祢一族の根拠地であった牡鹿郡より江合川・鳴瀬川を遡るルートによって同平野に入ったことを契機として、この地で製作・使用されたものではなかったろうか。なおその時期はおそらく霊亀元年までは降らず、７世紀末頃のことであったのではないかとみられる。『日本書紀』持統３年（689）７月朔条の「陸奥の蝦夷沙門自得が請せる金銅の薬師仏像・観世音菩薩像、各一軀、鐘・裟羅・宝帳・香爐・幡の等き物を付け賜う」（原漢文）との記事より、陸奥国の城柵設置地域では７世紀末頃には仏教が伝播していたことが窺え、大崎平野の３廃寺（伏見廃寺・菜切谷廃寺・一の関遺跡の仏堂跡）もその頃に造営された可能性が比較的高いと考えられるからである（樋口1989・1992）。

3　山王廃寺系瓦の分布の意味するもの

　第１節でも触れたとおり、前橋市山王廃寺（＝放光寺）の創建軒丸瓦は素弁八弁蓮華文軒丸瓦でだいたい７世紀第２四半期末〜第３四半期頃のものと考えられており、福島市腰浜廃寺でその系譜を引く瓦が出土している。また山王廃寺の第二期の軒丸瓦は複弁七・八弁蓮華文軒丸瓦であり、陸奥国の領域内では相馬市黒木田遺跡、同善光寺遺跡、いわき市夏井廃寺、同根岸遺跡、宮城県白石市兀山遺跡でその影響を受けた軒丸瓦が出土している。真保氏は、山王廃寺の複弁七・八弁蓮華文軒丸瓦の年代を創建瓦である素弁八弁蓮華文軒丸瓦よりさほど降らない時期のものとみ[10]、福島・宮城両県でみられる複弁七・八弁蓮華文軒丸瓦の年代については「七世紀代でもそれほど降らない末葉頃の年代観」を与えうると述べている（真保1994・1995）。

　山王廃寺＝放光寺は既述のように上毛野氏勢力の中心拠点地域に建てられた寺院であり、同寺使用瓦の系譜を引く瓦の伝播は、上毛野氏による東北経営の進展と深い関わりをもっていたよう

に予想されよう。

　山王廃寺系複弁蓮華文軒丸瓦が陸奥国内で出現した 7 世紀末期前後における上毛野氏関係の史料所見を挙げれば、①天武 10 年（681）に「帝紀」・「上古諸事」の記定と筆録を命じられた皇子・諸王・諸臣の中に大錦下上毛野君三千の名がみえ（『日本書紀』同年 3 月癸酉条）、②持統 5 年（692）に祖先の墓記の提出を命じられた十八氏の中に上毛野朝臣氏が含まれている（同、同年 8 月辛亥条）。③同じく持統朝には上毛野朝臣氏の人物が播磨国宰に任じられたことが知られ（『播磨国風土記』飾磨郡・揖保郡条）、④その後は上毛野朝臣男（小）足が文武 4 年（700）10 月に直広参で吉備総領、大宝 3 年（703）7 月に正五位上で下総守に任じられ、和銅元年（708）3 月には従四位下で陸奥守に転じている（『続日本紀』文武 4 年 10 月己未条・大宝 3 年 7 月甲午条・和銅元年 3 月丙午条）。⑤また小足の後継者と目される安麻呂は、同年 3 月に従五位上で上総守となり、同 2 年（709）7 月には 4 月に卒した小足の後任として陸奥守に任じられている（同、和銅元年 3 月丙午条・同 2 年 7 月朔条）。

　陸奥国内で山王廃寺系複弁蓮華文軒丸瓦が製作・使用された主たる時期は、上記のうち小足や安麻呂の代よりは幾分前のことと推測され、大錦下（大宝令制の従四位に相当）の冠位をもち国家の史書編纂に携わった三千の代であった可能性が比較的高いように思われる。黒木田遺跡で山王廃寺系瓦が使用されたのは、浮田国造氏が毛野氏と同祖とする系譜をもっていたことと深い関わりがあったとみられるが、他方でそうした系譜をもたない評造クラスの豪族の中にも、自らの祖先系譜を高め政治的基盤を鞏固なものとするために、国史編纂に備え諸氏族の祖先伝承を簡撰する任にあった三千に積極的に接近し政治的関係を結ぼうとするものがあったのではなかろうか。

　夏井廃寺は 7 世紀後・末期には石城評造氏と深い関わりをもつ評寺であったと考えられるが、「国造本紀」によれば石城国造氏の始祖は茨城国氏と同じく建許呂命（たけころのみこと）とされ、他方和銅 5 年（712）の成立とされる『古事記』の神武天皇段では、石城国造は意富（多）（おお）臣らとともに神武天皇の第二子である神八井耳命（かむやいみみのみこと）の後裔とされていて、始祖の伝承に変化が生じている。また『常陸国風土記』多珂郡条には、

　難波（なにわ）の長柄（ながら）の豊前（とよさき）の大宮に臨軒（あめのしたしろ）しめしし天皇の世に至り、癸丑年（白雉 4 = 653）、多珂国造石城直（たが）（いわきのあたい）美夜部（みやべ）・石城評造丈[11]部志許赤ら、惣領（そうりょう）高向（たかむく）の大夫に請い申す。所部遠く隔たり、往来便ならざるを以て、多珂・石城の二郡に分け置く。

とあり、白雉 4 年（653）に多珂評が新置の評として石城評（大化 5 = 649 年に先行して成立）より分立する際に、多珂国造の任にあった石城直美夜部と石城評造の任にあった丈部志許赤の両人が、中央政府側の代理人である惣領高向大夫に建評の申請をおこなったことがみえる[12]。ここで注目すべきは、この時点で丈部志許赤が石城評造の任にあり、おそらくは同評の長官である石城評督の座に就いていたと推察される点である。他方、旧来からの石城国造氏であったとみられる石城直氏は石城評の次官である助督を出していた可能性があるが、ここではその一族で多珂国造の任にあった美夜部が多珂評の建評を志許赤とともに中央政府に申請し、おそらく彼はその後多珂評の初代評督に就任したものと思われるのである。「国造本紀」にみえる建許呂命を始祖とする石

城国造氏は石城直氏のことであり、『古事記』神武段の神八井耳命の後裔とされる石城国造氏は新興の丈部氏のことであろう。とすれば、大化改新直前の7世紀前期〜中頃には石城国造氏の勢力交替が生じていた可能性が想定されるのではなかろうか。石城評家跡とみられる根岸遺跡の造営は7世紀後半のことと推定されており、石城評家とその付属寺院である夏井廃寺はともに当初より初代の石城評督を出した丈部氏と深い関わりをもつものであった可能性が高いように窺われる[13]。

また夏井廃寺の創建軒丸瓦が山王廃寺系の複弁八弁蓮華文軒丸瓦であったことに注目するならば、志許赤の後継者である丈部姓の石城評造が、7世紀末葉頃に至って上毛野氏勢力の支援を背後に在地への支配力を一段と強化したことが想定される。『古事記』に載録された神武天皇の皇子神八井耳命にまつわる始祖伝承も、おそらく新興在地豪族である丈部氏が自らの威勢を権威づけるために、王家の史官の任にあった上毛野三千との政治的関係を活用し、中央政府の公認の下に新たに獲得したものだったのではなかろうか。そして丈部氏はその後も同郡内で勢力を保ち続け、前掲の『続日本紀』神護景雲3年3月辛巳条では、外正六位上の丈部山際が同郡の郡領家の家長としての資格を認められ、於保磐城臣の新姓を与えられたものとみられるのである。

以上やや蕪雑な臆測であるかもしれないが、上毛野氏との擬制的同族関係を主張するかのような山王廃寺系複弁蓮華文軒丸瓦が7世紀末葉頃に奥羽へ伝播したことの歴史的背景として、陸奥国内の在地豪族が上毛野氏の勢力と結びつきさらなる台頭を遂げた事実が伏在していたと推察しておきたい。もしもそのように解することができるならば、その段階では宇多・信夫両評の評造氏に加え、石城・柴田両評の評造氏も上毛野氏の影響下に組み入れられていた可能性がある[14]。

ただし前にも触れたように、上毛野氏はむしろ三千の時代よりも、小足や安麻呂、さらに養老4年（720）に陸奥国按察使に任じられた広人らが出た8世紀第1四半期頃に陸奥国内での活躍のピークが認められる。しかしながら、その時期には次節でみるように、下野国薬師寺系の複弁六弁蓮華文軒丸瓦が福島県中通り地方や、茨城県北部から福島県いわき市にかけての太平洋沿岸地域などで顕著な展開をみせているのである。そのことは、いったい何を意味するのであろうか。

4　下野薬師寺系瓦の展開と征夷・移民政策

下野薬師寺から出土するいわゆる川原寺系の複弁八弁蓮華文軒丸瓦の影響を受けたとみられる複弁六弁蓮華文軒丸瓦は、宮城県角田市角田郡山遺跡、同品濃遺跡、福島県郡山市清水台遺跡、同開成山瓦窯跡、須賀川市上人壇廃寺、泉崎村関和久遺跡、同関和久上町遺跡、白河市借宿廃寺、同大岡瓦窯跡、いわき市夏井廃寺、同根岸遺跡、茨城県北茨城市大津廃寺、常陸太田市長者屋敷遺跡から出土している。それらの遺跡には郡家が多く含まれている。すなわち角田郡山遺跡は陸奥国伊具郡家、清水台遺跡は安積郡家、関和久・同上町遺跡は白河郡家、根岸遺跡は石城郡家、長者屋敷遺跡は常陸国久慈郡家の推定地である。なお夏井廃寺と大津廃寺では、7世紀末葉頃には山王廃寺系の複弁八弁蓮華文軒丸瓦が使用されており、前者が付属した石城評家＝根岸遺

跡でもその系統の瓦が確認されているが、いずれも多賀城が創建された養老・神亀年間（717〜729）を遡る8世紀初頭頃までには下野薬師寺系瓦へと供給瓦が変化していることが窺える（藤木2010）。同時に、山王廃寺系瓦が多く寺院に供給されたのに対して、下野薬師寺系瓦の生産・供給は主に大宝令制下における郡家造営との深い関わりの下におこなわれていたことが推察できるのではなかろうか。

　下野薬師寺は『続日本後紀』嘉祥元年（848）11月己未条に天武天皇の建立によって成ったことが所見しており[15]、持統3年（689）10月に自家で所有していた奴婢600口を解放し、その後大宝律令撰定の功により栄進し、兵部卿・式部卿を歴任したことで知られる下毛野朝臣古麻呂がその造営に深く関与していたと一般に考えられている。なお「天平5年（733）右京計帳手実」（『大日本古文書』一、482頁）、「天平10年（738）駿河国正税帳」（同二、108頁）に造下野国薬師寺司関係の記載が所見することから、同寺は730年代には官寺化していたと考えられるが、元々は下毛野氏の氏寺としての性格を有していたとみられる。河内郡家推定地の上神主・茂原遺跡とは東山道沿いで連絡が容易な至近の位置関係にあり、都賀郡にある下野国府ともほど近く、古代下野国の中心域といってよいところに立地している。

　近年の研究には、下野薬師寺が古代東国の仏教興隆に果たした役割に言及したものがある。長谷部将司氏は、『日本霊異記』中巻三十五・三十六縁の説話や正倉院文書中の造東大寺司関係文書の記載を根拠に、8世紀の中頃には平城京内に下毛野寺というかなり格式の高い寺院が存在したとみられることを挙げ、すでに中央貴族化の道を歩んでいた下毛野朝臣氏が新たな王権との結合の拠り所を仏教に求めていたことを指摘するとともに、その前提として7世紀後期に元来の本拠地に下野薬師寺を建立したことが大きな意味をもっていたと推察している[16]（長谷部2002）。

　関口功一氏は、下野薬師寺の建立主体を下毛野氏の本宗であった古麻呂の系統ではなく、『続日本紀』慶雲4年（707）3月庚申条で古麻呂の申請により下毛野川内朝臣の新姓を与えられた石代の系統であったとし、その背後には中央の藤原氏の権力が深く関与していたと解する。また下野薬師寺が立地する河内郡は、7世紀後半段階より中央国家勢力が東北経営の新たな足掛かりともなる拠点的施設を整備することを目論んでいた地域であったとし、同寺は創建当初から東国における仏教伝播に多大な役割を果たしたものと推察している。すなわち7世紀後期以降の東国における仏教伝播について、上毛野氏との関わりで考えてきたこれまで一般的であった理解を排し、下毛野氏との関わりの方をより重視すべきであると主張している（関口2008）。

　関口氏が古麻呂の系統と石代の系統との同族内対立を下野薬師寺の創建当初にまで遡らせて想定している点にはやや疑問があり、やはり通説どおり、同寺は古麻呂の領導下で下毛野氏一族の氏寺として創建されたものとみるべきで、その段階における中央国家勢力側の関与をあまり過大に考えるべきではないように思われる。また下毛野氏が仏教政策を武器に勢力維持をはかるようになり、下野薬師寺に戒壇が設置される[17]のも概ね8世紀中頃以降のことと考えられ、古麻呂の代の8世紀初頭頃までは、東国における下毛野氏の仏教政策は放光寺（＝山王廃寺）を拠点とした上毛野氏に比しても特段の優位性をもってはいなかったように推測される。

とすれば、8世紀初頭頃における下野薬師寺系瓦の広範な分布については、関口氏が主張するところの下毛野氏による仏教政策の推進とは全く別な理由によって説明されねばならないのではなかろうか。すなわち大宝律令と古麻呂とのきわめて深い関係に注目するならば、陸奥国中・南部や常陸国北部の郡家や付属寺院で出土が確認される下野薬師寺系の複弁六弁蓮華文軒丸瓦は、大宝令制下における譜代郡領家としての認定を中央政府より受けた在地豪族が、そのことを在地社会に対して示すシンボルとして、新律令制定の功労者として東国に広く知られた古麻呂の建立になる下野薬師寺の瓦の意匠をモデルに製作・使用したものであったとは考えられないであろうか。そしてそのような動きの中で下野薬師寺は東国在地社会に対する宗教的権威性を次第に強めていき、8世紀中頃以降には東国各地における仏教伝播にきわめて大きな役割を果たすようになっていったものと考えたい。

ところで、下野薬師寺の瓦の影響を受けた複弁六弁蓮華文軒丸瓦を出土する陸奥国南部〜常陸国北部の諸遺跡は、(A) 陸奥国白河郡（関和久・同上町遺跡、借宿廃寺）、(B) 石背（磐瀬）郡（上人壇廃寺）、(C) 安積郡（清水台遺跡）、(D) 石城郡（根岸遺跡、夏井廃寺）、(E) 伊具郡（角田郡山遺跡）、(F) 常陸国多珂郡（大津廃寺）、(G) 久慈郡（長者屋敷遺跡）の7郡に分布するが、これらの地域には以下に示すように、8・9世紀に丈部姓をもつ住人が少なからず存在したことが窺い知られる。

まず前掲の『続日本紀』神護景雲3年（769）3月辛巳条によれば、(A) 白河郡で外正七位上丈部子老が阿倍陸奥臣、(C) 安積郡で外従七位下丈部直継足が阿倍安積臣、(D) 磐城郡で外正六位上丈部山際が於保磐城臣の新姓をそれぞれ賜ったことが知られる。

丈部姓ないし丈部氏系の郡領には、(B) 石背（磐瀬）郡に権大領丈部宗成（承和15 = 848年。同年阿倍陸奥臣を賜姓）、(C) 安積郡に大領阿倍安積臣継守（延暦10 = 791年。宝亀3 = 772年に丈部より阿倍安積臣に改姓）、(D) 石（磐）城郡に大領於保臣雄公（仁寿3 = 853年〔荒田目条里遺跡出土木簡〕[18])）がおり、他には耶麿郡に大領丈部人麿（承和7 = 840年。同年上毛野陸奥公を賜姓）、柴田郡に権大領丈部豊主（承和7年。同年阿倍陸奥臣を賜姓）・権大領阿倍陸奥臣永宗（貞観2 = 869年）がいる。陸奥国内の下野薬師寺系瓦の分布と全く合致するわけではないが、(B) 石背（磐瀬）・(C) 安積・(D) 石城3郡は重なり、(E) 伊具郡の代わりに近隣の柴田郡が入っている。

さらに他史料を探ると、(A) 白河郡の丈部姓者は前出の丈部子老以外に見出せないが、(B) 石背（磐瀬）郡では権大領丈部宗成の他に、8世紀後・末期頃に丈部龍麻呂という名の大領を出していた可能性がある。すなわち多賀城跡出土漆紙文書中に「大領外正六位上勲十等丈部『龍麻呂』」（二重カギ括弧内は自署）とみえ[19]、また古代の磐瀬郡白方郷の故地と目される福島県天栄村大字白子の畑より発見された「丈龍私印」がその龍麻呂の私印であった可能性が指摘されている（鈴木啓1993）。

(C) 安積郡では、『日本三代実録』貞観12年（870）12月9日丙戌条で、丈部清吉なる者が同郡人の矢田部今継とともに阿倍陸奥臣の新姓を賜っており、また多賀城跡出土木簡中にも、郷里制（717〜739）下の安積郡陽日郷川合里の住人として丈部大麻呂の名が確認できる[20]。

(D) 石（磐）城郡では、『続日本紀』延暦10年（791）2月乙未条において、同8年（789）胆沢

の合戦で戦死した磐城郡人外従七位下丈部善理に外従五位下が贈られている。

（E）伊具郡では六国史中には丈部姓の住人の実例は確認できないが、多賀城跡南方の東西・南北大路交差点北東区の河川跡より出土した木簡中に、延暦年間を中心とした8世紀後半〜9世紀前半頃のものとみられる「小川郷丈マ兄万呂三斗真与二斗」と記された荷札木簡があり、付近の道路側溝から出土したほぼ同時期の荷札木簡に「伊具郡小川里公□（癖カ）」と書かれたものも見出されているので、伊具郡に小川郷がありそこに丈部姓の住人がいた可能性がある[21]。

また丈部姓の人名は、下野薬師寺と同じ河内郡内にある上神主・茂原遺跡出土の人名刻書瓦にもみられるうえ[22]（鈴木知2008）、常陸国北部でも、『続日本紀』宝亀元年（770）7月戊寅条に常陸国那賀郡の丈部龍麿がみえ、下野薬師寺系瓦を出土する長者屋敷遺跡が所在する（G）久慈郡の隣郡の住人であることが注目される（なお同国内の中南部では、筑波郡に「副□（擬）□領大初位上丈部直佐弥万呂」の名も確認される[23]）。さらに前掲の『常陸国風土記』多珂郡条では、白雉4年（653）の多珂建評にあたって石城評造の丈部志許赤が多珂国造の磐城直美夜部とともに中央政府へ申請をおこなっており、丈部姓の人々が（F）多珂郡にも少なからず居住していた可能性もある。そうした点を勘案するならば、（F）常陸国多珂郡域に所在する大津廃寺や、（G）同久慈郡域の長者屋敷遺跡より出土した下野薬師寺系瓦は、陸奥国南部〜常陸国北部の太平洋沿岸地域に居住していた丈部姓集団の政治的・経済的活動と何らかの関係を有していたようにも窺えよう。

真保昌弘氏によれば、陸奥国内の下野薬師寺系複弁六弁蓮華文軒丸瓦では角田郡山・清水台両遺跡出土のものが古式で、関和久遺跡・夏井廃寺例がそれらに次ぎ、長者屋敷遺跡・上人壇廃寺例が最終段階にあたると指摘されている（真保1994・1997）。古式の瓦が分布する伊具・安積両地方の国造は「国造本紀」によればともに天湯津彦命の後裔とされていて、また関和久・同上町遺跡が所在する白河地方の国造も同様であった。それらの地方にはいずれも丈部姓の人々が居住していたけれども、ただし下野薬師寺系瓦が製作・使用された頃に丈部姓集団が在地で主導的な働きをしていたかどうかは不明とせざるをえない。しかしながら、この系統の瓦が太平洋沿岸の（D）陸奥国石城郡や（F）常陸国多珂郡・（G）同久慈郡方面へ伝播するにあたっては、おそらく石城郡の郡領氏族であった丈部氏と近隣地方の丈部姓集団の果たした役割がかなり大きかったと推測される。

なお陸奥国における下野薬師寺系瓦の製作・使用時期は、だいたい7世紀末頃から始まり、最終段階の上人壇廃寺例でも製作技法からみて多賀城創建期の養老・神亀の頃よりは遡るとされている（真保1994・1997）。古式の角田郡山・清水台例が7世紀末まで遡る可能性も否定しがたいけれども、下毛野古麻呂の栄進が大宝律令の施行を期に俄に著しくなること[24]を念頭に置くならば、あるいは下野薬師寺系瓦の陸奥国への本格的伝播は概ね8世紀初頭頃のことであったと考えることもできるのではなかろうか。

ところで、熊谷公男氏によれば、大宝律令施行後の710年前後より律令国家による大規模な柵戸移配政策がおこなわれたとされ、和銅2年（709）の越後国出羽郡の蝦夷反乱や養老4年（720）の陸奥国の蝦夷反乱はそうした政策的背景の下で起こったと解されている（熊谷2009）。

陸奥国では、和銅6年（713）末に宮城県大崎平野の地に丹取郡が建てられ、霊亀元年（715）には相模・上総・常陸・上野・武蔵・下野6国の「富民」1,000戸が陸奥国へ移住させられている（『続日本紀』和銅6年12月辛卯条・霊亀元年5月庚戌条）。1,000戸もの「富民」の移配先は、丹取郡が置かれた大崎平野と考えるのが一般的な見解である（熊谷1989）。また翌同2年（716）には、それまで陸奥国に属していた置賜・最上の2郡が出羽国に編入されており[25]（同、同年9月乙未条）、さらに養老2年（718）には陸奥国沿岸地方の石城・標葉・行方・宇太・日理の5郡と常陸国多珂郡の4郷（＝菊多郡）を併せて石城国とし、同国内陸地方の白河・石背・会津・安積・信夫の5郡を石背国とした（同、同年5月乙未条）。なお石城・石背両国の成立には、蝦夷と境を接する特別な地域を1国（新たな陸奥国）として独立させる意味合いが伴っていたと解されるが（工藤1989）、もしそうだとすれば、石城・石背両国に編入された地域はその段階では蝦夷経営の最前線とはある程度切り離され、関東北部とも共通する後方支援基地的な性格を強めていたものとも考えられる。

　陸奥国内や常陸国北部への下野薬師寺系瓦の伝播は、以上のような征夷政策の積極化や北辺への移民増大の動きとも連動するかたちで、概ね8世紀初頭を画期として活発に展開されたものではなかろうか。そしてその段階では、陸奥国南部の沿岸地方・内陸地方を石城・石背両国として分立させていく政策も同時並行的に推進されていたと解されるのである。

　なお石城・石背両国はだいたい養老4年（720）11月より神亀元年（724）4月までの間に陸奥国へ再併合されたと考えられ（今泉1988）、また陸奥国内における下野薬師寺系瓦の製作・使用もすでに触れたように多賀城が造営された養老5・6年（721・722）～神亀元年頃（平川2003b）にはすでに終焉を迎えていたと推定されている。その多賀城こそがまさに復活した広域陸奥国の新国府として造営された城柵なのであり、また多賀城創建瓦は、同国内ではそれまでになかった壮大な規模の造瓦体制の下で製作され、さらにその影響は瞬く間に広く国内各地や常陸国方面にまでおよんでいくのである。

むすびにかえて

　以上4節にわたって論じてきた内容について、文献史学的見地より若干敷衍しながらまとめをおこない、小論のむすびにかえたい。

　毛野氏、とりわけ上毛野氏の政治・軍事力によって推進された東北経営は古く大化前代に遡るが、国造制施行地域のほぼ北限に位置する浮田・信夫両地方はその段階より上毛野氏による毛人（蝦夷）経営の拠点として位置づけられていた。それゆえ両地域の在地首長と上毛野氏との間には親密な政治的関係が生じ、浮田国造は上毛野氏と同祖とする擬制的同族関係を結ぶにいたり、また7世紀第3四半期頃には信夫評の腰浜廃寺で上毛野氏の氏寺である放光寺（＝山王廃寺）の創建瓦の影響を受けた瓦が製作・使用された。なお7世紀第2四半期末～同第3四半期頃に造営された仙台市郡山遺跡Ⅰ期官衙の終末期の遺構から格子叩き目をもった薄手の丸・平瓦が出土

しており、仏殿が存在した可能性があるが（佐川2010）、上毛野氏の勢力との関係については未だ明らかではない。しかし、同Ⅱ期官衙に使用された瓦が7世紀末～8世紀初頭頃の上植木廃寺系瓦に属するものであったことからすれば、その段階においても上毛野氏の動向と全く無関係であったとは考えがたいように思われる。

　7世紀末～8世紀初期頃には、①陸奥国北部において上野国東部、利根川東岸の新田・佐位・勢多3郡を中心分布域とする上植木廃寺系の単弁八弁蓮華文軒丸瓦と、②系譜的に上総地方に淵源する雷文縁単弁四弁蓮華文軒丸瓦が、③同南部においては山王廃寺系の複弁七・八弁蓮華文軒丸瓦と、④下野薬師寺系の複弁六弁蓮華文軒丸瓦がそれぞれ分布する。こうした多様な瓦の分布について辻秀人氏は、「陸奥国一帯に律令体制を整備しつつあった畿内政権が広大な陸奥国内に急速に評衙および附属寺院、関連施設を築くにあたって、関東各地の瓦工人を必要に応じて陸奥国内各地に振り分けた結果」であったとの認識を示している（辻1994：39頁）。そうした見方は一般論としてはそれなりに妥当性の高いものと思われるが、ただし陸奥国内における各種の瓦の出土地域と、各々の出自地域である関東地方各地との対応関係がいかなる必然性によって現出したものであるのか、それともそれらは全く単なる偶然の産物にすぎないものであるのかが曖昧なまま残されている点に、一抹の疑念を禁じえない。

　①～④の4種の瓦が陸奥国に伝播した順序は明確にしがたいけれども、文献史料の所見と照らし合わせて考えるならば、③山王廃寺系複弁七・八弁蓮華文軒丸瓦は、上毛野三千の活躍期である680～690年代あたりを中心に伝播した可能性が比較的高いように窺える。上毛野氏の氏寺である同廃寺（＝放光寺）の瓦を模倣し製作されたこの種の瓦の存在は、大化前代以来の長きにわたって東北経営に多大な実績を有した上毛野氏が、7世紀後・末期の段階に至っても未だ重要な役割を果たしていたことを明示するものといえる。しかしながら他面では、この種の瓦を製作・使用した陸奥国内の在地豪族の側には、王家の史官であった三千に接近し積極的に政治的関係を構築することで、律令国家体制内における自家勢力のさらなる台頭のためにより高い出自系譜を獲得せんとするしたたかな意図も存していた。豪族たちは上毛野氏そのものの権威や政治的実力を頼みとしたというよりは、国家機構の中に座を占める官僚として三千が担っていた公的権威・権力に対して進んで従属する道を選んだのだということもできよう。

　次いで陸奥国内に伝播したのは、①上植木廃寺系単弁八弁蓮華文軒丸瓦と④下野薬師寺系複弁六弁蓮華文軒丸瓦であったとみられるが、私には前者の方がやや遡る可能性が高いように臆測される。それは一つには、①上植木廃寺系瓦が前代の国造制施行北限地域において製作・使用された素弁八弁蓮華文軒丸瓦の性格を一定程度受け継いでいるように思われること、いま一つは、陸奥国北部における①上植木廃寺系瓦の分布は、同南部における③山王廃寺系瓦のそれと一定の対応関係にあるように窺えることの2点を理由とする。あるいは、上毛野氏と直接的な政治的交渉をもった陸奥国南部の在地豪族が③山王廃寺系瓦を、上野国新田・佐位・勢多3郡の上毛野氏支族と政治的関係を結び自ら辺境経営に深く関与していたところの、蝦夷の地と境を接する陸奥国北部の在地豪族が①上植木廃寺系瓦を、それぞれ製作・使用したと考えることができるのではな

かろうか。

　なお陸奥国北部で①上植木廃寺系瓦を受容したのは、文献史料の所見を参考にすれば主に吉弥侯部姓をもつ移民系（非蝦夷系）豪族・住人であったと推察される。神護景雲3年（769）の一括賜姓記事をはじめ多くの史料で、吉弥侯部姓から上（下）毛野のウジナをともなう新姓へと改姓された事例が確認される点は、やはり陸奥国内の吉弥侯部姓集団の中に上毛野氏の政治的影響下にあった人々がかなり多く存在したことを示すものであろう。なお現在では、上毛野氏が大化前代より吉弥侯部を統率した伴造氏族であったとするかつての通説的見解が成立しがたいことが確認されており（熊谷1992b）、陸奥国内の吉弥侯部姓集団の父祖と上毛野氏との政治的関係はおそらく7世紀後半頃より徐々に形成されていったのではないかと推測されよう[26]。そして上毛野氏との関係を深めつつ、蝦夷の地と境を接する辺境地域で活発な活動を展開していた移民系吉弥侯部姓集団の存在を媒介として、8世紀前期には大崎平野やそれ以北の地域に住む蝦夷系住人に対しても吉弥侯部姓が広く与えられるようになったものではなかろうか（＝俘囚吉弥侯部の成立）。

　一方の④下野薬師寺系の複弁六弁蓮華文軒丸瓦は、7世紀末から陸奥国内で製作・使用されていた可能性も否定できないが、本格的な展開をみせたのは、下毛野古麻呂が大宝律令選定において功績をなした8世紀初頭頃のことであったと推察される。ただしこの種の瓦を製作・使用した陸奥国内の在地勢力が個々に直接下毛野氏の政治的傘下に組み込まれていたというようなことは想定しがたく、むしろ複弁六弁蓮華文の文様自体は陸奥国内における大宝律令施行にともなう評より郡への移行を象徴するようなシンボリックな意味合いを有していたように窺われる。

　また、④下野薬師寺系瓦が陸奥国内で製作・使用されていた710年代には、律令国家によって城柵建置地域への大規模な移民政策が推進されたが、それと軌を一にするかたちで、陸奥国南部の沿岸地方・内陸地方が辺境経営の後方支援基地としての役割を課されることとなり、養老2年（718）には沿岸地方が石城国、内陸地方が石背国として陸奥国より分立した。④下野薬師寺系瓦はそうした時代に、官道たる東海・東山両道を主要経路として、律令国家の政策的指導の下に各地の在地勢力の緊密な組織化が進められていく中で、盛んに製作・使用されたのである。

　②雷文縁単弁四弁蓮華文軒丸瓦については、残念ながら現時点では明確な論を提示しえない。また①～④の瓦に後続して製作・使用が開始される多賀城創建瓦や各種の多賀城系瓦への史的展開の道筋についても、主に紙数の都合から見通しを示すことができなかった。多賀城創建瓦は黒川以北十郡が置かれた大崎平野の瓦窯群で大量に生産され、そのための労働力は瓦の刻書・刻印などによれば主に関東出身の柵戸などの移民系集団に依存していたことが窺い知られる。そして8世紀中頃以降は、今度は多賀城の瓦の影響が陸奥国南部の諸郡や常陸国方面に広くおよんでいくのである。それらの残された課題についてはいずれ機会を改めて論ずることにし、ひとまず稿を閉じたい。

註
　1）国士舘大学考古学会編『古代社会と地域間交流―土師器からみた関東と東北の様相―』（六一書房、

2009年)。

2) 群馬県前橋市山王廃寺の創建軒丸瓦である素弁八弁蓮華文軒丸瓦の製作年代については7世紀第3四半期とするのが一般的な見解のようであるが(石川1987、松田1991、森1991)、岡本東三氏はそれを同第2四半期の最終末に位置づけるとともに、同廃寺の創建瓦が腰浜廃寺出土の素弁八弁蓮華文軒丸瓦の成立に影響を与えた可能性を示唆している(岡本1996a)。

3) 佐藤氏は、岡本東三氏の研究(岡本1996a)を挙げ、黒木田遺跡の創建期の瓦が山王廃寺系のものであったとしているが、岡本氏が山王廃寺系としているのは黒木田遺跡出土の2種の軒丸瓦のうち新しい方の複弁八弁蓮華文軒丸瓦の方であり、創建瓦である素弁八弁蓮華文軒丸瓦は山王廃寺系とは見なしがたい。この点は佐藤氏の誤解によるものであろう。

4) 「国造本紀」は、聖徳太子・蘇我馬子らの撰とされるが実は平安前期~中期に成立した偽書である『先代旧事本紀』の巻十に収められた国造名の一覧であるが、吉田晶氏によれば所載の国造名は6世紀中葉~7世紀後半頃における実態を反映している可能性が高いとされ(吉田1973)、また篠川賢氏によれば同書の国造系譜は6世紀中頃~後半に形成されたとみるのが自然であるとされている(篠川1996)。

5) 他方で、腰浜廃寺と関係が深いと思われる信夫国造の方は、「国造本紀」によれば阿岐(安芸)国造をはじめとする天湯津彦命の末裔の系譜をもつグループに属しており、陸奥国領域内の国造では阿尺(安積)・亘(日理)・伊久(伊具)・染羽(標葉)・信夫の5国造がそれに該当する。天湯津彦命は記紀に所伝のない人物で『先代旧事本紀』にしか見えないが(「天神本紀」・「国造本紀」)、5国造はおそらく地縁的ネットワークによって相互に同祖関係を形成したものであろう。それらの中でも蝦夷の地と境を接する亘・伊具・信夫の3国造は、7世紀代を通じて次第に毛野氏との関係を深めていったようにも臆測される。

6) 浮田国造氏が上毛野氏との同祖関係に組み込まれたのに対して信夫国造氏が同氏と別祖であったのは、両氏が上毛野氏から受けた政治的影響の度合いの違いによるものか。あるいは浮田国造もまた、本来は5国造と同じく天湯津彦命を祖とする系譜をもっていたのかもしれない。

7) 一般的には7世紀末~8世紀初頭に製作・使用されたとみられるこのセットが伏見廃寺の創建瓦であるとみられているが、同廃寺からは大和法輪寺出土のものに類似する素弁八弁蓮華文軒丸瓦の破片が2点出土していて、その年代観は7世紀第2~第3四半期頃とみられている。そのことを根拠に同廃寺の創建を7世紀第3四半期に遡らせる見解もあるが(岡本1996a)、ただちに首肯するには躊躇される。

8) ただし、なぜ吉弥侯部念丸に与えられた新姓のウジ名が上毛野ではなく下毛野であったのかは、現時点では不明とせざるをえない。『続日本紀』神護景雲3年3月辛巳条の内容によれば、上毛野公姓を与えられた者の方が下毛野公姓を与えられた者よりも全体的に位階が高いようであるので、両者の別は単に階層的な上下関係にもとづくものかとも臆測されるが、確言はできない。また新田・佐位・勢多3郡が上野国でも下野国にほど近いところに位置していた点が何らか関係するようにも臆測されるが、上植木廃寺創建瓦系の瓦の出土は今のところ下野国の領域内からは認められていない。

9) あるいは念丸や豊庭と同様に、『続日本紀』神護景雲3年3月辛巳条において居住郷名を含む新姓を与えられた吉弥侯部姓者である信夫郡の吉弥侯部足山守(新姓は上毛野鍬山公)・吉弥侯部広国(新姓は下毛野静戸公)もまた、本来上野国勢多・佐位・新田3郡の豪族勢力と何らかの関係を有していた可能性があるかもしれない。

10) なお松田猛氏は、一般に山王廃寺創建軒丸瓦とされる素弁八弁蓮華文軒丸瓦(氏のいう素弁B)と複弁八弁蓮華文軒丸瓦をともに創建期の軒丸瓦とみ、7世紀中葉から第3四半期の瓦と位置づけている(松田1991)。

11) 『常陸国風土記』の現状では「石城評造部志許赤」とあるが、志田諄一・今泉隆雄両氏が指摘するように、「造」字と「部」字との間に「丈」字が欠落しているものとみられる(志田1969、今泉2000)。

12) ただしこの史料をめぐっては諸説で解釈が錯綜しており、白雉4年に多珂国造のクニより石城評が分立したとみる説、同国造のクニが2分割され多珂・石城2評が成立したとみる説、先に成立した多珂評

より石城評がこのとき分立したとみる説などもある（篠川 1996b）。
13) こうした見解に対しては、異論もあろう。工藤雅樹氏は根岸遺跡より約 30km ほど北に位置する福島県富岡町の小浜代遺跡を丈部氏の拠点とみ、根岸遺跡を石城直氏やその後裔である磐城臣氏の本拠地と考えている（工藤 1995）。しかしながら、小浜代遺跡と丈部氏とを結びつける具体的根拠はとくになく、工藤氏の推論には従いがたい。
14) ただし信夫評寺であったとみられる腰浜廃寺から山王廃寺系の複弁蓮華文軒丸瓦が出土していない点にはいささかの注意を要するかもしれない。
15) 下野薬師寺の創建をめぐっては、天智 9 年（670）説（『東大寺要録』『一代要記』）、天武 2 年（673）説（『伊呂波字類抄』）、天武 8 年（679）説（『下野薬師寺縁起』）、天武朝説（『続後紀』）、大宝 3 年（703）説（『帝王編年記』）の諸説がある（岡本 1996b）。
16) なお長谷部氏は、9 世紀初期における会津恵日寺の徳一による陸奥国や関東北部への布教の背後に、桓武系の王権や元興寺系法相宗と結びついた下毛野朝臣氏勢力が大きな影響を与えていたと推察しており、たいへん興味深い。
17) 関口功一氏によれば、下野薬師寺に戒壇が設置されたのは『帝王編年記』の所伝のとおり天平宝字 5 年（761）正月 21 日の勅にもとづくものとされる（関口 2008）。
18) 磐城郡大領於保臣雄公の名は、荒田目条里遺跡出土 2 号木簡（年紀不詳）に「大領『於保臣』」、同 3 号木簡（仁寿 3 年）に「『於保臣雄公』」（ともに『 』内は自署部分）として確認される。平川南氏はこの雄公について、『続日本後紀』承和 7 年（840）3 月戊子条・同 10 年（843）11 月己亥条・同 11 年（844）正月辛卯条にみえる「磐城郡大領磐城臣雄公」と同一人と推定するが（平川 2003a）、垣内和孝氏が指摘する通り、於保臣（＝於保磐城臣）氏は丈部より、磐城臣（＝阿倍磐城臣）氏は石城直よりそれぞれ改姓した別個の氏族であるとみるべきで、二人の「雄公」は互いに別人であったとみるのが妥当であろう（垣内 2007）。
19) 『青森県史史料編古代 2 出土文字資料』第Ⅲ部古代北方地域出土文字資料（二）、二、漆紙文書、D、多賀城跡、4 号。同文書には、年紀の冒頭の一字とみられる「宝」字が読み取れ、「宝亀十一年」の年紀をもつ 2 号・3 号両文書と貼り継がれた形態で出土しているので、宝亀 11 年（780）頃のものと推測される。
20) 『同上』第Ⅲ部古代北方地域出土文字資料（二）、一、木簡、F、多賀城跡、59 号。
21) 『同上』第Ⅲ部古代北方地域出土文字資料（二）、一、木簡、D、市川橋遺跡、107 号・22 号。
22) 「丈部」姓を記した人名文字瓦は全部で 51 点あり、「丈部臣」までが読み取れる臣姓の人名や、「丈部忍麻呂」「丈部田麻呂」の名が確認できる。
23) 松嶋順正編『正倉院宝物銘文集成』（吉川弘文館、1978 年）、第三編、調庸関係銘文、一号。
24) 下毛野古麻呂の経歴・事跡については関口功一氏の論考（関口 2007）を参照されたい。
25) 『続日本紀』和銅 5 年（712）10 月丁酉朔条にも「陸奥国最上・置賜二郡を割きて、出羽国に隷く」との重出記事がみえるが、それは前月己丑条における出羽建国記事に引き摺られたものと解され、他方霊亀 2 年 9 月乙未条では、出羽国は建国より数年経つにも拘わらず、吏民少なく狄徒の帰順も進まないので、随近の国民を出羽に遷すことで狄を教諭したいとの中納言巨勢万呂の言を掲げた後に、陸奥国賜・最上 2 郡の出羽への移管と信濃・上野・越前・越後 4 国の百姓計 400 戸の移配の実施を記しているので、後者を採るべきであることは明らかである。
26) いうまでもなく姓の秩序が体制的に成立したのは、天智 9 年（670）に作成された初の全国的・本格的戸籍である庚午年籍以降のことである。それゆえ同年以前にはたとえば吉弥侯部といった姓が個人名に付されて呼ばれていたかどうかも明らかではないが、有名な「白髪部五十戸」荷札木簡（橿考研飛鳥京跡第 51 次調査出土）からも窺えるように、某部の称が血縁・地縁によって結ばれた地域的集団に対して広く使用された可能性は少なからずあるであろう。

引用・参考文献

石川克博 1987「山王廃寺の創建期について」『群馬県史研究』26
今泉隆雄 1988「陸奥国の建国と郡山遺跡」渡辺信夫編『図説宮城県の歴史』河出書房新社
今泉隆雄 1992「律令国家とエミシ」須藤隆・今泉隆雄・坪井清足編『新版［古代の日本］⑨東北・北海道』角川書店
今泉隆雄 2000「陸奥国と石城郡」財団法人いわき市教育文化振興事業団編『根岸遺跡』
今泉隆雄 2001「多賀城の創建―郡山遺跡から多賀城へ―」『条里制・古代都市研究』17
今泉隆雄 2005「古代国家と郡山遺跡」『仙台市文化財調査報告書第283集郡山遺跡発掘調査報告書』
岡本東三 1996a「東国における初期寺院の成立」同氏著『東国の古代寺院と瓦』吉川弘文館
岡本東三 1996b「川原寺式軒瓦の波及と分布」同上、初出1994年
垣内和孝 2007「陸奥国磐城郡司の系譜」『日本歴史』711
木本元治 1989「善光寺・黒木田遺跡及び宮沢窯跡群出土の飛鳥時代の瓦―東北地方への仏教伝播期の様相について―」『福大史学』46・47（合併号）
工藤雅樹 1989「石城、石背両国の分置と広域陸奥国の復活」関晃先生古稀記念会編『律令国家の構造』吉川弘文館
工藤雅樹 1995「小浜代遺跡の歴史的意義」『小浜代遺跡―範囲確認調査―』富岡町教育委員会
熊谷公男 1989「黒川以北十郡の成立」『東北学院大学東北文化研究所紀要』21
熊谷公男 1992a「道嶋氏の起源とその発展」『石巻の歴史第6巻特別史編』石巻市
熊谷公男 1992b「古代東北の豪族」須藤隆・今泉隆雄・坪井清足編『新版［古代の日本］⑨東北・北海道』角川書店
熊谷公男 2009「律令国家形成期における柵戸と関東系土師器」国士舘大学考古学会編『古代社会と地域間交流―土師器からみた関東と東北の様相―』六一書房
桑原滋郎 1990「宮城県内の古代寺院跡について」『中新田町史研究』2
佐川正敏 2008「東北地方の寺院造営―多賀城創建期以前の寺院―」『天武・持統朝の寺院造営―東日本―』帝塚山大学考古学研究所
佐川正敏 2010「寺院と瓦からみた白鳳期の陸奥国」『古代社会と地域間交流―寺院・官衙・瓦からみた関東と東北―』日本考古学協会第76回総会シンポジウム報告集
佐藤英雄 2004「君子部と毛野氏の祖先伝承」『史境』49
志田諄一 1969「孝徳朝の評の設置について」『史元』8
篠川賢 1996a「「国造本紀」の再検討」同氏著『日本古代国造制の研究』吉川弘文館
篠川賢 1996b「『常陸国風土記』の建郡（評）記事と国造」同上
進藤秋輝 1990「多賀城創建以前の律令支配の様相」『伊東信雄先生追悼考古学古代史論攷』今野印刷
真保昌弘 1994「陸奥国南部に分布する二種の複弁系鐙瓦の歴史的意義について」『古代』97
真保昌弘 1995「古代陸奥国初期寺院建立の諸段階―素弁、単弁、複弁系鐙瓦の分布とその歴史的意義―」『王朝の考古学―大川清博士古稀記念論文集―』雄山閣
真保昌弘 1997「陸奥地域の関東系軒先瓦を中心とした受容とその背景」『東国の初期寺院』関東古瓦研究会
鈴木知子 2008「上神主・茂原官衙遺跡の人名文字瓦」『古代学研究所紀要』7
鈴木啓 1993「古代豪族と郡司の変遷」同氏著『福島の歴史と考古』纂修堂
関口功一 2007「下毛野氏に関する基礎的考察」同氏著『東国の古代氏族』岩田書院、初出1994年
関口功一 2008「下野国薬師寺の再編と古代東国の仏教」野田嶺志編『地域の中の古代史』岩田書院
高橋誠明 2007「律令国家の成立期における境界地帯と関東との一関係―宮城県大崎地方出土の関東系土師器と出土遺跡の意義―」『国士舘考古学』3
辻秀人 1992「陸奥の古瓦の系譜」『福島県立博物館紀要』6

辻秀人 1994「陸奥国における雷文縁複弁四弁、単弁八弁蓮華文軒丸瓦の展開について」『古代』97
出浦崇 2010「上野国からみた陸奥国―上植木廃寺出土軒先瓦との対比から―」『古代社会と地域間交流―寺院・官衙・瓦からみた関東と東北―』日本考古学協会第 76 回総会シンポジウム報告集
長谷部将司 2002「律令制下における毛野氏の変遷―東北地方への仏教布教の一側面―」根本誠二・宮城洋一郎編『奈良仏教の地方的展開』岩田書院
樋口知志 1989「律令制下東北辺境地域における仏教の一様相―城柵下の仏教施設をめぐって―」『国史談話会雑誌』30
樋口知志 1992「仏教の発展と寺院」須藤隆・今泉隆雄・坪井清足編『新版［古代の日本］⑨東北・北海道』角川書店
平川南 2003a「古代における人名の表記」同氏著『古代地方木簡の研究』吉川弘文館、初出 1996 年
平川南 2003b「多賀城の創建年代」同上、初出 1993 年
藤木海 2010「瓦からみた陸奥南部の寺院造営と坂東―山王廃寺系軒先瓦の文様と技術系譜を中心に―」『古代社会と地域間交流―寺院・官衙・瓦からみた関東と東北―』日本考古学協会第 76 回総会シンポジウム報告集
前沢和之 1992「豊城入彦命系譜と上毛野地域―その歴史的性格をめぐって―」『国立歴史民俗博物館研究報告』44
松田猛 1991「上毛野における古代寺院の建立―山王廃寺創建期軒丸瓦の再検討―」『信濃』43 - 4
村田晃一 2005「7 世紀における陸奥北辺の様相―宮城県域を中心として―」『日本考古学協会 2005 年度福島大会シンポジウム資料集』
森郁夫 1991「古代の東国と瓦」同氏著『日本の古代瓦』雄山閣
吉田晶 1973「国造本紀における国造名」同氏著『日本古代国家成立史論』東京大学出版会

総 括
関東東北地方の瓦からみた地域間交流

眞保　昌弘

1　研究テーマの設定

　関東、東北地方は列島最大となる本州の中央から北東部に位置し、現在は文化、行政ともに異なる領域区分となっている。しかしながら、これらの地域は縄文時代以来の考古資料からも同一分布圏をしめし、古墳時代の首長墓である前方後円墳が岩手県奥州市角塚古墳、また古墳群も宮城県北部まで確実に形成される。さらに先代旧事本紀（国造本紀）にも国造が阿武隈川下流域まで配置されるなど本来は地理的にも歴史的にも一続き、一括りの地域と捉えることができる。今日の関東、東北地方の間に存在する行政、文化における区分は律令国家成立に伴う版図拡大によるものであろう。蝦夷社会と隣接し、国家内部への公民化の当事国である陸奥とその南部に位置する下野、常陸国など現在の関東地方の諸国は、陸奥地域における蝦夷政策への人、物的支援のために「坂東」「坂東諸国」とする概念が神亀元（724）年を画期に成立する（川尻2003）。この陸奥国と隣接する下野、常陸国の境界には内陸部の東山道に白河関、海岸部の東海道に菊多関（勿来関）が設置され、蝦夷への防備や人、物的な資源が陸奥国外へと流出するのを防ぐという機能をもつ（永田2006）。そして、これらを契機に律令国家における蝦夷対策の当時国である陸奥と支援国である坂東という表裏の関係が成立する。陸奥国における律令支配の形成、版図拡大は中央集権国家の形成過程でもある。国府・郡衙・寺院・城柵などの地方支配施設や仏教施設が造営され、それに伴い役人、軍事、生産、技術、物資などが境界（関）を越えてもたらされることになる。その間の状況の一端をしめす考古学的資料に瓦がある。

　古代律令国家を代表する寺院官衙の研究において瓦は欠かせない要素であり、多種多量で、それらの文様、形態、製作技術に、造営に伴う地域の特徴や造営年代など重要な情報をもつ。中央から地方、さらに地方へともたらされるなど瓦の文様や技術系譜は「単に仏教文化の広がりということで理解されるものではなく、全く新たな技術の伝播を歴史的背景とともにとらえるべきものである。そしてそのような技術者を送り得た要素は何であるのか、またそうした技術の受け入れを可能にした要因は何であったのか」という指摘（森1991）のとおり、時代や政治的背景を如実に物語ることになる。関東地方を含め東日本における寺院官衙出土瓦の研究は、わが国における律令国家の拡大とその浸透、さらに仏教信仰と伝播を考える上で重要な位置をしめている。当

地域における古墳から奈良という時代の変化は、古代国家の形成と拡大に伴い社会、地域に大きな変革をもたらすことになり、本書では寺院官衙から出土する瓦を通して、この変革期における関東と東北地方の地域間の交流を読み取るものである。

　従来、関東地方における瓦研究は、以下の分野で進められてきたことを指摘できる。一つは政治文化の中心である畿内から地方へ仏教が伝えられ、関東地方の初期寺院の瓦は山田寺系、川原寺系などの文様系譜をもつことから、そこに時代や採用の背景を読み取るというもの（森 1991・岡本 1996・関東古瓦研究会 1997）。もう一つは、聖武天皇が相次ぐ政変、天然痘流行による国家不安を打開するために国分寺建立を詔し、それを各国がどのように対応したものであるのか、諸国の国分寺造営を遺構や瓦から読み取り、全国における坂東（関東）諸国の特性をとらえるもの（関東古瓦研究会 1998）。また、国や郡といった領域を越える分布域を形成する瓦群による地域間交流とその背景にある文化、歴史的関連を読み取るもの（高橋 1982・昼間 1982・早稲田大学 1994）。瓦、そしてそれを焼く窯跡など技術や生産面から読み取るもの、さらには遺跡内より出土する瓦から集落の性格、村落内での仏教施設の存在や、その形態などを考える方向などがある（須田 1985、今泉 1990）。

　今回取り扱うテーマ「関東東北における寺院官衙出土瓦」は、律令国家における「坂東」の存在意義を奥羽地方、とくに陸奥との交流を通して読み取ろうとする「瓦」からの新たなアプローチである。律令国家の成立と展開は奥羽地方においては版図拡大という形で示され、「辺遠」、「辺要」などの語で表現される地域に住む異なる文化、風俗、言語をもつ「蝦夷」を国家の枠組みに取り込むことになる。そのために城柵を設置し、柵戸移配によって末端となる律令支配組織である評（郡）を成立させる。その結果、蝦夷文化圏と律令国家的文化圏との漸移地帯が横たわる古代奥羽両国での律令支配に蝦夷の抵抗という、この地域特有の問題が起こることになる。陸奥国の寺院、官衙、城柵の造営は土地、人民支配、仏教文化の基盤として機能するとともに律令国家の象徴でもあった。陸奥国ではこれらの建物に瓦が葺かれ、瓦の特徴は坂東でも北部地域である上野、下野国の系譜をもつことがすでに指摘されてきている（辻 1992・眞保 1994）。辻氏は「陸奥国一帯に律令体制を整備しつつあった畿内政権が広大な陸奥国内に急速に評衙および附属寺院、関連施設を築くにあたって、関東各地の瓦工人を必要に応じて陸奥国内各地に振り分けた結果」であったと指摘している。陸奥国内において律令支配、領域拡大による寺院官衙城柵造営とそれに伴う坂東北部系の瓦は、陸奥国内に偏在的に分布し、その後も周辺に展開するなど地域内外でも系譜が追え、陸奥地域をほぼ網羅する。このような瓦の展開から当時の政治的な背景と共に、その根底となる坂東と陸奥の境界を越えた地域間の交流をうかがうことができる。

2　関東東北地方の領域と時期的変遷

　陸奥国における律令国家の版図拡大が進められるのに伴い、寺院官衙城柵が整備されるなど諸施策が着実に展開される。養老 2（718）年には陸奥国内南部となる現在の福島県中通り、会津地

方を石背国、浜通り地方を石城国として陸奥国から分置し、陸奥国への支援国化をはかっている。このような律令支配の進展に対して蝦夷は、養老4（720）年に陸奥国按察使上毛野広人を殺害するなど抵抗をみせ、この事件をきっかけに石背、石城両国が陸奥国へと再編される。そして神亀年間に陸奥国を支援するために現在の関東に所在する国々を坂東諸国として一体的な陸奥国、蝦夷対策がはかられるという大きな方針転換が行われた。前半は、陸奥国成立による律令支配拠点である評（郡）の設置と評家（郡衙）の造営、そして寺院整備と城柵設置、後半は蝦夷の反乱とそれに対して国府多賀城創建による陸奥国経営の展開と理解することができる。この8世紀前半でも極めて短い期間で大きく転換せざるを得なかった国家的施策について前者を「和銅元年体制」、後者を「神亀元年体制」とも呼び（熊谷2000）、陸奥国政策の大きな画期とすることができる。

　このような情況の直後に陸奥国と東山道で接する下野国、東海道（海道）で接する常陸国では蝦夷への諸施策にも対応するかのように郡衙正倉への瓦葺など律令支配施設への荘厳化がはかられている。

　大橋氏は陸奥国と陸奥国に接する下野国・常陸国などの地方官衙に丹塗り瓦葺きで威容を誇るクラ（法倉）の存在、造営位置や一郡内における正倉の多さなど他の国でみられない特徴を指摘する。さらに、これらの瓦葺きには蝦夷対策など国家としての施策がみえ、交通路を意識した造営と葺瓦は単なる瓦葺きとしてのみならず、権力をしめす政治的な機能を有したことを指摘する。川口氏は常陸国那賀郡出土の多賀城系軒先瓦が多賀城政庁跡1b期の瓦生産に従事した技術指導者の移動、郡衙正倉の瓦葺化に伴い、在地技術者に技術伝達したことを指摘する。また、時期も神亀元(724)年から、郷里制施行終焉となる天平12（740）年の期間としている。陸奥国においても郡衙正倉への瓦葺きは関和久遺跡などでもいち早く認められ、周辺寺院でも同笵となる瓦が採用され、坂東北部における官衙正倉への瓦葺きを時期的にさかのぼることがわかっている。陸奥国では石城、石背国分置により南部において蝦夷対策当事国から支援国化の後、石背・石城両国の陸奥国再編による広域陸奥国化という政策転換が行われる。これに伴う状況での隣接する坂東北部における蝦夷対策当事国的な施策とみることができ、坂東から陸奥へという文様系譜とは対照的な一面がうかがえる。

　古代陸奥国における歴史的領域変遷は、（ア）令制郡が設置され律令公民支配が確立している地域。（イ）は（ア）地域の北の周縁地域で城柵を設置し柵戸の移民によって建郡され、公民支配が一応成立しているものの、本来は蝦夷の居住地域で移民系公民との混在により政情は不安定な地域。（ウ）は律令公民支配が未成立の地域の三区分される。そして（イ）地域の（ウ）地域への拡大、（ウ）地域の蝦夷の服属、（イ）地域の公民制充実による（ア）地域への転換が実施された。この地域の版図の拡大は段階的に評・郡を設置し、支配領域の拡大をはかり、南に位置する（ア）の地域は前線の辺境政策に人と物資を供給する役割をもったことがすでに指摘されている（今泉1992）。この区域設定に陸奥国の各種瓦文様の違いが、ある程度地域的広がりを持って分布することは、各郡など官衙寺院や城柵遺跡に採用される瓦の系譜や時期、歴史的な背景の違いを認めることができる。このような地域、時期的枠組みからは陸奥国の歴史的状況が読み取

れ、寺院、官衙、城柵が8世紀代に造営されるのは（ア）と（イ）地区に限定され、陸奥国における坂東北部系瓦の分布地域とも相互に重複することがわかる。坂東北部系軒瓦の一つ上野国上植木廃寺系単弁八葉蓮花文軒瓦は（ア）と（イ）、上野国の山王廃寺系七、八葉蓮花文軒瓦が（ア）の陸奥国南部の石城国が設置される海岸地域と常陸国、さらに阿武隈川を越え国造の設置されない地域である柴田、苅田郡域に分布する。また、下野薬師寺に祖型をもつ川原寺系複弁六葉蓮花文軒瓦が（ア）の阿武隈川流域の石背国と国造設置される伊具郡、海岸部の磐城郡と常陸国多珂郡、久慈郡に分布する。一部例外があるものの系譜の違う軒瓦が偏在的に分布している。という分布域の阿武隈川流域と海岸地域の違いは律令国家による東山道と東海道の延長の海道に養老2（718）年に石背、石城両国が陸奥国から分置される地域とも重なっている。この地域区分に複弁六葉、複弁七、八葉、単弁八葉蓮花文軒瓦が分布するなど律令国家の行政区分とも重なり、ほぼ陸奥国内を網羅する。また、東北における官衙寺院の瓦は同笵、同種である瓦の存在からその造営が極めて隣接した時期と地域で変遷していることがわかっている。上野系単弁八葉蓮花文軒瓦は、他の二種に比べ分布域が現在の宮城県域を中心に郡山遺跡と多賀城というそれぞれ陸奥国府にも採用され、かつ律令国家の最北部地域である黒川以北にも分布をみせる。陸奥国における律令国家の版図拡大と支配拠点の国府に結びつくものであった。佐川氏は同時期の大宰府周辺では興福寺、藤原宮式などの宮都系軒先瓦が展開するなど律令国家の東西要衝における造瓦が対照的な状況であったことを指摘している。

3 瓦の系譜とその展開

　寺院、官衙出土瓦の分布は、関東から東北地方へと徐々に北に浸透していったものではない。古墳時代以来の地域、豪族間交流を下敷きとしつつ、律令国家の拡大に伴ってきわめて政治性を有し展開することは出浦、藤木、眞保各説の中で指摘される。このことについて樋口氏も「寺院や官衙に葺かれた瓦、とりわけ軒丸瓦の文様は、その地を支配する在地豪族の権力の象徴としての意味をも有していたと考えられ、その系譜的考察、すなわち陸奥国内各地で出土している瓦それぞれの出自地域や、同種の瓦群によって形成された系統的ネットワークについて解明していくことは、律令国家形成期における陸奥国と関東との地域間の交流に関する研究を深めていくうえで、きわめて資するところが大きい」との指摘をしている。とくに古墳時代以来の動きから、ヤマト王権への貢納、奉仕という王権を構成する地域の首長層が古墳時代からの連綿とした交流や影響を基礎（平野1996）として、それを課せられた上毛野氏など地域首長層が陸奥・蝦夷対策を行うことになる。陸奥国で使用された瓦の代表としては上野国上植木廃寺系単弁八葉蓮花文軒瓦、上野国山王廃寺系複弁七、八葉蓮花文軒瓦とセットとなる顎面突線をもつ宇瓦、下野国下野薬師寺系複弁八葉蓮花文軒瓦であり、以下外観する。

　上野国上植木廃寺系単弁八葉蓮花文軒瓦は東山道上である福島県の中央や陸奥における国造領域の北部である陸奥国府の造営地周辺と大崎平野など律令国家の中心と最前線地域という限定し

た範囲を中心に分布する。福島県郡山市麓山瓦窯跡、仙台郡山遺跡や大蓮寺瓦窯、多賀城跡など養老2（718）年の石背石城国など分置、再編など陸奥国領域変更される前後の国府造営地域周辺と大崎平野の名生館、伏見遺跡など律令支配の最前線で採用される。このほか仙台郡山遺跡の南である柴田郡兎田窯跡でも内区外縁の一条圏線をもち、中心蓮子が丸く飛び出し、周縁蓮子が掘込みによるクサビ型となる単弁八葉蓮花文鐙瓦が出土し、多賀城への系譜を物語る可能性もある。出浦氏は、上植木廃寺出土の軒先瓦類の細分から陸奥国出土の単弁八葉蓮花文鐙瓦とそれに伴う重弧文宇瓦、男、女瓦などとの比較を行う。東北地方における単弁八葉蓮花文鐙瓦と上植木廃寺との比較から3系統に分類し、系統1の麓山瓦窯が上植木廃寺A03、系統2－1の名生館、伏見、大蓮寺は上植木廃寺A04・A05系、さらにもう一系統の系統2－2に仙台郡山遺跡、多賀城を位置づけ、これまで一連の流れの中で展開していったと考えられるものを系統ごとに区分し、本型式に新たな視点をもたらしている。文様と技術からこれらの単弁八葉上植木廃寺の造瓦体制のすべてが導入されている状況は読み取れないとの重要な指摘があり、大蓮寺瓦窯での8世紀代資料との出土、名生館遺跡の瓦葺き採用が丹取郡成立との関わりが考えられるなど、8世紀代に入った時期に位置づけられる。山王廃寺系複弁七、八葉蓮花文鐙瓦は陸奥国南部の海岸一帯を占めた石城国が分置される地域を中心に分布する。相馬市黒木田遺跡、白石市兀山遺跡、高畑遺跡、いわき市夏井廃寺、根岸遺跡、北茨城市大津廃寺において出土する。鐙瓦の特徴は複弁七、八葉で外区が高く素文縁となり周縁に竹管文を配すもの、宇瓦には型挽き重弧文で顎部凸面に一条の凸線を認めるものがある。夏井廃寺の複弁八葉は文様とともに周縁竹管があるなど明瞭な模倣関係にあるが、鐙瓦の製作技法や組み合う宇瓦の文様、技法は一致しない文様のみの強い関与が認められる。黒木田遺跡は宇瓦において分割前に瓦当面と顎部に凸線を同時に引き出す技法に加え、鐙瓦において七葉、そして八葉の文様をもつものがある。大きく区分すると根岸遺跡、夏井廃寺、大津廃寺と黒木田遺跡、兀山遺跡、高畑遺跡など浜通り地方を中心に南北に二分でき、それぞれが南と北に独自に展開している。そして南北の2系統は独自に文様や技術系譜を受けつつも造瓦体制のすべてが導入されるような状況にはない。藤木氏は、山王廃寺での瓦の分析結果から陸奥の山王廃寺系鐙瓦について詳細な分析を行い、山王廃寺出土瓦群の中でも相対的に古く、そして少数のものが影響を与えていることを指摘し、善光寺須恵器窯との関連により7世紀第4四半期に始まる軒先瓦と須恵器の変遷観を提示する。昨今、山王廃寺系鐙瓦の最も退化したE類が善光寺9号窯で一枚作り女瓦と共に出土し、黒木田遺跡系譜の軒先瓦が宮城県兀山遺跡（窯跡）や高畑遺跡（苅田郡衙）などへも展開し、苅田郡は養老5（721）年に柴田郡より分割して成立することから黒木田遺跡での新しい段階の瓦年代をうかがう手がかりとなっている。以前より東国の有力豪族である上毛野氏田道、形名による征夷による東北経営への関与記事と比較され、とくに上毛野氏と陸奥との関わりは、後の奈良時代後半に陸奥の諸豪族が中央有力氏族の姓を賜る中、吉弥侯部を称する豪族は上毛野を中心とした姓を冠するなど、前代からの同祖関係の主張と国家の容認がみられている。上毛野氏は東国を基盤にしつつも中央貴族化し、本貫とのより密接な関係において、陸奥国経営に国司や按察使として参画している。このような歴史的背景に基

づいて陸奥における上、下毛野氏に氏族系譜を連ねる豪族居住地となる宇多郡などに山王系軒先瓦採用の背景を考えることができる（眞保1994）。出浦氏は「上野国の上植木、山王廃寺の二大寺院はそのいずれも東北地方対蝦夷政策への関与、そして陸奥国内寺院官衙造営にともなう軒先瓦の系譜をもつ。しかし、地域が限定される。対蝦夷政策における上野国内における東毛、西毛地域の担った役割の相違などにも関わる問題であり、それは古墳時代から続く文化圏の相違が根底にみえる」としている。このほか川原寺系複弁六葉蓮花文鐙瓦で眞保は、陸奥における川原寺系複弁蓮花文鐙瓦の祖型を坂東北部の下野薬師寺複弁蓮花文鐙瓦とし、陸奥国周辺での文様と分布から3段階の変遷を指摘する。同笵関係にない、それぞれの段階において隣接地域に広がる系譜は福島県阿武隈川流域、いわき市を含む旧多珂国造・久慈国造領域に分布をしめしている。とくに2段階に位置づけられる白河官衙遺跡群出土の複弁六葉蓮花文鐙瓦や型挽き重弧文の技術系譜に多賀城1期段階の文様や技術の影響から、石背石城の二国が陸奥国へと再編され、多賀城造営後の神亀5年白河軍団設置に伴う時期が一定点にできるものとする。また祖型となる下野薬師寺の創建時期についても、その造営を文武朝とする見解がしめされ（須田2011）陸奥国における造瓦の開始を考える上で基準となってきている。

　昼間氏は武蔵北部にみえる郡や国を越えた同笵関係になく、分布域内に独自の笵で製作・生産され、領域「官」に関連した建物に供給した可能性が高いとし、伝播について東北地方では、各郡（旧国造）において前代からの影響力が根強く残り、地縁的つながりが思うように活用できず、結果として同文異笵の瓦を製作することとなったと指摘する。様相は異なるものの結果的に陸奥と北武蔵においての展開がみえ、北武蔵地域が国分寺創建期に至る時期にみせる上野系譜の展開とも共通性をみせている。これら陸奥にみられる坂東北部系譜の鐙瓦は、山王、上植木、下野薬師寺など、いずれも上下野国の寺院に認められる瓦であり、寺院の瓦が祖型となり陸奥における律令支配に伴う国郡設置、寺院、官衙、城柵の瓦に用いられる。地方支配制度の展開を示す官衙、寺院の展開は基本的な律令支配、国家基盤整備であり、基本的にはこの陸奥国への浸透、拡大は、そのメインルートが東山道で果たされていく過程を採用される瓦から読み、その確立をみていくことができる。樋口氏も「下毛野古麻呂の代の8世紀初頭頃までは東国における下毛野氏の仏教政策は放光寺（山王廃寺）を拠点とした上毛野氏に比しても特段の優位性をもってはいなかったように推測され」、下野薬師寺の川原寺系は「大宝令制下における郡家造営との深い関わりの下に行われた可能性を指摘する。特に律令制下における譜代郡領家としての認定を中央政府より受けた在地豪族が、そのことを在地社会に対して示すシンボルとして、新律令制定の功労者として東国に広く知られた古麻呂の建立になる下野薬師寺の川原寺系の意匠をモデルに製作・使用したものであったとは考えられないであろうか」とする。また、下野薬師寺が養老六6（722）年頃に官寺に列する理由として、養老4（720）年の蝦夷の反乱以降、陸奥に対して人的、物的支援の役割が増大し、民生疲弊や社会不安解消を仏教面から救済守護を目的とした一体的な政策がこれまで以上に強化され打ち出されたとの指摘がある（須田2012）。このような下野薬師寺のもつ東国仏教施設での中核的位置づけが関東における郡寺の造営にも影響を与え、さらに官寺化

以前での東北地方への造瓦の影響としても現れている可能性を読み取れる。また、それぞれの瓦に北と南、一部中間的な分布圏を形成するなど、同一系譜においても異なる分布域をもつ。坂東北部から陸奥のみならず、上野から武蔵北部地域にもそれぞれ系譜が追える分布をしめしている。そして、この瓦にみる分布が8世紀代の造瓦、養老年間での陸奥三国（陸奥、石背、石城）などの分置地域と重複し、分立の領域確定に何らかの形で固有の地域圏として影響している可能性がある。山王・上植木と薬師寺の文様ごとに型式学上の時間差が認められるという考え方が当然存在する。しかし、偏在しつつも分布域が陸奥国内をほぼ網羅していく状況から考えると結果的にはそれぞれの瓦群がそれほど大きな時間差をもたないものと考えられる。これらの瓦採用は、やはり総体的には陸奥国律令国家体制成立期に展開するものと考えることができる。また、坂東北部系譜の瓦が複数種出土する地域が安積郡（清水台遺跡）、そして磐城郡（根岸遺跡、夏井廃寺）など陸奥国南部である石背、石城国の中でも軍団が設置されるという軍事並びに政治、交通の要所であることが指摘できる。これらの上下毛野地域の瓦の陸奥国展開の前提には、陸奥国が下野国とともに東山道管内となることからも下野国東山道の延長として道奥（陸奥）の成立が考えられる。そして、その後の周辺地域への文様技術系譜に中核的役割を果たしている。

このほかに雷文縁複弁六葉蓮花文鐙瓦が福島県会津若松市、宮城県色麻町と加美町から出土する。北陸に系譜を求める説（進藤1990）と上総二日市場廃寺との関連で坂東系古瓦とする説（辻1994）がある。会津若松市村北窯跡出土の雷文縁鐙瓦と色麻町一の関遺跡菜切谷廃寺の鐙瓦への変化については、雷文の単位の乱れからすでに指摘されている。より祖型に近い村北窯跡の雷文縁鐙瓦が外区外周を幅広に残したものであったことに着目し、山城・近江・越前（加賀）の紀寺式系鐙瓦が外区外周に無文周帯が残ることから陸奥における雷文縁鐙瓦の祖型は越前（加賀）の紀寺式、北陸系雷文縁の系譜で成立することを指摘（山路2006）する。

様式的に上記の瓦群をさかのぼる可能性をもつものとして福島県福島市腰浜廃寺の素弁八葉蓮花文鐙瓦群、黒木田素弁8葉蓮花文鐙瓦があり、腰浜例は伊東信雄先生が備後寺町廃寺素弁八葉蓮花文との比較から白村江の戦いを契機とする造寺が指摘されている（伊東1977）。これらの瓦群についても坂東系の中に位置づけるという見方が指摘される場合がある。確かに上野山王廃寺や武蔵寺谷廃寺、下野浄法寺廃寺等に素弁系の鐙瓦が認められている。しかし、これら関東及び東北地方における鐙瓦は有稜、桜花状など細部に相違をもつなどいわゆる同系とみられるものは展開せず、個々に用いられる。陸奥や周辺地域に分布をもつ坂東北部系の単弁八葉、複弁七、八葉、複弁八葉蓮花文鐙瓦とは異なるものと考えられる（眞保1995）。佐川氏は、関東地方においても本格的な寺院造営の開始が7世紀第3四半期以降であり、仙台郡山遺跡Ⅰ期官衙段階での善光寺7号窯の瓦が出土することから黒木田遺跡ほかは、評制段階での寺院およびその出土古瓦であること、また、瓦文様の比較から両遺跡が畿内、特に近江に求められる可能性を指摘し、坂東系古瓦の陸奥国展開の前代における際立った違いを指摘している。この種の瓦の畿内以外の各地では一代限りで終わる場合が多く、律令地方行政単位である郡（評）内あるいは隣接郡間で面的に広がりを持たず、東山道など旧交通路に沿って線的に分布するという特徴を端的に表現してい

る（上原1992）。このほか山形県における米沢地方最上置賜郡域では昨今、高安瓦窯跡など瓦の出土がみられる。この周辺地域の古墳時代前期からの文化の流入経路については、古墳時代前期以降に会津地方から、古墳時代以降には陸奥国である福島、宮城などからの影響を主に受ける。その後に出羽郡建郡、そして出羽国が設置することとなる。現在限定的な中で、無顎のヘラ描き重弧文と縄タタキ女瓦の存在は、東山道、陸奥国の影響を考えてよいのかもしれない。このようなめまぐるしい交流の中で、瓦の系譜のもつ意味が国家としての動向と小地域間の交流を物語る可能性がある。また、多賀城跡出土の平安期の木簡に、安積軍団の兵士であった会津郡人の帰郷に際して記された玉前関の過所木簡の存在が知られる。海道と東山道の結束地として、養老2（718）年陸奥国から石背石城両国分置による坂東化は白河、菊多関から玉前関のような位置が狭域陸奥国最南端となったのであろう。ここに広域陸奥における小領域、瓦の分布領域の境界と重複する可能性が指摘できる。苅田、柴田、名取の三郡は阿武隈川以北であり、国造分布域よりも北に位置する。山路氏は分布範囲の領域『延喜式』民部省東山道条の陸奥の郡名配列は宮城郡と名取郡を境に二分され、道前・後など道により国が成立するのと同様な地域的なまとまりを認め、そして上野の陸奥への影響が、西毛が名取郡以南と東毛が宮城郡以北といった領域の違いに系譜差が反映すると指摘する（山路2009）。このことは柴田、苅田郡への宇多郡黒木田系軒先瓦の展開、名取郡の仙台郡山遺跡出土する黒木田系格子タタキの存在からも宮城南部の刈田、柴田、名取三郡という領域の存在を考えられるのかもしれない。特に多賀城や宮城県北部地域に展開する単弁8葉蓮花文の一群とは異なる分布をしめしている。

4　陸奥との交流経路

　陸奥へつながる東山道、北陸道、東海道は律令国家が地方支配施設を整備し、その国家政治の方向を示す格好の材料となっている。それ以前の大和系瓦当文様の東方への伝播は、東海道と東山道、北陸道では伝播のあり方に違いが認められ、東山道、北陸道は陸奥へ影響を与えるものの東海道での系譜はみられないことを指摘する（山路2009）。東国から陸奥国への経路は、『古事記』『日本書紀』『常陸国風土記』の文献資料にもみえ、三舟氏は東北地方での仏教信仰の浸透と在地の仏教活動を『霊異記』などの説話や木簡などの出土文字資料から検討を加え、仏教伝播が海上、海道ルートと東山道ルートの双方から存在していたことを想定している。瓦の系譜から陸奥への経路を読み取ると東山道、北陸道会津、東海道・海道、久慈川流域の交流経路を読み取ることができそうである。その主たるルートとしては東山道での交流経路がある。東山道諸国となる陸奥は上野、下野同様東山道が通り、律令国家による主要道である。このルートが寺院官衙に葺かれる瓦の系譜からも主要で陸奥国は東山道に所管し、陸奥国から分置される石背国は下野国の延長上にあたり、分割後の陸奥国とともに東山道に属したと考えられる。単弁八葉、複弁六、複弁七、八葉蓮花文鐙瓦は坂東北部から東山道域を中心に分布する。出羽建国後も東山道に属し、多賀城碑にみる東山道下野国境への距離感の正確さは、このルートがまさに国家による陸奥国経営のメ

インルートであることをしめしていよう。そして、歴史的にもこのルートによる地域間、豪族間による交流が、陸奥国での施設造営とさらに周辺地域へ系譜する状況が読み取れる。このことは、律令国家地方支配施設の整備に坂東の中でも東山道域が中心に影響する事は陸奥国が東山道管内に属することと矛盾しない。同じく北陸道、東海道の延長も陸奥（出羽）として律令国家の形成、拡大の方向を当初しめすが、後に東山道そして陸奥の経路こそが律令国家に収斂する。これとは別に会津とさらに北上する陸奥から出羽へと北陸から阿賀野川、阿賀川で会津へ、そして米沢というルートの存在は、古墳時代前期の前方後方墳にもみえる横長後方部の特徴、外反する細い頸部をもつ有段口辺壺の特徴などがすでに指摘されている。古墳時代以前から北陸系の文化が流入し、その延長上としての会津での雷文縁軒先瓦の採用と、さらに色麻一の関遺跡へもたらされるのであろう。

　東海道の延長として、太平洋岸に沿って常陸国の北に伸びる海道上に養老2（718）年石城国が設置される。このことは、養老3（719）年に、「石城国始めて駅家一十処を置く」を新設し、兵士、武器、食料の輸送を可能としていることからも裏付けられる。景行天皇の命による日本武尊の東国征伐伝承で、陸奥へは東海道経路で海道を北上するなど古い段階からのルートの存在がみえる。海道は旧多珂国造領域内において「久慈の堺の助河を以ちて道前と為し、陸奥の国の石城の郡の苦麻の村を道後と為しき」と領域が福島県大熊町熊川まで至っていると考えられる。そして「多珂国造石城直美夜部、石城評造部志許赤ら申請に遠隔、往来不便のことから多珂、石城二郡の分置く」『常陸国風土記』と建評記事がみえ、そのことは石城で建造されて常陸の海岸に漂着した船にまつわる伝承からもうかがえる。このような常陸国多珂郡への陸奥国石城郡からの影響をしめすものとしていわき市夏井廃寺、根岸遺跡出土の上野国山王廃寺系複弁八葉蓮花文鐙瓦2種の新しい段階のものが、北茨城市大津廃寺から出土する。このことは多珂国造が石城直であるなど石城から常陸北部への影響を色濃くうかがうことができよう。そのことから多珂国造が石城直美夜部であったとする『常陸国風土記』の記載をある程度示している可能性がある。山王系軒先瓦採用の背景にこのような大きな歴史的な関東地方と東北地方の瓦を考えた時、陸奥石城から常陸多珂への瓦の動きは、前代の国造期の地域間交流をしめすのであろう。さらに東海道から多珂郡を経ず、久慈川沿いに陸奥白河へ至るルートが延暦24(805)年「陸奥国の部内、海道諸郡の伝馬を停む。要せざるをもって也」、弘仁2（811）年、「陸奥国の海道十駅を廃す。更に常陸に通ずる道に長有、高野二駅を置く。機急を告ぐる為なり」『日本後紀』の記事からうかがえる。このルートはすでに福島県須賀川市塚畑古墳出土の分離成形の人物埴輪が常陸系であるなどの結びつきがあり、海道伝馬、駅家廃止に伴い、廃止された海道は、常陸太田市から久慈郡衙周辺、そして久慈川上流域へと連なり、白河へそして東山道へ合流することになる。常陸国那珂郡衙である遺跡出土の多賀城系軒先瓦、さらに、白河官衙遺跡群出土の常陸国分寺系軒先瓦をもたらす経路と考えるが、その影響は海道廃止される以前であり、その結びつきを前代からしめしている可能性がある。

6 おわりに

　これまで坂東と陸奥における寺院官衙城柵出土瓦の検討から東北地方にみえる関東系譜の鐙瓦文様は、上植木、山王、下野薬師寺など、いずれも関東地方にある初期寺院に認められる瓦が祖型となることが明らかになってきた。これらの系譜にある鐙瓦が東北地方の律令国家成立に伴う国郡設置役所の造営整備として寺院官衙城柵に採用され、造営時期が律令制支配の初期段階、官衙と仏教の浸透が時期的にも政策的にも一致する。そして陸奥では上植木系単弁八葉が陸奥国北部、山王系複弁七、八葉が陸奥国南部太平洋岸（石城国）、下野薬師寺系複弁六葉が陸奥国南部という分布地域への偏在性をもち、採用には前段となる古墳時代にもさかのぼる関東地方との豪族間の結びつきなど地域間交流を前提に採用されたものと考えられる。

　東北地方では関東系土師器の出土があり、城柵、囲郭集落、計画集落など特有の支配施設で出土傾向が高く、律令国家形成期の東北経営に関東地域が大きな役割を果たしていることをしめしている。しかし、関東系土師器は『続日本紀』にみられる坂東諸国を中心とした柵戸などの移配に関与したすべての地域の土器様相が反映されるものでなく、土器の多寡が柵戸の多寡を示すものでもない。このことから関東からの移民（柵戸）による外来土器の製作の指標といった単純な図式で関東系土師器をとらえられないことが指摘されてきている（村田・熊谷2009）。また、関東系土師器の盛期は7世紀末から8世紀初であり、神亀元（724）年の多賀城創建段階以降での激減は、坂東北部系瓦の陸奥地域への系譜の時期と重なるものの、その様相や背景をものがたる資料である瓦と土師器が必ずしも同質でないことがわかる。瓦は律令国家陸奥国成立期における官衙、寺院、城柵の造営に採用されるという極めて国家的、政治的な様相を示すものとしての資料的特性をあらためてしめしている。

　とくにこの時期、多賀城跡の創建期下伊場野瓦窯での文字瓦の検討により、凸型台陽刻文字とヘラ書き文字の2種に時間差があり、古い段階の凸型台には坂東でも東海道諸国となる相模、上総、下総、常陸、新しい段階のヘラ書きには、東山道である上、下野が加わることが指摘されている（高野2000）。これは多賀城創建期の造営に伴う負担をしめすものと考えられ、文献資料にみる「坂東諸国」として陸奥地域へ人、物的各種負担を裏付けるものである。今回検討してきた多賀城創建期以前の陸奥国における坂東北部系鐙瓦の展開については、直接的に文献には認められず、律令等による制度として進められたものではない。しかしながら、考古学資料である瓦が当時の時代背景や社会制度を映し出し、多賀城創建期の坂東諸国における陸奥経営への負担を物語る可能性がある。さらに、後の多賀城創建期の文字瓦にみる負担等への坂東諸国の関与、負担形態の変化をしめすものとして今後さらに検討する必要があろう。また、これとは対照的な視点として伊藤氏は、六国史等に坂東諸国による負担関係が多く記載されるものの胆沢城など蝦夷経営の最前線での考古資料には陸奥南部〜中部諸郡の負担も多くあったことを指摘している。

　さらに今後の研究視点として、佐川氏は「瓦」の検討のみならず、伽藍配置や軒先瓦の所用堂

塔についても検討を加え、瓦と伽藍配置に異なる系譜の可能性を指摘するなど陸奥国における瓦研究から寺院研究へと重要な指針を示している。また、奥羽地域の官衙寺院城柵への坂東系瓦採用という外面のみならず、東国での仏教文化の移入など内面的要素をみることも重要で、三舟氏は東北地方における仏教信仰を、蝦夷征討における鎮護国家仏教的性格という一面からのみ見る視点は成り立ち得ないことを述べ、東北地方において7世紀後半に遡る古代寺院の存在は、蝦夷社会も関東地方と同様の仏教受容基盤の存在をしめしている。

　関東地方の寺院における瓦文様が陸奥国へと影響を与える一方、官衙正倉への瓦葺きの採用は東北地方に遅れ、蝦夷対策という陸奥に隣接する坂東諸国に拡充する形で陸奥蝦夷政策がはかられた可能性がある。これらは、陸奥国における律令国家による版図拡大が時期やその情況において、さまざまに方針をかえつつも律令支配の貫徹のための諸施策がはかられたことをしめすものであり、隣接する陸奥と坂東北部における地域間の交流をその基盤として行われたものであることがわかる。古代律令国家におけるこれら地方支配をしめす地域間の交流を今後さまざまに検討していくためには、今日的な関東東北などの行政単位での研究資料の範囲や枠組みを一度取り外し、東国としての広い視野に立つ必要がある。

引用参考文献

伊東信雄 1977「福島県腰浜廃寺出土瓦の再吟味」-広島県寺町廃寺との比較について-『考古論集』
高橋一夫 1982「女影系瓦の一試論」『研究紀要』財団法人埼玉県埋蔵文化財調査事業団
昼間孝志 1982「国を越える同笵瓦に関する一考察」『研究紀要』財団法人埼玉県埋蔵文化財調査事業団
高野芳宏 1984「兎田窯跡の瓦について（メモ）」柴田町郷土研究会会報　之波太 第17号
高松俊雄 1984「郡山市麓山瓦窯跡出土の瓦について」『福島考古』第25号　福島県考古学会
渡邊泰伸 1984「柴田郡柴田町兎田窯跡確認調査報告」柴田町郷土研究会会報　之波太 第17号
佐々木和博ほか 1985「白石市π山遺跡の古瓦」『赤い本』
須田勉 1985「平安時代初期における村落内寺院の存在形態」『古代探叢Ⅱ』早稲田大学出版会
戸田有二 1987「古代石背地方古期屋瓦考」『国士舘大学文学部人文学会紀要』第一九号
今泉隆雄 1989「八世紀前半以前の陸奥国と坂東」『地方史研究』221
今泉潔 1990「建物と瓦の相克」『千葉県文化財センター研究紀要』12 財団法人千葉県文化財センター
進藤秋輝 1990「多賀城創建以前の律令支配の様相」『伊東信雄先生追悼考古学古代史論攷』
森郁夫 1991『日本の古代瓦』
今泉隆雄 1992「律令国家とエミシ」『新版古代の日本』東北・北海道
上原真人 1992「白鳳瓦からみた畿内と地方」『天狗沢瓦窯跡と古代甲斐国』
辻秀人 1992「陸奥の古瓦の系譜」『福島県立博物館紀要』第6号
早稲田大学考古学会 1994『古代』第97号　特集古代における同笵・同系軒先瓦の展開
眞保昌弘 1994「陸奥国南部に分布する二種の複弁系鐙瓦の歴史的意義について」『古代』第97号
辻秀人 1994「陸奥国における雷文縁複弁四弁、単弁八弁蓮花文軒丸瓦の展開について」『古代』第97号
酒井清治 1995「瓦当笵の移動と改笵とその背景」-武蔵・上野に分布する交叉鋸歯文縁軒丸瓦の変遷から-『埼玉県埋蔵文化財調査事業団研究紀要』第11号
眞保昌弘 1995「古代陸奥国初期寺院建立の諸段階」-祖弁、単弁、複弁系鐙瓦の分布とその歴史的意義-『王朝の考古学』
平野卓治 1996「蝦夷社会と東国の交流」『古代蝦夷の世界と交流』古代王権と交流1

岡本東三 1996『東国の古代寺院と瓦』吉川弘文館
関東古瓦研究会 1997『シンポジウム　関東の初期寺院　資料編』
関東古瓦研究会編 1998『聖武天皇と国分寺』－在地から見た関東国分寺の造営－
鈴木拓也 1998『古代東北の支配構造』吉川弘文館
大橋泰夫 1999「古代における瓦倉について」『瓦衣千年』森郁夫先生還暦記念論文集
熊谷公男 2000「養老四年の蝦夷の反乱と多賀城の創建」国立歴史民俗博物館研究報告　第84集
高野芳宏 2000「多賀城・陸奥国分寺の文字瓦」『文字瓦と考古学』
長島榮一 2000「仙台市郡山遺跡出土の平瓦について」『阿部正光君追悼集』阿部正光君追悼集刊行会
川尻秋生 2003「坂東の成立」『古代東国史の研究』
佐川正敏・高橋誠明・高松俊雄・長島榮一 2005「陸奥の山田寺系軒瓦」『古代瓦研究』Ⅱ－山田寺式軒瓦の成立と展開—
須田　勉 2005「多賀城様式瓦の成立とその意義」『国士舘大学文学部　人文学会紀要』37
永田英明 2006「東山道と那須」あづまのやまのみち・東山道　栃木県教育委員会
山路直充 2006「上総・陸奥の雷文縁の複弁蓮華紋鐙瓦」『飛鳥白鳳の瓦づくりⅨ』－雷文縁・輻線文縁・重圏文縁の複弁蓮華文軒丸瓦の展開－
佐川正敏 2008「東北地域の寺院造営－多賀城創建期以前の寺院－」天武・持統朝の寺院造営－東日本
熊谷公雄 2009「律令国家形成期における柵戸と関東系土師器」『古代社会と地域間交流』—土師器からみた関東と東北の様相—国士舘大学考古学会編
村田晃一 2009「律令国家形成期の陸奥北辺経営と坂東」－在地土師器・関東系土師器・囲郭集落の検討から－『古代社会と地域間交流』—土師器からみた関東と東北の様相—国士舘大学考古学会編
佐川正敏 2010「寺院と瓦からみた白鳳期の陸奥国」『古代社会と地域間交流－寺院・官衙・瓦からみた関東と東北－』日本考古学協会第76回総会実行委員会
山路直充 2010「大和の文様、東へ－瓦等文様の伝播と関東・坂東・陸奥－」『古代社会と地域間交流－寺院・官衙・瓦からみた関東と東北－』日本考古学協会第76回総会実行委員会
須田勉 2012『下野薬師寺』古代東国仏教の中心寺院　シリーズ「遺跡を学ぶ」082

※文中とくに論文名を明記しない引用は、本書掲載された各氏の論文による。

あとがき

　公私にわたりお忙しい中、また東日本大震災被害によるご支障にもかかわらず、本書作成にあたってご執筆いただきました皆様には心よりお礼申し上げます。ここに刊行することとなりました『古代社会と地域間交流Ⅱ』は、「寺院・官衙の出土瓦」から「関東東北地方における古代社会と地域間交流」を読み取るために国士舘大学考古学会（会長須田勉）が2009年9月に研究発表会を発足したのがきっかけです。その成果を翌年の第76回日本考古学協会の特別研究発表『古代東国出土瓦からみた古代国家の形成―寺院・官衙・瓦の伝播と交流―』として開催したところ、200名定員の会場は常に満席、用意したレジュメ300部も午前中に完売となるなど予想を上回る関心を得ることができました。とくに会場では大学生をはじめ若い研究者が多かったことも一つの収穫といえ、古代関東東北の交流・官衙や寺院の瓦に対する関心の高さを認識することができました。当日の発表時間は45分と短く、貴重な成果や言い尽くせない部分もあり、あらためて出版物とした方がよいのではないかとのご助言をいただき、ここに刊行の運びとなりました。

　本書では、特別研究発表者の方々に再度ご執筆をお願いし、さらに古代史からの視点として樋口知志、三舟隆之両氏から玉稿をいただきました。また、日本考古学協会での伊藤博幸氏による特別講演「鎮守府胆沢城―ヒト、モノの交流の舞台―」を加え、11名のご論考を「関東東北地方における寺院官衙出土瓦」としてまとめることができました。

　本書が古代律令国家形成期における関東と東北地方の地域間交流の研究発展へ寄与することができれば幸いです。あわせて、ここで取り扱った地域は東日本大震災において大きな被害を受けた地域でもあり、今後の復旧、復興への足がかりの一助となりますこと深く祈念申し上げます。

　最後になりましたが本書刊行をお引き受けいただいた六一書房の八木環一氏には足掛け3年にわたって繁雑なお仕事を手掛けていただきましたこと心からお礼申し上げます。

（眞保　昌弘）

執筆者一覧（五十音順）

①最終学歴　②現職　③業績（主要著書・論文）

出浦　崇（いでうら・たかし）
①国士舘大学文学部史学地理学科
②伊勢崎市教育委員会文化財保護課
③「上野国佐位郡における官衙と寺院」『国士舘考古学』第5号　国士舘考古学会　2009年
　「上野国交替実録帳からみた郡衙正倉」『上毛野の考古学』Ⅱ　群馬考古学ネットワーク　2009年
　「群馬県東部における古代遺跡の調査と保護」『日本歴史』第741号　日本歴史学会　2010年

伊藤　博幸（いとう・ひろゆき）
①国士舘大学文学部史学地理学科
②岩手大学平泉文化研究センター　特任教授
③「徳丹遷城論―城柵造営のメカニズム―」『国士舘考古学』3号　国士舘大学考古学会　2007年
　「桓武・嵯峨期の城柵」『東北の古代遺跡―城柵・官衙と寺院』高志書院　2010年
　「古代東北における館の成立について」『坪井清足先生卒寿記念論文集』坪井清足先生の卒寿をお祝いする会　2010年

大橋　泰夫（おおはし・やすお）
①早稲田大学第一文学部
②島根大学法文学部教授　博士（文学）
③「考古学からみた『出雲国風土記』の新造院と定額寺」『国士舘考古』5　国士舘考古学会　2009年
　「国郡制と地方官衙の成立―国府成立を中心に―」『古代地方行政単位の成立と在地社会』独立行政法人文化財研究所奈良文化財研究所　2009年
　「地方官衙創設期の瓦葺建物について」『比較考古学の新地平』同成社　2010年

川口　武彦（かわぐち・たけひこ）
①筑波大学大学院博士課程歴史・人類学研究科先史学・考古学コース単位取得退学
②水戸市教育委員会事務局文化埋蔵文化センター　主幹
③「常陸国那賀郡における郡衙と周辺寺院―国指定史跡「台渡里寺跡」範囲確認調査成果を中心に―」『地方官衙と寺院』独立行政法人文化財研究所奈良文化財研究所　2005年

「常陸国の郡衙周辺寺院出土陶製相輪考―つくば市北条中台遺跡出土有孔浅鉢形須恵器の再評価―」『茨城県史研究』第 90 号　茨城県立歴史館　2006 年

「瓦倉の瓦に記銘された名前は誰か―水戸市台渡里廃寺跡長者山地区出土人名文字瓦の分析から―」『筑波大学先史学・考古学研究』第 19 号　筑波大学歴史・人類学系　2008 年

河野　一也（かわの・かずや）
①国士舘大学文学部史学地理学科
②大成エンジニアリング株式会社　埋蔵文化財調査部　部長
③「相模国分寺の屋瓦と造営」『王朝の考古学』大川清博士古稀記念会　1995 年
　「相模国分寺」『聖武天皇と国分寺』雄山閣　1998 年
　「水道山瓦窯跡採集垂先瓦」『古代東国の考古学』大金宣亮氏追悼論文集　2005 年

佐川　正敏（さがわ・まさとし）
①東北大学大学院文学研究科博士後期課程中退
②東北学院大学文学部歴史学科　教授
③「中国における造瓦技術の変遷」『古代東アジアの造瓦技術』（奈良文化財研究所研究報告第 3 冊）独立行政法人国立文化財機構奈良文化財研究所　2010 年
　「王興寺と飛鳥寺の伽藍配置・木塔心礎設置・舎利奉安形式の系譜」『古代東アジアの仏教と王権―王興寺から飛鳥寺へ―』勉誠出版　2010 年
　「飛鳥寺木塔心礎考」『坪井清足先生卒寿記念論文集―埋文行政と研究のはざまで―』坪井清足先生の卒寿をお祝いする会　2011 年
　「南北朝時代から明時代までの造瓦技術の変遷と変革」『古代』第 129・130 合併号　2011 年

眞保　昌弘（しんぽ・まさひろ）
①国士舘大学文学部史学地理学科国史学専攻考古学コース
②栃木県那珂川町教育委員会文化振興　係長
③『侍塚古墳と那須国造碑―下野の前方後方墳と古代石碑―』（『日本の遺跡』25）　同成社　2008 年
　『近世の好古家たち―光圀・君平・貞幹・種信―』國學院大學研究開発推進機構・日本文化研究所　雄山閣　2008 年
　「古代陸奥国初期寺院建立の諸段階」『王朝の考古学　大川清博士古稀記念論文集』　雄山閣　1995 年
　「那須の領域と歴史―毛野の隣接地域として―」『毛野の実像』季刊考古学別冊 17　雄山閣　2011 年

樋口　知志（ひぐち・ともじ）
①東北大学大学院文学研究科博士後期課程単位取得中退
②岩手大学人文社会科学部　教授　博士（文学）
③「蝦夷と太平洋海上交通」『日本史研究』第511号　日本史研究会　2005年
　「川と海の生業」『列島の古代史　ひと・もの・こと2　暮らしと生業』岩波書店　2005年
　『前九年・後三年合戦と奥州藤原氏』高志書院　2011年

昼間　孝志（ひるま・たかし）
①國學院大學文学部史学科
②財団法人埼玉県埋蔵文化財調査事業団　資材活用部　部長
③「初期地方寺院における単弁軒丸瓦の成立—「棒状子葉」単弁八葉蓮華紋軒丸瓦の系譜と展開1—」
　『研究紀要』第18号　財団法人埼玉県埋蔵文化財調査事業団　2003年

藤木　海（ふじき・かい）
①立正大学大学院文学研究科史学専攻修士課程
②南相馬市教育委員会　文化財課
③「泉廃寺跡出土の植物文軒先瓦の変遷」『古代東国の考古学』大金宣亮氏追悼論文集　2005年
　「有蕊弁蓮華文鐙瓦の展開とその背景」『福島考古』第47号　2006年
　「泉廃寺跡と関連遺跡の8世紀における造瓦」『福島考古』第50号　2009年

三舟　隆之（みふね・たかゆき）
①明治大学大学院文学研究科史学専攻博士後期課程修了
②東京医療保険大学医療保険学部　准教授　博士（史学）
③『日本古代地方寺院の成立』吉川弘文館　2003年
　「多珂評の成立と大津廃寺」『地域と文化の考古学Ⅱ』六一書房　2008年
　『浦島太郎の日本史』〈歴史文化ライブラリー285〉吉川弘文館　2009年

古代社会と地域間交流Ⅱ ―寺院・官衙・瓦からみた関東と東北―

2012年9月25日　初版発行

編　者　国士舘大学考古学会

発行者　八木　環一

発行所　株式会社　六一書房　　http://www.book61.co.jp
　　　　〒101-0051　東京都千代田区神田神保町2-2-22
　　　　電話 03-5213-6161　FAX 03-5213-6160　振替 00160-7-35346
　　　　http://www.book61.co.jp　　E-mail info@book61.co.jp

印　刷　有限会社　平電子印刷所

ISBN978-4-86445-018-8 C3021　　©国士舘大学考古学会　2012　Printed in Japan